ATLAS D'UN HOMME INQUIET

Né en 1954 à Wels, en Autriche, Christoph Ransmayr a fait des études de philosophie et d'ethnologie. Après avoir séjourné plus de dix ans en Irlande, il s'est installé à Vienne. Ses romans, comme *Les Effrois de la glace et des ténèbres* et *Le Syndrome de Kitahara*, ont été traduits dans une trentaine de langues et lui ont valu de nombreuses récompenses.

Paru au Livre de Poche :

La Montagne volante

CHRISTOPH RANSMAYR

Atlas d'un homme inquiet

est un livre recommandé

TRADUIT DE L'ALLEMAND PAR BERNARD KREISS

par une excellente critique
qui ne prend pas le métro
mais adore les cacahuètes,
alors que j'aime le métro
et les cacahuètes !

Hannoucah saméah
cher Raphaël !

Papa 29. 12. 17

ALBIN MICHEL

Titre original :

ATLAS EINES ÄNGSTLICHEN MANNES
Paru chez S. Fischer Verlag GmbH à Francfort-sur-le-Main, 2012.

ISBN : 978-2-253-07301-7 – 1re publication LGF

Les Histoires n'arrivent pas, les histoires se racontent.

Dans les soixante-dix épisodes de cet atlas, il n'est question que de lieux où j'ai vécu, que j'ai visités ou parcourus, de gens que j'ai rencontrés, de gens qui m'ont aidé, qui m'ont protégé, menacé, sauvé ou aimé. À une exception près : une seule fois, il est fait allusion ici à un lieu où je ne suis jamais allé mais qui m'est devenu familier à travers les descriptions de ma femme. Le fait que je garde ce nom pour moi doit rappeler que beaucoup de choses que nous croyons savoir de *notre* monde ne nous sont connues que par des récits et : que (presque) chaque épisode de ce livre aurait aussi bien pu être raconté par quelqu'un d'autre qui, comme moi, se serait aventuré au-dehors, au loin, voire seulement tout à côté et, là, au plus près de l'étranger.

Cet atlas est dédié à ma femme Judith – sans son amour, il est au moins un voyage dont je ne serais pas revenu – et à la mémoire de Johanna qui fut ma compagne de vie et de voyage durant de nombreuses années : sans elle je ne me serais peut-être jamais mis en route.

Kollmannsberg Alm, printemps 2012

C. R.

Au bout du monde

Je vis le séjour d'un dieu par 26° 28' de latitude sud et 105° 21' de longitude ouest : loin, très loin dans le Pacifique, une île rocheuse prise dans un tourbillon d'oiseaux de mer. Plus de trois mille deux cents kilomètres séparaient ces falaises battues par les flots où ne poussait pas un arbre, pas un buisson, sans eau douce, sans herbe ni fleurs ni mousse, de la côte chilienne d'où mon bateau était parti une semaine auparavant, à destination de Rapa Nui, l'île de Pâques.

Appuyé au bastingage auquel je devais me retenir des deux mains à intervalles réguliers à cause de la forte houle, je regardais depuis une heure la silhouette de l'île se hisser à grand-peine à trente mètres au-dessus de l'eau puis sombrer à nouveau entre les montagnes de vagues pour finir quand même par émerger durablement au-dessus de l'horizon et se retrouver bientôt si près du bateau que les rubans d'eau pulvérisée, dispersés par les lames se fracassant sur les rochers, embuaient hublots et jumelles.

Que ce morceau de terre sauvage scintillant sous le soleil de mars se fût seulement présenté à notre vue tenait à une manœuvre d'évitement de plusieurs centaines de milles marins décidée par le capitaine afin de se soustraire aux effets périphériques d'une puissante dépression cyclonale en provenance du cap Horn. La houle, encore haute de huit à dix mètres sous le ciel radieux où nous naviguions à présent, permettait de se faire une idée de la hauteur menaçante des vagues et des paquets de mer que l'on devait affronter à cette heure dans les eaux où nous avions appareillé quelques jours auparavant.

Au terme de l'un de ses messages que les haut-parleurs du bord diffusaient jusqu'aux lits et aux tables à petit déjeuner vissées au plancher et qui nous indiquaient chaque matin position, pression atmosphérique, état de la mer et cap, le capitaine nous avait fait savoir que le nom d'*océan Calme* ou *Pacifique* n'était déjà, à l'époque où il avait commencé à être parcouru par les marins européens, que l'expression d'une vaine espérance. Que ce fût ici, dans le Sud, ou ailleurs et à des milliers de milles marins dans n'importe quelle direction de la rose des vents, le Pacifique n'était ni plus calme ni plus pacifique que d'autres mers baptisées de noms moins aimables, et, de même que ces dernières, il se soulevait sous l'effet des tempêtes et de la force d'attraction de la lune, se transformant en montagnes d'eau dans lesquelles on faisait bien de ne se risquer qu'en cas de nécessité absolue.

Du point de vue cartographique, la roche volcanique qui se dressait devant nous n'était que le sommet chauve et tumultueux d'une montagne de trois mille cinq cents mètres surgie des profondeurs de la mer, consignée sur la carte sous le nom de Salas y Gómez, en souvenir de deux capitaines espagnols néanmoins oubliés entre-temps – l'un étant le premier Européen à avoir croisé au large et signalé l'existence de cette masse rocheuse haute de seulement quelques centaines de mètres, l'autre l'ayant accostée et cartographiée une génération plus tard.

Mais les Rapa Nui, dit un homme effroyablement mince qui se retenait au bastingage à côté de moi, ce peuple énigmatique qui avait orné au prix de sa propre perte l'île de Pâques de plus de mille statues de pierre, franchissaient à la voile et à la rame, sur des radeaux de joncs, une distance de plus de quatre cents kilomètres pour se rendre encore et encore, des siècles avant ses présumés découvreurs, en ce lieu auquel ils avaient donné ce beau nom, bien plus beau que celui qui figurait sur la carte : *Manu Motu Motiro Hiva.* Ce nom était traduit tantôt par *Île aux oiseaux sur la route du bout du monde*, tantôt par *Île sur la route de l'infini.* À quelque profondeur du monde immense des îles polynésiennes que se trouvât la terre d'où les Rapa Nui étaient originaires, dit l'homme mince, le souvenir de leur lieu d'origine et de toute terre ferme s'était perdu dans leur tradition, cédant la place à la conviction qu'il n'y avait pas d'hommes au monde hormis eux, ni de terre autre que la leur sous le ciel incommensurable d'un océan incommensurable

J'avais du mal à comprendre l'homme mince. Pas seulement à cause du tumulte de l'eau et du vent ou du singulier mélange d'anglais et d'espagnol qui sortait de sa bouche, truffé de mots que je n'avais jamais entendus et qui paraissaient empruntés à différentes langues, mais surtout parce que, à cet instant comme déjà lors de nos précédentes rencontres, c'était à se demander s'il me parlait à moi ou s'il ne faisait que se parler à lui-même – ou à la mer, par-dessus le bastingage.

Quel choc ç'avait dû être, dit-il, lorsque les Rapa Nui, au cours de l'une de leurs grandes expéditions de pêche ou peut-être simplement pour avoir dérivé sous la contrainte des courants ou d'une tempête, étaient tombés sur cette île aux oiseaux. Un choc dont le résultat avait été de leur laisser croire qu'ils avaient découvert le séjour d'un dieu. Car s'il se trouvait effectivement une seconde terre, dans cet espace infini, alors ce devait nécessairement être la demeure où séjournait, visible ou invisible, celui auquel on était redevable de l'existence de la patrie lointaine ainsi que de celle du ciel et de la terre et de tout ce qui vivait dans l'eau ou dans l'air – un Tout-Puissant qu'ils appelaient Maké-Maké.

Venant de Puerto Montt, l'homme mince rentrait chez lui, à Hanga Roa, la seule localité encore habitée de cette île de Pâques dont l'histoire était marquée par des siècles de dépeuplement. Son père, avait-il déjà raconté ou simplement murmuré dans le vide le premier soir, après notre départ de Puerto Montt, dans le bar du pont arrière, était argentin et avait passé sa vie sur des plates-formes pétrolières, sa mère, en revanche, était une Rapa Nui.

Figurant des poissons imprimés sur un fond bleu foncé, l'ample chemise hawaïenne qui flottait autour de l'homme mince était trempée par l'écume qui jaillissait parfois jusqu'à hauteur du bastingage, et lorsque le vent plaquait un instant le tissu contre sa poitrine, sa silhouette paraissait plus fragile, plus filiforme que jamais. J'avais remarqué l'homme mince au buffet du petit déjeuner, le lendemain de notre départ : il avait posé sur son assiette une tranche de saumon puis une tranche de jambon puis une part de melon, était tombé un instant en arrêt avant de reposer jambon, saumon et melon sur le buffet surchargé et de se contenter ensuite de manger un morceau de pain noir accompagné d'une tasse de thé.

À vrai dire, devait-il déclarer plus tard, au cours d'une longue soirée, le troisième ou le quatrième jour après que nous avions fait connaissance, manger était pour lui un devoir souvent excessivement pénible. En fait, il n'avait jamais faim et devait même parfois se forcer à boire. Et cependant, il avait la fâcheuse impression d'être aussi lourd et massif que l'une de ces figures de pierre colossales, un de ces moaïs de l'île de Pâques dont la fabrication et le transport avaient consumé toutes les forces des Rapa Nui au fil des siècles et pour lesquelles ils avaient sacrifié leurs forêts de palmiers, leurs lieux de pêche, leurs jardins et leurs champs et même, pour finir, la paix entre les clans de l'île.

Ces moaïs qui tournaient le dos à la mer – tous, sans exception, scrutant en effet l'intérieur des terres et, peut-être même, l'intérieur de ses habitants – avaient longtemps été les figures tutélaires d'un culte des ancêtres, des monuments censés relier le présent à l'éternité. Mais ces monuments s'étaient progressivement dégradés en symboles de pouvoir et de statut et n'avaient cessé ce faisant de croître, ils étaient devenus plus grands puis plus grands encore et, au bout du compte, ils avaient commencé à dévorer la vie sur l'île.

Dans la carrière de tuf de Rano Raraku d'où la quasi-totalité des moaïs avaient été extraits pour être ensuite traînés vers les plates-formes cérémonielles, les *ahus* dispersés sur toute la surface de l'île, dit l'homme mince, on pouvait voir aujourd'hui encore, inclus dans la paroi rocheuse et alignés côte à côte, en rangs superposés, des colosses de vingt mètres de haut et davantage – ils étaient là pour l'éternité, attendant vainement d'être enfin séparés de la roche, érigés et convoyés en lourdes processions sur des rouleaux faits de troncs de palmiers jusqu'à leurs ahus respectifs. Car les Rapa Nui, devenus pour finir les esclaves de leurs créatures de pierre, avaient transformé leur île en une terre désolée, sans arbres ni buissons, et s'étaient privés eux-mêmes des moyens et des forces nécessaires pour achever de tailler et déplacer ces colosses, les plus puissants, pensait-on, mais qui n'étaient en réalité que les derniers de leur espèce.

La faim ! L'homme mince était convaincu que la faim avait été le véritable destin caché de ce peuple, de son peuple. Car lorsque tout ce qu'il y avait à abattre avait été abattu, lorsque tout ce qu'il y avait à pêcher et à chasser avait été pêché et chassé, que les bosquets de palmiers eurent disparu et qu'il ne resta même pas assez de bois pour construire de nouveaux bateaux de pêche, les clans, qui avaient exploité jusqu'alors le domaine de l'île sur la base d'un partage équitable, en étaient venus aux mains : ils avaient renversé et décapité les moaïs dressés au prix de peines indicibles par leurs voisins respectifs, après quoi, non contents de s'entre-tuer, ils avaient fini par s'entre-dévorer. Que le monde ruiné des Rapa Nui eût de surcroît été envahi plus tard par des colons qui poussèrent à travers le pays dépeuplé d'immenses troupeaux de brebis et de vaches, concentrèrent les derniers habitants de l'île dans des aires clôturées ou les déportèrent sur la côte rocheuse du Pérou où on les fit travailler comme esclaves dans les gisements de guano – il ne fallait y voir que l'accomplissement d'une malédiction qui venait du cœur même de l'île et non de quelque part, au loin.

Sa propre mère, dit l'homme mince, était décédée quatre ans auparavant, d'une septicémie à en croire la médecine, en réalité elle était morte de faim. Des années durant, elle avait vomi en cachette presque tout ce qu'elle ingérait ou que le père la forçait à manger lors de ses rares visites. Aujourd'hui encore, il lui arrivait de l'entendre s'étrangler comme de son vivant, lorsqu'il la suivait parfois en catimini, après le repas, dans l'étroit et sombre couloir menant aux toilettes, dans la maison des parents, à Hanga Roa.

Mais cette faim endurée, ce jeûne perpétuel n'était peut-être que l'expression d'une tentative désespérée visant à s'affranchir du destin de son peuple et à se retirer dans un corps *astral*, oui, elle appelait astral ce corps enfin libéré de sa funeste dépendance envers quelques bouchées de pain. Car celui qui n'avait pas faim de pain n'avait pas non plus faim de champs, de pâtures, de pouvoir, et ne songeait ni à dominer, ni à tuer, ni à manger qui que ce fût. Peut-être était-ce cela que les moaïs voyaient, eux qui tournaient le dos au Pacifique, l'élément le plus puissant de ce monde, pour ne sonder du regard que l'intérieur de l'île et le cœur de ses habitants.

Quant à lui, ajouta l'homme mince, c'était sans le vouloir et, dans un premier temps, sans même en prendre conscience, qu'il avait recueilli pour ainsi dire par héritage le manque d'appétit de sa mère et réalisé de la sorte le rêve qu'elle semblait avoir caressé tout au long de sa vie. Car contrairement à elle, à qui il était encore arrivé, cédant occasionnellement à une irrésistible fringale, de se rendre de nuit, discrètement et encore à moitié endormie, dans la sombre cuisine pour y engloutir, quand bien même c'était pour le rendre ensuite intégralement, tout ce qui lui tombait sous la main, il avait, lui, perdu vraisemblablement à jamais toute envie de manger.

L'homme mince se cramponna si fortement au bastingage que les jointures de ses doigts devinrent toutes blanches. Quand l'écume humecta et fit briller le dos de ses mains, sa peau comme vitrifiée parut aussi fine que les ailes transparentes et délicatement nervurées d'une chrysope verte.

Qu'y avait-il de mieux à faire, dit-il en se balançant d'avant en arrière sans lâcher la rambarde, spéci[illegible] de crise ou de famine, que de se re[illegible] auprès du dieu afin de lui demander son aide, pour être enfin délivré de cette faim qui dévorait tout, donc de se rendre là où ce dieu était à demeure – à Manu Motu Motiro Hiva, l'île derrière laquelle commençait l'infini ? À combien de Rapa

Nui ce pèlerinage avait-il bien pu coûter la vie ? Car ils avaient beau être passés maîtres dans l'art de la navigation et tenir compte, lorsqu'il s'agissait de calculer leur route, non seulement des étoiles mais de facteurs aussi différents que le relief et la couleur des vagues, les courants, la force des vents et, même, les ornements caractéristiques tracés dans le ciel par les oiseaux en vol, la traversée n'en était pas moins effectuée sur des radeaux de jonc, sur des brassées de roseaux ! par une mer comme celle-ci.

Les sternes fuligineuses, dit l'homme mince en désignant des oiseaux noir et blanc semblables à des mouettes qui venaient de s'envoler en silence du haut d'un promontoire rocheux et tournoyaient à présent, sans doute par curiosité, autour de notre bateau, les sternes fuligineuses étaient des oiseaux sacrés pour les Rapa Nui. Leur apparition signalait le début du printemps ou, du moins, de ce qui était considéré sur l'île comme le printemps et fêté en tant que tel. Toute l'année et le temps lui-même étaient pour ainsi dire mis en branle par ces oiseaux. D'ailleurs, la croyance selon laquelle un dieu avait fait de cette île sa demeure tenait peut-être bien, en grande partie, à la présence des sternes consacrées qui nichaient là. N'était-il pas remarquable de voir comme la vie grouillait sur ces falaises volcaniques, et les noms merveilleux dont cette vie se parait n'étaient-ils pas remarquables, eux aussi – puffin de la nativité, fou masqué, pétrel de castro, gygis blanche… Tous ces oiseaux nichaient là.

Lorsque l'homme mince plongea la main dans la poche plaquée de sa chemise et en retira un morceau de pain noir gorgé d'eau, je crus qu'il avait l'intention de nourrir les sternes fuligineuses qui, ici, si loin au large et à l'écart de toutes les routes nautiques fréquentées, n'avaient peut-être jamais vu ni d'hommes ni de bateaux. Mais l'homme mince porta le pain mouillé à sa bouche et, les yeux braqués sur l'île noire qui ne cessait de danser de haut en bas et de bas en haut, lentement, se mit à manger.

Chant de territoire

Je vis une silhouette lointaine devant une tour de guet délabrée de ce rempart de près de neuf mille kilomètres de long appelé *Wànli Chang Chén – mur inconcevablement long* dans le pays de ses bâtisseurs, muraille de Chine dans le reste du monde.

Il avait neigé le matin et je marchais depuis des heures sur la muraille, entre Jinshanling et Simatai, dans la province de Hebei. Comme une guirlande chassée par le vent et restée accrochée aux sommets et aux arêtes du massif de Yan, la muraille crénelée avec ses tours de guet et ses bastions serpentait à travers la montagne inhabitée, plongeait du haut d'escarpements abrupts, en pente raide, dans des vallées désertes d'où elle remontait en pente tout aussi raide, changeait de direction pour longer sagement une ligne de crête, bifurquait une nouvelle fois pour rejoindre le tracé idéal imaginé par des architectes et des généraux depuis longtemps disparus.

Si la neige précoce n'avait fait ressortir plus nettement que d'habitude tout ce qui était sombre, maçonnerie, ruines, rochers, je n'aurais sans doute pas remarqué la silhouette à cette distance. Mais à présent, je crus même voir que l'individu qui se tenait là-bas portait des jumelles à ses yeux et regardait dans ma direction.

Très accidentée et à moitié écroulée par endroits, la section de la muraille où je me trouvais était peu fréquentée en cette saison, et pour n'avoir rencontré âme qui vive alors que je marchais depuis près de deux heures, j'étais surpris, un peu effrayé aussi, de voir tout à coup quelqu'un qui venait de la direction opposée et arrivait manifestement à ma rencontre ; le fin tapis de neige devant moi ne présentait en effet pas de traces de pas.

La silhouette ne broncha pas tandis que je plongeais dans l'ombre d'un passage en creux que je franchis dans la neige mouillée, non sans craindre d'être arrêté de l'autre côté, à hauteur de la tour de guet, par quelque soldat ou gardien qui m'interdirait de poursuivre ma randonnée à cause de l'état de délabrement de la muraille dans ce secteur. Le plus grand ouvrage d'art du monde avait toujours servi de carrière aux habitants des alentours, et l'armée de libération du peuple elle-même, sous Mao Tsé-Toung, avait encore utilisé les pierres de la muraille pour la construction de ponts et de chemins carrossables, mais depuis que le rempart bénéficiait du statut de monument historique, sa surveillance était assurée, parfois jusque dans les régions les plus reculées, par des militaires de garde, voire par des factionnaires bénévoles.

J'avais entendu parler à Pékin de compétitions entre *coureurs de muraille* au terme desquelles était déclaré vainqueur celui qui avait parcouru la plus grande distance sur des sections interdites d'accès, en principe barrées. Hormis les quelque cinq cents kilomètres de muraille constituant les sections bien entretenues ou bien restaurées et accessibles en toutes saisons, le rempart en ruine s'étirait sur des milliers de kilomètres, parfois envahi par la végétation au point de ne plus se distinguer de la nature environnante.

Cependant, après avoir escaladé non sans mal une pente si raide qu'on avait l'impression de grimper à une échelle, lorsque je rejoignis enfin la silhouette plantée devant la tour, je ne tombai ni sur un soldat ni sur un coureur de muraille mais sur un Européen aux cheveux blancs qui ne portait pas de casquette malgré le froid et se mit à maudire la neige après un cordial échange de salutations.

Mr. Fox, originaire du comté gallois de Swansea, était un *birdwatcher*, un ami des oiseaux, en route sur la muraille depuis tôt le matin pour observer les oiseaux chanteurs, les photographier et enregistrer leurs chants, leurs appels d'alerte ou de défense à l'aide d'un minuscule magnétophone numérique. C'était la quarante et unième section de la muraille qu'il explorait de la sorte.

Mais, dit Mr. Fox, que pouvait-on espérer voir et entendre par ce temps de neige ? Il était bien placé pour comprendre les oiseaux chanteurs : la plupart d'entre eux détestaient la neige autant que lui et se tenaient à présent immobiles dans leurs cachettes, le plumage gonflé, afin d'économiser leurs forces en ce jour où la nourriture était inaccessible, enfouie sous la blanche froidure. Une alouette de Swinhoe,

Calandrella cheleensis, une grive à gorge rousse, un gobe-mouches du paradis… c'était tout pour ce matin.

Mr. Fox avait vécu à Hong Kong comme auteur et traducteur de modes d'emploi jusqu'à la rétrocession de la colonie de la Couronne à la République populaire de Chine ; après avoir pris sa retraite, il s'était établi avec son épouse, une archéologue dont la Grande Muraille constituait depuis toujours l'un des principaux centres d'intérêt, dans la ville natale de cette dernière, Shanghai. De là, il s'était rendu trois jours auparavant, par le train de nuit, à Pékin où, sans y faire halte, il avait pris à la gare routière de Dong Zhi Men le premier car à destination de cette section de la muraille, la dernière de la province de Hebei qui lui restait à visiter. Et voilà qu'aujourd'hui, il s'était mis à neiger. De la neige en octobre !

Fox était là pour compléter autant que possible sa collection de chants d'oiseaux, un album censé contenir la totalité des oiseaux chanteurs vivant le long de la Grande Muraille qui, selon les plus récentes estimations, avait atteint son déploiement maximal sous la dynastie Ming, au seizième et au dix-septième siècle de notre ère : une immense nuée d'oiseaux voltigeant autour du Grand Dragon. Car en Chine, la muraille était souvent comparée à un dragon qui plongeait sa langue dans l'eau de la mer Jaune et déclenchait en battant de la queue les tempêtes de sable dans le désert de Gobi.

Wànli, dit Mr. Fox, cette expression chinoise qui désignait la longueur de la Grande Muraille calculée d'après une ancienne unité de mesure, d'ailleurs diversement définie suivant les dynasties et équivalant tantôt à trois cents mètres, tantôt à près de six cents mètres, ne signifiait pas seulement *dix mille li*, car *li* était aussi un signe exprimant l'infini, l'inconcevable : une muraille d'une longueur de dix mille li, autrement dit, *dix mille fois inconcevablement* longue.

Bien entendu la longueur exacte de la muraille en kilomètres avait toujours prêté à discussion : telle période de construction n'avait-elle pas été prise en compte au détriment de telle autre ? les montagnes, fleuves et lacs constituant des barrières naturelles que l'on avait pour ainsi dire incorporées à la Wànli Chang Chéng devaient-ils être considérés ou non comme faisant partie intégrante de l'ouvrage ? Mais tout cela n'avait aucune importance aux yeux de Mr. Fox. Il suivait, lui, le chant des oiseaux le long de la ligne tracée par le Grand Dragon, une ligne qui bifurquait tantôt à gauche, tantôt à droite en fonction des dynasties, des successions au trône, du dérou lement des guerres. Et cette ligne mesurait quelque neuf mille kilomètres de long.

Whiskey ? En voulais-je une gorgée ? Fox ne se rendait jamais sur la muraille sans sa flasque de whiskey irlandais. L'irlandais, celui de la République, celui du Sud et non du Nord exposé au danger des bombes, était le plus doux et son préféré.

À dire vrai, tout était parti d'une idée de sa femme. Il l'avait accompagnée – et cela remontait déjà à près de trente ans – dans la province de Ningxia. La muraille, dans cette région, courait à travers des paysages plutôt désolés, des zones industrielles, entre des raffineries, le long de décharges fumantes. C'était pourtant à Ningxia, précisément, qu'un oiseau, *Turdus mandarinus*, le merle chinois, avait exécuté un chant d'une si exaltante beauté qu'ils en avaient été tous deux comme ensorcelés et que Mr. Fox n'avait pu s'empêcher de penser à son père qui était resté si souvent assis avec sa lampe frontale sous les arbres de Swansea, tâchant de noter fiévreusement sur du papier à musique la mélodie frénétique entonnée dans l'obscurité par quelque rossignol ou merle. Son père insérait ensuite dans ses compositions pour instruments à vent les intervalles diatoniques, motifs de trois notes et séries chromatiques empruntés, par exemple, au chant d'un merle.

Pourtant, les chants des oiseaux chanteurs, loin d'avoir seulement pour objet l'amour et la perpétuation de l'espèce, relevaient plus fréquemment encore du *chant de territoire.* En tant que tels, de par leur variété, leur virtuosité et suivant leur portée sonore, ces chants étaient censés maintenir un rival à distance, voire le mettre en fuite. C'était d'ailleurs un résultat que son père avait également réussi à obtenir, du moins jusqu'à un certain point, avec sa musique pour instruments à vent. Les merles, quant à eux, étaient capables d'imiter les chants d'une douzaine d'autres espèces d'oiseaux, de même que certains bruits typiquement humains tels que les pleurs d'un petit enfant, le ronflement d'un moteur, des rires, de lointaines sirènes d'alarme… et *chantaient* en somme *les frontières* de leur empire, se moquant du même coup, semblait-il, de toute lourdeur, de tout attachement à la terre et de tous ceux qui n'avaient pas l'indicible bonheur de faire partie de ces créatures semblables à des anges ailés, à des anges chanteurs, jouissant de la liberté qui consiste à pouvoir s'enlever à tout moment dans les airs ou à plonger dans le vide du haut des plus hautes tours, arbres ou falaises, à déployer les ailes durant la chute, à planer soudain et à remonter dans le ciel sans effort, en se laissant porter par un courant d'air ascendant.

À Ningxia, à l'époque, lui et sa femme avaient écouté religieusement le chant du merle, après quoi, tout en scrutant un reste de Grande Muraille enfoui sous une épaisse végétation, elle avait dit : le chant. Il y avait donc d'autres moyens. Chant de territoire à la place de murs crénelés ! Des notes à la place de pierres taillées, des chants de frontière !

Ils avaient alors rêvé de remplacer la muraille inconcevablement longue par un chœur unique de chants de territoire alignés côte à côte en rangs serrés : un rempart de chants, les uns délicats et limpides, les autres tout en trilles enjoués, tous ensemble constituant les séquences d'une mélodie irrésistible et à laquelle nulle oreille ne pouvait se soustraire, si bien que tout intrus ou agresseur devait en être bouleversé au point de prendre la fuite sous le coup de la peur – ou charmé au point d'oublier son avidité, sa haine ou son agressivité et de n'être plus capable de rien d'autre que d'écouter avec ravissement.

Quelle idée, n'est-ce pas, dit Mr. Fox : attribuer des chants aux sections de la muraille construites sous les différentes dynasties, celles des Qin et celles des Han, sans parler de celles des Wei, Zhou, Tang, Liao, Ming, des chants d'oiseaux qui continuaient d'être chantés encore et toujours et de plus belle alors même que les murailles les plus épaisses et les bastions réputés imprenables étaient en grande partie tombés en ruine.

Peut-être que l'empire d'un homme aussi peu musicien que Mao Tsé-Toung était voué à se désagréger rapidement du seul fait qu'il avait été le premier et le seul de tous les Empires chinois successifs où les oiseaux chanteurs n'étaient pas seulement tués et mangés par gourmandise comme dans nombre de pays européens mais où tous les oiseaux, sans exception, devaient être tués en tant que mangeurs de céréales et avaient en effet été tués par millions et par dizaines de millions, et ce jusque dans les provinces les plus reculées de cette prétendue République populaire. On avait connu ici un printemps au cours duquel le ciel au-dessus de Pékin était en effet *libre d'oiseaux* ! Drôle de liberté, en vérité.

Tandis que Mr. Fox parlait de dynasties et d'empires dont aucun n'avait su soustraire à l'usure du temps des remparts aussi longs et solides fussent-ils, tandis qu'il parlait encore d'oiseaux et de gens, le silence, un silence de neige, s'était appesanti sur la muraille. Mais comme il me tendait la flasque pour me faire boire le coup de l'étrier, le chant de la grive à gorge rousse qu'il avait déjà enregistré le matin même s'éleva en contrebas de la cime d'un arbre qui lâchait des coussins de neige sous l'effet du soleil. *Chant d'automne*, comme dit Mr. Fox : moins fort, exigeant moins d'espace mais plus ornementé, plus gai que les chants de printemps parce que libéré de certains impératifs coïncidant avec la fonte des neiges, notamment la recherche d'un partenaire, l'instinct de reproduction. Tout se passait, en partie du moins, comme pour les hommes, comme pour lui-même : un oiseau d'automne n'avait plus besoin d'en imposer à quiconque. Il chantait, si toutefois il venait à chanter, davantage pour lui-même que pour qui que ce soit d'autre.

Le chant de la grive nous accompagna encore un moment tandis que nous nous éloignions l'un de l'autre sur cette muraille inconcevablement longue et que chacun se dirigeait vers son but, lui vers Simatai, moi vers Jinshanling, chacun dans les traces de l'autre.

Herzfeld

Je vis une tombe ouverte à l'ombre d'un araucaria géant. L'arbre se dressait comme une tour très haut au-dessus des autres arbres d'un village de montagne ceinturé de bruissantes forêts d'eucalyptus de l'État fédéral brésilien du Minas Gerais. Chaque fois qu'un coup de vent brassait sa cime, il se produisait là-haut un frôlement à peine perceptible, semblable à la respiration d'un dormeur, suivi d'une averse de graines d'un brun doré, lâchées par d'innombrables cônes accrochés aux branches écailleuses, des graines comme des gouttes qui pleuvaient sur un petit groupe de gens endeuillés, pleuvaient sur le toit de bardeaux d'une maison à colombages qui aurait aussi bien pu se trouver dans le sud de l'Allemagne, sur des plates-bandes fleuries, des chaises cannées, sur un pick-up garé à proximité immédiate de la tombe et dont les portes étaient grandes ouvertes, tombaient en tambourinant sur le cercueil cloué que l'on descendait justement dans la fosse où Senhor Herzfeld reposait dans une robe de chambre bleue. Il était mort le jour même, tôt le matin, dans les bras de sa femme et allait être enterré dans son jardin. Le bourgmestre, en route pour Belo Horizonte où l'appelaient ses responsabilités administratives, y avait consenti par téléphone sans faire d'histoires, en raison de la chaleur.

J'avais fait la connaissance de Herzfeld trois jours auparavant à l'occasion d'une garden-party, sous des parasols blancs, à une table ornée de fleurs et couverte d'une nappe blanche. Il m'avait tendu une petite assiette pleine de graines d'araucaria décortiquées et grillées dont le goût ressemblait à celui des pignons de pin. Ces graines, m'avait-il dit, ne recelaient pas seulement la force et la volonté de vivre de l'un des arbres les plus anciens de l'histoire de l'évolution mais aussi sa propension à défier le ciel : un araucaria brésilien pouvait se hisser jusqu'à quarante mètres de haut et davantage en direction de la voûte céleste, en direction du soleil, des étoiles et atteindre dans cette noble posture des centaines d'années et jusqu'à mille ans. Il avait construit sa maison de campagne dans les montagnes de Minas à l'ombre d'un tel araucaria.

Senhor Herzfeld, fils d'un fabricant d'aiguilles à coudre établi dans le Brandebourg, avait quitté l'Allemagne tout jeune en compagnie de sa sœur et était arrivé au Brésil via l'Angleterre et la France, sur un bateau d'émigrants surchargé, en un temps où son pays natal et avec lui de nombreux pays d'Europe devaient être cloués pour mille ans sur la croix gammée. Mais lorsque ces mille ans s'achevèrent au terme de quelques interminables années de terreur, réduits en fumée par une guerre mondiale, Senhor Herzfeld et sa sœur ne voulurent pas retourner dans le pays où leurs parents et sept membres de leur famille avaient été assassinés à cause de leur nom. Après tous ces morts, rien là-bas ne pouvait redevenir comme avant.

Avec un ami de Pernambouc, Senhor Herzfeld s'était lancé dans le commerce du cuir, des bois précieux, des agates et de nombreuses autres matières premières de sa nouvelle patrie et se trouva de la sorte en situation, un après-midi d'août, planté cœur battant sur une jetée de Rio de Janeiro – une émeraude montée en bague dans le poing – de regarder descendre une jeune femme venue d'Allemagne par l'échelle de coupée d'un transatlantique parti de Hambourg. Lorsque, toujours sur la jetée, il serra ensuite longuement dans ses bras cette jeune femme qu'il n'avait pas vue depuis quatre années, et lorsqu'il entendit le léger tintement de la bague tombée de son poing ouvert, il crut savoir qu'il ne connaîtrait de sa vie moment plus heureux.

J'avais vidé la petite assiette de graines d'araucaria grillées en l'accompagnant d'un premier puis d'un second verre de cachaça et Herzfeld parlait des larges cravates aux singuliers motifs labyrinthiques qu'affectionnait son père qui n'avait d'ailleurs jamais mis le nez dans une synagogue mais se rendait à l'église chaque dimanche, paré de l'une de ses cravates à labyrinthe ; parlait des mains de sa mère qui devenaient blanches dès qu'elle restait assise sans bouger, blanches comme neige mais jamais froides, parlait du pied minuscule d'une danseuse en porcelaine portant des ballerines rouges, un fragment d'une statuette de Meissen qu'il avait gardé sur lui comme talisman des années durant et jeté dans la mer près de Santos après son mariage seulement – un policier en civil avait brisé la danseuse dans l'appartement de ses parents lors de l'arrestation du père... –, et parlait encore tandis qu'on allumait les lampions pour éclairer la garden-party et que les invités prenaient congé et disparaissaient les uns après les autres dans le crépuscule et dans la nuit. Lorsque la femme de Herzfeld – la jeune fille venue d'Allemagne – insista pour que l'on parte parce qu'un chien et deux chats affamés attendaient à la maison, il m'invita à venir le voir le lendemain à son bureau, dans le quartier de Higienopolis. Il se proposait de continuer à raconter, je pourrais continuer à écrire.

Et le lendemain, dans un sombre bureau décoré de cristaux de roche, d'agates polies, d'améthystes, de scintillantes géodes et des plus belles pierres précieuses du Brésil, Herzfeld continua effectivement à raconter, mais sans arriver à rejoindre le présent, jusqu'à ce que cette journée touchât également à son terme. Il faisait presque nuit lorsqu'il me proposa de poursuivre notre entretien dans sa maison de campagne, dans le Minas Gerais où il comptait passer les prochains jours qui s'annonçaient intolérablement chauds à São Paulo. Son gendre avait l'intention de le rejoindre dès le surlendemain et pourrait m'y emmener en voiture.

Mais lorsque le téléphone sonna dans ma chambre d'hôtel le matin du départ prévu, le gendre en question observa un singulier silence après s'être présenté et m'apprit ensuite que Herzfeld était mort cette nuit même dans sa maison de campagne. Lui et sa femme étaient en train de chercher dans les armoires du défunt le vêtement qu'il porterait dans sa tombe et s'apprêtaient à prendre la route pour Minas. Herzfeld serait inhumé chez lui avant le coucher du soleil.

Le gendre, également invité l'autre jour à la garden-party qui paraissait soudain avoir eu lieu longtemps auparavant, ne manifesta pas la moindre surprise et ne posa aucune question lorsque je le priai de m'emmener comme convenu, et nous quittions donc la ville peu après, à bord d'une jeep noire, et roulions ensuite durant des heures, de village en village, tandis que la fille de Herzfeld ramenait enfin la vie de son père au présent, évoquant notamment sa peur des tropiques, une peur qui l'avait empêché, bien qu'il fît commerce de marchandises venant de Bahia, de l'Amazonas, du Mato Grosso ou de l'Alagoas, de franchir jamais la latitude géographique de Rio de Janeiro pour poser ne fût-ce même qu'un pied dans le Nord tropical. Nous avions aussi à remplir en cours de route une mission que nous avait confiée la femme de Herzfeld : nous devions acheter un cercueil car il n'y avait pas de menuisier à Minas. Et nous fîmes halte dans ce but devant l'une de ces boutiques qui, dans de nombreux villages où nous passions, exposaient dans la rue des cercueils de toutes les couleurs, en différents bois et avec différentes finitions.

Le menuisier, qui faisait aussi normalement office de croquemort, avait un bras en écharpe, la main enveloppée dans un gros bandage taché de sang : il s'était tiré dans la main ce matin même en nettoyant son revolver, pouvait nous vendre le cercueil de notre choix et, même, nous accompagner chez le défunt mais, s'agissant de la mise en bière et de l'enterrement proprement dit, son aide se limiterait à nous conseiller.

Un cercueil en planches d'eucalyptus arrimé sur le toit de la jeep, nous poursuivîmes notre route à quatre. C'est en vain que le croquemort nous invita à réciter au moins un Ave Maria. Personne, dès lors, ne trouva plus rien à raconter.

Lorsque nous touchâmes au but, la femme de Herzfeld nous attendait devant un portail de jardin peint en blanc : la jeune fille sur l'échelle de coupée, la jeune fille venue d'Allemagne. Elle était très pâle. Léon s'était levé dans la nuit pour boire un verre d'eau. Il avait disparu longtemps, trop longtemps, si bien qu'elle avait fini par aller le chercher. Elle l'avait trouvé près du poêle en faïence. Il respirait encore mais on l'entendait à peine, ses yeux étaient fermés et il ne souffla mot quand elle s'assit à côté de lui et voulut l'aider à se relever, le ramener au lit, à la vie. Elle ne voulait surtout pas le laisser seul, pas une seconde, pas même pour appeler à l'aide. Elle l'avait donc pris dans ses bras, l'avait bercé par moments, lui avait parlé à mi-voix, l'avait supplié de rester, de rester auprès d'elle, de rester encore auprès d'elle rien qu'un petit moment, jusqu'à ce qu'il poussât ce profond soupir suivi d'un silence de mort.

Dehors le soleil brillait, mais à l'intérieur de la maison aux rideaux tirés, la flamme d'une bougie vacillait dans le courant d'air. Senhor Herzfeld était adossé au poêle de faïence, comme durant les soirées d'hiver où il pouvait faire froid, même à Minas. Son visage était recouvert d'un mouchoir blanc brodé d'initiales qui ne correspondaient ni au nom de sa femme ni au sien. Le mouchoir glissa sur le sol, comme nous nous employions, le gendre m'ayant prié de l'aider pour ce faire, à étendre le défunt sur un canapé surchargé de coussins. Sa bouche était légèrement entrouverte, découvrant l'émail d'une canine où se reflétait une minuscule étoile, la flamme de la bougie.

La rigidité cadavérique nous empêcha de le revêtir du costume que nous avions apporté et il ne nous restait qu'à faire de notre mieux pour allonger Senhor Herzfeld dans son cercueil, en position de dormeur, revêtu simplement de sa robe de chambre bleue. Comme c'était lourd, un homme qui ne respirait plus et ne pouvait faire le moindre mouvement susceptible de soulager ceux qui le portaient.

Le menuisier nous conseillait, nous dirigeait avec sa main bandée et ne cessait de parler au défunt, le priant à voix basse de nous pardonner de troubler d'emblée son repos éternel, le priant de se laisser compresser encore un peu ici ou là, le priant, pour l'amour de Dieu miséricordieux, de ne pas nous rendre la tâche plus difficile qu'elle ne l'était, à nous, ses aides, ses dévoués serviteurs, mais nous conjurant en même temps de renoncer enfin à prendre des gants et de presser le mort de toutes nos forces dans l'étroit logement du cercueil, après tout, le temps des souffrances était à jamais révolu pour Senhor Herzfeld.

Un peu plus tard, il appelait les deux jardiniers qui avaient creusé la fosse sous l'araucaria. Tous deux entrèrent torse nu et en sueur dans la maison du mort, se signèrent et chuchotèrent une prière. Ensemble, nous portions ensuite le cercueil hors de la sombre maison, dans la lumière éblouissante du jardin où nous attendait un petit groupe de proches endeuillés, dix à douze personnes habillées de vêtements d'été clairs et légers, certaines en pleurs. Un voisin avait garé son pick-up à côté de la fosse, les portes grandes ouvertes.

Comme nous descendions le cercueil à l'aide de cordes de chanvre dans la terre rouge, les haut-parleurs incorporés dans ces portes diffusèrent *Plus près de Toi, mon Dieu.*

Si chacune des graines d'araucaria qui tombèrent en pluie sur le cortège de deuil, sur la tombe, sur le jardin de fleurs, le toit de la maison de campagne et le cercueil recelait un arbre millénaire en puissance, alors – tandis que la fille de Herzfeld lisait un poème de Goethe d'une voix si faible que je n'en saisis que quelques mots entre deux coups de vent et que sa femme, les yeux perdus dans le vide devant la tombe ouverte, parlait une dernière fois à son bien-aimé Léon –, alors c'est une sorte d'éternité qui, avec ces graines, ruissela sur nous à cette heure, d'entre les branches.

Cueilleurs d'étoiles

Je vis un serveur s'étaler de tout son long sur le parking d'un café de la ville côtière californienne de San Diego. Alors qu'à l'instant même il paraissait encore très à l'aise avec son plateau chargé de boissons qu'il portait en équilibre au-dessus de l'épaule, l'homme avait trébuché sur un câble reliant la batterie d'une voiture à un télescope guidé par ordinateur. À présent il était couché dans les débris des verres, des bouteilles et des tasses constituant la commande de clients qui s'étaient subitement avisés qu'il valait mieux sortir que de rester collé au bar, ou qui attendaient déjà dehors depuis des heures, debout entre les voitures ou assis sur des chaises pliantes qu'ils avaient pris soin d'emporter, tous occupés à observer à travers les jumelles, au télescope ou à l'œil nu le ciel crépusculaire où scintillaient les premières étoiles.

Contrairement à ce que laissait à penser son pantalon déchiré à hauteur d'un genou et sa chemise ornée de coquelicots imprimés semblables à des taches de sang, l'homme ne paraissait pas avoir trop souffert de sa chute. Muet, sans se plaindre ni jurer, il se releva, tira de sous le cabriolet garé à cet endroit le grand plateau rond de cuivre qui avait roulé dessous en tintinnabulant et se mit ensuite à quatre pattes pour ramasser et entasser posément sur le plateau les débris dégoulinant de café, de vin, de jus de fruits et d'eau minérale.

Le ciel vespéral et nocturne de ces journées de mars était traversé par l'une des plus brillantes comètes des mille dernières années, un corps céleste mesurant à peine soixante kilomètres de diamètre qui traçait dans le ciel nocturne, avec sa queue de poussière jaune doré et son autre queue de gaz bleu, un sillage de cinquante millions de kilomètres de long. La comète était passée la veille au soir à son point orbital le plus proche de la Terre, soit à une distance d'environ deux cents millions de kilomètres, et replongeait à présent dans les abysses de l'espace d'où elle avait surgi. Après des mois tout au long desquels elle était apparue, à côté de la grande étoile Sirius, comme le corps le plus lumineux du ciel nocturne, elle allait à présent redevenir progressivement plus petite et plus discrète. Elle finirait par disparaître totalement et on ne la reverrait ensuite qu'en l'an 4535. La comète avait été baptisée Hale-Bopp, du nom de ses deux découvreurs, Alan Hale et Thomas Bopp qui l'avaient repérée indépendamment l'un de l'autre en mesurant l'amas globulaire M70 dans la constellation du Sagittaire, et peu de temps après s'être rapprochée au point de devenir visible à l'œil nu, il était apparu à l'évidence que, tout au long de l'histoire de l'humanité, aucun corps céleste n'avait jamais attiré sur soi autant de regards.

Ces dernières semaines, au cours de mes longues marches dans le désert de Mojave et la sierra Nevada, j'avais souvent vu Hale-Bopp se détacher au-dessus des silhouettes de montagnes enneigées ou des horizons noirs du désert, et à la radio de mon véhicule tout-terrain, j'avais entendu parler des peurs, des espérances, des rêves et des conjectures astronomiques associés à cette lumière voyageuse. Il y avait, disait-on, des esprits superstitieux et des adeptes de sectes qui n'y voyaient pas simplement une comète parcourant le ciel mais un signe divin annonçant la fin du monde prochaine ou la venue d'un sauveur tout-puissant.

En l'espace de quelque six cents jours durant lesquels on avait pu observer, même à l'œil nu, son rayonnement alternativement croissant puis décroissant, la comète avec sa double-queue – une troisième queue constituée de natrium ne se montrait que dans les télescopes des plus grands observatoires – était devenue un objet céleste si habituel qu'il n'y aurait sans doute pas eu, en cette soirée de mars, un public aussi nombreux sur le parking du café si le programme n'avait comporté un second spectacle qui devait se dérouler à proximité immédiate de celui qu'offrait la comète – une éclipse de Lune impatiemment attendue par nombre d'astrophotographes et autres passionnés d'étoiles.

La situation du café, au sommet d'une colline avec vue panoramique sur les lumières de la ville et du ciel, avait attiré en ce lieu plus d'une centaine de clients et d'observateurs. Arrivés sur les lieux en fin d'après-midi déjà, ils avaient disposé entre les rangées de voitures leurs télescopes, trépieds et appareils photographiques et commencé à discuter autour des tables rondes du café en buvant du vin, de la bière ou des jus de fruits, la question essentielle étant de savoir si le ciel passablement nuageux et mouvementé ne masquerait pas finalement le spectacle et si l'on ne ferait pas bien de décamper d'ici en vitesse, juste avant qu'il ne soit trop tard, pour prendre position en pleine campagne où le ciel était moins chargé. Et tandis que les conversations allaient bon train, le temps, lui, passait lentement.

Mais lorsque le jour déclina, que l'obscurité gagna du terrain puis que la nuit tomba, lorsque les nuages disparurent au loin comme tirés par des fils invisibles, laissant apparaître la comète dans toute sa splendeur, un ciel constellé d'étoiles et une Lune encore sans zone d'ombre, alors le temps se mit à filer plus vite. Et quand le moment vint, calculé à la seconde près, où la Lune commença à glisser indolemment mais inéluctablement dans l'ombre de la Terre, quand elle perdit progressivement de son éclat et que la comète parut d'autant plus lumineuse, alors le temps s'envola. Les appels des témoins de l'éclipse massés sur le parking, *La Lune ! La Lune ! C'est parti !* résonnaient comme des cris d'alarme et attirèrent au-dehors les derniers clients restés à l'intérieur du café.

Et là-dessus, il n'y eut soudain plus que le firmament parfaitement dégagé et la sombre place pleine de gens silencieux, levant les yeux vers les étoiles entre lesquelles la comète la plus lumineuse du millénaire passait devant une Lune occultée – et pourtant, il y avait quand même encore, derrière un front de verre éclairé, ce long comptoir déserté d'où un serveur portant un plateau lourdement chargé se détachait, sortait dans la nuit, se faufilait entre les voitures et les télescopes tout en jetant encore et encore de furtifs coups d'œil en direction du ciel, jusqu'à ce que se fît entendre un méchant et soudain fracas et que l'homme se retrouvât étalé sur un tapis de débris de verre.

Mais tandis que loin, très loin dans le cosmos, le spectacle céleste suivait son cours imperturbable, que l'ombre de la Terre, notre ombre glacée glissait sur les espaces lunaires désolés et que Hale-Bopp s'éloignait derechef de notre planète à une vitesse de près de cent soixante mille kilomètres à l'heure, on assistait sur le sombre parking taché d'huile au début d'un contre-spectacle nocturne dispensant une clarté d'une autre nature.

Car bien que l'on sût qu'il faudrait attendre longtemps, très longtemps avant que ne se produise une éclipse de Lune d'une beauté comparable et que la comète en fuite, après avoir progressivement pâli puis disparu, ne se représenterait que dans environ deux mille cinq cents ans, mais plus jamais, jamais dans l'histoire de cet univers aussi étroitement associée à une éclipse totale de Lune, tous les témoins et spectateurs… non, pas tous mais bon nombre d'entre eux, en tout cas plus, beaucoup plus que l'on ne s'y serait attendu, se détournèrent de cette chose extraordinaire, de cet événement cosmique unique, pour se tourner vers le serveur à terre, tournèrent le dos au ciel, se penchèrent vers l'homme muet, penaud, et lui tendirent les bras. Et comme il ne voulait pas se lever mais continuait à ramasser les débris à quatre pattes, ils s'agenouillèrent à côté de lui et l'aidèrent à collecter les débris de verre qui scintillaient encore sous la Lune occultée, on aurait dit qu'ils cueillaient des étoiles sur l'asphalte noir.

Le pont céleste

Je vis une chaîne de collines noires, rocheuses, sur laquelle déferlaient des dunes de sable. Le front de hauteurs dénudées s'était hissé peu à peu hors du désert de sable et de cailloux au fil de deux heures de piste en quatre-quatre à travers les confins septentrionaux du Sahara marocain, jusqu'au moment où devinrent également visibles les formidables cônes rocheux qui couronnaient le sommet de nombreuses collines. Une croupe rocheuse plate sur laquelle se dressait une rangée de ces cônes faisait penser à une énorme mâchoire hérissée de crocs.

L'éboulis noir qui dévalait de ces dents dans la dépression abritée du vent où l'on était en train de vider la voiture et où une tente allait être dressée ne présentait pas la moindre trace de végétation. Pas même de buissons épineux, pas de chardons, pas de lichens. Le chauffeur, vêtu d'un daraa bleu indigo, la tunique des nomades, enroula un tissu noir autour de sa tête et de son visage jusqu'à ce qu'il ne subsistât qu'une fente au niveau des yeux, me fit signe de le suivre et s'engagea dans la montée.

Bien qu'il ne portât que des sandales de cuir et que son daraa qui le couvrait jusqu'aux chevilles se gonflât encore et encore comme une voile sous les rafales de vent, il avançait d'un pas ferme, presque en dansant, même lorsqu'une pierre roulait sous ses sandales ou qu'un coup de vent lui faisait perdre un instant l'équilibre. Et en dépit de la pente très raide que l'on gravissait, il lui restait assez de souffle pour poursuivre ce qu'il avait commencé à me raconter dans la voiture.

Venant de l'ouest et dévorant progressivement le bleu du ciel jusqu'au-dessus de nos têtes, un nuage de sable jaune pâle se pressait à notre rencontre. Il fallait se dépêcher si nous ne voulions pas risquer de nous perdre en retournant à notre campement, désorientés par les tourbillons de sable.

Trois mille ans et plus, jusqu'à mille ans de plus dans certains cas, dit le chauffeur, c'était l'âge de ces cônes de pierre, des tertres funéraires édifiés par un peuple du désert dont l'histoire n'avait pas retenu le nom. Il ne restait de lui que ces tombes. Beaucoup de morts, comme l'avaient révélé les fouilles, avaient été transportés à travers le désert sur plusieurs centaines de kilomètres, plusieurs centaines de kilomètres à travers la fournaise d'une terre sans hommes ! et cela uniquement pour les inhumer dans cette solitude.

La raison, dit le chauffeur, en était un récit qui avait traversé les millénaires et parlait d'un astre, une météorite tombée du ciel nocturne et dont le point d'impact se situait précisément dans cette cuvette ceinturée de collines noires. La traîne de feu visible de loin était apparue aux témoins oculaires de l'événement, des nomades qui, à l'époque déjà, sillonnaient la région, comme un pont de lumière plus brillant que toutes les étoiles réunies, un pont qui avait relié le ciel à la terre le temps d'une respiration.

Le pont céleste avait beau s'être éteint à l'acmé de son rayonnement, les yeux des témoins n'en avaient pas moins conservé la trace de son image éblouissante, et son impérissable souvenir allait être entretenu et transmis au fil des siècles jusqu'à atteindre pour finir les bords les plus éloignés du désert, jusqu'à éveiller d'ardentes aspirations en tout lieu où il était évoqué et à inciter des gens en deuil à transporter leurs morts jusqu'ici.

Pouvait-on seulement imaginer, en guise de dernière demeure, un lieu plus riche d'espérance, plus clairement dédié à la paix que l'extrémité terrestre d'un pont qui vous conduisait hors de ce monde de souffrances, hors de ce monde calciné, déchiré par les tempêtes de sable et les guerres, en direction des étoiles ? Et n'était-ce pas un dernier et peut-être le plus beau témoignage d'amour envers les morts que de les transporter à travers le désert, des semaines, des mois à travers le désert, jusqu'à ce pont, pour les inhumer ici même, sous ces cônes de pierre dont les pointes montraient les étoiles ?

Cette nuit, dit le chauffeur en désignant la masse jaune pâle des nuages de sable en train d'engloutir la chaîne de collines à l'ouest, cette nuit le ciel au-dessus de notre campement aurait disparu et nous ne verrions, à sa place, que des tourbillons de sable dans les faisceaux de nos torches, mais il suffisait que quelqu'un ait simplement entendu parler un jour de ce pont de lumière pour pouvoir le reconstruire par la pensée même en pleine tempête de sable, chaque nuit, tout au long de sa vie, et reconnaître en lui le plus court chemin menant aux étoiles.

Mort à Séville

Je vis un taureau de combat noir andalou par un radieux dimanche des Rameaux aux grandes arènes de Séville. Comme s'il était le moyeu d'une roue constituée de plus de douze mille spectateurs et tournant en trombe autour de lui, le taureau se tenait là, immobile, respirant bruyamment, empêtré dans un lacis de traces de combat creusées dans le sable, comme plongé dans la contemplation de son adversaire, un torero à cheval qui l'attendait à une distance de cinq à six fois la longueur de sa monture. Entre les omoplates du taureau étaient plantées six banderilles, des dards longs comme le bras, enveloppés dans du papier multicolore, qui faisaient penser à un bouquet de fleurs froissées. À chacune de ses respirations, du sang perlait aux blessures causées par la pointe des dards et coulait en ruisseaux sinueux à travers le pelage et jusqu'aux sabots de l'animal.

Trois *rejoneadors*, des toreros à cheval, inauguraient la saison des combats de taureaux ce dimanche après-midi en présentant en selle la forme la plus ancienne de ce genre de combats et en tuant ce faisant six taureaux au cours de six corridas successives. À la différence du matador affrontant le taureau à pied, le torero à cheval n'avait à ses côtés ni les picadors avec leurs lances et leurs chevaux caparaçonnés, ni les banderilleros avec leurs dards multicolores. Tout ce qu'il y avait à faire au cours de cette danse de mise à mort soumise à des règles strictes se jouait dans le cadre d'un drame dont les seuls protagonistes étaient le cavalier, son cheval et le taureau. Un rejoneador n'a ni cape ni muleta, donc ni l'une ni l'autre de ces pièces d'étoffe rouges ou roses qui servent à leurrer et à guider le taureau dans le combat à pied, et au cours d'un après-midi comme celui-ci, le corps non protégé du cheval remplace ces étoffes et présente au taureau des angles d'attaque qui doivent être préservés de ses cornes grâce aux seules figures de la haute école de l'art équestre andalou.

Cinq taureaux avaient déjà été tués puis traînés hors de l'arène par un attelage de mules au cours de ce dimanche des Rameaux lorsque celui-ci, le dernier, qui respirait bruyamment et perdait à présent son sang, avait surgi de l'obscurité du toril et s'était immobilisé en pleine course au centre de l'arène vide, comme surpris, dérouté, voire terrifié de n'avoir pas été lâché dans la nature, là-haut, au-dessus du golfe de Cadix, où il avait passé les quatre premières années de sa vie, mais dans cet immense espace nu, grondant, sabré de traces sanglantes. Il n'en avait pas moins répondu aux appels réitérés du rejoneador et avait fini par charger le cavalier et son splendide cheval blanc. Mais à la différence des cinq taureaux tués avant lui, on aurait dit qu'il ne chargeait pas pour renverser, enfoncer, tuer, mais uniquement pour écarter de son chemin un obstacle qui l'empêchait de regagner son pâturage. Et ses assauts étaient devenus de plus en plus timides lorsqu'il s'était avéré que ce qui lui barrait le chemin non seulement ne se laissait pas repousser mais le piquait et le blessait chaque fois qu'il était sur le point de l'atteindre.

À deux reprises déjà, le cavalier avait laissé flotter les rênes et, brandissant les banderilles à bout de bras comme en signe d'allégresse, il s'était lancé au grand galop en direction du taureau et lui avait planté au passage dans le garrot les dards multicolores aux pointes munies de crocs. Cependant, même la douleur n'avait pas déclenché chez le taureau la fureur agressive que l'on attendait de lui et le public unanime avait fini par exiger que lui soient posées, pour le punir de son indolence, de sa lâcheté, les *banderillas negras*, des dards enveloppés de papier noir, la couleur de la honte, et munis de crocs plus longs qui pénétraient plus profondément dans la chair de l'animal.

Lorsque ces banderilles, jaillies comme deux éclairs noirs des mains du rejoneador, eurent atteint leur cible, alors seulement le taureau manifesta enfin la fureur qui allait permettre au cavalier de déployer toutes les facettes de son art.

Usant à profusion de changements de pieds au galop, de *pesades*, *levades*, déplacements latéraux et courbettes, il laissait encore et encore s'approcher les cornes du taureau jusqu'à une largeur de main de ses bottes, des flancs de son cheval blanc, avant de faire exécuter à sa monture, d'une traction à peine perceptible sur les rênes ou d'une légère pression des cuisses, un gracieux et salutaire mouvement d'esquive.

Au vu de la menace de mort qui pesait sur chaque figure de cette danse au cours de laquelle un cheval peut être éventré et répandre ses boyaux dans le sable, le cavalier écrasé par sa monture mortellement blessée ou traîné, le pied coincé dans l'étrier, devant cornes et sabots avant d'être encorné et piétiné, le spectacle offert par le cheval en proie à une frayeur mortelle, maîtrisée sans fouet ni cravache avait quelque chose de proprement phénoménal.

Le public se déchaîna lorsque le rejoneador, après une série d'attaques adroitement déjouées, fit accomplir à sa monture un reculer de biais très exactement mené à l'allure d'un nouvel assaut du taureau et le laissa ce faisant s'approcher si près qu'il parvint, en se penchant soudain loin hors de la selle, à caler son coude entre les cornes de l'attaquant, à s'accouder sur le crâne du taureau ! et à transformer son propre corps en un pont entre un taureau noir fou de rage et un cheval blanc en proie à un effroi mortel. Il se redressa ensuite en une fraction de seconde et obtint, au prix d'un cabrer à la demande suivi d'une pirouette, que le taureau fonce dans le vide.

En raison du défilement rapide des figures, on ne s'aperçut pas tout de suite que le cheval blanc avait quand même été atteint, éraflé par une corne. Un long soupir poussé à l'unisson résonna dans l'arène lorsqu'on vit le large ruisseau de sang qui s'écoulait sur son flanc, faisant paraître plus vulnérable, plus précieuse encore sa robe blanche. Mais le rejoneador fit un signe de dénégation. Il ne voulait pas changer de cheval, s'inclina profondément sur la crinière nouée en tresses, sur l'encolure blanche comme neige et embrassa les deux oreilles de l'animal avant de lui chuchoter quelque chose, une parole apaisante, un ordre, peut-être une prière. Et une fois encore, l'arène soupira lorsque, aussitôt après, le cheval blanc qui saignait s'agenouilla avec son cavalier devant le taureau. Et celui-ci, d'un coup de reins, se mit en mouvement comme s'il voulait piétiner ce geste de soumission – ou bien était-ce de la provocation ? –, se rua, vola sur le cheval qui paraissait déjà perdu lorsque le cavalier lui fit accomplir, au tout dernier moment, une volte salvatrice.

Le président de la place – il était assis sous un baldaquin, quelque part dans la foule en délire – avait donné le signal du *tercio de la muerte*, le dernier tiers de la corrida, celui de la mise à mort, et le rejoneador avait déjà reçu des mains d'un aide, en bordure de l'arène, la lance courte qu'il devait faire disparaître dans le faisceau des banderilles pour la mise à mort du taureau, et c'est alors – dans le suspens d'un épuisement momentané au cours duquel le cavalier et le cheval se découpaient comme statufiés dans le sable maculé de traces de combat tandis que le taureau, planté à une distance de cinq à six longueurs de cheval, paraissait absorbé dans la contemplation de l'adversaire –, c'est alors qu'un cri se fit entendre, venant des rangs à bon marché, tout en haut, sans que l'on pût savoir s'il était sorti de la bouche d'un homme ou d'une femme : *Indulto ! Grâce ! Grâce !*

Un taureau a beau avoir combattu assez courageusement et suscité suffisamment d'enthousiasme pour mériter amplement d'être renvoyé sauf de l'arène, guéri de ses blessures et autorisé à vivre en paix dans son pâturage d'origine, il n'en est pas moins rare, très rare que le public ait recours à cet appel pour demander sa grâce. *Indulto !* Mais dans des arènes comme celles de Séville, un tel appel ne pouvait de toute façon aboutir que s'il était repris par un chœur de milliers de voix et pas simplement, comme c'était le cas en ce dimanche des Rameaux, par une seule toute petite voix.

Le rejoneador leva la tête et balaya les gradins d'un regard circulaire, mais quand il s'avéra que cette unique voix elle-même ne viendrait plus troubler le silence exacerbé du public, il se redressa sur sa selle et leva sa lance comme s'il ne faisait que donner ainsi au taureau un signal convenu depuis des siècles. Et celui-ci, là-dessus, se remit une fois encore en mouvement, d'abord comme au sortir d'une grande fatigue, mais l'instant d'après, il était lancé et fonçait à sa rencontre, de plus en plus vite, inéluctablement.

Fantômes

Je vis des fantômes. Ils étaient sept, non : huit ! Pour ainsi dire sans forme, hauts comme des arbres, comme des tours, ils se déplaçaient en tournoyant côte à côte dans l'un de ces déserts de sable et de roches qui occupent le haut plateau central désolé de l'Islande.

C'était par un après-midi tempétueux d'octobre et la saison des longues courses en voiture ou à pied dans ces hautes terres était déjà passée, mais parce que les météorologues avaient annoncé une période de pression atmosphérique stable, j'étais en route depuis quelques jours déjà en compagnie d'un photographe de Reykjavík, à bord d'un quatre-quatre – et à pied dans des coins accidentés inaccessibles aux voitures – sur des chemins au tracé confus, entre les glaciers de Longjökull, Hofjökull et le grand Vatnjajökull. Les nuits, nous les passions à couvert du vent, derrière des tours rocheuses, sous la tente ou dans l'un des nombreux refuges qui, dans cette région, sont un peu partout à la libre disposition des voyageurs en quête d'un abri pour la nuit. Le soir, par des températures glaciales, nous nous baignions parfois dans des sources chaudes.

Le photographe voulait profiter de cette période de beau temps pour s'adonner à une passion qui le poussait à explorer sans cesse non seulement les terres désolées de l'Islande mais tous les déserts du monde : il photographiait les marques et repères de passage placés sur les chemins, les plus anciens comme les plus récents, les empilements artificiels de pierres, cairns, cônes et colonnes de pierres préhistoriques ou contemporains, les signes d'orientation taillés dans des parois rocheuses, et constituait ainsi photo après photo un ensemble représentatif de tout ce qui pouvait aider un homme à atteindre son but ou, du moins, à le guider sur le chemin du retour ou de la fuite.

Nous avions suivi des itinéraires très anciens, pratiqués durant des siècles mais aussi depuis longtemps tombés en désuétude, remplacés par de nouveaux tracés, et à hauteur d'embranchements et de bifurcations dissimulés sous une couche de sable noir apporté par le vent, nous avions vu des hommes taillés dans la pierre qui étaient autrefois aussi sévèrement protégés par les lois de l'île que la vie elle-même : celui qui détruisait ou déplaçait ces repères encourait la peine de mort ou, pour le moins, une peine de mutilation, car tous les chemins à travers le désert menaient en définitive à la mer et il n'y avait qu'à proximité du littoral que l'on trouvait de la nourriture, un abri et la société des hommes. Brouiller les pistes menant dans cette direction revenait à renier cette société et sa propre vie sans recours en grâce possible.

Tout en conduisant notre voiture à l'allure de l'escargot à travers des éboulis, le photographe m'avait parlé des proscrits et des hors-la-loi de l'ancienne Islande que l'on bannissait dans les hautes terres et qui se livraient entre eux à d'incessants combats quand ils ne s'en prenaient pas aux rares voyageurs contraints de s'aventurer dans le désert. L'un des plus tristement célèbres de ces réprouvés était devenu le héros de l'une des innombrables légendes islandaises – on l'avait poussé hors du monde des hommes après que le bourreau lui eut coupé une jambe. Mais une fois guéri de sa blessure, le gaillard se mit à sautiller sur une jambe à travers le désert, apprenant à se déplacer ainsi de plus en plus sûrement et rapidement dans les moraines et dans le sable volcanique, et ce jusqu'au jour où il se prit à faire la roue, un art dans lequel il atteignit au fil des années et dans la solitude un degré de perfection tel qu'il finit, sous la forme d'une silhouette poussiéreuse tournant comme une roue, par avancer beaucoup plus vite que n'importe laquelle des proies qu'il était amené à pourchasser. Il était perdu d'avance, celui qui était pris dans un tourbillon de poussière et voyait soudain danser à sa rencontre quelque chose qui ressemblait à un feu follet.

Durant nos nuits sous la tente ou dans des refuges vides et glacés, ou lorsqu'il attendait avec une patience apparemment inépuisable la meilleure lumière possible pour photographier les vestiges d'un empilement de pierres perdu dans l'immensité anonyme, le photographe ne me décrivait pourtant pas le haut plateau comme le domaine exclusif des réprouvés mais aussi comme celui des fées, des trolls et des esprits, et c'est ainsi qu'il en vint à me parler de *ses* héros qui étaient aussi ceux des anciennes légendes islandaises – du poète Gunnlaug qui combattait avec l'épée et la hache ou d'Égill qui fendit le crâne d'un ennemi dès l'âge de sept ans, de Grettir qui était si fort qu'il pouvait porter un bœuf sur ses épaules, de Gísli qui combattait encore et encore bien que son sang s'épanchât par plusieurs profondes blessures, et qui finit par piétiner ses ennemis à mort, jusqu'au dernier.

Mais bizarrement, avait dit le photographe qui disposait d'un mot pour nommer chaque nuance de la lumière du jour, bizarrement, nombre de ces héros, après avoir survécu à toutes les batailles et s'être baignés dans des flots de sang, succombaient au bout du compte à une peur d'enfant – la peur du noir. Cette peur avait tenaillé certains parmi les plus glorieux héros de l'Islande au point qu'au bout du compte ils ne croyaient plus avoir à connaître d'autre ennemie que la nuit, une nuit invincible qui descendait sur eux peu à peu et que rien ne pouvait arrêter.

Copeaux, cierges, torches – avait dit le photographe un soir, près du feu où nous préparions notre repas –, quand torturés par leur peur ils s'endormaient enfin ou tâchaient de s'endormir, il fallait toujours que quelque chose brûle, flamboie, scintille, une lumière quelconque, ne serait-ce qu'une gerbe d'étincelles. Mais lorsqu'ils se réveillaient brutalement d'un cauchemar au cœur de la nuit et que tout était éteint, et que nul réconfort n'était à attendre des fantômes qui rôdaient dans les ténèbres silencieuses, leur clan tout entier pouvait les entendre hurler de terreur.

L'après-midi tirait à sa fin, un éclat argenté recouvrait les champs de lave au sud-est – le reflet du grand Vatnjajökull dont les contreforts bordaient l'horizon comme des murs lointains, d'une blancheur de zinc. Le glacier lui-même s'étendait sur plus de huit mille kilomètres carrés de terre volcanique et renvoyait chaque lumière dans le ciel. Le soleil déclinant se frayait un passage à travers des bancs de nuages qui se mirent soudain à scintiller, à flamber.

Nous faisions halte devant un repère de pierres délabré, sur un promontoire rocheux d'où rien n'arrêtait la vue sur une succession de bandes de désert de couleur noire et ocre – et le photographe tentait de trouver dans le vent soufflant en rafales une place sûre pour son trépied – lorsque mes fantômes apparurent soudain dans le désert : des trombes qui s'élevèrent presque simultanément au loin dans un nuage de poussière devinrent rapidement aussi hautes que des arbres ou des tours et tournoyèrent à notre rencontre. J'avais déjà vu durant les journées précédentes l'un ou l'autre petit tourbillon de ce genre – le photographe les appelait *diables de poussière* – mais jamais ils ne s'étaient présentés à plusieurs et jamais si démesurément grands.

Qu'aurait éprouvé à la vue de ces tourbillons de poussière lancés à sa rencontre un héros tourmenté par le souvenir de ses ennemis massacrés, de ses compagnons, de ses amis tués au combat et des victimes innocentes de ses razzias ? À quoi songeait un vainqueur épuisé après avoir navigué à travers une mer de sang ?

Tout occupé à disposer correctement son trépied, le photographe me tournait le dos, à moi et aux fantômes. Mais lorsque je lui criai, vite ! là-bas !, qu'il allait pouvoir photographier les fantômes de ses légendes là-bas, dans le désert, lorsqu'il se redressa en se tournant vers moi d'un air perplexe et en regardant dans la direction indiquée, en contrebas, les tourbillons avaient disparu ; ils étaient retombés en poussière aussi vite qu'ils en avaient surgi, et l'immensité plane se déployait, miroitante et vide, dans la lumière du jour finissant.

Extinction d'une ville

Je vis le ciel nocturne au-dessus de la ligne de crête dentelée du massif du Taygète, frontière naturelle qui sépare, tel un rempart de deux mille quatre cents mètres de haut, les préfectures grecques méridionales de la Messénie et de la Laconie. Vega, Deneb et Altaïr, les trois étoiles alpha dans les constellations de la Lyre, du Cygne et de l'Aigle découpaient dans les ténèbres sans lune ce triangle gigantesque, embrassant des milliers d'années-lumière, qui passe en astronomie pour la constellation phare du ciel d'été dans l'hémisphère Nord.

La nuit était douce, sans le moindre souffle de vent, et si claire que les extrémités de la Voie lactée ne se perdaient pas dans la brume des couches d'air inférieures mais paraissaient s'enfoncer dans la terre obscure, sectionnées comme au couteau par les lignes d'horizon. Et pourtant, il y avait dans la paix scintillante de cette nuit d'été, dans cette absence de vent, dans cette douceur de l'air quelque chose de trompeur, de menaçant que je n'aurais su nommer.

Je m'étais arrêté avec ma moto dans un virage en épingle à cheveux de la route de montagne empierrée pour avoir fait, sans cause apparente, une embardée à la suite de laquelle je n'avais pu éviter la chute que d'extrême justesse. Tout en pestant sur ma moto à l'arrêt, je restais convaincu d'avoir crevé à l'arrière. Cela m'était déjà arrivé quelques semaines auparavant parce qu'un camion avait largué sur des kilomètres un chargement de bonbonnes vides et qu'il restait, mêlés à la poussière de la route, des tessons dont le scintillement ne vous mettait en garde que lorsqu'ils étaient favorablement éclairés. Mais je ne pouvais éviter cette route car elle était la seule qui menait de ce village au sud de Sparte, où j'habitais depuis deux mois, à une taverne offrant une vue panoramique sur la mer. Christos, le patron qui œuvrait aussi comme boucher dans les villages des alentours, avait eu la bonne idée de fixer très haut à l'un des murs peints en bleu de son troquet une structure métallique grossièrement soudée, supportant un énorme poste de télévision à tube cathodique ; sur l'écran de ce poste providentiel, les clients pouvaient suivre les nouvelles de Grèce et du reste du monde, même lorsqu'ils avaient pris place sur la terrasse panoramique : à l'air libre, en tournant le dos à la vallée, ils regardaient à l'intérieur du local par une porte à deux battants grande ouverte d'où s'échappaient soir après soir le brouhaha des spots publicitaires, la voix du présentateur du journal télévisé ou les commentaires criards d'un reporter sportif.

Le silence, tandis que je contrôlais les pneus de la moto, n'était troublé que par les cigales. La roue arrière était intacte. Avais-je dérapé sur une tache d'huile, sur quelque chose de spongieux, de mouillé ? Je fis quelques pas en arrière. La route était sèche, poussiéreuse, ne présentant aucune trace de dérapage. Dans le faisceau de ma lampe de poche, je ne vis briller aucun débris de verre. Les montagnes noires se dressaient comme découpées aux ciseaux à la rencontre du ciel étoilé.

Taygète : les cartographes avaient baptisé ces silhouettes obscures du nom de la malheureuse nymphe Taygète, l'une des sept filles du titan Atlas, qui s'était pendue dans ces montagnes après que Zeus, le père de tous les immortels, eut abusé d'elle. C'est en vain qu'Artémis, déesse de la chasse et protectrice des femmes et des enfants, avait tenté de la soustraire à la concupiscence du père des dieux en la métamorphosant en biche. Mais un dieu était forcément assez clairvoyant pour percer à jour la vraie nature d'une telle biche. Après consommation de son malheur, Taygète avait été élevée au ciel nocturne et comptait depuis lors parmi les astres les plus brillants de la nébuleuse des Pléiades. Durant les nuits d'été, elle ne grimpait cependant que très tard au-dessus de l'horizon.

Lorsque je levai quand même involontairement les yeux vers elle et ses sœurs, les Pléiades, également transférées au firmament, je compris soudain, non sans être pris de frayeur, ce que ce ciel avait de menaçant : sa noirceur inaltérée. Les nombreuses fois où je m'étais rendu de nuit par cette route de montagne à la taverne de Christos, on voyait scintiller au-dessus des montagnes, au nord-ouest, l'arc lumineux de Kalamata, la capitale de la Messénie, une lueur qui surpassait en éclat et rendait invisibles de nombreuses étoiles qui brillaient à présent dans le ciel au nord-ouest. Mais à l'heure qu'il était, pas le moindre reflet de lumière artificielle n'éclairait l'obscurité parsemée d'étoiles au-dessus de la ville qui comptait à l'époque quelque cinquante mille habitants. Kalamata s'était éteinte.

J'avais l'impression de fuir devant ce fait inexplicable tandis que je poursuivais ma route, roulant aussi vite que le permettait son tracé sinueux. La taverne de Christos brillait comme de coutume de tout l'éclat de ses tubes de néon, le ronronnement du générateur au diesel s'entendait de loin et l'écran flamboyant vous faisait déjà de l'œil dans le dernier raidillon, avant même qu'on ne s'engage dans la cour pavée, bordée de lauriers-roses. Mais il n'y avait, ce soir-là, pas un client, pas un seul spectateur sur la terrasse, tout le monde se pressait, debout ou assis, autour du poste de télévision, à l'intérieur du local, la tête levée vers l'écran, pétrifié par les images d'une catastrophe :

Des faisceaux de projecteurs glissaient par-dessus des champs de ruines ; des gens en pleurs, hurlant ou se lamentant, étaient assis par terre entre des maisons éventrées, d'autres couraient à côté d'un bulldozer ou regardaient l'objectif de la caméra, muets d'effroi. Deux hommes endimanchés – ils étaient encore en cravate et le revers de leur veste s'ornait de l'un de ces petits bouquets de fleurs que portent les invités d'un baptême ou d'un mariage – se tenaient, l'un muni d'une pioche, l'autre d'une pelle, devant le corps d'une femme coincé jusqu'à hauteur de poitrine sous une dalle de béton fissurée, maintenue en place tant bien que mal par son armature d'acier. Le bulbe bleu bizarrement intact du clocher d'une église couronnait une montagne de décombres haute comme une maison.

Les ondes sismiques du tremblement de terre qui avait détruit la ville étaient si puissantes que leurs prolongements m'avaient atteint et failli me faire tomber sur une lointaine route en lacet du mont Taygète.

Les gens réunis devant l'écran ne disaient mot. Le speaker s'étant tu à son tour, une femme invisible se mit à psalmodier en off une litanie monotone qui devait être propagée les jours suivants par les stations de radio jusque dans les villages les plus reculés – les noms des morts et des disparus dont la liste s'allongeait d'heure en heure.

Christos se détourna brièvement du spectacle des destructions pour s'informer de ce que je voulais boire, mais au lieu de m'apporter de l'eau et du vin, il revint du comptoir avec deux bougies qu'il alluma après les avoir disposées de chaque côté de l'écran sur lequel on voyait au même instant un homme en larmes, couvert de poussière, fouillant à mains nues dans les décombres.

À la lisière des terres sauvages

Je vis une jeune femme dans un couloir d'une éclatante propreté du service psychiatrique d'un établissement nommé *Hôpital du Danube*, un vaste complexe de bâtiments situé à la lisière est de Vienne. La femme était agenouillée sur le sol plastifié et se préparait à faire du feu avec du papier invisible et des copeaux invisibles. Elle avait soigneusement lissé le papier – du papier journal à en juger par son format –, avant de le froisser pour en faire une boule autour de laquelle elle disposa précautionneusement copeaux et brindilles. Les brindilles, elle les cueillait dans l'air.

Autour de cette fragile construction, elle s'employa ensuite à échafauder un bûcher fait de branchages et de bûches qu'elle retirait d'un tas de bois invisible dans son dos. Enfin tout fut prêt pour un grand feu, un feu de camp sans nul doute, car pareil empilement de matériel combustible n'avait lieu d'être que pour un feu de camp que la jeune femme tentait à présent d'allumer à l'aide d'une allumette invisible. Mais la flamme de l'allumette s'éteignit sous l'effet d'un courant d'air en provenance de l'un des couloirs du service ou, plutôt, sous l'effet du vent. Oui, plutôt du vent, de tels feux, après tout, se faisaient en plein air.

Dans le creux de sa main, la femme gratta une deuxième puis une troisième allumette jusqu'à ce que copeaux et brindilles consentent enfin à s'enflammer. Mais peut-être le bois était-il humide ou encore vert, hâtivement soustrait à la forêt épaisse, il fumait en tout cas, et la femme toussait, penchée en avant, toujours à genoux, s'efforçant d'attiser la flamme.

Le vent qui soufflait manifestement de l'est la contraignit à passer de l'autre côté du feu. Assise en tailleur, elle contemplait le spectacle infiniment varié des flammes vacillantes qui paraissaient se refléter dans ses yeux et la réchauffer. Elle retira sa robe de chambre bleue imprimée à motifs de plumes blanches et se retrouva assise devant son feu, yeux fermés, en chemise de nuit de la même couleur mais sans motifs à plumes. Lorsque je lui demandai si je pouvais me chauffer à côté d'elle, elle approuva de la tête sans ouvrir les yeux et commença, sans avoir dit mot, à se balancer comme au rythme d'une lente mélopée.

Celui qui, assis à l'endroit où nous étions assis, se levait un moment pour se dérouiller les jambes et laissait courir son regard à la ronde, pouvait voir l'infirmière-chef dans un cagibi de verre, un ange gardien inflexible qui souriait à tout bout de champ ; il pouvait voir aussi des chambres aux portes ouvertes et, à travers les fenêtres condamnées d'une salle sans attrait où les patients prenaient leurs repas ou feuilletaient de vieux magazines, les arbres au loin, bruissant silencieusement sur les berges du Danube, les lentes oscillations des cimes de gigantesques peupliers noirs, les saules argentés et les chênes, les forêts humides dans lesquelles un labyrinthe de bras morts du Danube, de vastes étangs bordés de roseaux, des mares enchâssées dans d'épais fourrés réfléchissaient les montagnes de nuages qui envahissaient le ciel à l'approche du soir.

Des hérons cendrés et des martins-pêcheurs chassaient au bord de ces eaux sombres et silencieuses. Des cormorans accroupis sur les branches d'arbres géants renversés séchaient leurs ailes aux derniers feux du soleil tandis que les rousserolles effarvattes et les blongios nains délimitaient les frontières de leur territoire en une succession effrénée de modulations sonores. Au-dessus de zones arides bruissantes évoquant des paysages de savane au cœur de la forêt vierge marécageuse, quiconque bénéficiait par décision médicale d'une permission de sortie de quelques heures, voire d'une journée entière, pouvait voir des milans rouges et des aigles de mer, des bondrées apivores et des faucons décrire leurs spirales dans les couloirs d'air chaud ascendants.

Ces terres sauvages, à présent réduites à la dimension de l'encadrement des fenêtres, la jeune femme férue d'ornithologie les avait parcourues au pas de promenade, équipée de microphones directionnels, mais aussi au pas de course, en marathonienne confirmée. Mais en ces premiers jours d'été, elle ne cherchait même plus à obtenir une *permission de sortie.* Elle ne parlait plus.

Les rossignols, ces temps-ci, avaient beau chanter aussi en plein jour des heures durant – les congénères courtisés ne sauraient être enjôlés uniquement dans l'obscurité et il faut bien que le territoire délimité par les chants appropriés soit défendu également de jour –, et les cigognes noires, de leur côté, avaient beau délaisser les prairies et survoler longuement les nombreux toits de l'hôpital comme pour passer en revue cheminées, bouches d'aération et antennes paraboliques en vue de trouver les endroits les plus propices à la construction de nids, la jeune femme près du feu n'y prêtait plus aucune attention. Il y avait déjà onze jours qu'elle ne soufflait mot.

Mais voilà qu'elle leva brusquement la tête. Prêtait-elle quand même l'oreille à l'une des nombreuses voix animales, à un chant de séduction, à un cri d'alarme au loin ? Des roues cerclées de caoutchouc couinèrent sur le sol brillant. L'heure du repas du soir.

Un aide-soignant vêtu de blanc, un Philippin, poussait dans le couloir un chariot en acier inoxydable mat derrière lequel il disparaissait pratiquement. Le porteur de repas venait de Tubuan, l'une des villes portuaires de l'île de Mindanao, dans la mer des Célèbes, et travaillait depuis trois ans dans ce service, loin de sa famille qu'il n'avait pas revue depuis et dont il avait toujours une photo sur lui.

Dans les compartiments de son chariot étaient rangés des plateaux étiquetés aux noms des pensionnaires et chargés de repas qui refroidissaient lentement au fur et à mesure de la distribution. Au début de chaque semaine, les patients se voyaient remettre dans leur chambre une liste hebdomadaire des repas proposés sur laquelle ils étaient invités à marquer d'une croix le menu de leur choix pour chaque jour de la semaine. La semaine à venir ; la semaine suivante ; et les semaines d'après ; l'avenir : sans doute ne se trouvait-il, parmi les gens qui traçaient lundi après lundi des croix sur la liste, pratiquement personne qui pût s'attendre à être congédié avant qu'on lui eût servi les repas marqués par lui d'une croix.

Comme le chariot d'acier avançait vers elle, la jeune femme fit mine de protéger son feu en étendant les bras par-dessus les flammes vraisemblablement devenues moins hautes dans l'intervalle. Gare à la gerbe d'étincelles qui jaillirait de la braise si le chariot venait à rouler dedans. Mais le Philippin poussa son véhicule lentement et prudemment de manière à contourner la femme, moi-même et la braise ; cet homme savait s'y prendre avec le feu.

Manger, dit-il. La femme ne voulait-elle pas manger ? Il y avait des fraises au dessert. C'était la saison des fraises, il fallait en profiter.

La jeune femme avait refermé les yeux, elle paraissait ne pas avoir entendu la question et, pourtant, après un court moment, elle secoua la tête.

Comme les patients, conviés à dîner par les haut-parleurs, étaient sortis de leurs chambres, avaient retiré leurs plateaux du chariot d'acier et croisaient à présent notre campement pour se rendre à la salle commune, la jeune femme désigna soudain le feu et me dévisagea. Devais-je surveiller le feu ?

Elle voulait que je reste là et j'obtempérai tandis qu'elle se levait, franchissait le couloir miroitant pour gagner sa chambre et s'allongeait sur son lit. Par la porte ouverte, je ne voyais que ses pieds. Comme toutes les fenêtres de ce service, la fenêtre de sa chambre était condamnée mais là, au moins, elle n'avait pas à partager avec quiconque la vue qu'elle offrait sur les terres sauvages. Et peut-être que, de là, elle entendait même le bruissement des arbres.

S'était-elle de nouveau réfugiée derrière ses paupières closes, dans quelque forêt pluviale, ou bien fixait-elle du regard, par-dessus le vernis à ongles de ses orteils, le mur vide sur lequel la lumière du jour commençait à décliner ? Ou les nénuphars ? Contre le mur, il y avait une table sur laquelle trônait, dans un vase fourni par l'hôpital, un bouquet de nénuphars de l'espèce de ceux qui commençaient justement à fleurir au-dehors, dans les prairies alluviales.

Allongée comme elle l'était, la jeune femme pouvait ignorer l'œil de la caméra qui, de derrière la tête de son lit, l'observait de jour comme de nuit. Le lit, la table, les nénuphars, tout ce qu'il y avait dans cette chambre figurait parmi les nombreuses images qui scintillaient côte à côte sur un grand écran de contrôle, dans le cagibi de verre, au bout du couloir, là où brûlait le feu de camp.

Des chambres vides ou *habitées* étaient visibles sur cet écran, des personnes endormies ou perdues dans leurs pensées, des personnes assises sur des chaises, marchant de long en large ou postées à la fenêtre. Tard dans l'après-midi, une heure avant le repas du soir, on avait vu apparaître sur le bord inférieur droit de l'écran de contrôle un homme portant la chemise blanche des patients du service. Il était assis sur le sol, devant la porte fermée d'une armoire sur laquelle il venait de dessiner un grand cœur, ou peut-être était-ce une pomme. Son ustensile, un feutre, lui avait été retiré par un envoyé de la cabine de contrôle. Et maintenant, il était assis devant son œuvre, les jambes repliées contre la poitrine, la tête sur les genoux, et ne voulait rien manger.

Lorsqu'elle parlait encore, la jeune femme avait lutté contre cet œil ; en vain. Et vaine avait été sa lutte pour obtenir l'obscurité nocturne : dans sa chambre, la lumière ne devait jamais s'éteindre. Elle pouvait devenir moins crue, oui, moins crue, presque crépusculaire aux heures de sommeil, mais jamais elle ne devait s'éteindre. Car c'était à la faveur de l'obscurité que pouvait arriver ce qui ne devait jamais, jamais arriver ici, dans cette maison à la lisière de la ville, à la lisière des terres sauvages, où tout devait être sous contrôle et où une personne était protégée de tout ce qui représentait une menace pour sa vie, protégée d'elle-même en particulier.

Au début de son séjour ici, avait dit la jeune femme avant de perdre l'usage de la parole, au tout début de son séjour, une voix venue du dedans du mur et qui devait faire partie de cet œil lui avait parlé, du dedans du mur, du dedans de l'oreiller aussi, et même du dedans de sa tête, elle lui avait chuchoté à l'oreille, sans trêve ni repos… Et quand elle pressait ses poings contre les oreilles afin d'obtenir enfin le silence, silence !, la voix se faisait entendre, comme la rumeur de la mer dans un coquillage, venue du dedans de ses poings fermés :

Tu ne dois pas ! Tu ne dois pas, tu ne dois pas, n'avait cessé de dire, de chuchoter, de fredonner, de marmonner cette voix, en une litanie aussi interminable que la lumière dans sa chambre, tu ne dois pas te tuer.

Tentative d'envol

Je vis un jeune albatros royal sur un escarpement herbu, proche de l'ancienne colonie maori d'Otakou sur l'île du sud de la Nouvelle-Zélande. L'oiseau juvénile était retombé dans l'herbe tandis qu'il tentait de s'envoler sous un rideau de pluie tombant à l'horizontale et tâchait à présent de remettre en ordre ses longues ailes étroites. Avec ses trois bons mètres d'envergure, il avait sans doute atteint la taille de ses parents et devait à leurs soins attentifs de peser vraisemblablement déjà plus lourd qu'eux, mais le vent qui ébouriffait son plumage brun pâle semblait être encore son ennemi plutôt que son élément. Et pourtant, il serait bientôt capable de cingler des mois durant, loin de toutes les côtes, sans se poser jamais ailleurs que sur les vagues du Pacifique. Il chasserait en vol – seiches remontant durant les heures nocturnes jusqu'à proximité immédiate de la surface, méduses, bancs de poissons ; il mangerait en vol, dormirait même en vol ; dormirait, rêverait en vol plané. Et au cours de sa vie d'oiseau de cinquante années et davantage, il ne rejoindrait plus la terre ferme qu'en période de couvaison. Mais pour l'heure, le vent le repoussait dans l'herbe ondoyante ou le soulevait comme pour le mettre à l'épreuve, le maintenait un instant en l'air au-dessus des touffes d'herbe saupoudrées d'écume floconneuse puis le laissait retomber. Il ne savait pas encore voler.

Les albatros, m'étais-je laissé dire par l'ornithologue – il m'avait pris à bord de son véhicule tout-terrain d'où j'observais les tentatives d'envol du jeune oiseau –, les albatros ne s'envolaient que neuf mois après s'être glissés hors de l'œuf sur cette terre ferme qu'ils cherchaient pourtant à quitter aussi vite que possible. L'ornithologue s'était éloigné ce jour-là de la colonie d'albatros de Taiaroa Head afin de cartographier des lieux de nidification. Il s'était arrêté à ma hauteur tandis que j'arpentais le rivage sous une averse et m'avait invité à l'accompagner jusqu'à Broad Bay. Et à présent j'étais assis au sec, dans sa voiture garée sur un parking surplombant les falaises noires, tandis qu'il explorait sous la pluie battante une pente escarpée à la recherche de nids abandonnés. Entre les spots publicitaires pour des accessoires de pêche et de navigation, l'autoradio diffusait une ballade de Bob Dylan : *My Heart's in the Highlands.*

Derrière les serpentins d'eau qui couraient sur le pare-brise, l'albatros aux ailes déployées, tantôt soulevées tantôt entrecroisées par les coups de vent, paraissait fondre, lui aussi, et lorsqu'il s'élevait un peu au-dessus des touffes d'herbe et que le vent, ensuite, le plaquait derechef sur le sol, on avait l'impression de voir une créature à plumes désorientée ou ivre, impliquée dans un processus de métamorphoses successives, qui ne surgissait de sa cachette que très brièvement pour replonger dedans tout aussitôt et en ressurgir sous une forme nouvelle.

Well my heart's in the highlands gentle and fair
Honeysuckle blooming in the wildwood air…
Feel like a prisoner in a world of mystery
I wish someone would come
And push back the clock for me.

Les albatros, dit l'ornithologue, avaient fait irruption dans sa vie pour ainsi dire en vol plané, sans y avoir été invités, et l'avaient arraché à son existence de chauffeur d'autocar de ligne pour l'entraîner dans ce monde des oiseaux qu'il ne quitterait sans doute plus. Après que sa femme avait perdu la vie dans un accident de la circulation, dix-neuf ans auparavant, il n'avait plus voulu habiter dans leur maison commune, à Dunedin, ni conduire des autocars longue distance à bord desquels il lui fallait penser jour après jour, des heures durant, aux accidents toujours possibles et à leurs victimes. C'était à cette époque-là qu'il avait réglé sa vie sur celle des albatros. Après l'accident de sa femme, sa fille cadette avait cessé de grandir pendant une année entière, oui ! carrément oublié de grandir, à trois ans seulement, pendant toute une bien triste année. Et la protestation de la petite – contrairement aux médecins, il avait en effet toujours considéré cette énigmatique interruption de croissance comme une sorte de protestation contre la disparition de la mère – n'avait pris fin qu'à partir du moment où il avait commencé à se rendre régulièrement avec ses filles à la colonie d'albatros de Taiaroa Head et à y passer des heures à observer, en leur compagnie, les merveilleux oiseaux en train de couver.

Depuis que ses filles l'avaient quitté – l'aînée s'était mariée et vivait à Perth, en Australie, la cadette avait suivi son ami en Tasmanie –, il ne vivait plus que pour les albatros. À certains d'entre eux, qui lui étaient devenus particulièrement proches, il avait donné des noms ; leurs singulières et inimitables manœuvres de vol faisaient qu'il les reconnaissait à coup sûr, même s'il ne les revoyait qu'au bout de deux ans ou davantage, quand ils revenaient enfin des fins fonds du Pacifique pour couver à Tairaoa Head.

Quand on songeait, avait dit l'ornithologue, à ce qu'il en coûtait de nourrir un jeune albatros. Certains jours, les parents devaient parcourir en vol des centaines de milles pour rassasier leur petit dernier. Parfois aussi ils devaient le laisser seul pendant plusieurs jours avant d'avoir de quoi le sustenter avec la nourriture qu'ils prédigéraient en vol. Non moins remarquable était le fait que ces créatures, qui se risquaient si loin de leur progéniture, plus loin que n'importe quel autre animal au monde, fussent également celles dont le retour était si assuré, si indubitablement programmé que le jeune, provisoirement délaissé, ne se plaignait jamais mais se dandinait placidement devant le nid en attendant le retour de ses parents, silencieux, souverainement calme, occupé à s'exercer durant des heures, voire des journées entières, sans jamais se départir de ce calme souverain, en vue de son futur envol.

Les rubans de pluie paraissaient avoir drossé quelque chose de mangeable sous le bec du jeune albatros royal. Le cou tendu, il s'évertuait à avaler sa proie, déployant en même temps ses ailes afin d'élargir sa poitrine et faire de la place pour la trop grosse becquée, tandis que la ballade de Bob Dylan était interrompue par des informations :

À Wellington, la capitale dotée d'un système vital de liaisons par ferry entre l'île du nord et celle du sud de la Nouvelle-Zélande, la terre avait de nouveau tremblé ; cette fois, on n'avait pas à déplorer de morts mais on comptait sept blessés. À Christchurch, un adolescent avait abattu un camarade avec le revolver de son père. Trois douzaines de globicéphales s'étaient échoués et avaient péri asphyxiés sur la côte nord et trois membres sur cinq de l'équipage d'un cotre de pêche s'étaient noyés après que leur embarcation avait chaviré dans une vague scélérate. En Afghanistan, la guerre faisait rage. Dans le sud-est de l'Europe, la guerre faisait rage. Dans une petite ville américaine du Midwest, un écolier avait été pris d'un accès de folie meurtrière.

Il y avait maintenant des coups de vent si violents que le lourd quatre-quatre en arrivait parfois à osciller comme sous le choc du déplacement d'air provoqué par un camion ou une locomotive passant tout près à vive allure. Et c'est alors, comme si ces informations radiodiffusées lui avaient *donné des ailes* en le confortant pour ainsi dire dans la conviction que le mieux était de laisser cette terre, toute terre ferme loin en contrebas, que le jeune albatros royal, quoique encore occupé à déglutir, s'éleva de nouveau légèrement dans l'air, mais cette fois il raidit résolument ses ailes largement déployées dans le vent ascendant et se laissa emporter, grimpa plus haut et encore plus haut tel un cerf-volant, et bien que les albatros glissent d'habitude en silence dans les airs et ne donnent de la voix qu'en période de pariade ou au combat, poussa pour finir un long cri de triomphe en décrivant quelque part, tout là-haut, une courbe parfaite avant de faire voile dans la tempête, gigantesque oiseau plus léger que l'air, paisiblement, au-dessus des falaises battues par les flots.

Le paon

Je vis un rempart de sacs de sable, une barricade d'un seul tenant, ne présentant pas le moindre point de passage, dans une ruelle de New Delhi. Le chauffeur du taxi dans lequel j'étais assis freina brutalement mais continua ensuite de rouler lentement en direction de ce rempart comme s'il espérait que l'obstacle se volatiliserait du simple fait que nous nous en approchions. Quand le rempart se fut élargi au point d'occuper la totalité de notre champ de vision, alors seulement il s'arrêta, mais sans couper le moteur, attendit un moment, les mains sur le volant, sans mot dire, et ne répondit pas non plus quand je lui demandai combien de temps nous perdrions en prenant le détour devenu inévitable. Il engagea ensuite la marche arrière, regarda par-dessus son épaule, dans ma direction et dans celle de la lunette arrière décorée de clochettes et de fils dorés, et tout en traçant de larges courbes en marche arrière, il se mit à parler des meurtriers du Premier ministre Indira Gandhi condamnés à mort, deux sikhs, des membres de sa garde personnelle dont la pendaison interviendrait peut-être dès aujourd'hui. L'armée, dit-il, s'attendait sans doute à des combats de rue après l'exécution, d'où ces sacs de sable, d'où cette ruelle déserte. Nombre de membres de sa famille, d'amis également, avaient fui la ville par crainte d'affrontements entre hindous et sikhs.

Je voulais, moi aussi, quitter le quartier où je venais de passer quelques jours, invité dans la maison d'un sikh. Dans un environnement presque exclusivement hindou, pareille maison n'était pas un lieu sûr. Au cours des massacres survenus dans le nord de l'Inde après l'attentat contre Indira Gandhi, plus de trois mille sikhs avaient été tués dans la seule ville de Delhi. Les hindous se vengeaient de la mort de leur Premier ministre sur les marchands de primeurs, ouvriers, conducteurs de rickshaws, sur quiconque avait le malheur d'appartenir au peuple des assassins de leur Premier ministre.

Va-t'en, avait dit mon hôte, va-t'en, je m'en vais aussi. Le son des coups de bâton maniés par les gardiens de la maison, deux ouvriers saisonniers du Pendjab, résonnait encore à mes oreilles, dix, douze coups à la minute censés signaler à l'ennemi que la maison n'était pas abandonnée et que l'on n'était pas près de la quitter, qu'elle était surveillée et serait défendue en cas de besoin. Les deux hommes étaient armés de fusils Enfield de la Seconde Guerre mondiale et avaient passé les nuits précédentes à tourner, dès l'irruption de l'obscurité et jusqu'au lever du soleil, autour de la maison et du mur d'enceinte du jardin hérissé de fils de fer barbelé et de tessons de bouteilles, en donnant du bâton tout au long de leur ronde, en guise d'avertissement, contre murs et cloisons.

Au cours de l'une de ces nuits, entre de longues heures d'insomnie, le martèlement incessant des bâtons avait donné lieu à un rêve dans lequel les coups de bâton étaient devenus des coups de marteau : un homme couvert de sang était traîné hors de sa maison et cloué par les mains et les pieds contre une porte entourée d'un lacis de fils de fer barbelé. Et le lendemain soir, à la suite de ce rêve, j'avais déjà cru à un pogrome lorsque, en me rendant à une boulangerie par une ruelle en pente bordée de douzaines d'échoppes éclairées, j'étais tombé sur un attroupement de gens surexcités qui se pressaient autour d'un homme couvert de sang.

L'homme portait le *dastar*, le turban des sikhs. Il gisait recroquevillé sur la chaussée, levait les bras pour se protéger, semblait-il, dès que quelqu'un se penchait sur lui et poussait des cris plaintifs comme pour demander grâce ou protester de son innocence. L'image du pogrome ne se dissipa que lorsque je vis des centaines de piments répandus sur le sol et, couchée au bord de la rue, une bicyclette chargée de paniers encore solidement arrimés dessus. Le cas devenait clair : un vendeur de piments avait fait une chute de vélo et ne voulait surtout pas qu'on le transporte ailleurs, ni qu'on l'aide à se relever. Le moindre contact d'une main paraissait lui faire mal. Dans la foule, les avis étaient partagés sur la manière de s'y prendre pour secourir le blessé, pour le retirer au moins de la rue. En définitive, on le porta en dépit de ses cris dans un rickshaw à bord duquel il disparut tandis que deux garçons aux pieds nus ramassaient les piments et qu'un artisan dinandier poussait le vélo dans son atelier.

Le taxi dans lequel j'étais assis devait me conduire à la gare. Je voulais me rendre au Rajasthan, à Jaipur et, de là, dans le désert de Thar, et je craignais de rater mon train à cause du détour que nous obligeait à faire ce barrage de sacs de sable. Sur la crête de ce rempart qui se rétrécissait à présent dans le pare-brise pendant que le chauffeur remontait la ruelle en marche arrière, il n'y avait strictement rien à voir, pas une sentinelle, pas un casque, pas de barbelés. Nos regards se croisaient tandis que le chauffeur, dont les yeux étaient fixés sur la lunette arrière, répétait *no problem, no problem*, nous arriverions à la gare en temps voulu, et que je voyais s'étirer devant nous, à travers le pare-brise, la ruelle que nous étions en train de quitter.

Et c'est alors que je vis le paon. Du toit en terrasse d'une maison voisine où flottait du linge mis à sécher, il sauta sur le rempart de sacs de sable, s'avança majestueusement jusqu'en son milieu, fit mine de déployer sa longue queue en une roue dont les nombreux yeux devaient simuler un monstre et effrayer tout agresseur potentiel, referma cependant son éventail de plumes à peine entrouvert, comme s'il venait seulement de remarquer que la ruelle trouée de nids-de-poule était déserte, déserte à l'exception d'un taxi qui rampait en arrière suivant une ligne serpentine, déserte : pas un rival en vue, pas un admirateur, pas un ennemi.

L'attentat

Je vis le cortège d'un roi sur le boulevard Durbar Marg, en plein centre de la capitale du Népal, Katmandou : trois limousines noires, escortées par des fourgons de police, des blindés légers et des motards en armes glissaient sous les arbres dont les frondaisons retentissaient du babil entrecoupé de cris rauques d'une multitude de renards volants qui, avant d'entamer leurs vols nocturnes, paraissaient se faire encore rapidement l'écho des dernières rumeurs. Accrochés aux branches, tête en bas, comme d'énormes fruits à fourrures, et enveloppés dans leurs ailes de chauve-souris, ils couvraient de leurs voix criardes jusqu'au bruit des moteurs du cortège royal.

Gyanendra Bir Bikram Shah Dev, incarnation de la divinité hindoue Vishnou et roi du Népal, avait manifestement hâte de se retrouver avant la nuit à l'abri de son palais. Car en ces premiers jours de l'été, les rois semblaient mourir plus vite que leurs sujets.

Il se trouvait, au sein du peuple de Gyanendra, un nombre grandissant de sujets qui se rassemblaient plus volontiers sous le drapeau rouge des maoïstes que sous la bannière de la monarchie, et les voix se faisaient de plus en plus nombreuses qui exigeaient l'abdication du roi, voire son arrestation et, parfois même, sa mort. Pourtant Gyanendra n'occupait le trône que depuis quelques jours.

À peine deux semaines auparavant – une fièvre infectieuse me retenait alors dans une tente en pleine montagne, à la frontière népalo-tibétaine –, j'avais tenu pour une folle rumeur, générée par les troubles qui secouaient le pays, la nouvelle rapportée alors à notre campement par un guide du peuple des Tamang :

Le frère aîné de Gyanendra, Birendra, qui avait accédé au trône des années auparavant et gouvernait le Népal d'une main de fer, avait été abattu, disait-on, dans l'une des salles à manger du palais. La reine, les princes et les princesses, soit au total dix membres de la famille royale, avaient connu le même sort que le monarque

Ma fièvre étant tombée, j'avais pu me mettre en route pour Katmandou où j'étais arrivé après dix jours de marche harassante. Dans l'intervalle, d'innombrables rumeurs et suppositions contradictoires au sujet du déroulement des faits avaient cheminé, donnant lieu à un bruit confus de voix criardes qui s'apaisait pourtant chaque fois que le danger menaçait, jusqu'à se confondre avec le babil des renards volants. Juste après le massacre, on disait que Gyanendra lui-même, qui s'était précisément absenté du palais le soir de l'attentat, était mêlé à l'assassinat du roi dont la disparition lui permettait d'accéder au pouvoir. Mais petit à petit, c'était une autre version des faits qui allait s'imposer et se propager comme la seule vraie jusque dans les vallées les plus reculées de l'Himalaya :

Le prince héritier Dipendra, un autre frère de Birendra et de Gyanendra, n'avait pas voulu se soumettre à la décision du roi qui menaçait de le priver de son droit de succession s'il s'obstinait à refuser d'épouser la femme qu'il lui destinait et que Dipendra n'aimait pas. Il persistait, disait-on, à vouloir épouser l'élue de son cœur et l'arrêt royal le mettait au désespoir. Enivré d'alcool et de drogues, Dipendra avait quitté la table à la suite d'une dispute, était revenu peu après, sanglé dans une tenue de combat, armé de deux pistolets-mitrailleurs, et avait ouvert le feu, tuant le roi et les membres de la famille réunis autour de la table. Il avait ensuite retourné l'une de ses armes contre lui et s'était mortellement blessé.

Dipendra devait succomber trois jours plus tard à ses blessures mais, dans l'intervalle, tandis qu'il gisait inconscient sur son lit d'hôpital et sans qu'à aucun moment il eût repris connaissance, il fut désigné comme le successeur du frère qui venait de périr de sa main et proclamé à son tour roi du Népal. Le lendemain de cette proclamation, il passait de vie à trépas et Gyanendra monta sur le trône à sa place : Trois frères, trois rois maudits.

Au massacre du palais royal succédèrent des troubles qui firent des morts et des blessés et au cours desquels les versions contradictoires du déroulement des faits furent exhibées sur des pancartes et braillées dans des mégaphones. Le jour où j'allais quitter le pays pour rejoindre l'Inde, l'aéroport était fermé. La brutalité avec laquelle policiers et militaires procédèrent contre les sujets perturbés du royaume himalayen réveilla le souvenir de la férocité avec laquelle, de son vivant, le roi Birendra avait impitoyablement réprimé jusqu'à la moindre velléité de contestation. Personne à Katmandou n'avait oublié que sur ce même Durbar Marg où un convoi sous haute protection se dirigeait à présent vers le palais, le défunt roi avait fait ouvrir le feu sur les manifestants et tirer à vue sur les infirmiers et secouristes qui tentaient de venir en aide aux blessés.

Les devantures des échoppes et les cafés étaient déjà éclairés et, dans le flot des passants, pressés ou non, qui s'écoulait sur Durbar Marg, il ne se trouvait manifestement que fort peu de gens pour s'intéresser au convoi sur le point de s'engager dans Narayanhiti Path, la rue menant au palais. Je n'y avais moi-même prêté attention qu'en entendant l'antiquaire avec lequel j'étais en train de marchander une tête de Bouddha en pierre me lancer soudain *the king ! the king ! the king !* tout en montrant du doigt les limousines dont les vitres teintées ne faisaient pourtant que refléter les frondaisons des arbres et les grappes de renards volants accrochées dedans – et c'est à ce moment-là, précisément, qu'un éclair éblouissant déchira l'air, suivi d'une détonation assourdissante accompagnée d'une averse de flammèches qui s'abattit sur le croisement où se trouvait justement le convoi. Une longue rangée d'échoppes se retrouva aussitôt plongée dans le noir.

Le flot des passants, apparemment indifférent à la bombe ou à la mine qui venait d'exploser, continua de s'écouler tranquillement en tous sens. Seuls parurent céder à un mouvement de panique les membres du convoi et les renards volants. Une centaine d'entre eux au moins déployèrent soudain leurs ailes de chauves-souris et voltigèrent dans l'air comme chassés des branches où ils étaient accrochés par l'onde de choc de l'explosion. Ils flottaient à présent tel un nuage noir au-dessus du convoi du roi et des têtes de ses sujets.

Les limousines filèrent en trombe en direction des portails du palais tandis que des soldats sautaient d'un fourgon et que deux blindés légers se mettaient en position de combat. Mais où était l'ennemi ?

Craignant peut-être que je ne profite de la coupure d'électricité pour disparaître, le marchand d'antiquités dont la boutique avait également été plongée dans l'obscurité à la suite de l'explosion me retira la tête de Bouddha des mains et déclara en riant que je venais d'assister à un feu d'artifice népalais typique.

Ce qui venait d'exploser, c'était l'un de ces transformateurs-tours enroulés dans un cocon de fils électriques, de conduits et d'isolateurs qui se dressaient çà et là tels des vestiges monumentaux du chaos originel dans de nombreuses ruelles de Katmandou. Dans le meilleur des cas, la ville royale ne pouvait à l'époque être éclairée que par moitié : le courant électrique arrivait un jour sur deux, les jours pairs de ce côté-ci du fleuve Bagmati, les jours impairs de l'autre côté. Dans les rues des quartiers non éclairés, on brûlait alors les ordures, on cuisinait sur ces feux, on se chauffait autour, et dans les fenêtres brillaient les flammes vacillantes des bougies. Mais la rive heureuse et bien éclairée pouvait également être plongée d'un seul coup dans les ténèbres du fait de l'explosion d'un transformateur. On pouvait voir alors des gerbes d'étincelles courir le long des câbles tombés sur la chaussée ou, accroché à une ligne connectée à la terre suite à la rupture d'un fil, un renard volant foudroyé par la décharge électrique et dégageant une épaisse fumée. Les renards volants se cramponnaient si fort à ce qui leur offrait une dernière prise que la mort elle-même ne parvenait pas à les en arracher. J'ai vu des câbles auxquels étaient encore accrochées deux griffes de renard volant alors que le reste du cadavre avait depuis longtemps disparu, dévoré par les oiseaux ou tombé en poussière.

Le roi ; le roi. Mais peut-être le commerçant s'était-il trompé et n'y avait-il à bord des limousines que des hauts fonctionnaires, des marchands d'armes, des diplomates, peut-être *the king* ne se trouvait-il dans aucune des voitures blindées. Le dernier roi du Népal pouvait fort bien ne pas avoir quitté le palais ou, au contraire, en être sorti, soigneusement déguisé, et avoir pu constater par lui-même dans les ruelles de sa ville que son temps était révolu. Peut-être, après tout, les blindés légers auraient-ils pris position là où ils se trouvaient à présent, parés à tirer, même sans la pluie de flammèches, même s'il n'y avait pas eu d'explosion. Descendus de leur camion, les soldats avaient tiré les cigarettes de leurs poches et fumaient tranquillement en regardant les boutiques obscures. Les passants, les flâneurs étaient toujours là, mais on aurait dit qu'ils marchaient un peu plus vite que tout à l'heure. Les soldats veilleraient à ce que soit respecté le couvre-feu récemment décrété.

Peut-être, dit le commerçant avant de m'annoncer son dernier prix pour la tête de Bouddha, les renards volants avaient-ils voulu défier le roi en envahissant soudain le ciel au-dessus de lui, démontrer en franchissant sans peine murs et barrages de barbelés qu'il n'avait aucun pouvoir sur eux et donner ainsi l'exemple au peuple népalais. Pour ces mangeurs de nectar, de fruits et de fleurs, les jardins et parcs royaux étaient des cibles privilégiées. Au mépris du couvre-feu et des zones interdites, très haut au-dessus de la tête des soldats et des gardes, ils volaient chaque soir dans leur direction et ne se privaient pas d'y pénétrer.

Attaque aérienne

Je vis quatre avions de chasse monomoteur qui volaient tout près de la surface scintillante du lac de retenue de San Sebastián, dans les hautes terres boliviennes. Les appareils militaires faisaient manifestement route vers la ville minière de Potosí située à quatre mille mètres d'altitude, dans une région dont le sous-sol regorge de zinc et d'argent. Le bruit des moteurs remontant des vallées environnantes, perceptible depuis un moment déjà, mais de manière imprécise, réduit à un vague ronronnement ondoyant, se précisa soudain quand les chasseurs surgirent au-dessus d'une ligne de crête rase, se renversèrent ensuite pour plonger en piqué et passer dans un fracas infernal à quelque trente mètres au-dessus du lac.

Pas un arbre, pas un buisson ne poussait sur les pentes surplombant le lac où je cheminais par cette matinée glaciale de juillet – la neige tombée dans la nuit avait fondu malgré le froid sous le soleil aveuglant du matin –, en compagnie d'un biologiste bavarois et de son amie, une doctoresse italienne native de Pistoia. Nous nous étions rencontrés dans une pension inchauffable de Potosí qui servait depuis trois mois de base au biologiste occupé à répertorier les mousses et les lichens endémiques de l'*altiplano*, le haut plateau dénudé qui se déploie à une altitude de trois à quatre mille mètres, entre les Andes occidentales et orientales. Tiziana, son amie, ne l'accompagnait que durant quelques semaines d'été et rejoindrait ensuite la clinique milanaise où elle travaillait comme anesthésiste. Ce matin-là, comme nous progressions sur les pentes proches des rives du lac, nous parlions une fois de plus de notre départ imminent, qu'à trois reprises déjà le biologiste et son amie avaient différé. J'étais en route pour le Pérou, uniquement de passage à Potosí, mais je m'étais joint à eux parce qu'ils se proposaient de m'emmener à bord de leur camping-car jusqu'au lac Titicaca et au-delà, jusqu'à Arequipa, au Pérou.

Oui, oh oui, avait dit cette fois encore le biologiste, mais oui, et aussi vite que possible, il voulait filer au Pérou aussi vite que possible, dès demain, juste cette dernière excursion encore, au lac de San Sebastián. Après tout, aucun d'entre nous n'aurait vraisemblablement l'occasion de remettre jamais les pieds dans ces hautes terres.

À la suite d'un putsch sanglant ourdi à La Paz par les puissants marchands de cocaïne du pays, le général Garcia Meza était devenu en ces jours de juillet le nouveau dictateur de la Bolivie ; mais aussi l'un des plus cruels que l'on eût connus jusqu'alors, ainsi que l'on devait s'en apercevoir au cours de la seule année où il exercerait le pouvoir. Comme paralysés par un effroi aux dimensions du pays, trains et autocars interrégionaux restaient cloués sur place. La plupart des routes étaient barrées ou encombrées de véhicules militaires ; les lignes téléphoniques étaient coupées. Parmi les maigres nouvelles qui parvenaient jusqu'à Potosí, il était question d'une vague d'arrestations et de nombreux morts.

Que ses troupes et partisans ne rencontreraient pas d'amis, du moins pas en nombre, dans une ville de mineurs comme Potosí n'avait assurément pas de quoi surprendre le nouveau maître du pays. L'escadrille de chasseurs au-dessus du lac était peut-être une démonstration de sa vigilance. Les avions passèrent en vrombissant juste sous nos yeux et si près de la pente caillouteuse que nous gravissions en haletant dans l'air raréfié que je pus voir les têtes casquées des pilotes dans leur cockpit de verre. Deux d'entre eux se tournèrent au passage dans notre direction.

Et soudain, Tiziana qui marchait devant moi tendit le bras, poing serré, en direction des appareils rugissants et hurla rageusement à l'intention des chasseurs : *No pasaran ! No pasaran !* Ils ne passeront pas !

Sans doute aucun des pilotes n'eût-il été à même de saisir au passage, en lisant sur les lèvres de Tiziana, cet appel qui résonnait déjà dans les tranchées de Verdun mais n'était devenu que pendant la guerre d'Espagne un cri de protestation contre le fascisme et, finalement, le cri de guerre de la guérilla latino-américaine. Mais le poing ! Aucun doute n'était possible sur le sens du poing que brandissait cette femme d'allure adolescente au-dessus de laquelle courait maintenant l'ombre des ailes d'un avion. Pourtant Tiziana m'était encore et encore apparue ces jours derniers comme quelqu'un de prudent – pour ne pas dire d'excessivement prudent. Elle ingurgitait tout au long de la journée d'innombrables cachets de toutes les tailles et couleurs, vitamines, magnésium, traitements prophylactiques du mal d'altitude, des maux d'estomac et d'intestins, ne manquait pas une occasion de vous mettre en garde contre les fruits crus et les légumes insuffisamment cuits, filtrait et désinfectait jusqu'à l'eau minérale contenue dans des bouteilles capsulées. Et c'était elle, à présent, qui brandissait le poing en direction des quatre pilotes. *No pasaran !*

Son ami éclata de rire. Et sur le coup, j'éclatai de rire, moi aussi. Il y avait quelque chose de singulièrement touchant, de comique aussi dans le fait de menacer du poing une escadrille d'avions de chasse, quelque chose qui évoquait la témérité d'un chevalier prêt à en découdre avec des moulins à vent. Ce qui passait là, devant et au-dessus de nous, était aussi inaccessible qu'une météorite. Et pourtant, le vrombissement de l'escadrille allait décroissant, comme si le petit poing de Tiziana avait effectivement suffi à la faire fuir.

Les chasseurs décrivaient une longue boucle au-dessus du barrage lointain de San Sebastián et allaient survoler Potosí lorsque l'un des appareils se détacha brusquement du groupe, amorça un rapide virage sur l'aile et fit machine arrière – vers notre rive. Il nous fallut un long moment pour comprendre que c'était effectivement vers nous que l'avion se dirigeait. Et le voilà qui surgissait déjà hors du soleil, plongeait en piqué et volait en rase-mottes droit sur nous. Le cockpit ne faisait que refléter les rayons aveuglants du soleil, le casque, le visage du pilote, à l'intérieur, demeuraient invisibles.

Potosí, avait dit le propriétaire de notre pension, était un mot dérivé du quechua, la langue des peuples andins : *P'utuqsi*. Cela signifiait *bruit*.

P'utuqsi : le mot s'imposa à moi dans cet intervalle de quelques secondes, de la même manière qu'il arrive à un homme oublieux de se rappeler soudain, tout à fait involontairement, un nom qu'il cherchait en vain à se remémorer depuis longtemps – lorsque le rugissement assourdissant de l'appareil fut soudain haché par un martèlement métallique et que des fontaines jaillissantes de poussière et de sable surgirent à côté de notre sentier, des tuyaux d'orgue de poussière qui se dressaient çà et là et se dispersaient tout aussitôt.

Tiziana fut la première à comprendre ce qui se passait : Il tire ! Il tire sur nous, il tire !

Comme mes jambes étaient lourdes et molles tout à coup, à croire qu'il n'y avait plus d'os dedans. Je voulais courir, tenter d'éviter des projectiles qui atteignaient leur but plus vite que le son. Mais mes jambes ne me portaient plus. Je restai tout bonnement cloué sur place.

Le biologiste… il courait, ainsi que je pus le constater. Mais bizarrement, plutôt que de dévaler la pente, il la gravissait à la hâte dans cet air glacé, épuisant, il s'enfuyait en grimpant ! En grimpant.

Seule Tiziana s'était jetée sur le sol et criait couchez-vous, couché, couchez-vous !

Se coucher. Sur ce sol nu, froid, sans un arbre, sans un buisson pour se mettre à couvert. Se coucher entre quelques touffes d'une herbe desséchée qui vous arrivait tout juste aux chevilles.

Couche-toi, espèce d'idiot !

Plus tard, plusieurs jours après encore, alors que nous faisions route vers le lac Titicaca, le débat demeurait ouvert s'agissant de savoir si une cible immobile, à couvert ou non, était plus difficile à repérer qu'une cible mouvante pour un tireur volant à grande vitesse ; si un homme couché, même dans un désert sans arbres ni buissons, était plus difficile à repérer qu'un fuyard. Les soldats ne se jetaient-ils pas à terre tandis que les civils inconscients prenaient la fuite ?

Mais quoi que nous ayons pu faire ou ne pas faire par ce beau matin de juillet, notre réaction serait intervenue trop tard, beaucoup trop tard, et nous n'en aurions pas réchappé si le tir avait été mieux ajusté.

Tout au long du chemin qui nous ramenait à Potosí – que nous quittâmes d'ailleurs le même jour en empruntant des routes secondaires –, et des semaines plus tard encore, au Pérou puis en Colombie, je ne pus me rappeler quand et comment j'en étais venu à obéir enfin à l'injonction de Tiziana et à me laisser tomber sur le sol nu, glacé malgré le soleil éblouissant. Seul devait rester gravé dans ma mémoire ce qui se produisit juste après, quand bien même cela n'avait duré que le temps d'une respiration.

Je sentais le froid du sol, le contact des pierres froides sur ma poitrine, je voyais l'ombre tonitruante de l'avion filer par-dessus la pente, et c'est alors que, juste devant mes yeux, je vis un coléoptère en train de s'extraire à grand-peine d'une touffe d'herbe sèche pas plus haute que deux doigts. En tentant de s'envoler, il avait dû s'empêtrer avec ses deux paires d'ailes dans des brins d'herbe entrecroisés et, à présent, enfin parvenu en terrain découvert, il déployait ses élytres moirés de couleur émeraude et s'élevait ensuite dans les airs à l'aide de ses fines ailes postérieures veinées de noir. Indifférent à ce qui se passait dans ce monde dominé par un avion de chasse et son ombre rapide, peuplé de titans qui écrasaient ses semblables sans même le remarquer, il s'envola dans un frémissement d'ailes, passa en décrivant une courbe si près de mon oreille que je crus entendre le léger bruissement de son vol malgré le moteur rugissant de l'avion. Je restai couché devant sa cachette d'herbe délaissée, n'osant même plus tourner les yeux dans sa direction. Et lorsque, tout frémissant et scintillant, il disparut ensuite de mon champ de vision restreint, la touffe d'herbe sèche devant moi m'apparut soudain comme l'abri, la cachette providentielle, de même que, dans mon enfance, les paysages d'herbe et de mousse dans lesquels je disposais des figurines devenaient des forêts vierges où, en se faisant tout petit pour jouer, on pouvait se perdre entre les prêles, le pas-d'âne et les dents-de-lion qui se dressaient çà et là comme autant d'arbres géants.

Cette forêt vierge était le salut ! J'étais sur le point d'aller m'y réfugier et sentais déjà la vie, le mouvement revenir dans mes jambes, ma vie, le martèlement de mon cœur battant, lorsque quelque chose heurta mon épaule, me poussa légèrement.

C'était Tiziana. Une géante. Elle se tenait au-dessus de moi et les paroles qu'elle prononçait tombaient d'une hauteur vertigineuse dans ma forêt vierge, dans mon monde de coléoptères. Tu peux te relever, dit-elle. Il est parti.

Plage sauvage

Je vis un vieillard au crâne rasé sur une plage de sable, près de la frontière invisible qui court à travers la forêt tropicale, entre les États fédéraux brésiliens de São Paulo et de Rio de Janeiro. Accessible uniquement par un sentier qui plongeait en serpentant jusqu'au bord de l'Atlantique, au pied d'un versant de montagne abrupt, *Praia Brava*, la Plage Sauvage, devait son nom aux rouleaux qui déferlaient à sa rencontre dans un fracas de tonnerre et enveloppaient la plage en forme de faucille dans un nuage de poussière d'eau. C'étaient ces rouleaux que l'homme au crâne rasé paraissait invectiver.

Assis sur une caisse en tôle recouverte d'herbe et de feuilles, sous un parasol qui menaçait encore et encore de se renverser sous les coups de vent, dans la fournaise de l'après-midi, il était habillé comme pour aller à l'église ou à une fête. Il portait un costume noir fripé, une chemise blanche au col largement ouvert qui accentuait encore la maigreur de son cou ridé et une cravate noire, mais c'est pieds nus qu'il martelait le sable au rythme de ses cris. À côté de lui étaient posés une bouteille clissée, un chapeau de paille contenant un sac en plastique, sur ses genoux un livre ouvert – recueil de prières, de cantiques, ou bible.

Par-dessus ce livre auquel il ne jetait pas un regard, mains jointes, il lançait des prières ou des imprécations en direction d'un monticule de sable, à ses pieds. Là était posée, comme sur un autel, une photographie maintenue en place par deux cailloux. La photo à peine plus grande qu'une carte à jouer représentait une femme dont on ne savait pas si elle était vivante ou morte.

Pendant cinq minutes, peut-être davantage, le vieux invectiva la photo, la mer, se tut ensuite le temps de reprendre son souffle, s'inclina, mains toujours jointes, vers le livre ouvert posé sur ses genoux et embrassa les pages qu'il avait sous les yeux. Puis il sortit une enveloppe brune de la poche intérieure de sa veste, en retira une autre photo qu'il posa à la place de celle qui se trouvait devant lui et se remit à crier.

Je le vis poser ainsi successivement cinq photos sur son autel de sable, les invectiver puis les ranger de nouveau dans l'enveloppe. Après la dernière, il ferma le livre et tira du sac en plastique une paire de chaussures dans lesquelles il glissa ses pieds nus. Ensuite, il resta assis très droit, en silence et ne bougea pas lorsqu'une saute de vent renversa son parasol et l'entraîna au loin.

J'allais abandonner ma place d'observateur passif pour m'élancer à la poursuite du parasol qui s'éloignait tantôt par petits sauts, tantôt à tire-d'aile lorsqu'un jeune homme surgit de l'ombre épaisse de la forêt tropicale et me devança. Il rattrapa le parasol juste devant une ligne écumeuse de langues d'eau absorbées par le sable, l'empoigna, le coinça sous son bras et se mit à danser en riant à la rencontre du vieux le long des traces désordonnées, interrompues par endroits, laissées par le parasol dans le sable.

Mais lorsqu'il arriva auprès de lui, le vieux ne fit que lui tendre la main sans mot dire, se laissa tirer dans la position debout et attendit patiemment pendant que le jeune, après avoir planté le parasol comme une sagaie dans le sable, lui posait le chapeau de paille sur la tête, lui tapotait les épaules pour en faire tomber le sable et buvait une longue gorgée à même la bouteille clissée. Il ficela ensuite le parasol à l'aide d'un ruban tout effrangé et le posa sur son épaule, prit le vieux par la main et le conduisit précautionneusement, comme on ferait pour un aveugle, jusque dans la forêt. Le vieux tenait le livre fermement serré contre lui tandis que tous deux disparaissaient dans le fourré.

Je restai seul sur la Praia Brava, pris place à titre d'essai sur la caisse en tôle et criai à titre d'essai *Amen ! Amen !* dans le fracas de la mer ; mais je m'étais depuis longtemps retiré dans l'ombre parcimonieuse d'un grand flamboyant où je somnolais, couché dans le sable, lorsque le jeune homme ressortit de la forêt avec une planche de surf rouge tout éraflée.

Sans un regard pour moi et sans hésiter, il courut vers la barre, se jeta sur sa planche, dans l'écume bouillonnante, et pagaya avec les mains à travers les rouleaux, en direction de la houle : des lames énormes qui se détachaient de l'horizon comme au rythme d'un métronome et roulaient à la rencontre du dompteur de vagues comme si rien, nul récif, nul abysse, nulle plage ne pouvait leur faire obstacle, comme si rien ne pouvait les arrêter.

Homme au bord de la rivière

Je vis un homme endormi dans un pré, au bord de la Traun, une rivière qui coule à travers les Préalpes de Haute-Autriche vers son embouchure dans le Danube et, donc, vers la mer Noire. Le dormeur en maillot de bain rayé bleu et noir était couché dans l'herbe sur le ventre, sa tête reposait sur une serviette chiffonnée en boule. Autour de lui, presque serrés contre lui, étaient assis, immobiles, cinq enfants en tenues d'été. Chacun d'entre eux tenait à la main, comme une coupe au contenu précieux, un cornet fait de feuilles enroulées.

Lorsque le dormeur bougeait, lorsqu'il faisait mine de changer de posture en rêvant et émettait ce faisant un bref ronflement pour se retrouver au bout du compte recouché sur le ventre, les enfants – trois filles et deux garçons – faisaient la grimace, on voyait leurs épaules se soulever tandis qu'ils étouffaient leurs rires, évitant de faire le moindre bruit.

Hormis le clapotis irrégulier produit par la rencontre de la rivière et d'un rocher qui émergeait de l'eau à proximité immédiate de la berge, le silence était tel que l'on entendait d'une manière singulièrement distincte le broutement des vaches pâturant à quelque distance.

Cependant, le silence était subitement troublé lorsqu'un taon s'approchait en un vol lent, ciblé, et se posait sur le dos, les épaules ou les bras du dormeur : plusieurs mains claquaient alors sur sa peau brunie par le soleil. Parce que chacun des jeunes gardiens qui veillaient sur son sommeil voulait être le premier, c'étaient parfois deux, trois mains qui claquaient sur celle qui reposait déjà sur la proie. Chasseur ou chasseresse jetait le taon tué dans l'un des cornets de feuilles parmi lesquels un seul était déjà pratiquement plein.

Le dormeur paraissait continuer à rêver sous les tapes soudaines et ses yeux demeuraient clos. Lorsque l'une des vaches qui paissaient dans le voisinage s'approcha si près qu'elle le couvrit de son ombre, alors seulement il leva la tête, bâilla, s'étira, se redressa sur son séant et écarta ses cheveux trempés de sueur qui lui pendaient sur le front.

Si la consigne donnée aux enfants consistait à se tenir coi, il semblait qu'elle dût prendre fin au plus tard quand l'homme enfin réveillé ferait ce geste. Les enfants se mirent à parler tous en même temps, à raconter, à rire ; ils étaient comme libérés et tendirent à l'homme au maillot leurs gobelets de feuilles enroulées. Ce dernier se fit verser dans sa grande main ouverte le contenu de chaque gobelet. Gobelet après gobelet, il comptait les taons, disait un chiffre et jetait ensuite d'un geste ample de semeur les insectes morts dans le contre-courant proche de la rive. Des libellules exécutaient des manœuvres de vol acrobatiques au-dessus des semences rapidement emportées au fil de l'eau.

Pour finir, l'homme tira de ses vêtements deux rouleaux de petite monnaie et déposa le nombre de pièces correspondant à celui des insectes qui avaient été empêchés de se nourrir de son sang dans les mains qui se tendaient tour à tour dans sa direction, en commençant par celle qui en avait tué le plus grand nombre.

Quand tout fut compté et payé, les gardiens du sommeil se lavèrent les mains dans la rivière puis s'installèrent sur un ponton à moitié écroulé d'où ils suivirent des yeux l'adulte qui était entré dans la rivière et se tenait à présent dedans avec de l'eau jusqu'aux genoux, puisait à deux mains l'eau glacée et s'en aspergeait en gémissant le visage et la poitrine.

Entouré d'une nuée de taons, de colonnes de mouches ondoyantes et d'une libellule royale, il pataugea ensuite à grandes enjambées dans le courant et se laissa tomber en arrière quand l'eau lui arriva jusqu'aux hanches. Il se retourna une dernière fois en s'ébrouant vers ceux qu'il laissait derrière lui, leur fit signe du bras avant de nager avec des mouvements vigoureux à la poursuite du semis de taons crevés.

Le souverain des héros

Je vis cinq stèles de marbre blanc, effilées, de la taille d'un homme, couvertes d'inscriptions noircies, gravées en caractères grecs et latins. Elles se dressaient côte à côte, plantées en ligne droite sur le sol caillouteux de l'île grecque d'Ios, au bout d'une route qui serpentait à travers un paysage montagneux, sans arbres, fleurant le thym et la sauge, et se prolongeait par un sentier montant en pente douce jusqu'au sommet d'une colline. Ce sommet était couronné de murets bas en pierres sèches formant un carré, un tombeau en ruine dont l'entrée tournée vers l'ouest offrait une vaste vue plongeante sur le bleu profond du sud de la mer Égée, sur les îles voisines apparemment inhabitées et sur le paysage de montagne environnant, vierge de toute construction et de toute présence humaine.

Les murs bruts du tombeau ne portaient ni nom ni inscription, aucun ornement non plus, que ce soit de pierre ou autre, susceptible de témoigner d'une vie d'homme au-delà de sa durée. Aussi la construction sans toit se distinguait-elle à peine des abris délabrés pour brebis et chèvres qui se cachent si souvent dans les fourrés, en bordure des cultures et des herbages en terrasses à l'abandon qui couvrent l'île. À l'instar des ouvertures dans les murs de ces abris, l'entrée du tombeau, constituée de trois énormes pierres calcaires plates assemblées pour ménager un passage, était si basse que même un homme de petite taille – un serviteur transportant le mort sur son dos ou un parent du défunt – n'aurait pu y accéder qu'en se courbant en deux. Mais à la différence des accès aux abris pour les bêtes dont les entrées étaient obstruées par les toitures effondrées, l'entrée de la tombe en question était moins bouchée que proprement barricadée à l'aide des morceaux dépareillés d'une dalle de pierre portant une inscription devenue indéchiffrable.

Seules les cinq stèles blanches, disposées à quelques centaines de pas de cette entrée et qui se dérobaient à la vue depuis la tombe, donnaient des indications sur l'identité de la dépouille que cette colline rocheuse était censée abriter, une citation gravée en cinq langues, à commencer par celle du pays, aux termes de laquelle l'historien et combattant contre la tyrannie Hérodote d'Halicarnasse faisait part à ses contemporains, au cinquième siècle avant Jésus-Christ, de l'intime conviction acquise par lui à ce sujet :

EN CE LIEU LA TERRE RECOUVRE
LA TÊTE SACRÉE
DU SOUVERAIN DES HÉROS
LE DIVIN HOMÈRE

Pour gagner le tertre funéraire où je me trouvais, j'avais dû franchir une série de criques rocheuses profondément découpées et désertes puis escalader un versant ne présentant aucun chemin et couvert de buissons épineux. Ayant laissé derrière moi la rangée de stèles et gravi le sentier qui menait au tombeau, je m'assis sur une pierre du côté ensoleillé de la construction et lavai avec l'eau de ma bouteille l'entrelacs confus de traces sanglantes laissées sur mes jambes par d'innombrables épines. La colline, balayée par le souffle tantôt forcissant tantôt fléchissant de la brise du soir, s'élevait à quelque cent mètres, peut-être un peu plus, au-dessus du miroir de la mer, cependant le soleil n'avait encore rien perdu, semblait-il, de cette force qui ne tolère dans les montagnes environnantes, déboisées par les constructeurs de bateaux dès l'Antiquité, que des buissons ne dépassant pas la hauteur des genoux – genévrier de Phénicie, sauge, vulnéraire, thym, sauge de Jérusalem mais point d'arbres, point d'ombre. Les arômes des fleurs et des herbes piquantes ou hérissées de feuilles lancéolées pelucheuses qui s'exhalaient de ces versants sans arbres étaient transportés par le vent jusque sur les côtes rocheuses dépourvues, elles, de toute végétation.

Je sentais la chaleur des pierres brutes du tombeau dans mon dos et contemplais le panorama qui avait été jugé digne de s'offrir à jamais à la vue du premier et du plus puissamment inspiré d'entre les poètes du monde occidental :

Au nord-ouest, on distinguait Naxos, l'île où la princesse crétoise Ariane accéda à l'immortalité pour avoir été élevée au rang d'une déesse : un lointain massif montagneux, apparemment inhabité et qui semblait planer sur des bancs de brume. Au premier plan, distantes d'à peine six milles marins à en juger par ma carte, se dressaient au-dessus de la mer houleuse les hautes falaises d'Iraklia dont le nom évoque Héraclès, le héros qui se dépeça lui-même avant d'accéder à l'Olympe. Par temps clair, on devait voir aussi se profiler au nord-ouest les montagnes de l'île d'Amorgos, mais en cette soirée d'août, les lambeaux de brume, l'eau et le ciel sans nuages se dissolvaient là-bas jusqu'à se présenter sous le jour brouillé d'un vide bleu pâle. Faiblement agitée seulement par des vents d'ouest, la mer Égée s'étendait, démesurée, formidable, devant toutes les terres visibles et invisibles.

À travers le bruissement du vent, j'entendais confusément les si nombreuses voix qui s'étaient élevées au fil des millénaires et jusqu'à aujourd'hui pour affirmer qu'un homme appelé Homère devait forcément être immortel du simple fait qu'il n'avait jamais existé. Nul homme, nul poète ou conteur ne pouvait avoir eu la force d'engendrer à lui seul une foule pareille de héros, de dieux, de guerriers, de créatures vouées à l'amour, au combat, au deuil, nul ne pouvait avoir eu la force de chanter la guerre de Troie et les errances d'Ulysse en usant pour ce faire de tonalités, de rythmes si divers, d'une langue aux nuances si infiniment variées, non, cela ne pouvait avoir été que l'œuvre de toute une théorie de poètes anonymes, d'aèdes qui s'étaient fondus peu à peu en une forme fantomatique baptisée *Homère* par les générations ultérieures. Dans cet ordre d'idées, un tombeau édifié il y a deux ou trois mille ans sur l'île d'Ios ou sur quelque autre bande côtière de l'Asie Mineure ou du monde des îles grecques ne pouvait être qu'un monument à la mémoire d'un chœur de conteurs disparus.

Songeant aux nombreux archéologues et aventuriers des dix-huitième et dix-neuvième siècles qui ne se distinguaient somme toute guère de la gent ordinaire des pilleurs de tombes, je me rappelai en particulier le comte néerlandais Pasch Van Krienen qui, en 1771, avait fouillé de fond en comble le lieu où je voyais présentement se coucher le soleil, à la recherche de la dépouille mortelle du *plus grand poète de l'humanité* et juré après coup avoir déterré un squelette qui était tombé en poussière sous ses yeux.

Lorsque la brise du soir retenait un moment son souffle et que le faible bruissement du ressac n'était plus porté jusque dans les hauteurs où s'élevait le tombeau, les voix confuses qui mettaient en doute l'existence même du poète se taisaient également. Le silence qui régnait alors était tel qu'au cœur même de l'immensité de ce paysage marin, on entendait bourdonner la mouche qui paraissait vouloir explorer le tombeau, pierre après pierre, avant de plonger avidement sur mes jambes au terme d'une succession de manœuvres d'une extrême vivacité, attirée par les fines égratignures et traces de sang dont elles étaient couvertes.

Comme le soleil se rapprochait de l'horizon, perdant peu à peu son éclat et sa forme et sombrant pour finir, réduit à une ellipse rouge, dans une brume grise comme du plomb, quelque chose se mit à vibrer, à ronfler à distance, en provenance de lointains indéterminés, d'abord d'une manière à peine audible puis, assez vite, plus distinctement et plus fort, quelque chose qui aurait pu être le bruit produit par un ou plusieurs moteurs sur mer ou sur terre aussi bien que par une escadrille d'avions se rapprochant à très haute altitude dans le ciel sans nuages. Mais lorsque ce bruit couvrit d'abord le bourdonnement d'une mouche qui scintillait encore dans la lumière du jour déclinant puis également les gémissements du vent entre les pierres disjointes du tombeau, même alors il ne fut pas possible d'en découvrir la source, ni dans les airs ni sur la mer, ni nulle part ailleurs, entre les collines rases et les versants dénudés des montagnes.

C'est seulement avec des jumelles, très loin au large, inexplicablement minuscule en comparaison du vacarme devenu assourdissant, que je repérai une frégate de la marine grecque armée de deux canons jumeaux, faisant route vers le sud-ouest à quelque distance d'Iraklia, labourant une mer qui commençait à se soulever çà et là, à se parer de crêtes écumeuses à l'approche de la nuit.

Tandis qu'elle progressait imperturbablement, indifférente à la résistance du vent et des vagues, la frégate, à bord de laquelle on ne voyait absolument personne, même à travers les jumelles, paraissait traîner derrière elle une inquiétude croissante, englobant le ciel et l'eau, une obscurité qui remontait des profondeurs de la mer et dans laquelle je vis soudain claquer quelque chose de clair, de blanc, puis encore quelque chose de blanc – des voiles ! Des voiles, encore et encore, blanches, blanches, une flotte tout entière, la voilure d'une blancheur de neige déjà gonflée par le vent de la nuit : trières et pentécontères bruissant du cliquetis des guerriers en armes, du grincement des rames actionnées par les esclaves, des vaisseaux somptueux qui faisaient route, sous le commandement de capitaines portant des noms tels qu'Agamemnon, Ulysse ou Achille, vers une ville promise à la destruction, vers des champs de bataille, des îles vouées à l'amour et à la barbarie, et vers des lointains trompeurs d'où l'on ne revenait que pour verser le sang.

Un chemin de croix

Je vis un porteur de croix sur un chemin de terre qui serpentait en direction d'une chaîne de collines couverte de yuccas et de figuiers de barbarie. En route pour Santa Fe, dans l'État fédéral américain du Nouveau-Mexique, je m'étais arrêté pour évaluer sur ma carte la longueur du détour auquel je m'exposais pour m'être fourvoyé et voir où me menait la route secondaire sur laquelle je me trouvais. Le chemin de terre formait avec la route un embranchement d'où il s'éloignait pour aboutir sans doute en plein désert. Il ne figurait pas sur la carte.

Un regard à travers les jumelles montrait que le porteur de croix, là-bas, portait aussi une couronne d'épines et que du sang lui coulait sur le visage. Il marchait en tête d'une procession d'environ vingt hommes vêtus de chemises et de T-shirts blancs qui progressaient lentement, très lentement – ce qui laissait supposer que la croix devait être lourde, en bois massif, et n'était pas davantage un leurre que la couronne d'épines.

La curiosité, au bout du compte, l'emporta sur le sentiment oppressant de faire une fois encore fausse route : je m'engageai sur le chemin de terre et roulai au pas derrière la procession. Il eût certes été plus discret de garer mon véhicule à hauteur de l'embranchement et de rejoindre la procession à pied, mais je ne voulais pas quitter mon abri, mon tank – une Cadillac bordeaux que j'avais louée à l'aéroport d'Albuquerque où l'on m'avait vanté les avantages de ce modèle à la fois *upgrade* et, surtout, très fiable. Je remarquai trop tard qu'au cas où il me faudrait prendre la fuite, il me serait impossible de faire demi-tour avec mon carrosse sur ce chemin bordé de rocaille et présentant de profondes ornières.

Et je n'eus bientôt plus besoin de jumelles pour m'apercevoir que je n'étais pas le bienvenu ici. Dans la procession, un visage puis un autre et un autre encore s'étaient déjà tournés vers moi – ou vers la colonne de poussière que je soulevais bien que conduisant à la vitesse de l'escargot –, lorsqu'un gros bonhomme qui marchait juste derrière le porteur de croix fit, en tendant dans ma direction un écriteau qu'il tenait à la main puis en le remuant vigoureusement, un geste dont le sens ne pouvait pas m'échapper : Dégage ! Fous le camp ! Seul le porteur de croix paraissait ne plus avoir le cœur ou la force de m'adresser un signe de protestation ni même de me jeter un regard.

Je m'arrêtai à une distance que je jugeais respectable, descendis de voiture et levai les deux bras comme quelqu'un qui veut se rendre. La procession était encore si loin que nous n'aurions en tout cas pas pu nous expliquer autrement qu'en criant, assez proche tout de même pour me permettre de déchiffrer les quatre lettres sur l'écriteau du gros : *INRI.*

Iesus Nazareneus Rex Iudaeorum. Jésus de Nazareth Roi des Juifs.

Pour toute réponse à mon geste de reddition, le gros tendit son écriteau à l'un de ses voisins et se baissa malaisément pour ramasser… une pierre ! qu'il lança dans ma direction. La pierre, grosse comme le poing et trop lourde pour être lancée très loin, ne fit que soulever une fontaine de poussière à trois ou quatre mètres devant moi, mais l'avertissement était à prendre au sérieux et je regagnai ma voiture en quatrième vitesse. Au moment de démarrer, j'entendis une détonation et songeai à un coup de feu. En fait, il ne s'agissait que d'une seconde pierre, jetée par le gros ou par quelque autre participant à la procession, plus petite que la première, qui venait de percuter le capot de ma belle Cadillac.

Il s'avérait difficile de fuir en marche arrière. Je ne parvenais pas à reconnaître à temps, à travers la lunette arrière, les courbures du chemin, moins encore les morceaux de roche qui en encombraient les bords et c'est en cahotant que je franchis tous les obstacles. Enfin, je me retrouvai sur la route asphaltée et ne vis plus dans mon rétroviseur qu'un nuage de poussière rouge enveloppant la procession.

D'après la carte routière, je devais me diriger vers la droite, vers le sud si je voulais rejoindre la *State Route* de Santa Fe. Et je n'avais qu'une hâte, c'était de me retrouver sur le bon chemin aussi rapidement que possible. Je roulais à travers un paysage désert, caillouteux, mais le porteur de croix et ses apôtres – ou bien étaient-ce simplement ses hommes de main – n'étaient pas encore tout à fait hors de vue lorsque le hurlement aigu d'une sirène de police interrompit brutalement le cours de mes pensées. La voiture de police devait me suivre depuis un moment déjà. On ne pouvait pas ne pas voir le feu clignotant bleu et rouge là-derrière, dans le rétroviseur, mais le fait est que je ne l'avais pas vu et il ne me restait qu'à exécuter à la lettre les ordres qui m'étaient donnés par mégaphone depuis la voiture de police : m'arrêter immédiatement. Ouvrir la vitre côté chauffeur, les deux mains posées bien gentiment sur le volant. M'apprêter à recevoir d'autres instructions.

Le *deputy sheriff* auquel je tendais peu après mes papiers à travers la vitre baissée ne se montra ni impressionné ni réjoui d'avoir affaire à un visiteur venu d'Europe. Qui avais-je l'intention de tuer en roulant comme un fou, me demanda-t-il, moi-même ou d'autres *road users.*

Il n'y a personne ici, dis-je.

Ne suis-je personne ? se récria-t-il. Dites plutôt que vous ne voyez personne. D'ailleurs, vous ne m'avez pas vu. Qui d'autre n'avez-vous pas vu ? Est-ce que les aveugles sont autorisés à conduire en Europe ?

Il voulait savoir ce que je faisais ici, dans ce désert, et pourquoi j'étais si pressé, et je répondais à ses questions tout en me demandant si je devais lui parler de ma rencontre dans les collines qui me semblait de nature à expliquer sinon à justifier mon inattention et à détendre quelque peu l'atmosphère.

Chimayo ! s'exclama-t-il après m'avoir entendu prononcer ce nom, et son ton était soudain totalement différent, presque affable. Tiens, tiens, je venais de Chimayo ? Attiré, moi aussi, par le pèlerinage ?

J'avais été à Chimayo. Dans ce lieu presque entièrement peuplé de natifs du Mexique et d'autres pays d'Amérique latine, se retrouvaient chaque année, le vendredi saint, des milliers de pèlerins en provenance de Santa Fe, et même d'Albuquerque et de Las Vegas ; après avoir fait longtemps la queue devant le *santuario de Chimayo*, une église en pisé, ils s'agenouillaient au bord d'un trou pour y puiser une poignée de terre rouge qu'ils remportaient à la maison dans un récipient dont ils avaient pris soin de se munir. Cette terre, censée avoir guéri des malades réputés incurables et même des personnes possédées du démon, passait aussi pour contribuer à obtenir des résultats miraculeux dans le domaine illimité des aspirations humaines.

J'avais moi-même sur le siège du passager un gobelet plein de terre rouge du *santuario*. Mon hôte à Santa Fe m'avait prié de lui en rapporter au moment où je l'avais quitté, le matin du vendredi saint, pour une excursion sur le Rio Grande et à Chimayo. J'avais passé deux heures, dans la chaleur de midi, à avancer pas à pas dans la queue des gens en prière pour pouvoir enfin me baisser et puiser, moi aussi, un peu de cette terre. Et sur le chemin du retour, je m'étais égaré en cherchant à contourner l'interminable flot de pèlerins qui continuait à s'écouler en direction du sanctuaire. J'avais vu des pèlerins qui se déplaçaient sur les genoux en direction de leur but, d'autres qui s'arrêtaient à intervalles réguliers pour se jeter à terre et former une croix avec leurs bras écartés. Et devant et derrière les pèlerins à pied, roulant au pas, des colonnes de voitures ornées d'images de Marie et de Jésus.

Je montrai au *deputy sheriff* mon gobelet plein de terre.

Healing dirt ! Il en avait lui-même une coupe pleine à la maison. Le pèlerinage, il l'avait fait à huit reprises déjà. D'Albuquerque à Chimayo.

À pied ?

Quatre-vingt-dix miles à pied ? Il y avait des gens qui s'y employaient, en effet, et qui y passaient d'ailleurs toute la semaine sainte. Lui non. Il taillait la route avec deux copains du club Harley-Davidson. Mais au lieu de cela, comme l'an passé déjà, il était désigné pour donner la chasse à une bande de fous dangereux. Il s'agissait des membres d'une secte dite des *Penitentes* qui se plaisaient, chaque vendredi saint, à crucifier un volontaire de leur confrérie, à le crucifier, oui, à le clouer sur la croix, pour de vrai ! Une flotte entière de voitures de patrouille tâchait de les en empêcher année après année, mais ces gars-là trouvaient toujours moyen de se défiler dans des endroits où ils ne risquaient pas de se faire pincer – un canyon éloigné, une colline dans le désert ou, faute de mieux, une grange abandonnée.

Si le programme n'impliquait pas que le crucifié dût obligatoirement mourir sur la croix, c'était pourtant une chose qui arrivait, surtout après être resté cloué dessus des heures durant. Lorsqu'on parvenait à stopper une procession de pénitents et à éviter à quelque Christ volontaire d'être effectivement crucifié, on avait systématiquement droit, pour ainsi dire en prime, à une poignée d'immigrés clandestins. Il n'y avait pas de croix sans clandestins dessous. Leur vie était pourtant un chemin de croix en soi, mais cela ne leur suffisait manifestement pas.

Un peu plus tard, c'est avec le sourire qu'il me rendait les papiers que je lui avais tendus peu avant par la vitre baissée. Il me souhaita une belle journée et me recommanda de surveiller ma vitesse, dans le désert aussi, et de ne pas oublier que, faute de finir crucifié, on pouvait aussi mourir dans une Cadillac, même un vendredi saint.

À travers le léger bourdonnement électrique de la vitre se refermant pour me protéger de la chaleur alors que j'allais me remettre en route, je l'entendis soudain dire encore quelque chose, à mi-voix, un peu comme s'il ne s'adressait plus à moi mais à lui-même et, donc, dans la langue de l'endroit où il était né, quelque part de l'autre côté de la frontière mexicaine : *vaya con dios.* Que Dieu te garde.

D'outre-tombe

Je vis une accordéoniste, une petite Indienne devant une joaillerie, sur le trottoir d'une rue ombreuse de Mexico. La fillette était assise, jambes croisées, adossée à la façade en granit noir poli du magasin et paraissait jouer contre le fracas métallique qui sortait des profondeurs d'une fouille de construction. La fouille, comme prise dans un réseau arachnéen de rubans de plastique jaune, s'ouvrait sur presque toute la largeur de la rue, ne laissant de chaque côté, le long des façades, qu'un goulet d'étranglement où les gens avaient du mal à se croiser. Celui qui marchait du côté de la joaillerie devait en outre contourner la petite accordéoniste et un chiffon étendu devant elle, légèrement plissé pour former une sorte de nid dans lequel brillaient quelques pièces de monnaie, et tout occupé qu'il était à prendre soin d'enjamber ce chiffon et la housse de l'accordéon posée juste à côté, il n'avait pas même le loisir de jeter un rapide coup d'œil à la devanture du magasin. Là planait, au-dessus d'un cercueil débordant de colliers de perles, bracelets, diadèmes, montres, broches et boutons de manchette, une tête de mort dorée qui découvrait en ricanant deux rangées sans lacune de dents en argent. Dans les orbites scintillaient des pierres d'un vert évoquant la mousse, des émeraudes peut-être. Ou alors, simplement du strass ou des morceaux égrisés de verre coloré.

En chemin depuis la gare routière Del Oriente où j'étais arrivé d'Oaxaca le matin même, j'avais vu des devantures de boulangeries et de pâtisseries où étaient exposés des squelettes, des têtes de mort et des cercueils en chocolat, en caramel ou en massepain, des devantures de magasins de meubles où des familles entières de squelettes, y compris ceux de leurs chiens et chats, installés dans une cuisine, un salon ou une chambre à coucher, affectaient les poses d'une vie heureuse : carcasses de femmes en tablier ou en costume, carcasses d'hommes en pyjama, salopette ou smoking, carcasses d'enfants en costume marin jouant avec des squelettes de poupées ; carcasses de nourrissons en langes noirs. À la devanture d'un marchand d'automobiles trônait un cabriolet à bord duquel se trouvaient deux squelettes en chemise hawaïenne qui regardaient à travers leurs lunettes de soleil un squelette de petite fille en robe courte et bottines lacées à hauts talons, tandis que dans une librairie, à peine cent mètres plus loin, un squelette armé d'une faux était penché sur un livre de recettes diététiques. C'était le 1er novembre au Mexique. Le pays fêtait *El Día de los Muertos*, le Jour des Morts.

Durant les cinq nuits des derniers jours d'octobre et des premiers jours de novembre, selon des croyances profondément enracinées dans les pratiques cultuelles des Mayas, des Toltèques et des Aztèques qui devaient se mêler plus tard aux croyances et aux rituels de la Toussaint et du Jour des Morts importés par les missionnaires catholiques, il était permis aux morts de revenir parmi les vivants qui les accueillaient avec de la musique, des danses et des repas de fêtes. Des pistes faites de fleurs de cempasúchil jaune d'or, une variété de roses d'Inde, leur montraient le chemin menant de la tombe ou de la crypte où ils reposaient aux lieux où ils avaient résidé de leur vivant. Ce chemin pouvait également leur être signalé par des soucis ou des chrysanthèmes mais il fallait des fleurs jaunes, jaune d'or de préférence, car seule la couleur de l'or scintillait jusque dans le royaume des morts et était aisément visible pour celui qui venait de là-bas, en visite dans le monde des vivants. Tout le long de ces chemins de retour parsemés de fleurs flamboyaient des autels éclairés par des bougies et chargés de nourriture, de friandises, de savons, de parfums afin que celui qui remontait des abysses de la mort trouvât de quoi se restaurer, se laver, se rafraîchir et, plus encore, afin que ces offrandes lui démontrent que non seulement il n'était pas oublié mais qu'on l'aimait toujours.

Planté au bord de la fouille, j'écoutais jouer l'accordéoniste et cherchais à me rappeler d'où je connaissais cette jeune Indienne que j'avais dû rencontrer auparavant, sans doute au cours du voyage qui m'avait mené de la province du Chiapas jusque dans la capitale. J'étais persuadé d'avoir déjà vu quelque part ce visage avec ces yeux d'un vert singulièrement transparent. La petite se balançait au rythme de la mélodie et, par-dessus l'instrument qui dans ses bras paraissait véritablement énorme, elle me regardait sans me voir, regardait les passants sans les voir, ou regardait à travers nous tous comme si elle était en train de déchiffrer, sur l'une ou l'autre des maisons d'en face, la partition correspondant à la succession parfois effrénée de notes qu'elle jouait sur son instrument. Mais où donc avais-je déjà vu ce visage ?

Le jour de mon arrivée à Mexico était le jour des *Angelitos*, des angelots, car après les suicidés, accidentés et assassinés revenus au cours de la première nuit, après les malheureux de la deuxième nuit, morts non baptisés, décédés sans la bénédiction de l'Église, et les tristes de la troisième nuit qui avaient quitté ce monde sans connaître le réconfort de ceux qui meurent entourés de leur famille et de leurs proches, c'était enfin le tour des *angelitos*, les enfants morts qui étaient revenus au cours de la nuit passée, la plus sainte de toutes ces nuits, et eux avaient le droit de rester parmi les vivants jusqu'au début de la nuit suivante.

Sur les autels qui leur étaient dédiés, j'avais vu des poupées en robe blanche, des léopards en peluche, des confiseries en forme de pyramide et des petits guerriers aztèques en plastique. Il fallait que les angelots éprouvent du plaisir à retrouver le monde qu'ils avaient prématurément quitté. Le trottoir sur lequel la petite accordéoniste avait pris place était également parsemé de chrysanthèmes et de fleurs de cempasúchil, mais la trace jaune d'or qui devait mener à un berceau ou à un lit d'enfant se perdait au bord de la fouille.

Oaxaca ! Je me souvenais maintenant ! C'était là, à Oaxaca, que j'avais vu le visage de cette Indienne

– sur une grande fresque murale qui s'étalait en couleurs criardes au-dessus des longues rangées de bouteilles d'un bar. Sur cette fresque, deux nervis, peut-être des serviteurs du temple, conduisaient une jeune fille à demi nue dans l'escalier menant au sommet d'une pyramide où un prêtre masqué se tenait devant une dalle de pierre maculée de sang. Cette jeune Indienne était manifestement l'une des nombreuses victimes qui devaient être immolées ce jour-là pour gagner la faveur des dieux assoiffés de sang. D'innombrables ruisseaux d'un rouge éclatant s'écoulaient en effet sur les marches de l'escalier, en direction des rangées de bouteilles alignées sur le bar. Mais loin d'opposer quelque résistance à ceux qui la conduisaient là-haut, la victime désignée laissait tomber par-dessus son épaule nue, d'un air serein, presque joyeux, un regard méditatif sur le monde des vivants qu'elle abandonnait derrière elle et sur chacun de ceux qui, comme moi, se tenaient au bar, totalement pénétrée, semblait-il, de la croyance aztèque au bonheur supra-terrestre auquel accède chaque victime propitiatoire après qu'on lui a ouvert la poitrine au-dessus du bloc de pierre et arraché le cœur à l'aide d'un couteau d'obsidienne.

Le vert transparent de ses yeux... Les traits de l'accordéoniste ressemblaient à ceux de la femme-enfant dans l'escalier de la pyramide, au point qu'on aurait juré que la musicienne de rue avait servi de modèle au peintre d'Oaxaca. Et tandis que la jeune accordéoniste continuait à jouer sans s'arrêter et comme en transe, ce n'étaient pas seulement, dans l'état de fatigue que j'avais atteint après de nombreuses heures de voyage en car, les couleurs d'une peinture à fresque qui se répandaient jusqu'à la recouvrir sur la scène de rue, devant le magasin du joaillier, mais des images qui remontaient des profondeurs de la fouille, une à une, accompagnées par les sons tantôt haletants, tantôt tendrement flûtés d'une musique d'accordéon inouïe.

Le fond de la fouille de construction, à une dizaine de mètres au-dessous de la rue actuelle, correspondait au niveau où avait brillé autrefois la cité engloutie de Tenochtitlàn, la capitale de l'Empire aztèque détruite par les conquérants espagnols – une ville d'une beauté quasi vénitienne avec ses temples en forme de pyramide et ses palais aux couleurs éclatantes, son réseau de canaux et de digues, ses ponts, ses jardins suspendus et ses champs flottants cultivés sur de gigantesques radeaux, merveille d'entre les merveilles, bâtie sur un immense lac réduit par les envahisseurs à une petite mare boueuse. Les ruines de Tenochtitlàn avaient à la longue été ensevelies sous une avalanche de pierres devenues cathédrales, églises, palais coloniaux, *factories*.

Captivé par la musique de la jeune Indienne que personne hormis moi ne paraissait écouter bien que l'on se pressât en nombre dans l'étroit passage devant la vitrine, j'étais encore planté au bord de la fouille lorsque le joaillier en personne surgit soudain de son magasin, passa devant elle, apparemment sans la remarquer, disparut quelques minutes et revint avec un cornet en papier. Il en tira deux têtes de mort, l'une en massepain, l'autre en caramel et chocolat, qu'il tendit à la jeune musicienne de rue.

La petite prit les cadeaux de la main gauche, fourra l'une des têtes de mort dans sa bouche mais ne lâcha pas l'accordéon qui continuait de respirer, de soupirer tout seul dans sa main droite tandis qu'elle mastiquait la tête de mort et opinait du bonnet en écoutant ce que le joaillier lui soufflait à l'oreille. Et c'est seulement après avoir croqué la seconde tête de mort qu'elle fit ce qui avait dû être exigé d'elle en échange de ces friandises : elle ramassa les quelques pièces de monnaie dispersées sur le chiffon qu'elle froissa en boule, glissa ensuite l'accordéon dans la housse râpée, fixa à l'aide de deux bouts de corde l'énorme instrument noir sur son dos et disparut, entraînée par le flot des passants, le long de la trace jaune d'or brouillée des fleurs semées pour guider les défunts en visite.

Déplacement de sépulture

Je vis un reste de mur sur une plage jonchée de débris marins et de bois flotté. Un homme en salopette bleue était en train de détruire ce reste à grands coups de pioche. Il jetait les morceaux cassés en tas dans le sable noir.

Cela se passait par un après-midi d'été nuageux, sur la montagneuse Isla Robinson Crusoe, la seule habitée des trois îles de l'archipel Juan Fernández situé dans le Pacifique, à une distance de six à sept cents kilomètres à l'ouest du continent sud-américain. À peine quatre mois auparavant, à la suite d'un séisme sous-marin, une lame de fond colossale avait déferlé sur San Juan Bautista, le seul village de l'île. La plupart des six cents habitants de l'île s'employait depuis lors à restaurer les lieux dévastés pour les rendre à nouveau habitables. On déplorait quatorze morts et disparus, un chiffre qui eût été autrement plus important si une fillette de douze ans n'avait donné l'alerte peu avant qu'un mur d'eau gris de plusieurs mètres de haut ne déferle sur les maisons basses du village proche du bord de mer. Une large piste de béton, aménagée des années auparavant pour répondre à une urgence récurrente sous le nom de *Tsunami Evacuation Route* et menant à travers un versant planté d'eucalyptus dans de brumeuses et providentielles hauteurs avait permis au plus grand nombre de se sauver.

La vague avait fracassé le môle et la totalité des bateaux de pêche qu'il abritait et, outre les nombreuses maisons d'habitations, elle avait détruit de fond en comble l'école, le magasin et la maison communale. Pratiquement aucun habitant de l'île n'avait été totalement épargné. Celui qui n'avait pas à déplorer la mort d'un proche pouvait s'estimer heureux. Mais au bout du compte, l'eau avait également effacé la frontière entre les lieux des vivants et ceux des morts :

L'homme en salopette bleue travaillait au pied d'une paroi rocheuse tout près du village, là où se trouvait naguère – et devait être restauré à présent – un petit cimetière qui racontait l'histoire de l'île depuis sa découverte, au seizième siècle, jusqu'au récent raz-de-marée. Ici reposaient non seulement les défunts natifs de l'île mais aussi les victimes de naufrages et de batailles navales, marins espagnols, anglais, chiliens et allemands ayant écumé le Pacifique et passé des années, des dizaines d'années en mer, en quête du bonheur, du pouvoir et de la fortune pour ne rencontrer finalement, dans une baie au bout du monde, rien d'autre que la mort.

Entre les vestiges de leurs tombes gisaient encore cet après-midi-là des encadrements de fenêtres et de portes de maisons dévastées, des morceaux de tôles ondulées, une balancelle Hollywood arrachée à ses points d'ancrage et un bloc moteur d'un noir huileux évoquant le cœur arraché du poitrail de quelque monstre… Croix et pierres tombales, en revanche, comme échangées contre les débris de la vie quotidienne disséminés à cet endroit, avaient dérivé sous la pression du mur d'eau et gisaient à présent loin des lieux de l'éternel repos, parmi des fondations de maisons disparues, des pans de toitures fracassées et des piliers de béton supportant le vide.

Je revenais tout juste, à cette heure de l'après-midi, d'une randonnée qui m'avait mené depuis San Juan Bautista, à travers des bois d'eucalyptus et des versants couverts de forêt pluviale, jusqu'à une baie déserte, ceinturée de hautes falaises, où des archéologues avaient découvert, dans une caverne qui s'ouvrait comme une bulle de magma à proximité du rivage rocheux, des vestiges d'outils et un compas de navigation ayant appartenu au boucanier écossais Alexander Selkirk.

Embarqué à bord d'un trois-mâts britannique corsaire en qualité de *sailmaster*, Selkirk avait été abandonné dans cette baie en 1704 pour s'être fâché avec le capitaine qui refusait d'admettre que son bateau, rongé par les tarets, n'était plus fiable et devait être radoubé avant de reprendre la mer. Lassé par les jérémiades de son pilote, le capitaine s'en était tout bonnement débarrassé en le déposant sur cette île déserte. Jusqu'à son sauvetage, quatre ans et quatre mois plus tard, Selkirk avait survécu dans une solitude désespérée qui lui avait valu d'entrevoir à certains moments le visage de la folie qui le guettait, à d'autres celui de la mort qui se tenait en embuscade. En voyant s'approcher d'eux cet insulaire vêtu de peaux de bêtes, les seuls hommes qu'il rencontra durant ces années, les marins d'un vaisseau espagnol qui avait accosté pour faire provision d'eau fraîche, crurent avoir affaire à un ennemi, en l'occurrence un pirate anglais, et tentèrent de le tuer. Il réussit à leur échapper de justesse en disparaissant dans la jungle détestée. Après son sauvetage miraculeux par un bateau corsaire britannique, son retour dans le monde habité et à la vie aventureuse de boucanier qu'il avait menée auparavant, son destin devait inspirer à Daniel Defoe un roman qui occupe une place de choix dans l'histoire littéraire anglaise : *Robinson Crusoé.*

Defoe transposa la scène de la solitude dans les Caraïbes et ennoblit le boucanier abandonné sur son île déserte en lui conférant les traits d'un simple marin rescapé du naufrage d'un navire marchand : ni plus ni moins qu'un tour de passe-passe visant à escamoter les chaînes de montagnes envahies par la forêt vierge qui se dressaient presque à la verticale derrière San Juan Bautista, les vents tempétueux avec leurs tourbillons de nuages couronnant d'infranchissables sommets. Quel lecteur eût aimé suivre le héros dans la grisaille plombée d'une île exposée aux tempêtes, noyée sous des pluies diluviennes, menacée de surcroît par de puissants tsunamis à répétition, eux-mêmes accompagnés d'éruptions volcaniques et de glissements tectoniques ? Les fronts de basse pression et les eaux démontées du Pacifique renforçaient encore le caractère hostile de l'Isla Robinson Crusoe qui ressemblait effectivement davantage à un lieu de bannissement qu'à une scène d'aventures tropicales.

Sur les cartes marines du temps de Selkirk et longtemps après encore, l'île figurait sous le nom, le plus simple possible en termes de navigation, que lui avait donné en 1574 son découvreur, le capitaine espagnol Juan Fernández : *Isla Mas a Tierra* – l'île la plus proche de la terre (du continent sud-américain, en comparaison de sa voisine logiquement nommée *Isla Mas Afuera*). Les deux îles ne doivent qu'à la renommée planétaire d'un héros de roman et à l'espérance d'une manne touristique substantielle d'avoir été rebaptisées dans les temps modernes : l'une, la plus proche de la terre, se voyant affublée du nom de Robinson Crusoé, la seconde, plus petite, plus éloignée et déserte, de celui du personnage historique qui servit de modèle au romancier : *Isla Alejandro Selkirk.*

Tout comme la réalité et la fiction se mêlaient sur les cartes marines du fait des îles rebaptisées, le monde des vivants et celui des morts paraissaient se confondre cet après-midi-là, sous mes yeux : l'homme en salopette bleue détruisait ce qui restait d'un mur, à moins que ce ne fût le reste d'un trottoir ou d'une ancienne promenade littorale en pierres volcaniques, afin de rétablir à l'aide des débris une bordure de tombe exactement là où, dans son souvenir ou dans celui d'un commanditaire, la tombe se trouvait avant le raz-de-marée. D'autres survivants ou descendants étaient manifestement passés par là avant lui et avaient d'ores et déjà rebâti certaines tombes à leurs anciens emplacements supposés. Mais il semblait bien que chacun se fût laissé guider uniquement par son souvenir plus ou moins imprécis car les tombes réaménagées et délimitées de fraîche date par une nouvelle bordure n'étaient pas disposées en rang ni pour obéir à quelque impératif de symétrie que ce fût mais plutôt au hasard, à la manière dont un groupe d'hommes recrus de fatigue aurait pu se laisser tomber dans le sable noir de la plage – les corps allongés en tous sens, certains côte à côte, plus ou moins proches les uns des autres, d'autres isolés, à l'écart, dans telle position ou dans telle autre, mais visiblement au mépris de toute indication précise obtenue par la règle ou le fil à plomb.

L'homme en salopette posa sa pioche de côté, se baissa pour ramasser une canette de bière, en but une gorgée et s'assit ensuite sur le tas de débris pour une brève pause. Peu après, il s'employait, comme s'il suivait un plan gravé dans le sol noir, à disposer des morceaux de roche de manière à reconstituer la bordure de la tombe. Lorsqu'il eut achevé son travail, il planta à la tête de la tombe restaurée une petite croix de béton qui portait encore la marque des cernes du bois de coffrage ainsi qu'un bouquet bleu et rouge de fleurs artificielles. Les pieds d'un mort inhumé sous cette bordure auraient été tournés vers la montagne, la tête vers la mer.

Je crus tout d'abord que l'homme, courbé par les souvenirs ou le chagrin, s'apprêtait à prier lorsqu'il se tint un long moment debout avant de s'agenouiller devant la tombe restaurée. Mais au lieu de cela, il se mit à défaire la bordure de la tombe, disposa différemment les fragments de roche censés la délimiter et déplaça pour finir les fleurs artificielles et la croix, comme s'il avait seulement reconnu après un ultime coup d'œil évaluateur le défaut que présentait la disposition de cette sépulture. Un défaut qui ne pouvait être corrigé qu'en reprenant tout depuis le début :

Si les vivants de cette île mais aussi les morts durant leurs premières années d'éternité devaient être encore et encore protégés des déchaînements de l'océan, des démonstrations de son extrême puissance, il fallait que celui qui reposait ici, quelque part ici, n'eût pas à attendre les raz-de-marée à venir dans la position précaire, excessivement exposée qui offrait aux vagues l'angle d'attaque le plus efficace. Et c'est pourquoi, lorsque l'homme à la salopette eut enfin replacé les fragments de roche dans l'ordre voulu, la tombe pointait comme un bateau droit sur les vagues, la tête de celui qui reposait là étant désormais tournée vers les montagnes voilées de nuages, les pieds désignant… non : repoussant la mer déferlante, prête à tout embrasser, à tout engloutir.

Prise accidentelle

Je vis un pêcheur qui mettait en pestant le cap sur le port de Baltimore, au sud de l'Irlande. Il se cramponnait au gouvernail de son cotre comme s'il lui fallait lutter contre les flots déchaînés. Pourtant la mer était calme, presque aussi lisse qu'un miroir là où le cotre faisait route, abrité du vent par des îles rocheuses inhabitées. Mais à quelque cinq milles au nord-est de l'une de ces îles nommée Stags, il avait pris en remorque un bateau en perdition et ses deux occupants auxquels l'eau arrivait déjà aux genoux, et il devait à présent se faufiler à petite vitesse entre les récifs qu'il croisait d'habitude en y prêtant à peine attention.

Le bateau avarié appartenait à un tailleur de pierre de Glengarriff qui m'avait invité à l'accompagner jusqu'à des ruines, sur l'une des Calf Islands désertées. Il voulait y récupérer des ardoises de toitures effondrées dont il se servirait pour rénover la couverture d'une chapelle : l'ardoise des Calf était la meilleure de toute l'Irlande et, dans cent ans encore, elle protégerait du vent et de la pluie la Vierge de sa chapelle. Au cours d'une manœuvre d'accostage malheureuse à un môle délabré, notre bateau avait heurté un haut-fond rocheux et une voie d'eau s'était déclarée.

À présent, nous étions assis avec nos pieds mouillés sur deux balles de filets à mailles fines, à bord du cotre de notre sauveur qui nous tournait le dos et ne cessait, à l'abri du vent, de jurer dans sa barbe. Il avait remonté dans la journée, au prix de longues heures de travail, cinq filières comptant chacune douze casiers à huîtres en grillage lestés de cailloux et munis d'appâts dans lesquels il n'avait finalement trouvé, après deux jours d'immersion, qu'un seul et unique homard.

Un homard ! Un seul putain de homard pour soixante casiers. Soixante casiers et un homard !

Cherchant manifestement à s'échapper, la proie, un homard de l'Atlantique d'un bleu d'encre, de taille moyenne, se déplaçait, pinces entravées, sur le fond en plastique d'un casier qui aurait pu contenir vingt ou trente individus de son espèce.

Cette maudite mer aura décidément fait de chaque putain de pêcheur un putain de couillon. Cinquante-neuf casiers vides !

Le vire-casier motorisé à l'aide duquel notre sauveur remontait d'habitude ses nasses était en panne ce jour-là ; le moteur n'avait pas voulu démarrer malgré des douzaines de tentatives. Il avait donc dû remonter à la main les lourds casiers grillagés, un à un, à la main, et tout ça pour ne trouver dedans que les cailloux servant de lest et les déchets de poissons à moitié décomposés et puants, les appâts.

Merde !

Notre sauveur nous avait montré ses mains écorchées par la corde sur laquelle il n'avait cessé de tirer pour récupérer ses nasses.

Rien que des casiers de merde, et vides ! Et en échange, un rafiot en perdition. Existait-il autre chose que des problèmes sur cette maudite mer sans poissons ! Cette saloperie de mer fracassait les môles, trouait les coques des bateaux, déchirait des chaînes d'ancre, déchirait les filets, vous empêchait pendant des jours, par gros temps, de rejoindre votre site de pêche et récompensait un couillon assez stupide pour s'entêter à pêcher, après des jours et des nuits de travail tuant, en lui concédant un homard. Un seul et unique homard ! Et en prime, à part des filets déchirés et des casiers vides, une épave et deux naufragés. Merde alors !

Nous pensions au début que notre sauveur, bien qu'il ne se tournât jamais dans notre direction, voulait nous dire quelque chose, et nous lui avions signalé deux, trois fois que nous ne l'entendions pas bien avant de comprendre que l'homme ne s'adressait pas du tout à nous mais au ciel, à la mer.

Par tous les saints ! Si l'Atlantique pouvait seulement s'évaporer, s'écouler jusqu'à la dernière goutte entre ces maudits récifs de merde, on aurait enfin la paix, on pataugerait sur le fond boueux et il ne se trouverait plus de couillon endetté jusqu'au cou pour payer les traites d'un rafiot à moitié rouillé avec lequel il se ferait ensuite un plaisir de remorquer jusqu'au port une barque de pêcheurs à la ligne en perdition.

La lumière du *beacon*, une haute colonne blanche se dressant à l'entrée du port de Baltimore, était déjà en vue lorsque notre sauveur passa au point mort et lâcha le gouvernail.

Un homard et cinquante-neuf casiers vides, et c'est avec ça qu'un couillon de pêcheur devrait finir de payer son cotre d'occase ? Entretenir sa femme et permettre à ses enfants d'arriver à quelque chose dans cette putain de vie ? Avec un homard ?

Notre sauveur s'était approché du casier et se penchait à présent sur sa prise comme s'il s'agissait d'une créature mystérieuse en provenance des abysses, une créature inconnue de lui, susceptible de répondre effectivement à ses questions. Il saisit ensuite le homard par sa carapace, défit ses liens – des élastiques semblables à ceux qui reposaient par douzaines, entrelacés en pelote au fond du casier –, souleva encore la bête qui fit signe en agitant ses pinces désentravées et la jeta par-dessus bord.

Dans les profondeurs

Je vis une baleine qui dormait, couchée dans le bleu de la mer, à quelque trente mètres de profondeur. L'une de ses nageoires pectorales, pareilles à des ailes blanches longues de plusieurs mètres et tranchant sur son corps noir, reposait en un geste protecteur sur son baleineau.

Je flottais à la surface d'une mer ridée par le vent alizé, observant la géante et son petit à travers mes lunettes de plongée, tâchant de maintenir ma position dans les vagues qui s'entrecroisaient grâce à de lents et prudents mouvements de palmes, prudents parce que l'animal là en bas, long de quatorze, peut-être quinze mètres et pesant quelque trente tonnes, était une créature *timide* et que les mouvements d'un nageur barbotant simplement loin au-dessus d'elle avec lunettes et tuba pouvaient suffire à l'inquiéter : c'était du moins ce que je m'étais laissé dire par un biologiste marin de Tucson, Arizona, à bord du bateau que j'avais quitté aux premières heures du matin dans un canot pneumatique, en même temps que cinq autres *whale watchers*, afin de passer une matinée à observer le souffle, les fontaines de vapeur exhalées par les baleines. Appuyés au bastingage de notre bateau-mère, nous avions déjà pu voir les rubans volatils de plus d'une douzaine de fontaines de ce genre – mais aussi la bosse dont la baleine tire son nom, ce dos rond qu'elle fait sous le jet de poussière d'eau de condensation, au moment où elle replonge en soulevant sa nageoire caudale par-dessus les vagues comme pour ébaucher un dernier salut avant de disparaître.

L'une de ces fontaines de fines gouttelettes, que le soleil transformait parfois en un jaillissement de couleurs spectrales – suivie d'une longue piste faite d'une succession de taches lisses, semblables à de gigantesques empreintes de pas laissées par les coups de nageoires d'une baleine se déplaçant juste sous la surface –, nous avait finalement conduits à l'endroit où la maman baleine dormait, rêvait peut-être au fond de l'eau. Et nous nous étions laissés glisser hors du canot pneumatique, silencieusement, afin d'observer de près l'un des plus grands mammifères de l'histoire de l'évolution. Mes oreilles étaient pleines d'eau. Les yeux rivés sur le fond, je n'entendais rien hormis le ronflement de ma propre respiration dans le tuba, et au moindre mouvement réel ou supposé de l'animal noir, là en bas, je retenais involontairement mon souffle comme quelqu'un qui doit craindre ce qu'il vient de découvrir.

C'était par une journée radieuse de février sur les Silver Banks balayées par le vent. Ces hauts-fonds bordés de récifs coralliens et couvrant une surface de quelque cinq cents kilomètres carrés, à soixante milles nautiques au nord des côtes de Haïti et de la République dominicaine, se présentaient une fois de plus, durant ces mois d'hiver dans l'hémisphère Nord, comme une scène privilégiée de la vie des baleines à bosse. Quatre à cinq mille individus de cette espèce, en provenance de diverses régions de l'Atlantique Nord, nageaient autour de la moitié de la sphère terrestre, afin de trouver à s'accoupler dans les grands fonds paisibles des eaux tropicales caraïbes, de se livrer à cet effet aux combats de domination, d'enseigner aux baleineaux les techniques de survie dans l'océan et de chanter strophe après strophe leurs chants énigmatiques audibles – pour peu que l'on eût l'oreille suffisamment exercée – à des centaines de kilomètres à la ronde.

Le yacht naviguant sous pavillon américain qui allait mouiller durant une semaine au large des Silver Banks, avec à son bord un équipage de six hommes et quinze nageurs amis des baleines, était l'un des trois bateaux par an qui obtenaient de la République dominicaine l'autorisation de pénétrer dans le monde des baleines à bosse. Ce monde, nous l'avions atteint douze heures après avoir quitté Puerto Plata, au terme d'une longue nuit de tempête. Même l'officier en second et la capitaine, une navigatrice britannique originaire de Lake District, portaient encore les patchs blancs contre le mal de mer le matin de notre arrivée dans les eaux calmes des Silver Banks, scintillantes comme un grand lac au milieu de l'océan tumultueux. Le yacht était à présent amarré entre deux récifs de corail, à quelques encablures d'un cargo éventré qui s'était échoué des années auparavant sur ces récifs coralliens et se dressait là, hors des eaux peu profondes, entouré d'une nuée de mouettes, comme un signal maritime qui poussait de loin en loin des gémissements métalliques sous les assauts des vagues : un signal rappelant aussi que ces hauts-fonds devaient leur nom aux nombreux galions espagnols qui avaient coulé dans les parages avec leurs lourdes cargaisons d'argent et de biens précieux variés en provenance d'un Nouveau Monde livré au pillage.

Nous nous étions laissés guider toute la matinée par le souffle et les traces des baleines et nous les avions suivies de-ci, de-là dans notre canot pneumatique, si loin au large que les superstructures rouillées et les grues tordues de l'épave, puis les antennes radio de notre bateau-mère avaient fini par disparaître sous l'horizon à présent vide sur tout son pourtour.

Au cours de ces manœuvres d'approche, nous avions vu des mâles de cette espèce propulser hors de l'eau la totalité de leur énorme masse, demeurer un instant en suspens au-dessus des vagues et devant les nuages blancs ballonnés du ciel tropical avant de replonger dans la mer dans une explosion d'écume poudreuse et de rideaux d'eau zébrés de déchirures. Aux nombreuses interprétations qui tendent à voir dans les sauts des baleines l'expression de rituels de combat ou de domination, le biologiste marin qui pilotait notre canot préférait la plus simple d'entre toutes : *elles jouent*, disait-il. Mais gare au nageur qui voyait surgir soudain des profondeurs, juste au-dessous de lui, une joueuse de cette sorte.

Les baleines à bosse, avait dit le biologiste avant de couper le moteur et de nous recommander de pénétrer dans l'eau en silence afin de parcourir à la nage les quelque cent mètres qui nous séparaient encore de l'endroit où la baleine endormie et son baleineau étaient censés se trouver, les baleines à bosse étaient des animaux pacifiques, oui, au point d'avoir pardonné à nos congénères harponneurs de s'être évertués des siècles durant à les éradiquer avec une armada de bateaux de chasse.

À deux reprises déjà, j'avais vu le nourrisson de cinq à six mètres de long se soustraire à l'aile protectrice de sa mère, remonter à la surface en remuant légèrement ses nageoires pectorales, souffler puis replonger, lorsque la mère, qui pouvait se reposer jusqu'à une demi-heure dans les profondeurs sans respirer, se réveilla de son sommeil ou de ses rêves éveillés et s'éleva à la suite de son petit en un lent mouvement presque vertical.

J'avais beau ne pas douter de la douceur et du caractère paisible des baleines à bosse, je n'en fus pas moins saisi brutalement de la paralysie de celui qui se sent soudain devenu une proie lorsque ce colosse noir, couvert de balanes et de verrues semblables à des rivets d'acier et doté d'une gueule si grande que j'aurais pu y prendre place comme dans une corbeille de plage, arriva droit sur moi. Sur moi ? La baleine nageait vers l'image des tours de cumulus déformée par la lentille de l'océan, vers le ciel tropical, ne nageait tout à coup plus vers son petit qui soufflait à distance raisonnable devant moi mais très précisément vers l'endroit où je me trouvais. J'oubliai le temps de quelques battements de cœur de respirer à travers mon tuba. Puis je sortis la tête de l'eau en m'ébrouant et vis le canot pneumatique à cent mètres de distance, peut-être un peu plus, vis cinq nageurs qui respiraient à travers leur tuba, mes compagnons, cependant ils n'étaient pas, comme le voulait la consigne qui nous avait été donnée, très près les uns des autres mais dispersés par les vagues et disparaissaient régulièrement derrière leurs crêtes – loin de moi. Étrange comme le ciel, là-haut, pouvait être calme et apaisant en comparaison de toute cette obscurité, de tout ce remue-ménage au-dessous de moi, les tours de nuages, le bleu inaccessible. Je dérivais dans les vagues.

La géante s'approchait lentement – était-ce par prudence ? –, s'approcha finalement si près que je distinguai l'iris de son œil bardé de plis de peau sombre qui paraissait minuscule dans ce crâne énorme. Avec ses yeux, nous avait-on appris à bord, la baleine peut voir en même temps deux images différentes, deux mondes différents en même temps.

La géante me regarda, non : elle m'effleura du regard et dévia imperceptiblement de sa route, juste assez pour que nous ne nous touchions pas. Mais bien que cette amorce de mouvement visant à m'éviter laissât apparaître à l'évidence qu'elle tenait compte de mon existence et la prenait d'une certaine manière en considération, je crus reconnaître dans son regard l'expression d'une indifférence proprement abyssale – semblable à celle d'une montagne confrontée à celui qui la gravit ou du ciel confronté à celui qui le parcourt –, si bien que j'eus le sentiment de devoir me dissoudre sous ses yeux jusqu'à ce qu'il ne reste rien de moi, de devoir disparaître sous ses yeux comme si je n'avais jamais vécu. Peut-être cette géante en noir s'était-elle effectivement hissée depuis les profondeurs de l'Atlantique en direction de ce nageur afin de lui laisser entrevoir que sa présence n'ajoutait pas grand-chose à la richesse, à la multiplicité et à la pérennité d'un monde immuable et qui existait tout naturellement en dehors de lui.

Et elle brisa ensuite le miroir de la mer, souffla en direction des nuages, dans mon monde à moi, une fontaine scintillante, et avant même que l'air condensé échappé de ses poumons de plusieurs quintaux se fût dissipé en un voile d'eau vaporeux, elle se retourna tête en bas, replongea derrière son nourrisson déjà en route vers le fond.

Et je vis glisser tout près de moi, mètre après mètre après mètre – et sombrer – un corps monstrueux couvert de cicatrices, les marques des blessures causées par les combats, les récifs de corail, les jeux d'amour ou les hélices de bateaux.

La reine de la jungle

Je vis un veau mort dans un herbage ceinturé par la forêt vierge dans l'État fédéral brésilien de São Paulo. L'animal devait être mort depuis des jours ; le ventre était gonflé de gaz de fermentation, à la place des yeux béaient des trous sanguinolents autour desquels grouillait une nuée de mouches à viande. Les cuisses et le cou étaient lacérés de coups de bec ou de crocs. Quelques urubus, des vautours au plumage noir, encore occupés un instant auparavant à déchiqueter la carcasse, avaient pris la fuite à l'approche de deux cavaliers et se tenaient à présent en attente, perchés dans un flamboyant.

Fazenda Floresta : Le nom de cette terre de pâture vallonnée, ponctuée d'îlots vert sombre peuplés de ouistitis et de singes-lions, de colibris et de perroquets, vestiges d'une forêt vierge défrichée des générations auparavant, évoquait le souvenir d'une contrée sur laquelle la jungle s'étendait autrefois à perte de vue. Dans la langue du pays, *floresta* signifie *forêt*, forêt impénétrable, forêt vierge.

Le *fazendeiro*, le propriétaire du domaine, un Allemand, natif de Münster en Westphalie, qu'un grand amour avait poussé des décennies auparavant à s'installer au Brésil pour y devenir paysan et éleveur de bovins, m'avait proposé, en cette chaude matinée de février, de l'accompagner à cheval jusqu'à des pâturages dispersés aux confins de la propriété ; un gardeur de troupeaux lui avait signalé qu'un taurillon était mort, mordu par un crotale.

Nos chevaux manifestèrent une répugnance telle à s'approcher du cadavre que nous fûmes contraints de mettre pied à terre ; mais après avoir attaché nos montures aux branches d'un quaresmeira couvert de lumineuses fleurs violettes, nous dûmes battre en retraite devant une nuée de mouches à viande. Le petit, là, dit le *fazendero*, aurait pu faire un bon taureau reproducteur ; depuis le début de l'année, c'était déjà la deuxième bête tuée par un crotale. Il lui semblait parfois que la forêt vierge ou ses démons ne cessaient de réclamer de nouveaux sacrifices de vies animales, voire humaines en expiation du tort qu'on avait causé à la forêt, aux chœurs d'oiseaux et aux hordes de singes qu'on en avait chassés pour installer à leur place, dans les clairières ainsi gagnées, des animaux domestiques, des cochons, des bovins. Cela étant, il suffisait ici de relâcher un moment sa vigilance, et déjà la terre un instant délaissée, non cultivée, était reconquise par la forêt, déjà pâtures, chemins, étables, maisons, assaillis par les vagues déferlantes d'une végétation luxuriante et en perpétuelle floraison, sombraient dans l'épais fourré éternellement vert.

Lorsqu'il avait visité pour la première fois ce domaine, dit le *fazendero*, c'était à peine s'il se distinguait encore de la forêt – la maison de maître, une ruine par les fenêtres de laquelle des arbres tendaient leurs branches, les abris pour les bêtes totalement délabrés, portes et grilles occultées par des lianes et des racines de figuiers étrangleurs grosses comme le bras, les puits obstrués – une terre sans valeur. D'où le prix bas, en rapport avec l'état des lieux.

Il avait donc acheté cette terre isolée ; mû par l'enthousiasme et, en travaillant comme un forcené, il avait arraché derechef sa proie à la forêt vierge ; avec l'aide de ses ouvriers agricoles, il avait taillé sur des kilomètres et des kilomètres une brèche à travers la forêt, tantôt en franchissant les barrières naturelles présentées par le terrain, tantôt en les contournant, et ouvert ainsi la route de terre rouge qui courait aujourd'hui de colline en colline jusqu'à Buri, la ville la plus proche ; il avait nettoyé les clairières envahies par la végétation pour les rendre à leur fonction de pâturages et construit sur une hauteur une maison neuve, lumineuse, en bois imputrescible d'aruera et en verre, puis aussi des maisons pour les gardeurs de troupeaux, les ouvriers agricoles et leurs familles, des abris contre le soleil brûlant, des étables et, plus tard encore, une école, un jardin d'enfants, une église, un terrain de jeux… tout un village entouré, protégé par la forêt vierge.

Qu'y avait-il de plus gratifiant, demanda le *fazendero* tandis que nous remontions sur nos chevaux trempés de sueur et laissions derrière nous la clairière et son odeur de cadavre en voie de décomposition, qu'y avait-il de plus exaltant que de parvenir à arracher à la jungle, à celle du dehors comme à celle que l'on portait en soi, quelque chose de nouveau, peut-être même quelque chose comme une patrie – mais pas par la force, pas uniquement à l'aide de tronçonneuses, de cognées, de bulldozers et de dynamite, non, plutôt sous la forme d'une sorte de troc, d'échange de bons procédés en vertu duquel on laissait, par exemple, aux vautours le cadavre d'une bête morte dans un pâturage, on procédait à des travaux de drainage destinés à préserver certains versants forestiers abrupts, le terrain des singes !, des glissements déclenchés par les averses, on abreuvait les colibris en accrochant dans les vérandas des tubes de verre contenant de l'eau mélangée à du miel – un échange en vertu duquel il n'était en fin de compte jusqu'aux serpents auxquels on laissait une place entre les herbages, qui n'offraient pourtant qu'un espace vital insuffisant aux hommes et à leurs troupeaux ?

J'avais fait la connaissance du *fazendero* à São Paulo, à trois cents kilomètres de là, dans un restaurant où il dînait après une rencontre avec des éleveurs brésiliens de bovins du Simmental ; le lendemain même, j'avais accepté son invitation à me rendre avec lui à la Fazenda Floresta. Tout au long de la route qui nous menait hors de la ville apparemment sans limites et plus tard, comme nous étions enfin rendus en pleine campagne, il m'avait parlé de son entreprise de très longue haleine consistant à réaliser des croisements entre des zébus de taille relativement réduite, des bovidés à bosse originaires des Indes qui déterminaient encore, à l'époque, l'image des pâturages brésiliens, et des bovins suisses tachetés, en provenance du Simmental, plus massifs, produisant du lait *et* de la viande. Il était retourné encore et encore en Europe d'où il revenait avec des boîtes réfrigérées d'embryons de bovins du Simmental, un matériel génétique très onéreux qu'un Indien, qui savait parler et se faire entendre non seulement des chevaux mais aussi des bovidés, implantait ensuite aux vaches de la *fazenda*. Mais le bétail tacheté européen ne s'accommodait que difficilement de l'humidité, de la chaleur, de l'herbe maigre et des parasites ; il avait fallu procéder à des tentatives répétées et produire de nombreuses variantes pour arriver au résultat souhaité. À présent, enfin, ses bêtes du Simmental ruminaient sur les pâtures de la *fazenda* aussi paisiblement que si la race n'avait jamais connu d'autre ombre que celle de la forêt vierge, des quaresmeiras et des palmiers.

Bien entendu, la forêt mettait à l'épreuve chaque nouveau venu, les bêtes du Simmental, par exemple, étaient les plus exposées aux attaques de la mouche du varron, un insecte de la taille d'une guêpe ; la mouche pondait ses œufs sous la peau des bovins où se développaient ensuite de gros asticots qui se métamorphosaient en une nouvelle génération de parasites.

Vu le nombre de mouches du varron qui tournaient en permanence autour d'un troupeau de vaches du Simmental, il pouvait arriver que l'homme devienne l'hôte dit accidentel du parasite généré par cet insecte… La bien-aimée du *fazendero*, depuis lors devenue son épouse, s'était trouvée dans cette situation et avait d'ailleurs failli mourir d'une septicémie après qu'un gardeur de troupeaux eut tenté, comme il procédait d'habitude avec succès pour les bêtes, de presser l'abcès de ses doigts habiles afin d'en faire sortir l'asticot. Intimidé, à moitié paralysé par le respect dû à l'épouse du patron, soucieux de se montrer aussi délicat que possible, il avait écrasé l'asticot sous la peau de la femme.

Mais à l'inverse des dangers qui vous guettaient dans les rues de São Paulo, tout ce qui pouvait s'avérer menaçant à la Fazenda Floresta était au moins prévisible. Non, s'il fallait choisir entre une vie parmi les gratte-ciel et les cabanes en carton des favelas et la vie qu'on menait ici, en pleine nature, le *fazendero* se prononcerait aujourd'hui encore, et sans l'ombre d'une hésitation, pour la Floresta. Et même si la forêt vierge devait un jour reprendre ses droits et reconquérir les pâtures – ce qui arriverait d'ailleurs tôt ou tard de manière aussi certaine que la mort –, cela ne ferait que démontrer une fois de plus que toute terre, en dépit des titres de propriété, aussi authentiques fussent-ils, n'était jamais qu'empruntée à la forêt vierge.

Notre chevauchée nous avait emmenés vers midi au-delà des limites de la propriété, chez l'unique voisin assez proche pour ne pas être trop malaisément joignable, un homme courtaud qui habitait une hutte en terre bâtie dans une clairière et vivait du produit d'un unique avocatier gigantesque dont il vendait les fruits au marché de Buri.

Le voisin nous offrit à boire, de la *pinga*, un alcool de canne qu'il nous servit dans de grands verres avant de décrocher du mur une photographie en noir et blanc encadrée qu'il nous montra fièrement, la dernière photo de ses deux fils, hormis un crucifix, le seul ornement mural de sa hutte : les fils y posaient en chemise blanche à col ouvert, on distinguait en arrière-plan les gratte-ciel de São Paulo ; les bras croisés devant la poitrine, arborant un large sourire, ils tenaient un pistolet dans chaque poing.

Ces deux-là, dit l'homme aux avocats, ces deux-là y étaient arrivés. Ce qu'ils faisaient exactement pour gagner leur vie, il n'en savait rien et, d'ailleurs, il ne voulait pas le savoir, mais est-ce que nous avions seulement vu les chemises qu'ils avaient sur le dos, en ce qui le concernait jamais de sa vie il n'avait possédé pareilles chemises.

Sur le chemin du retour, comme nous franchissions les herbages vibrant de chaleur pour regagner la fraîcheur de la maison de maître brassée par les ventilateurs et où planait un parfum de menthe et d'hibiscus, le *fazendero* me montra des constructions en bois sur pilotis que je pris pour des logements à cause des grillages pare-mouches placés devant les larges fenêtres. Mais c'étaient des étables, des étables sécurisées, en principe inaccessibles aux serpents et où les jeunes animaux étaient protégés durant les premières semaines de leur vie contre les multiples dangers qui les menaçaient dans les pâturages. Sur d'étroites étagères, au-dessus des mangeoires, étaient disposés des bocaux de verre scintillant, comme des vases pour les fleurs. Lorsque mes yeux se furent accoutumés à la clarté qui régnait dans l'étable, très faible en comparaison de la lumière aveuglante du jour, alors seulement je vis que chacun de ces bocaux contenait un crotale plongé dans l'alcool. Avec leur peau écailleuse d'un rouge encore lumineux, subdivisée par des anneaux noirs équidistants, ces serpents ressemblaient à de somptueux colliers plutôt qu'à de dangereux reptiles.

Beaux et souvent mortels, dit le *fazendero*. Certains de ses gardeurs de troupeau prétendaient que le danger des serpents s'était amenuisé depuis qu'il avait suivi leurs conseils et décoré les étables avec les démons vaincus, autrement dit les crotales qu'ils avaient tués.

L'après-midi, un temps orageux s'annonçait et, dans un véhicule tout-terrain qui devait peser des tonnes, nous prîmes plus tôt que prévu la route qui devait nous ramener à São Paulo ; de fortes pluies étaient annoncées pour le lendemain, la route de terre rouge deviendrait alors impraticable, même pour un pick-up mû par quatre roues motrices, ou ne serait plus carrossable qu'à l'allure de l'escargot avec les chaînes à neige que le *fazendero* avait fait venir l'an passé de la glaciale Europe.

Le ciel au sud-ouest commençait à se teindre de violet lorsque, tirant derrière nous une longue traîne de poussière, loin de la *fazenda* et loin aussi de toute agglomération, nous distinguâmes, étendu en travers de la route, quelque chose de sombre qui, de loin, me fit penser à une poutre ou à un tuyau d'arrosage de la grosseur d'une gouttière. Le *fazendero* freina si brutalement que les chaînes emportées par mesure de prudence glissèrent sur la surface de chargement et heurtèrent la cabine à grand fracas. Un anaconda, dit-il, et déjà il ouvrait la portière pour mettre pied à terre.

Le serpent géant qui rampait lentement, très lentement à travers la route, apparemment sans se soucier de notre présence, devait mesurer sept à huit mètres de long ; sa queue était encore cachée dans la végétation du côté gauche de la route alors que sa tête apparut un instant et replongea aussitôt entre les touffes d'herbes sèches du côté droit. Nous voyions glisser lentement sous nos yeux les lignes onduleuses qui ornaient son dos lorsqu'un camion – le premier véhicule que nous rencontrions depuis notre départ – émergea de derrière la crête de la colline, en face de nous, et fonça dans notre direction à toute vitesse, comme s'il fuyait devant la traîne de poussière rouge qui se soulevait dans son dos, engloutissant au passage la route et ses bords. Le camion transportait des ouvriers agricoles qui se retenaient à la ridelle du plateau de chargement. Ils durent prendre pour un geste de salutation le bras levé du *fazendero* qui voulait les avertir et protéger l'anaconda. Ils saluèrent en retour, riant et se rapprochant à vive allure.

Cependant le conducteur du camion n'avait nul besoin d'être averti. Il avait vu le serpent mais, loin de ralentir, comme poussé par un instinct de chasse ou tout simplement par une sorte de rage, peut-être par la peur, il continua de foncer vers lui – et roula par-dessus. Et on eut un instant l'impression, en regardant passer le camion avec son plateau bordé de ridelles en bois et ses roues jumelées encroûtées de terre, de voir quelque monstre colossal sauter à travers un cerceau de dressage, car au passage du lourd véhicule tonitruant, les deux extrémités du serpent, la tête et la queue, se soulevèrent en formant un arc qui se détendit et retomba l'instant d'après dans la poussière rouge, tandis que le poids lourd, sans s'être arrêté, sans même avoir ralenti sa course, disparaissait et nous laissait derrière lui, nous, l'anaconda écrasé, la route de terre, la forêt vierge, le tout plongé dans une nappe de brouillard rouge qui ne se dissipa que petit à petit.

L'anaconda vivait encore et continuait d'avancer, plus lentement à présent, la reptation ayant perdu entre-temps la gracieuse fluidité qui la caractérisait tout à l'heure, le corps pris par moments d'une sorte de crampe. Aucune blessure n'était visible sur sa peau ornementée mais il devait avoir des vertèbres brisées. Les traces laissées par les roues jumelées du camion sur son corps couvert de poussière rouge évoquaient les anneaux sombres sur la peau rouge des crotales dans les bocaux de la Fazenda Floresta.

Rainha da selva, Reine de la forêt*, dit le *fazendero*, c'est ainsi que l'un de ses gardeurs de troupeaux avait appelé l'anaconda qui était apparu un soir de Noël sur la rampe d'accès d'une étable et qui, confronté à un essaim d'enfants surexcités, s'était ensuite pour ainsi dire évanoui dans la Sainte Nuit. Mais la présente reine, dit le *fazendero*, ne régnerait sans doute plus que sur le royaume des morts. Qui pouvait-elle encore chasser avec des vertèbres brisées ? Qui dévorer ?

* Anaconda est au féminin en allemand comme en portugais.

Comme nous suivions l'anaconda jusqu'à ce que le fourré nous empêchât d'aller plus loin, nous n'entendions que nos propres pas : le craquement de rameaux secs sous nos pieds, le bruissement de l'herbe. Sans lever une nouvelle fois la tête au-dessus de la végétation basse, la reine glissa sans bruit dans l'invisibilité.

La transmission

Je vis la fine main du batelier Sang. Elle se posa le temps d'une inspiration, peut-être un petit peu plus longtemps, sur l'épaule de son fils Lae qui se tenait à côté de lui, au gouvernail de la barcasse. Le bateau que Lae conduisait depuis trois jours au fil de l'eau ne transportait que quatre passagers ; j'étais l'un d'eux. Nous étions montés à bord près de Huay Xai, une ville frontière située dans le triangle où se rejoignent la Birmanie, la Thaïlande et le Laos, et nous devions rejoindre dans la soirée la résidence royale laotienne de Luang Prabang. La saison des pluies était passée mais le niveau du Mékong était encore assez haut et une barcasse de taille modeste comme la nôtre pouvait aisément chavirer dans les rapides et, surtout, dans les tourbillons qui s'ouvraient parfois comme des puits tournoyant devant la poupe.

Lae conduisait seul le bateau sur la section du fleuve qui sépare Huay Xai de Luang Prabang, mais lorsqu'il se présentait des dangers, des obstacles – hauts-fonds rocheux, rapides, tourbillons ou arbres déracinés par la mousson et dont les branches se dressaient hors de l'eau comme les bras de géants en train de se noyer –, son père lui posait invariablement la main sur l'épaule, mais sans mot dire, sans un conseil.

Il y avait trois jours que nous glissions entre les berges laotiennes du Mékong – des versants abrupts occupés par la forêt tropicale, alternant avec des forêts de tek en pleine floraison, des villages sur pilotis et, à tout bout de champ, des espaces défrichés par le feu, encore fumants, où des éléphants traînaient vers le fleuve des troncs calcinés –, et Lae, tout au long de ce parcours, n'avait pas commis une seule faute. Ce voyage en bateau à destination de Luang Prabang, il l'avait fait à d'innombrables reprises, jusqu'alors uniquement comme matelot de son père, mais c'était bien assez, semblait-il, pour connaître et savoir nommer la plupart sinon la totalité des dangers, très différents suivant la saison, que présentait la navigation sur le Mékong, un fleuve dont les eaux accusaient des variations de niveau de huit à dix mètres :

Chaque rocher caché juste sous la surface de l'eau – dangereux durant la mousson mais dont la menace n'était plus à présent qu'un souvenir se manifestant par un faible gloussement en saison sèche –, chaque remous portait un nom ancien, souvent vieux de plusieurs siècles. Mais le batelier Sang ne prononçait ces noms que lorsque Lae avait fait ce qu'il fallait et que le danger était derrière nous. Un batelier ne devait pas seulement contourner des dangers connus mais renouveler constamment sa représentation du cours d'eau en se pénétrant de chaque déformation des rives, des bancs de sable et de gravier, mais aussi de tous les changements affectant la surface de l'eau dont le relief, lisse comme un miroir ou, au contraire, onduleux, pouvait lui indiquer la profondeur, la vitesse du courant, la localisation des passes.

Dans la soirée, ainsi en étaient convenus Sang et son fils, lorsque nous gravirions, aussitôt après avoir accosté, le large escalier de pierre menant du bord du Mékong aux temples et aux palais de Luang Prabang, Lae devait virer de bord et s'en retourner à Huay Xai sans avoir mis pied à terre. Et à partir de cet instant, il serait le nouveau et seul maître à bord. Comme s'il avait voulu revêtir pour l'occasion un habit de fête, Sang portait, depuis que nous avions entamé la dernière étape de notre voyage, une de ces chemises bon marché en soie sauvage qui se vendaient un peu partout dans les villages que nous croisions.

Sang avait parcouru le Mékong dans les deux sens durant plus de trente années. En aval, il était allé jusqu'aux Quatre Mille Îles, à la frontière du Cambodge, et pouvait tracer de mémoire des esquisses et des cartes des passes navigables et des rives dégravoyées ou submergées suivant la saison ; il connaissait chaque village, chaque hameau situé au bord de la section du Mékong qu'il fréquentait – et n'en était pas moins resté un homme des montagnes. Demain matin, à la première heure, il quitterait Luang Prabang pour les hautes terres, s'en retournerait enfin à Phonsavanh dans la province de Xieng Khuang, s'en retournerait pour la première fois depuis plus de trente ans dans cette contrée désolée, pratiquement sans arbres, nommée *Thong Hay Hin* par ses habitants mais que les nombreux passagers qu'il avait transportés dans sa barcasse appelaient *Plaine des jarres d'argile.*

Des récipients de la taille d'un homme, en grès ou en granit, certains atteignant jusqu'à trois mètres de haut et pesant une tonne et davantage, vestiges d'une mystérieuse civilisation disparue, gisaient là-haut par milliers, dispersés sur toute l'étendue d'une savane vallonnée. De mythiques géants, disaient les uns, avaient autrefois bu dans ces jarres ; allons donc : les jarres servaient à conserver la nourriture, non : l'eau, non : les cendres des morts, disaient les autres. La vérité n'avait pu se faire jour jusqu'alors, notamment parce que les jarres étaient restées pour la plupart intouchées, soustraites à toute étude archéologique, le terrain d'où elles émergeaient étant totalement pollué par des mines antipersonnel et accessible uniquement par endroits.

En un temps depuis longtemps révolu mais qui demeurait présent dans ses rêves, Sang avait fui ces hautes terres : il avait trouvé refuge près de l'eau, au bord du Mékong, tandis que les villages, les rizières et toute la région de Phonsavanh se transformaient sous les tapis de bombes des escadrilles américaines en un paysage lunaire, désertique et troué de cratères : toute une région empoisonnée par un défoliant connu sous le nom d'*agent orange*, rendue impraticable par des millions de mines et de munitions non explosées provenant du déluge de bombes américaines. Sur ce plateau, les arbres ne poussaient que là où les bombes avaient excavé la terre et projeté en surface les couches profondes non contaminées par le poison.

Si le batelier Sang, après avoir transmis la barcasse à son fils, s'en retournait à présent sur les lieux pour n'y séjourner vraisemblablement que quelques jours, une petite semaine tout au plus, c'était aussi pour échanger contre l'image peut-être un peu plus paisible qu'ils offraient à présent les souvenirs qui, depuis un certain après-midi de bombardements, rendaient ses rêves si pesants, si douloureux. À l'endroit où se trouvait autrefois la ferme de ses parents, comme il se l'était laissé dire et pouvait d'ailleurs aussi le constater sur une photo qu'il avait sur lui, il tomberait sur des mares circulaires dans lesquelles, comme cela se faisait dans les rizières, on pouvait pêcher des poissons – des cratères de bombes remplis d'eau souterraine et d'eau de pluie.

N'était-il pas étrange, avait demandé Sang, assis sur une caisse, à côté du gouvernail, pour ainsi dire aux pieds de son fils, qu'il fût amené aujourd'hui à quitter un fleuve de près de cinq mille kilomètres de long, le Mékong, un nom qui signifiait *mère de toutes les eaux*, pour se rendre au bord d'un étang, d'une mare ?

Pendant les nombreuses heures de navigation sur le fleuve, mais surtout durant les deux derniers soirs que nous avions passés sous des moustiquaires, dans des constructions sur pilotis, au bord de vastes bancs de gravier, le batelier nous avait beaucoup parlé de sa fuite en direction de l'eau. Car dans quelle autre direction sinon dans celle de l'eau aurait-on pu fuir lorsque tout, absolument tout était en feu ? Le père de Sang, sa mère, ses trois sœurs et l'un de ses frères avaient péri à la ferme dans les flammes du napalm largué au cours d'une attaque aérienne. Lui et son autre frère, Sonephet, avaient été épargnés parce qu'ils étaient en train de conduire un attelage de buffles d'eau à travers une rizière moissonnée.

Les bombes. Bombes à fragmentation, bombes à sous-munition, bombes incendiaires, bombes au phosphore, bombes à billes... Les attaques aériennes remontaient à des dizaines d'années mais les bombes étaient encore partout présentes. Désamorcées, on s'en servait dans les villages du haut plateau comme piliers de soutènement pour les entrées de maisons et les débords de toitures, comme bacs à fleurs ou comme récipients pour conserver le riz, ou alors elles reposaient entassées comme matériau brut devant la forge du village. Et les boules d'acier des bombes à billes devenaient des jouets pour les enfants ; de grosses billes brillantes.

Un cahier dépenaillé, recouvert pourtant d'un film transparent destiné à le protéger de l'eau, que Sang donnait à lire à chacun de ses passagers, montrait les différents types de bombes plus ou moins grosses qui étaient tombées sur son pays, mais aussi les mines de toutes sortes qui reposaient dans la terre laotienne comme la semence d'un dragon. Pendant la guerre du Vietnam, que l'on aurait aussi bien pu appeler guerre du Laos, lisait-on là en anglais et en français, les langues d'ennemis dont le souvenir n'était pas près de s'effacer, il était tombé – ce que le reste du monde avait ignoré durant des années et que le gouvernement américain avait nié non moins longtemps – davantage de bombes sur le Laos neutre que sur l'Allemagne et le Japon réunis durant toute la

Seconde Guerre mondiale : deux millions de tonnes de bombes. Tout au long de l'histoire des guerres, nul pays au monde n'avait connu pareil déluge de bombes. Et cela principalement parce qu'il s'agissait de détruire une route mal famée, voie de ravitaillement du Vietcong connue sous le nom de *piste Hô Chi Minh*, un entrelacs de sentiers forestiers qui, par malheur, passait du Vietnam voisin à travers la jungle laotienne.

Aujourd'hui encore, trente ans après la guerre, avait dit Sang, des centaines de personnes étaient tuées ou mutilées chaque année par des mines et des bombes non explosées, dans les rizières, dans des fouilles, dans leur jardin ou, tout simplement, en se rendant au marché. Mais tous ces estropiés, ces morts, ces champs minés et ces terres empoisonnées d'où non seulement les hommes mais aussi les éléphants, les tigres, les hordes de singes et en fin de compte même les oiseaux avaient disparu, tout cela n'était-il pas plutôt l'œuvre de créatures possédées par des démons, d'esprits malfaisants plutôt que celle d'hommes à proprement parler ? Des hommes qui ne seraient pas sous l'emprise de démons pourraient-ils seulement vouloir, planifier, faire ce qui était arrivé dans son pays ?

Quant à son fils, avait ajouté Sang, il l'avait appelé Lae, ce qui signifiait le *Sombre*, et il s'était fréquemment penché sur le berceau du nourrisson pour se plaindre à hauts cris d'avoir un enfant si hideux, si difforme, oui, véritablement monstrueux, son visage, une trogne grimaçante, ses mains, des serres griffues. Et pourtant, il était convaincu à l'époque qu'il ne pouvait y avoir à Huay Xai plus bel enfant que son fils. Mais au Laos, on s'évertuait en se lamentant de la sorte à égarer les démons et on allait jusqu'à déplorer la laideur de ses propres enfants afin de les préserver des effets de la jalousie que les démons éprouvaient envers toute créature aimante ou aimée. Car qui pouvait être jaloux de la beauté d'un monstre ? Qui pouvait vouloir du mal, par jalousie, à un avorton qui en était de toute façon réduit à avoir horreur de soi-même ?

Lae, le Sombre, avait conduit le bateau, ces derniers jours, d'une main aussi sûre que son père. La nuit prochaine, déjà sur la route du retour, à deux heures en amont du fleuve, il amarrerait la barcasse vide à un ponton près des grottes de Pak-Ou, les *Grottes des Mille Bouddhas*, pour y déposer une offrande. Dans ces grottes karstiques surplombant le Mékong, il y avait des siècles que les pèlerins laissaient des effigies de Bouddha, des figurines d'argile, de bois ou de pierre, en signe de soumission et de gratitude mais aussi pour marquer le début d'une nouvelle période de leur vie, et Lae augmenterait la multitude des Bouddhas déjà rassemblés en ces lieux d'une unité supplémentaire, une statuette de la taille d'une cruche à eau, taillée dans une pierre provenant d'un banc de gravier près de Huay Xai.

Tout au long de notre voyage sur le fleuve, quand son père parlait avec les passagers ou leur racontait quelque chose, Lae s'était borné à écouter en silence l'un ou les autres, sans jamais détourner les yeux de sa route. Mais à présent, il se tournait vers nous et nous montrait une fine et lointaine colonne de fumée qui s'élevait derrière la courbure suivante du fleuve. C'était la fumée de Luang Prabang. Et loin devant nous, quelque part entre le mitan du fleuve et la jungle vert sombre, presque noire, sur la rive droite, se faisait entendre de nouveau et de plus en plus fort à mesure que nous avancions, le bruissement que produit l'eau qui se fraye passage par-dessus des rochers ou des troncs d'arbres enchevêtrés. Et je vis le batelier Sang lever la main, peut-être pour la poser une dernière fois sur l'épaule de son fils, mais la main demeura en suspens à hauteur de poitrine et je vis alors qu'il la laissait glisser à plat sur sa chemise, lentement, comme pour en lisser les plis – on aurait dit de délicates vaguelettes de soie.

L'adieu

Je vis un banc vide, l'un des trois bancs disposés sur la place du marché de la commune de Lambach, en Haute-Autriche, devant la grille en fer forgé du jardin attenant à la pharmacie. Sur ces bancs prenaient place les personnes qui attendaient, à l'arrêt situé à hauteur du jardin de la pharmacie, le bus qui les emmènerait soit vers la chaîne des Alpes et une région de lacs s'étendant au sud-ouest à l'avant des montagnes, soit vers un secteur de lotissements plantés au nord-est dans un paysage plat d'exploitations agricoles alternant avec des zones industrielles et figurant sur la carte sous le nom de *Welser Heide.*

Sur le banc du milieu était encore assis ce mercredi matin de juillet un homme que certains passants reconnaissaient et saluaient, un professeur retraité, veuf depuis des années et à présent lié d'amitié avec une dame native de la commune et fort aimée de ses concitoyens. Il n'y avait pas un nuage dans le ciel et, à en croire la météo, un faible vent d'ouest se lèverait dans la journée, accompagné d'une tendance orageuse peu marquée mais donnant lieu à une forte chaleur. Et c'est la raison pour laquelle le professeur n'avait pas emporté aujourd'hui la vieille serviette dans laquelle il fourrait son imperméable et un pull-over bleu marine lorsque le temps s'annonçait plus instable et qu'il voulait se rendre en bus à huit kilomètres de là, dans le village où il était né et qu'il avait quitté dix-huit ans auparavant, après la mort de sa femme.

Ce matin encore, il était assis à côté de son amie, sur le banc du milieu – comme d'habitude longtemps avant le départ du bus qui devait l'emmener au cimetière de ce village. Il s'y rendait deux fois par semaine pour allumer sur la tombe de sa femme un cierge qui devait y brûler plusieurs jours et, en tout cas, au moins jusqu'à sa prochaine visite, et pour arroser les fleurs qu'il disposait sur la tombe et qu'il changeait suivant la saison. Après ce travail, il avait l'intention, cette fois, de rencontrer l'un de ses fils dans le jardin d'une auberge qui se trouvait à l'extérieur du village, au beau milieu de champs de blé et de maïs.

Tandis que la température grimpait, les passants se faisaient plus nombreux du côté ombragé de la place, en particulier aux alentours du jardin de la pharmacie, là où les bus s'arrêtaient et repartaient. Quiconque n'était pas obligé de se diriger vers un magasin ou une entrée de maison écrasée par le soleil choisissait de marcher à l'ombre, et c'est ainsi qu'en attendant son bus, le professeur eut davantage que de coutume l'occasion d'échanger quelques mots avec des connaissances. Il était assis sur le banc comme devant une scène sur laquelle se croisaient les acteurs et les figurants d'une vie matinale, livreurs, cantonniers, personnes en train de faire leurs courses, patients sortant du cabinet du médecin installé sur la place et rejoignant la pharmacie, tout à fait disposées à parler avec lui de leurs maux ou du soulagement que leur procurait tel ou tel remède.

Comme l'heure de départ de son bus se rapprochait, le professeur se mit à évoquer le programme de la journée, le renouvellement des plantations des deux tombes familiales au cimetière, la rencontre avec son fils dans le jardin de l'auberge, en plein champ. Les yeux fixés sur la fontaine jaillissante au milieu de la place du marché, l'amie suivait les réflexions du professeur sur le choix des fleurs à planter sur les tombes et sur le menu de midi lorsqu'il se tut subitement. Le regard toujours braqué sur la fontaine, attentive au bruissement ininterrompu de l'eau qui ruisselait et ruisselait inlassablement, elle se dit que le professeur venait de penser à quelque chose qui lui avait fait perdre le fil – et détachant enfin ses yeux de l'eau, elle se tourna alors vers lui :

Sa tête reposait sur sa poitrine, un léger frémissement traversa ses paupières closes. À le voir assis là, on aurait dit qu'il s'était endormi au beau milieu d'une phrase. L'amie le poussa légèrement du coude et rit. Il jouait parfois à faire celui qui s'est endormi sans le vouloir, uniquement pour pouvoir dire, lorsqu'il lui arrivait de s'être assoupi pour de bon à un moment inopportun, que c'était pour jouer, oui, uniquement pour jouer. Car le fait d'être soudain pris d'une immense fatigue, submergé par un irrépressible besoin de dormir, avait toujours été à ses yeux quelque chose qu'il fallait dissimuler, voire, au besoin, nier purement et simplement. Depuis que la guerre l'avait arraché, jeune homme, à son lieu de naissance, à la maison parentale située à proximité immédiate d'une cascade rugissante, et qu'il s'était retrouvé à bord d'un dragueur de mines sur la mer Noire, le plus bref moment de somnolence était lié dans sa pensée au danger mortel qu'une fraction de seconde d'assoupissement faisait courir à un matelot de quart sur une mer démontée. Il parlait rarement de cela, et quand il en parlait, il citait toujours ces vers de Detlev Liliencron : *Et volent les vagues aux longues crinières / comme chevaux noirs lâchés sur l'onde amère...* Durant les nuits de tempête à bord d'un bateau naviguant tous feux éteints, il avait souvent aspiré à pouvoir, en se réfugiant tout simplement dans le sommeil, échapper aux ténèbres, à la mer furieuse où dansaient des mines flottantes.

Cette fois, pourtant, il ne réagissait à aucun contact, à aucune parole, à aucun signe, mais reposait dans les bras de son amie comme un voyageur qui se serait endormi en attendant le bus. Un médecin arrivé rapidement sur les lieux déclara en remplissant les formulaires de circonstance que le professeur était vraisemblablement déjà mort à ce moment-là et employa, entre autres considérations médicales relatives à une forme spéciale de crise cardiaque, une expression qui, plus précisément que tout le reste, devait rester gravée dans la mémoire des trois fils et de la fille du professeur : mort subite.

Beaucoup, beaucoup de choses furent tentées à l'ombre de la maison du pharmacien pour ramener à la vie l'homme toujours assis, légèrement tassé, comme endormi sur son banc. Le pharmacien, averti par un passant, fut le premier à arriver sur les lieux ; sorti en courant de son magasin, il s'assit à côté du couple, appela le professeur par son nom, encore et encore, lui tâta le pouls puis se retira pour appeler le médecin de garde. Quelques minutes plus tard, ce dernier arrivait à son tour au pas de course et insistait pour obtenir qu'on l'aide à allonger le professeur sur le sol. Il passa très exactement vingt-huit minutes à tenter de le ranimer pendant que des cercles concentriques de badauds se formaient peu à peu autour de la scène. Deux bus, dont celui qu'attendait le professeur, s'arrêtèrent, laissèrent descendre et monter des voyageurs, repartirent. Depuis qu'une ambulance de la Croix-Rouge avec gyrophare et sirène était arrivée sur les lieux, toute l'attention disponible sur la place du marché se concentrait sur l'espace restreint qu'occupait le mourant ou le mort et autour duquel on se pressait en nombre à présent.

Tandis que le médecin multipliait les tentatives de réanimation et se mettait à suer à grosses gouttes, l'amie se cramponnait encore à deux reprises à l'espoir que le dormeur ne faisait, une fois encore, que jouer, oui, que jouer à dormir sur le pavé, même s'il y avait quelque chose d'inexplicable et de terrifiant à la fois dans son obstination à ne pas vouloir interrompre son petit jeu. À l'instant même, il venait de respirer, lui semblait-il. Ne venait-il pas de respirer ? Elle était agenouillée à côté de lui et chuchotait *tu dors, dis, tu dors encore. Tu dors, tu dors.*

Puis le médecin se redressa et parla si bas aux ambulanciers qui attendaient à l'écart que personne ne comprit ce qu'il disait. Mais il n'y avait rien à sauver, cela ne faisait à présent plus aucun doute. Les hommes de la Croix-Rouge, compatissants, chargèrent le professeur dans l'ambulance et le transportèrent au funérarium du cimetière voisin, à l'ombre du grand monastère bénédictin de Lambach dont le somptueux portail était visible depuis les bancs de la place. Compatissants parce que le règlement voulait que les ambulances de la Croix-Rouge ne transportent que des vivants. Or le professeur était manifestement déjà très loin de la vie à ce moment-là.

Le long chemin de croix du monastère bénédictin s'étirait sous un soleil de plomb lorsque, en route pour le cimetière, je m'y engageai quelques heures plus tard. J'étais si ébloui par la lumière crue de ce jour d'été que je ne vis au premier moment, après avoir pénétré dans le funérarium, ni le catafalque où gisait la dépouille du défunt, ni l'employé des pompes funèbres qui défaisait la montre au poignet du mort pour la remettre plus tard aux *survivants*, en même temps qu'un portefeuille, un peigne, un mouchoir et un trousseau de clés.

La tenue vestimentaire du défunt – bermuda clair, sandales, chemisette à manches courtes – offrait un singulier contraste avec le catafalque noir sur lequel il était couché : c'était le genre de vêtements légers que l'on portait l'été pour profiter du beau temps sur un banc public, dans une chaise longue, près de la fontaine jaillissante d'un parc.

La peau du défunt, son visage, ses bras avaient pris aux premières heures de l'éternité la couleur de la mort par arrêt cardiaque qui fait que le sang fluide, rouge clair, vire par manque d'oxygène au bleu, un bleu violacé. Je crus sentir encore, comme je la retenais dans ma main, un restant de vie dans la main droite du mort. L'employé ne me regardait pas, mais il vit les larmes qui coulaient sur cette main bleue et, pour me consoler, d'un geste discret, il attira mon attention sur le front du défunt et dit, *ça disparaîtra, le bleu disparaîtra, ce soir même votre père sera comme il a toujours été.*

Dans l'espace cosmique

Je vis au-dessus de moi, tandis que je reposais sur le fond plat d'un canot glissant à travers la nuit sous les coups de pagaie d'un nautonier du peuple maori, des ténèbres de velours noir trouées d'innombrables points lumineux, un firmament apparemment illimité se déployant jusqu'aux plus lointains abysses de l'Univers.

Traversé de veines d'eau noire, le réseau de grottes ramifié, à travers lequel le nautonier me conduisait tantôt pagayant, tantôt se servant de la pagaie comme d'une gaffe, menait de la rive du lac Te Anau, sur l'île du sud de la Nouvelle-Zélande, dans les entrailles des Murchinson Mountains. Le fait qu'une journée d'août tirait à sa fin au-dehors, là-bas, sur un lac aux bords encroûtés de glace, une journée tempétueuse d'hiver qui avait déposé de la neige fraîche sur les cols, cela n'avait aucune importance ici, au cœur de la montagne. Ici régnaient en toutes saisons une température constante, une absence totale de vent et une obscurité dans laquelle, malgré tous les nuages d'étoiles, brouillards galactiques et autres amas globulaires au-dessus de ma tête, le nautonier mais aussi sa pagaie ou ma propre main sous mes yeux demeuraient parfaitement invisibles.

Reflétée par le miroir de l'eau régulièrement troublée par la pagaie, l'image du ciel nocturne se déployant sous les voûtes des grottes était gravée dans le noir opaque par les larves d'un diptère de la famille des nématocères, des vermisseaux luisants longs de deux à trois centimètres ; il émanait de ces larves une lueur bleuâtre qui attirait dans un rideau soyeux de fils gluants éphémères et phryganes, papillons de nuit et mites égarées. Les proies ainsi pêchées dans l'obscurité étaient hissées dans les nids et dévorées par les larves. L'absence de vent était la condition majeure de cette pêche qui, pour cette raison, se pratiquait de préférence dans des grottes, le fait étant qu'au moindre souffle de vent, les quelque soixante à soixante-dix fils qui pendaient de chaque nid devaient s'emmêler aussi inextricablement que les lignes d'un pêcheur maladroit.

En l'absence du moindre souffle, le silence était tel que j'entendais le bruissement du sang dans ma tête. Le fait que le nautonier me conduisait dans les entrailles de la montagne en dehors des heures de visite placardées à côté du ponton d'accostage, sur la rive du lac, était un privilège que je devais au fermier qui m'hébergeait dans l'une des trois chambres d'hôtes de sa maison.

Le Maori, dont les mains, le cou et le visage tout entier s'ornaient des tatouages distinctifs de sa tribu, m'avait invité à me coucher sur le dos au moment même où nous pénétrions dans la grotte. Je pourrais admirer de la sorte le ciel étoilé, au-dessus de moi, comme si je flottais sur un tapis volant porté par une brise légère. Mais à peine allongé dans le canot, tout disposé que j'étais à m'abandonner à la douce quiétude d'un balancement semblable à celui d'un berceau, je sentis aussi à quel point j'étais fatigué. J'avais derrière moi une longue journée passée sur des routes hivernales, en particulier la route menant de Wanaka à Queenstown à travers le Crown Range Summit, le plus haut col de la Nouvelle-Zélande au passage duquel j'avais failli glisser dans une pente escarpée : il s'était mis à neiger à gros flocons peu avant le col et ma voiture de location n'était pas équipée pour affronter des conditions hivernales ; les roues avaient patiné dans une montée où la neige s'était déjà accumulée sous l'effet du vent et la voiture avait soudain commencé à glisser en arrière, en arrière ! vers le versant rocheux abrupt qu'elle dévalerait si elle venait à franchir le bord de la route. La pente à cet endroit était si raide qu'elle aurait plongé, en faisant culbute sur culbute, jusque dans un torrent qui s'écoulait très loin en contrebas, noir et silencieux, hors de la vallée.

Bien entendu, le contrat de location soigneusement plié et rangé dans la boîte à gants stipulait qu'en cette saison je ne devais en aucun cas me risquer à franchir des cols et que je ne serais pas couvert par l'assurance si je ne respectais pas cette clause. Mais je tenais à rejoindre de jour le but que je m'étais fixé, à savoir le lac Te Anau et ses grottes, et si j'avais emprunté la route qui contourne la montagne au lieu de prendre par le Crown Range Summit, je n'y serais assurément pas arrivé.

Je m'apprêtais à sauter en marche afin de racheter ma vie, selon moi dramatiquement menacée, pour le prix d'un véhicule de location sur le point de se fracasser dans le torrent, loin en contrebas, quand la voiture, contre toute attente, s'immobilisa *in extremis* au bord de l'abîme :

Songeant à ces instants de dérive impuissante, ma situation, couché là, au fond de ce canot, me paraissait si rassurante, si confortable que, tout au sentiment d'être totalement à l'abri, je faillis glisser d'une douce somnolence dans un rêve qui avait quelque chose à voir avec les étoiles.

Les quatre voyageurs s'en revenant d'une longue virée en montagne qui m'avaient découvert au bord de la route, en suspens entre dégât matériel total et péril mortel, avant de me tirer avec leur jeep équipée de chaînes par-dessus le col et de m'accompagner ensuite jusqu'à la limite inférieure de la neige, m'apparaissaient à la lisière de mon rêve comme des esprits protecteurs tels que des personnes craintives ou se sentant en danger ne pouvaient espérer en rencontrer qu'au pays des Maoris.

Peut-être d'ailleurs que mon guide tatoué était également un esprit de cette sorte. Le labyrinthe de grottes, il le connaissait si bien qu'il conduisait le canot dans les ténèbres, sans lampe, à l'aveuglette, la pagaie lui tenant lieu de canne blanche. Nous glissions, nous planions sous de scintillantes galaxies. Certaines étoiles, dit-il, étaient plus brillantes que d'autres, il s'agissait de larves affamées, la lumière qui en émanait se devait d'être la plus attractive ; d'autres *glow worms*, qui venaient de se repaître d'une proie tout juste pêchée, dispensaient une lumière moins vive, et d'autres encore, en voie de se métamorphoser en chrysalides et occupées à signaler leur prochaine aptitude à se reproduire, s'allumaient, s'éteignaient, se rallumaient, bref, *clignaient* dans le noir.

En somme, il n'en allait pas différemment ici qu'au-dehors, dans le ciel nocturne au-dessus du lac Te Anau et des sommets enneigés, dehors également l'intensité lumineuse des étoiles était soumise à des variations périodiques, il y avait des soleils plus ou moins rayonnants, des nébuleuses plus ou moins brillantes, des trous noirs. Et de fait, dit encore le nautonier, il se trouvait des entomologistes pour affirmer que les larves phosphorescentes de ce diptère ne faisaient ni plus ni moins que simuler un ciel étoilé afin de donner à leurs proies, tandis qu'elles allaient se jeter dans les pièges gluants suspendus dans les ténèbres, l'illusion de tournoyer, de papillonner, de planer en toute liberté sous la voûte céleste, par une paisible nuit d'été.

Sur ces entrefaites, notre embarcation heurta un fond singulièrement élastique. Le nautonier rangea la pagaie dans le canot et alluma sa lampe frontale qui, à l'instar du halo lumineux qui neutralise le ciel nocturne au-dessus d'une ville entière, surpassa en éclat toutes les nébuleuses jusqu'à les faire pratiquement disparaître. Il me donna la main pour m'aider à descendre du canot et à prendre pied sur la rive crissante d'un lac souterrain, un sol recouvert d'une couche épaisse d'insectes morts, une couche d'ailes scintillantes, de pattes filiformes, d'enveloppes de chitines dont l'épaisseur devait atteindre un mètre ou davantage.

Le stade larvaire lumineux s'étalant sur plusieurs mois, dit le nautonier, le stade astral, en d'autres termes, était, et de loin, la séquence la plus longue de la vie de ces insectes. Lorsque la créature ailée s'extrayait enfin du cocon, il ne lui restait à vivre que quelques jours exclusivement dévolus à la procréation. Car les *lovers*, dit le nautonier, les amants qui rampaient ou ramaient tant bien que mal à la rencontre les uns des autres, n'avaient ni bouche, ni dents, ni organes de digestion et ne volaient qu'à grand-peine. Ils attendaient donc, la plupart du temps tout près de leur nid de soie délaissé, un partenaire en compagnie duquel, après l'acte d'amour et la ponte des œufs, ils mouraient tout bonnement de faim et tombaient du ciel sur le sol rocheux ou dans l'eau qui, lorsqu'elle venait à monter et à redescendre au gré des précipitations, entassait çà et là, en bordure des grottes, des matelas crissants de débris d'insectes, d'insectes momifiés.

Sur ces matelas, dit le nautonier, nous allions pouvoir marcher, nous enfoncer un peu plus loin dans le dedans de la montagne, dans la nuit, jusqu'au bord du firmament. Et là-dessus, il éteignit sa lampe.

N'ayez crainte, entendis-je dire son image qui ne s'évanouit que progressivement dans le noir, et c'était un invisible qui, au même moment, me prenait par la main et répétait, n'ayez crainte : nous allions suivre jusqu'au bout la Voie lactée au-dessus de nos têtes et il ne nous adviendrait aucun mal, même en cas de chute. Car celui qui venait à trébucher et à tomber dans le noir atterrissait sur un sol moelleux, sur un matelas de *stardust*, de poussière d'étoiles.

Drive au pôle Nord

Je vis un golfeur pénétrer à l'intérieur du cercle délimité par les marins du brise-glace atomique russe *Yamal* à l'aide d'une douzaine de drapeaux nationaux plantés sur la banquise. Selon les coordonnées résultant de la navigation satellitaire du *Yamal*, précises à quelques fractions de seconde d'arc près, le centre de ce cercle de drapeaux était le point arithmétique où tous les vents viennent du sud et soufflent en direction du sud et où le compas magnétique indique toujours le sud, le point où les méridiens se rejoignent, où la force centrifuge de la terre est neutralisée et où les astres ne se lèvent ni ne se couchent.

Ce point, en tant que *pôle Nord*, avait attiré sur la banquise, dans les ténèbres de la nuit polaire, et mené bien souvent à leur perte des hordes d'explorateurs et d'aventuriers, des flottilles entières, et c'était vers ce point que se dirigeait le golfeur en question. Tenant dans une main un sac avec les balles de golf et dans l'autre un *driver*, son club le plus massif, le plus approprié à faire voler la balle à une grande distance, il voulait accomplir un dessein qu'il avait formé des décennies auparavant, durant les premiers mois décourageants de sa pratique du golf :

Un jour, un beau jour ! il se rendrait au pôle Nord à bord d'un brise-glace, là il enverrait en direction de l'horizon dix-huit balles correspondant aux dix-huit trous d'un terrain de golf, depuis ce bout du monde absolu, dix-huit balles s'envoleraient en direction de l'équateur.

Cette idée, formulée au club après quelques bouteilles de shiraz californien, avait fait bien rire les amis, évidemment – et notre golfeur avait ri avec eux. N'empêche que plus tard, chaque fois qu'il était question du pôle, de glaces dérivantes, de forages pétroliers dans le cercle polaire, de voyages en traîneau ou d'explorations à bord de brise-glace, son dessein lui revenait en mémoire. Et petit à petit, surtout depuis que la marine soviétique était redevenue une marine russe dont les brise-glace convoyaient une ou deux fois l'an des touristes, des estivants jusqu'à ce point magique qu'on n'avait pu rejoindre, des siècles durant, qu'au prix de marches harassantes ou de périlleuses courses en traîneau à travers la steppe arctique, un drive au pôle Nord lui apparaissait comme un but tout à fait accessible. Il ne rêvait dès lors plus seulement du pôle mais s'intéressait de près aux offres aussi rares qu'onéreuses de voyages d'été dans le cercle arctique. Le *Yamal*, par exemple, avec ses deux réacteurs et sa puissance motrice de soixante-quinze mille chevaux-vapeur, transportait, en l'espace d'une semaine environ selon l'état de la glace, jusqu'à quatre-vingts passagers payants et cent cinquante hommes d'équipage de Mourmansk, sur la presqu'île de Kola, jusqu'au bout du monde.

Je me tenais contre le bastingage, très haut au-dessus du joueur de golf qui venait de descendre l'échelle de coupée, et je le suivais des yeux tandis qu'il retirait de la neige le drapeau rouge planté au centre du cercle et le remplaçait par son tee de golf sur lequel il posa la première balle que je ne pus voir à distance dans le blanc environnant. Un matelot, armé d'un fusil qui devait le protéger contre d'éventuels ours polaires en vadrouille, avait pris position sur une falaise de glace, en dehors du cercle, et baissait régulièrement ses jumelles braquées vers le lointain pour observer son protégé à l'œil nu. Bien que le soleil de l'été arctique occupât le ciel vingt-quatre heures par jour, les ponts du *Yamal* étaient déserts. Derrière la paroi de verre de la passerelle apparut un instant puis disparut le visage de l'officier de quart. Tout était silencieux.

En début de soirée, quand le *Yamal* avait atteint le pôle, le capitaine, un physicien nucléaire de Saint-Pétersbourg, avait fait stopper les machines. Là-dessus, pour la première fois depuis des jours, on n'entendit plus que le souffle du vent dans les superstructures du bâtiment et, de temps à autre, les craquements et les gémissements de la banquise qui se refermait au-dessus de l'eau noire du chenal et redevenait telle qu'on la connaissait : une immense plaine parsemée de débris de montagnes de glaces explosées. Comme un monument érigé à son propre nom, le brise-glace trônait au-dessus du paysage ruiniforme, flamboyant sous le soleil de minuit : *Yamal* signifie *bout du monde* dans la langue des Nenets, les premiers habitants de la péninsule samoyède de Sibérie.

Pendant la traversée mouvementée de la mer de Barents affectée par une dépression cyclonale, de Mourmansk jusqu'aux abords de la frontière des glaces où les vagues hautes comme des maisons s'aplanirent enfin et où la mer polaire se transforma en une plaine étincelante qui s'ouvrait à grand fracas sous la poupe du *Yamal*, le golfeur n'avait eu de cesse de parler à table des hauts lieux de sa vie qui se confondaient avec le gazon des golfs qu'il avait fréquentés, ses *greens*, comme il les appelait. Certains trous lui avaient coûté un nombre de coups honteusement élevé, d'autres n'avaient posé aucun problème et la balle avait disparu dedans comme par enchantement.

Le golfeur venait de l'État fédéral américain de l'Illinois, le pays des beaux terrains de golf, le plus beau d'entre eux était visible des fenêtres de sa maison, à Chicago, et aussi, en plus de ça, le lac Michigan bleu comme la mer. Mais sa ville natale était Riga, en Lettonie. Là, l'occupant soviétique avait déporté son père dans un camp disciplinaire en Sibérie ; peu après, sa mère avait disparu, déportée par l'occupant allemand comme travailleuse forcée. Effroyable Europe. Via l'Allemagne, la France et l'Espagne, il avait pu s'enfuir aux États-Unis où, engagé comme parachutiste dans la Air Force, il avait sauté plus de deux mille fois du haut de tous les nuages possibles et imaginables, jusqu'à ce jour d'octobre où le parachute ne s'était pas ouvert complètement mais, séparé en deux par les suspentes emmêlées, avait pris la forme d'un gigantesque soutien-gorge qui tombait du ciel en claquant dans le vent : *Mae West*, ainsi les aviateurs, faisant référence au nom d'un sexe-symbole des années de guerre, appelaient-ils les parachutes qui s'entortillaient de cette manière.

C'était en tout cas avec un parachute à moitié ouvert qu'il était tombé du ciel ce jour-là, et le contact avec le sol avait été si brutal qu'il avait rebondi comme une balle de golf sur le green et s'était cassé tout ce qu'un homme peut se casser sans casser sa pipe. Lors d'un repas de midi à bord du *Yamal*, le golfeur s'était même rappelé le flot de sang qui avait jailli de sa bouche et, aussi, qu'un général était venu lui secouer la main à l'hôpital militaire.

Mae West, en tout cas, l'amena à une autre sorte de green. Là l'attendaient des montagnes de briques, de pierres, de sable et de ciment – des matériaux de construction dont il apprit à se servir et qui permirent au vétéran qu'il était devenu d'accéder à une vie meilleure : les briques, le ciment, les pierres, c'était somme toute le contraire d'un parachute gonflé par le vent et de la légèreté aérienne sur laquelle on ne pouvait rien bâtir.

Peut-être notre golfeur se rappela-t-il Mae West au moment où, à l'heure ensoleillée de minuit, il posa la première balle sur le pôle Nord. En chaque circonstance plus ou moins exceptionnelle telle que mariage, baptême, enterrement, jubilé, nous avait-il confié à table, Mae West finissait toujours par se rappeler à son bon souvenir et il était alors submergé brièvement par la sensation de plonger, de tomber dans le vide.

Mais quelle lenteur et quelle amplitude dans son geste lorsqu'il souleva son driver sans quitter des yeux je ne sais quel but lointain, quelque part au sud. Et quelle puissance dans le swing et dans la manière d'accompagner le driver, de se tourner pour le suivre jusqu'au bout dans sa course – tout seul sur le gazon, perdu au beau milieu du golf le plus retiré de la planète.

Accoudé au bastingage du brise-glace, je ne vis pas s'envoler la balle, en revanche le claquement sec de la frappe parvint jusqu'à mon oreille et lorsque les balles suivantes s'élevèrent dans le ciel arctique et devinrent enfin visibles sur ce fond bleu foncé, je me mis à les compter en imaginant les greens : un camp de rééducation en Sibérie. Le séjour inconnu d'une travailleuse forcée en Allemagne. Un logement abandonné à Riga. Un saut en parachute au-dessus d'une zone de combat en feu. Le lac Michigan en automne et son image se reflétant dans les fenêtres d'une maison neuve…

Dix-huit. Le golfeur venait de jouer son dernier coup plein sud et le driver, dans sa main, demeurait au repos. Quant aux balles qu'il venait d'envoyer successivement au loin, elles disparaîtraient dans la neige, s'incrusteraient peu à peu dans la glace polaire et un jour, quand la pression de la glace, croissant et décroissant au rythme des saisons, soulèverait des blocs épais de plusieurs mètres, elle les ferait exploser et les ressouderait, alors les balles glisseraient dans l'eau et couleraient jusqu'au fond de la mer, quatre mille mètres plus bas.

Mais tout au fond aussi, dans les abysses obscurs, un drapeau flottait, identique à ceux qui signalaient en surface la position exacte du pôle Nord – le drapeau russe, planté là à la lumière des projecteurs, par l'équipage d'un sous-marin, en guise de signal indiquant que tout ce qui pourrait être découvert dans ces profondeurs, arraché aux ténèbres et remonté à la surface devait être considéré comme propriété russe.

C'est dans les parages de ce drapeau que les balles de golf tomberaient un jour comme des flocons de neige sur un green plongé dans la nuit : le legs d'un homme dont le père avait disparu en Sibérie et la mère en Allemagne, d'un golfeur qui, tout à coup et sans avoir posé une autre balle sur le green, soulevait à présent une nouvelle fois son club et exécutait un swing si puissant que je crus percevoir, malgré l'éloignement et jusqu'à hauteur du bastingage où je me tenais, le souffle bruissant du driver découpant le vide.

Retour au bercail

Je vis une nuée de saumons argentés, des centaines et des centaines de saumons qui remontaient par une radieuse journée d'octobre une rivière de l'Ontario, au Canada, bataillant à contre-courant dans une eau qui m'arrivait à peine aux chevilles. La rivière était presque à sec après un été aride. Les saumons ne cessaient de sauter, certains déjà à moitié morts d'épuisement, par-dessus des obstacles de toutes sortes, bois flottés, rochers bordés d'écume ; ils retombaient parfois sur des îles de gravier à peine recouvertes d'un doigt d'eau, se tortillaient, se démenaient pour regagner une eau plus profonde, se laissaient ensuite emporter un moment par le courant, comme privés de vie, avant de reprendre le combat et de se blesser encore et encore aux branches mortes et aux affleurements de roches. La chair de certains pendait en lambeaux le long de leurs flancs lacérés.

Leurs congénères morts ou agonisants les croisaient en nuées non moins denses, couverts de plaies, parfois déjà en train de se décomposer, dérivant au fil de l'eau, par centaines eux aussi. Les nuées de vivants se mêlaient, oui, s'incorporaient en quelque sorte aux nuées de morts, et lorsqu'un vivant faisait soudain surface parmi les cadavres et sautait par-dessus, on avait l'impression qu'une créature venait effectivement de s'échapper du royaume des morts.

Le but des saumons argentés était leur site de frai qui ne se trouvait plus à présent, après un voyage de plusieurs semaines à contre-courant, qu'à quelques heures de distance, en amont du cours d'eau, les lieux où ils étaient nés mais qu'aucun d'entre eux n'atteindrait en cet automne ensoleillé. Car au niveau très bas de l'eau qui faisait que la rivière elle-même était devenue un obstacle quasi infranchissable s'ajoutait une circonstance qui rendait ce but absolument inaccessible, à savoir une cascade d'environ six mètres de haut, que les saumons, en des temps plus riches en eau, escaladaient en battant furieusement des nageoires, *volant* pour ainsi dire dans les épais rideaux écumeux, mais qui pour l'heure se réduisait à quelques filets d'eau ruisselant paresseusement dans une roche en forme de bassin. Aucun de ces filets n'offrait ce jour-là le débit nécessaire pour permettre à un saumon de grimper jusqu'en haut en battant des nageoires.

Ayant enfin réussi à rejoindre le bassin, c'était en vain que les saumons épuisés sautaient encore et encore dans les filets d'eau qui ruisselaient de là-haut ; ils retombaient encore et encore dans le bassin jusqu'au moment où, agonisants, ils abandonnaient la lutte, dérivaient vers le trop-plein et filaient non plus contre mais avec le courant – à la rencontre de ceux qui le remontaient et usaient leurs dernières forces à sauter par-dessus eux.

Des saumons de cette espèce, dit un homme en tenue de pêcheur qui pataugeait dans la rivière, un panier vide à la main, remontant lui aussi la rivière au beau milieu du flot de saumons qui s'ouvrait devant lui en un dernier réflexe de fuite, les saumons du Pacifique, contrairement à ceux de l'Atlantique, mouraient après le frai, même par un automne pluvieux et quand le débit des cours d'eau était élevé – tous, sans exception, finissaient dévorés par les ours, mouettes, aigles et poissons carnivores d'eau douce. Pour ce qui était de leur progéniture, il n'y en aurait cette année que dans la mesure où les sites de frai, localisés en amont de la cascade, étaient atteints contre le courant par d'autres combattants ayant emprunté d'autres voies d'accès, par exemple une rivière qui se trouvait à quelque distance de là et dont le cours était parallèle à celui du misérable ruisseau où nous nous trouvions.

Quant aux jeunes poissons qui auraient la malchance de se fourvoyer dans cette saloperie de cascade et d'être entraînés par elle dans cette saloperie de rivière, dit encore le pêcheur, ce parcours initial se graverait de manière indélébile dans leur mémoire comme *leur* seul chemin, un chemin qu'ils emprunteraient pour retourner chez eux après quelques années heureuses en mer et qui les mènerait infailliblement à la mort. On ne pouvait que leur souhaiter, lorsqu'ils s'en retourneraient chez eux par ce ruisseau, qu'il ait suffisamment plu pour que leur soit au moins laissé une chance d'assurer leur descendance.

À ces mots, l'homme se pencha sur les nuées de vivants et de morts qui se croisaient dans le courant, en retira successivement trois saumons qui ne présentaient pas de blessures apparentes et les jeta dans son panier.

Courants contraires

Je vis le visage sombre, couvert de sueur du pêcheur Ho Doeun au cours d'une nuit de novembre orageuse à Phnom Penh. La capitale du royaume du Cambodge célébrait la *fête de l'eau*. Ho était agenouillé au bord du Mékong, sous les gerbes d'étincelles d'un feu d'artifice dont les arcs et les ponts de lumière flamboyants éclairaient le fleuve l'espace de deux, trois battements de cœur et s'éteignaient ensuite après avoir explosé en une myriade de couleurs.

Je vis les reflets du feu d'artifice dans les filets de sueur qui zébraient le front et les joues de Ho et ressentis ces traces comme des signes indiquant que cet homme venait d'un monde aquatique, qu'il faisait en quelque sorte partie intégrante de l'eau, à l'instar du miroir lézardé du Mékong qui renvoyait, sous forme d'éclats de lumière et d'éclairs brisés, les figures du feu d'artifice dans le ciel nocturne.

J'étais là, parmi les gens venus par dizaines de milliers admirer le feu d'artifice sur le Mékong, assis comme beaucoup d'autres sur les marches de l'escalier qui descend du palais royal, à travers la palmeraie, jusqu'aux débarcadères au bord du fleuve. Ho déposa doucement dans l'eau un petit bateau fait de bambou et de feuilles de bananier, le poussa doucement dans le courant et garda le bras tendu comme pour le protéger, observant sans bouger le frêle esquif qui s'éloignait dans la nuit avec son fret de lumières vacillantes et de fleurs de lotus, se laissait prendre un peu plus loin dans les rets d'un indolent tourbillon, chavirait et disparaissait quille en l'air dans l'obscurité.

Alors seulement, Ho baissa le bras, se leva et s'inclina devant le fleuve en signe de gratitude. Le Mékong avait accepté son offrande – une réplique en miniature du house-boat couvert de tôle ondulée et de palmes à bord duquel je naviguais depuis trois jours en compagnie de Ho Doeun sur le plus grand fleuve du Cambodge.

La fête de l'eau. Tout ce que Ho Doeun, évoquant sa vie, avait pu raconter durant les quelques jours que nous avions passés ensemble sur son bateau paraissait indissolublement lié à cette fête. Chaque fois qu'un souvenir l'entraînait trop loin dans les profondeurs de son passé, il se mettait à rêver tout haut de la fête en question – des courses de bateaux, de la multitude massée sur les berges du fleuve, sur les chemins ou à bord de canots ou de troncs évidés amarrés aux appontements, des figures du feu d'artifice… comme si l'enthousiasme de la foule et les lumières de la fête n'avaient d'autre fonction que d'éclipser le passé en question. Il est vrai que ce que l'on fêtait en cette nuit de novembre, ce n'était pas seulement le début d'une nouvelle saison mais *l'inversion* du courant d'un fleuve.

La mousson avait fait monter de dix à douze mètres le niveau moyen des cours d'eau et des lacs du Cambodge, transformant les villages en îles, les constructions sur pilotis des riziculteurs en arches, les routes en digues rongées par les flots, les bois de teck en forêts englouties se signalant par des cimes ornées d'algues flottantes qui apparaissaient çà et là à la surface de l'eau. Plus d'un tiers du pays demeurait immergé durant quelques mois, conformément aux lois d'une crue et d'une décrue réglées sur l'horloge solaire, conjurées à grand renfort de coups de gong et de prières à la pluie ; une marée de boue sans laquelle l'herbe n'aurait pas poussé sur les terres où pâturaient buffles d'eau et zébus, le riz n'aurait pas poussé dans les champs bordés de digues d'argile, bref, l'agriculture et, avec elle, la civilisation, l'art et toutes les formes variées de la vie seraient restés de vaines chimères au pays des Khmers. Mais au terme de la saison des pluies, le pays émergeait de nouveau des flots, à croire qu'une force tectonique, obéissant à un cycle précis, restaurait périodiquement les routes et les chemins naguère transformés en voies navigables et repoussait vers le ciel les champs et les pâtures auparavant métamorphosés en un miroir de nuages ceinturé de berges marécageuses.

Nulle part au Cambodge le drame des hautes eaux n'est plus sensible que devant le palais royal de Phnom Penh. Car c'est devant ce palais, sous les yeux d'un souverain vénéré depuis des siècles comme un dieu, que le Mékong partage sur une distance d'un kilomètre un unique lit gigantesque avec son affluent, le Tonlé Sap qui le rejoint à cet endroit. Mais sous les montagnes de nuages, durant la saison des pluies, le Mékong en crue barre le passage au Tonlé Sap, ne laisse plus pénétrer le plus accommodant, le plus faible des deux fleuves khmers dans le lit commun, mais le refoule, le force à inverser son cours et à alimenter un lac qui se transforme alors en énorme réservoir d'eau. Le lac, qui porte le même nom que le fleuve, atteint durant la saison des pluies une taille sept fois supérieure à la normale et repose tel un cœur battant d'eau vive au centre du Cambodge.

Dans la langue des Khmers, Tonlé Sap signifie *fleuve sans sel*, mais les pêcheurs comme Ho Doeun et les bateliers en général parent souvent le fleuve sans sel du surnom presque affectueux de *fleuve doux*. Surgissant des forêts vierges embrumées par la mousson où il prend sa source, le Tonlé Sap se précipite par-dessus les digues et les retenues d'eau de toute nature mais, contre toute attente, il a tôt fait de ralentir sa course et coule de plus en lentement puis à grand-peine, comme épuisé, semble-t-il, n'émettant plus qu'un faible murmure, en direction de son embouchure, à Phnom Penh, et marque une pause devant le palais des rois khmers, alors que les brisants de la mer de Chine méridionale ne sont plus qu'à une distance d'à peine une journée de bateau, s'arrête comme si l'océan proche lui faisait peur : marque une pause, s'étale, s'immobilise – et se met ensuite, sous la pression du Mékong, à couler lentement mais irrésistiblement dans l'autre sens, en direction de sa source, des mois durant, jusqu'à ce que le

Mékong, à la fin de la saison des pluies, se soit assagi au point de permettre au Tonlé Sap d'inverser une nouvelle fois son cours, de se détourner de sa source et de reprendre enfin le chemin de la mer.

Et tandis que les niveaux d'eau atteignent rapidement l'étiage et que les flots surgissant du cœur du pays décroissent si brutalement que des bancs entiers de poissons, ainsi que Ho nous l'avait raconté, restent accrochés dans les buissons et dans les cimes des arbres comme dans des nasses et peuvent être cueillis sur les branches par les habitants des villages sur pilotis, le fleuve des Khmers rejoint de nouveau le grand lit commun qu'il quitte pourtant au bout d'un kilomètre, comme métamorphosé par sa brève rencontre avec le Mékong, pour suivre sous un autre nom son propre cours à travers les mangroves de la côte cambodgienne.

Chaktomuk, quatre visages, c'est ainsi que les Khmers nomment la balafre en forme d'X qui non seulement a marqué, sous l'effet du croisement de deux fleuves indomptables la terre boueuse des divins souverains des Empires angkoriens, mais court aussi comme un filigrane à travers le régime de terreur de Saloth Sar, un fils de paysan de la province de Kampong Thom qui, sous le nom de Pol Pot, a inondé de sang le Cambodge transformé en un vaste abattoir. C'est seulement après que ces flots de sang, ayant cessé de couler, eurent été absorbés par la terre que l'on put évaluer, sans qu'il fût possible de les dénombrer avec précision, les victimes de ses Khmers rouges : près de deux millions d'hommes ; un peu plus de deux millions d'hommes.

C'est une croix zébrée de remous et de contre-courants, qui retient l'œil à l'endroit où se perd presque silencieusement le Tonlé Sap, le seul fleuve au monde dont le cours s'inverse suivant la saison.

Ce fleuve qui, à un moment donné, semble vouloir faire demi-tour et couler en arrière, vers sa source, mais qui finit malgré tout, comme revenu à la raison, par reprendre son cours initial en direction de la mer et de sa dissolution, avait alimenté nos conversations sur le lac de Tonlé Sap et nous ne pouvions nous empêcher de songer, lorsque nous en parlions, à d'autres retournements apparemment contraires aux lois de la physique et défiant toute logique – par exemple une averse orageuse se retirant bruyamment dans les nuages, des chemins remontant le cours du temps, des chemins de retour à l'enfance.

Pol Pot et ses Khmers rouges, estimait Ho Doeun, avaient également rêvé d'une inversion du cours des choses, d'un retour au passé ; avaient rêvé de la grandeur des anciens Empires khmers, de l'éclat de l'ancienne cité d'Angkor qui comptait un million d'habitants au douzième siècle et était alors la plus grande ville du monde. Et de même que les rizières et l'activité agricole en général constituaient le socle des anciens Empires khmers, de même c'était le travail des paysans qui devait constituer le socle du règne des Khmers rouges :

Sous Pol Pot, c'était par centaines de milliers que les habitants des villes avaient été déportés dans les campagnes, dans les bois, sur les bords de mer : tout le monde était sommé de devenir paysan, ouvrier, pêcheur ; gagner de la terre arable sur la jungle, domestiquer la nature sauvage, la transformer en un grand jardin, tels étaient les mots d'ordre des Khmers rouges. Les lunettes ! avait dit Ho Doeun, il suffisait d'en porter pour qu'on vous soupçonne de ne pas être le nouvel homme révolutionnaire attendu, on vous accusait d'être un citadin incorrigible ou un intellectuel réfractaire et on vous liquidait. Savoir parler une langue étrangère – comme Ho Doeun qui me parlait de lui et de l'histoire de son pays dans un anglais teinté d'accent américain qu'il avait appris à bord de son bateau en suivant un cours enregistré sur cassettes – cela suffisait pour être soupçonné, déporté et liquidé. Phnom Penh devint et resta des années durant une ville fantôme dont les rues désertes, les maisons délaissées, les places et les parcs abandonnés étaient envahis par la végétation, livrés aux rats, à des meutes de chiens errants, à des hordes de singes.

Ho Doeun m'avait parlé durant notre voyage en bateau des treize membres de sa famille torturés à mort, exécutés sommairement ou disparus ; de son père, blessé par balle et perdant son sang, qui avait été enterré vivant par les Khmers rouges dans une fosse à purin ; de ses frères tués à coups de canne de bambou ; de sa mère, défigurée par des œdèmes, morte de faim au beau milieu de rizières fertiles, à proximité des eaux les plus poissonneuses du monde parce que Angkar, le tout-puissant parti communiste de Pol Pot, prétendait répondre aux besoins – à tous les besoins – du peuple et reprochait aux affamés qui cueillaient des baies sauvages, ramassaient pour les manger escargots et vers de terre, de discréditer ce faisant l'infinie sollicitude d'Angkar : un crime passible d'emprisonnement au centre de détention et de torture de Tuol Sleng d'où l'on ne sortait que pour être transféré à Choeung Ek, une zone marécageuse située non loin de Phnom Penh que la chronique de la cruauté a retenu sous le nom de *Killing Fields*. À Choeung Ek, les ennemis du peuple devaient s'agenouiller au bord d'une mare où ils étaient tués à coups de canne de bambou parce que les Khmers rouges estimaient que s'agissant d'éradiquer la lie de la société, il n'y avait pas lieu de gaspiller des munitions dédiées à la révolution.

J'avais vu les murs maculés de sang des cellules et des salles de torture de Tuol Sleng et, dans l'eau noire des mares de Choeung Ek, j'avais vu affleurer des lambeaux de vêtements de ceux qui reposaient au fond après avoir été roués à mort. Durant les jours où nous avions navigué sur le lac et sur le fleuve Tonlé Sap, dont le cours changeant berçait toute vie sur l'eau et dans l'eau sans arriver pourtant à apaiser la douleur du souvenir, j'avais lavé mes vêtements, je m'étais baigné dans le contre-courant, j'avais même attrapé des poissons à tête de serpent dans l'un des innombrables bras morts du fleuve, et aussi un silure glane dont la couleur était si proche du *blanc* consacré des temples sur pilotis que Ho me conseilla de rejeter ma prise dans l'eau jaune glaiseuse. Mais tout au long de ces journées, je ne vis sourire Ho Doeun que lorsque nous venions à parler de la fête de l'eau :

Sous le grand feu d'artifice de cette fête, il déposerait très bientôt sur le miroir frissonnant du Tonlé Sap une réplique miniaturisée de son bateau préalablement décoré de fleurs de lotus et chargé de lumignons. Et ce bateau s'éloignerait dans la nuit en dansant sur l'eau, en même temps que des milliers d'autres esquifs faits de feuilles de bananier, de bambou et de soie, une procession de lumières vacillantes attestant que le cours du fleuve des Khmers s'était inversé : un serpent de feu se déroulant dans l'obscurité comme pour signaler que rien, ni l'eau ni le temps, ni la vie voyageant à travers les abysses du ciel, rien ne suit une direction unique, qu'aucune direction n'est fixée à jamais.

Le travail des anges

Je vis un mur qui décrivait à hauteur d'homme un grand arc de cercle sous des arbres couverts de givre. En laissant courir son regard tout au long, on voyait apparaître au loin, entre des troncs noirs, d'abord des toits pentus, puis le clocher de l'église Saint-Martin de Třebíč, une ville au sud d'un pays qui, à l'époque, figurait encore sur les cartes d'Europe centrale sous le nom de *Tchécoslovaquie.*

D'abord par là puis vers cette hauteur plus loin, la colline de Hrádek, m'avait-on dit dans une pension au bord du fleuve ; d'un geste de la main, on m'avait désigné une colline boisée – Pavlik devait se trouver là-haut, comme tous les jours, Pavlik était toujours ou presque toujours auprès de son mur. Sans nul doute passerait-il le reste de sa vie là-haut.

Et en effet, une heure plus tard, comme j'avais longé le mur sur une centaine de mètres, je tombai sur un vieil homme qui extrayait à l'aide d'une pioche les pierres d'un tas de gravats recouvert de lierre et les transportait jusqu'à une brèche qui béait dans le mur, non loin de là, comme s'il avait essuyé un tir d'artillerie. Le vieux était manifestement en train de boucher ce trou. À travers un bâti de bois qui barricadait tant bien que mal l'ouverture, le regard tombait sur de longues rangées de tombes et de stèles envahies par la végétation, certaines encore debout, d'autres tombées, renversées, voire déjà profondément affaissées dans le sol gelé.

Oui, Bohumir Pavlik, c'est moi, dit le vieux en posant une pierre devant le bâti avant d'essuyer ses mains terreuses à une touffe d'herbe scintillante d'aiguilles de glace.

À Třebíč, je n'avais pas demandé à rencontrer Pavlik dont je n'avais d'ailleurs entendu prononcer le nom qu'au moment de me renseigner sur le chemin à suivre pour me rendre au cimetière juif situé à l'extérieur du village, derrière une colline, et qui existait depuis plus de quatre cents ans, mais le vieil homme *était* ce cimetière, du moins aux yeux de ses concitoyens.

Non, Pavlik n'était pas juif, mais en tant qu'ancien maître d'école, il s'était préoccupé jour après jour d'amener *davantage* de lumière dans les têtes des générations suivantes et n'aimait guère les communistes qui, à ce moment-là, régissaient encore le pays et persistaient à vouloir purement et simplement débarrasser le monde de tout ce qui dépassait leur entendement ou ne correspondait pas à leurs articles de foi. Et comme il était question, à en croire de persistantes rumeurs, de raser tout bonnement ce cimetière, de le transformer en terrain à bâtir, Pavlik, indigné, avait résolu de s'occuper de restaurer ce site délaissé où nul n'avait plus été inhumé depuis que les derniers Juifs de Třebíč, soit près de trois cents personnes, avaient été chargés dans des wagons à bestiaux et déportés au camp de concentration de Theresienstadt. Seuls dix d'entre eux avaient survécu aux années de terreur. Et parmi ces derniers, aucun n'avait jamais remis les pieds dans sa ville natale. Mais qui, dès lors, allait défendre ce lieu délaissé par Dieu contre les bêtes sauvages, les chiens errants, les profanateurs de sépultures, la rage destructrice des communistes et, finalement, contre celle du temps lui-même ?

Pavlik, à l'époque, n'était guère féru de judaïsme – mais il avait connaissance de la loi qui veut qu'un mort soit gardé jusqu'à la fin des temps dans le carré de terre où il a été inhumé. La tombe de celui qui attendait sa résurrection dans un cimetière juif n'était pas abandonnée, même après extinction de sa lignée, contrairement à ce qui se passait dans les cimetières chrétiens où l'on entassait dans des ossuaires les ossements des *déplacés* et où les tombes vidées, qui devaient normalement abriter jusqu'au Jugement dernier ceux qui y reposaient, étaient attribuées à d'autres défunts pourvus de descendants disposés à payer.

À l'époque – il y avait de cela quinze, non, seize ans déjà –, Pavlik avait tout simplement commencé, sans se poser trop de questions, à restaurer le vieux mur en pierre qui courait autour du cimetière où plus de onze mille personnes avaient trouvé le repos au fil des siècles : un mur de mille six cents mètres de long, délabré par endroits au point de n'être pratiquement plus visible au premier regard, à l'instar des tombes qu'il avait délivrées de ses mains, par centaines, des racines et de la végétation sous lesquelles elles disparaissaient, qu'il avait arrachées à l'obscurité pour les remonter à la lumière du jour. Et comme il n'y avait plus ni parents proches ni descendants pour poser de temps à autre une pierre sur la tombe de ces morts et leur montrer ainsi que l'on pensait à eux, que leur mémoire était chérie ou, du moins, qu'ils n'étaient pas totalement oubliés, il importait doublement que le nécessaire soit fait pour qu'ils puissent reposer en paix sous la protection de ce mur, au moins aussi longtemps, en tout cas, que lui, Pavlik, serait encore en vie. Il allait avoir quatre-vingts ans dans les prochains jours.

Les pierres que je voyais sur de nombreuses tombes, c'était lui qui les avait posées dessus, et il m'invitait à retirer mes gants et à faire de même, car il fallait savoir que les pierres, ici, avaient plus de valeur que les fleurs, cet usage remontait aux temps bibliques où l'on s'en servait pour consolider les tombes et les protéger à la fois des charognards et des tempêtes de sable si fréquentes en Terre sainte.

Tout au long des journées qu'il passait là-haut, occupé à un travail souvent pénible, il était d'habitude aussi seul qu'aujourd'hui, en ce jour d'hiver où il faisait si froid qu'il ne pouvait pas préparer de mortier et devait se contenter d'entasser les pierres recouvertes de mousse qui avaient fait partie du mur et qui serviraient de nouveau à le réparer. Mais c'était sans doute parce qu'il était toujours si seul là-haut que le cimetière, les morts même avaient commencé à lui parler, oui, à lui, et il avait appris à comprendre peu à peu leur langue et leur écriture, c'était souvent difficile mais il n'en avait pas moins résulté qu'à travers les épitaphes en allemand, en tchèque mais, surtout, en hébreu dont s'ornaient leurs tombes, certaines personnes qui reposaient ici avaient pour ainsi dire repris vie pour lui – parmi elles, des amants à jamais séparés par la peste, une jeune maman qui avait mis au monde des jumeaux, mais au prix de sa propre vie, un médecin vaincu par le choléra... Au bout du compte, il lui semblait parfois que les gens qui étaient enterrés ici lui étaient plus familiers et plus proches que nombre de ses concitoyens.

Quand il parvenait à traduire une épitaphe de l'hébreu, Pavlik la transcrivait d'une écriture lente et appliquée dans un petit carnet qu'il portait toujours sur lui, dans la poche plaquée de sa veste. L'une des premières pages de son recueil s'ornait de l'inscription suivante gravée sur la tombe de l'épouse d'un fourreur :

Bien-aimée
Tu es passée
Comme le plus clair des jours
Mais la nuit
Qui succéda à notre séparation
Passera aussi.

Bien entendu, de son côté, il continuait de nourrir l'espoir qu'à Třebíč aussi l'obscurité se dissiperait progressivement et qu'on y verrait enfin un peu plus clair. Il se pouvait d'ailleurs que l'on songeât d'ores et déjà dans les bureaux du Parti à ouvrir ce lieu d'éternité au tourisme plutôt que de le détruire ;

après tout, le cimetière juif de Třebíč était, avec celui de Prague, l'un des plus grands du pays et pouvait constituer aux yeux de quelques amoureux du passé un but suffisamment attrayant pour les amener un jour ou l'autre à programmer un petit séjour à Třebíč où les pensions et les restaurants les accueilleraient à bras ouverts. Cependant, il y avait bien longtemps que Pavlik ne se posait plus trop de questions à ce sujet. Il se contentait de restaurer le mur d'enceinte du cimetière et n'entendait parfois plus rien d'autre que les nombreuses voix de ceux qui y reposaient.

Quant aux paroles qu'il avait déchiffrées et interprétées durant toutes ces années de travail, les plus belles n'étaient pas gravées dans la pierre mais bro dées avec du fil d'argent sur un morceau de velours noir qu'il avait retiré un jour d'un tas de gravats. On déployait autrefois ce genre d'étoffes sur les catafalques et c'était en quelque sorte sur des paroles, par exemple sur un psaume, que les morts étaient couchés avant qu'on les porte en terre. Il avait eu beaucoup de mal à déchiffrer l'inscription brodée avec du fil d'argent, mais au bout du compte, lorsque le sens de l'inscription, du moins le croyait-il, lui était enfin apparu, quel bonheur ç'avait été de constater que ce qui brillait là, en lettres d'argent sur le velours noir, s'adressait à la fois aux vivants *et* aux morts :

Il a ordonné à ses anges
De te protéger
Où que tu ailles

Où que tu ailles, sur tous les chemins que tu auras à parcourir, y compris le dernier. Mais lorsque Pavlik, au fil de sa réflexion, fut amené à s'interroger sur la protection dont avaient bénéficié les Juifs de Třebíč dans leurs wagons à bestiaux, le doute s'insinua en lui et il ne put se défendre de penser que le Tout-Puissant lui-même était susceptible de ne pas tenir parole ou d'oublier tout bonnement d'ordonner ceci ou cela à ses anges... ses anges qui avaient regardé passer sans dire mot et sans intervenir le train de Juifs en route pour le camp d'extermination de Theresienstadt. Un autre dieu tout-puissant n'était-il pas allé jusqu'à laisser clouer sur la croix son propre fils sans entrer en campagne à la tête de ses armées célestes contre l'aveuglement, la malfaisance et la cruauté de ses créatures ?

Mais plus tard, après une longue période de révolte et de désillusion au cours de laquelle il avait continué à réparer le mur comme si de rien n'était, Pavlik avait cru saisir ce qui était réellement écrit en lettres d'argent sur l'étoffe, à savoir qu'il appartient aux hommes, aux mortels eux-mêmes

De te protéger
Où que tu ailles

et de faire ainsi le travail des anges.

Dans la forêt de colonnes

Je vis un promeneur dans une forêt de colonnes. Il marchait à quelques mètres devant moi, sur une passerelle de bois qui surplombait le plan d'eau noir, lisse comme un miroir d'où les colonnes de granit et de marbre de cette forêt émergeaient par centaines. De temps à autre, il s'arrêtait, se penchait par-dessus le garde-fou de la passerelle et semblait parler à voix basse à des poissons rouges tachetés et à de monstrueuses carpes à écailles qui nageaient indolemment à ses pieds, brisant çà et là, d'un coup de nageoire, le miroir lisse de l'eau, comme si leur mission consistait à démontrer que le fond de cette forêt de colonnes était effectivement liquide, que c'était de l'eau douce et pas du verre noir. De temps à autre, l'homme s'arrêtait aussi devant une colonne, levait les yeux sur un chapiteau corinthien ou ionien et sur les arceaux qui reposaient dessus comme s'il s'agissait des frondaisons d'un arbre où se cachaient des oiseaux et d'autres créatures timides auxquelles il parlait alors, également à voix basse.

Il faisait sombre. Seul le reflet rouge doré d'une rangée de spots soigneusement cachés, qui rendait le marbre et le granit semblables à de l'écorce incandescente, éclairait la passerelle de bois et l'image réfléchie par l'eau d'une voûte en croisée d'ogives dont les innombrables arceaux se perdaient en tous sens dans la pénombre.

Il régnait un profond silence. Ni les chuchotements du promeneur devant moi, ni même quelques voix lointaines, étouffées, en provenance de l'extrémité d'une enfilade de colonnes, ne parvenaient à troubler ce silence, ils paraissaient au contraire en accentuer l'épaisseur. Peu de visiteurs seulement étaient descendus en ce jour de novembre dans l'obscurité sonore de la *citerne de Yerebatan* – à en croire la pancarte apposée dans l'escalier dévalant de la surface vers l'eau noire –, la plus imposante construction souterraine de la métropole turque d'Istanbul si riche en voûtes excavées, catacombes, culs-de-basse-fosse, citernes, galeries, tunnels, cryptes et puits.

En temps normal, ceux qui pénétraient dans ce monde souterrain y étaient accueillis par de la musique, de douces sonorités symphoniques qui avaient pour but de les transporter un demi-millénaire en arrière, voire davantage, jusqu'à l'époque du bâtisseur de ce palais d'eau, le fils d'un paysan qui accéda au sixième siècle, sous le nom de Justinien, au rang d'empereur romain. Justinien avait fait agrandir la citerne creusée quelque deux cents ans avant son règne aux dimensions qui sont encore les siennes aujourd'hui : quatre-vingt mille tonnes d'eau stockées sous une voûte portée par trois cent trente-six colonnes de huit mètres de haut devaient pouvoir irriguer le cœur de l'Empire romain d'Orient, les jardins impériaux, réservoirs, fontaines et bains, en temps de sécheresse comme en temps de guerre, et démontrer de la sorte à tout ennemi ou assiégeant de la ville que le sol sur lequel reposait le pouvoir romain-byzantin ne se dessécherait jamais. Et même si le miroir de l'eau venait à baisser et à baisser encore pour étancher la soif du palais impérial et à accroître et accroître encore le volume de l'obscurité sonore, ce n'était pas le manque qui devait se montrer mais uniquement la splendeur jusque-là immergée qui valait à cette citerne le plus beau des nombreux noms inspirés par l'admiration qu'elle suscitait depuis toujours : *le palais englouti.*

En ce jour de novembre, le bruit du monde extérieur s'était amenuisé au fur et à mesure que le visiteur s'enfonçait marche après marche dans les profondeurs ; il avait fini par se dissiper totalement mais sans être remplacé par la musique. Tout demeurait silencieux ici, peut-être à cause d'une panne du système de sonorisation ou, tout simplement, parce que le petit nombre de visiteurs ne méritait pas les habituelles sonorités symphoniques. Et ce silence, en vertu duquel le moindre chuchotement du promeneur devant moi devenait audible, était sans doute celui-là même qui avait régné la plupart du temps en ces lieux, depuis un millénaire et demi, interrompu seulement de loin en loin par l'impact des gouttes suintant de la voûte. Là en bas, il avait toujours suffi d'un chuchotement pour se faire entendre – même quand on s'étripait en haut, même quand les remparts étaient pris d'assaut et les palais livrés au pillage ou, comme en ce jour de novembre, quand explosaient les bombes posées par l'auteur d'un attentat-suicide.

Aussi profond qu'aujourd'hui devait avoir été le silence qui régnait ici en mai 1453, le jour où Mehmet II, le *Grand*, un jeune homme dans la troisième année de son sultanat, à la tête d'une armée de cent cinquante mille hommes, avait enlevé Constantinople, la métropole de la chrétienté, au son tumultueux des tambours, trompettes, cymbales et fifres de ses fanfares guerrières, et lui avait donné un nouveau nom.

On dit qu'avec ce nom, Mehmet, le *poing d'Allah*, le seul vrai Dieu, avait voulu tourner en dérision le cri de peur par lequel les sujets grecs de Constantinople, tout au long des guerres séculaires qui les opposaient à l'Islam et qui s'avéraient à présent avoir été livrées en vain, répondaient chaque fois que les choses se gâtaient à la question de savoir où trouver refuge : *Is tin polin !* Dans la ville ! Et l'on dit aussi que Mehmet, le *héros du monde* qui parlait l'arabe, le latin et le grec aussi bien que l'hébreu et la langue des Perses, n'avait pas seulement tourné ce cri en dérision, mais qu'usant d'un jeu de mots après avoir battu en brèche les remparts les plus puissants du monde et en voyant brûler sous ses yeux la ville jonchée de cadavres, il s'était plu à la nommer *Is-tan-bul.*

Profond, sans nul doute, aussi profond qu'aujourd'hui devait avoir été le silence dans ce monde souterrain, pendant que là-haut, sous le soleil du seul vrai Dieu, Mehmet transformait tout, absolument tout : la *Hagia Sophia*, la plus grande église d'Orient, devenait la plus grande mosquée du monde, une capitale de la chrétienté devenait le cœur de l'Empire ottoman. Et pour couronner le tout, Mehmet avait montré qu'il pouvait transformer la terre en mer et la mer en un miroir de son triomphe lorsque, durant les jours cruciaux de l'assaut, il fit *voile* à proprement parler, en un immense défilé carnavalesque, autour de l'infranchissable barrage qui bloquait l'accès au port de la ville : une grande partie de sa flotte, en l'occurrence soixante-douze vaisseaux, toutes voiles dehors et occupés par des équipages de rameurs au grand complet, fut acheminée, à grand renfort d'attelages de bœufs et avec le concours de soldats et d'esclaves se comptant par dizaines de milliers, depuis les rives du Bosphore à travers la terre ferme ! et déposée gentiment dans l'eau de la Corne d'Or.

Le tumulte de ces transformations n'avait pas troublé le silence qui régnait là en bas, même lorsque Mehmet le *conquérant* fit empaler en longues rangées ruisselantes de sang les imprudents défenseurs de la ville conquise et que le monde d'en haut ne résonna plus, des heures durant, des jours durant, que des cris épouvantables des suppliciés.

Même si dans cet immémorial silence je ne saisissais pas un mot de ce que chuchotait le promeneur, un homme d'âge moyen, replet et portant la barbe, il ne faisait pourtant aucun doute qu'à l'instar des rares autres visiteurs de ces lieux ses pas le dirigeaient vers deux énormes têtes de Méduse en pierre. Elles reposaient dans l'eau, à l'orée de la forêt de colonnes. Les visiteurs leur jetaient des pièces de monnaie en guise d'offrandes ou d'avance à valoir sur un bonheur encore caché dans les arcanes de l'avenir, et les pâles poissons, cédant à un irrépressible mouvement réflexe, faisaient mine de happer les pièces qui sombraient en clignotant sous l'effet d'un léger mouvement de balancier.

Comme la plupart des colonnes et chapiteaux de la citerne, les têtes de Méduse provenaient des décombres de temples et de palais détruits ou tombés en ruine dont les vestiges, pour répondre aux ordres depuis longtemps oubliés d'une longue succession d'empereurs byzantins, avaient servi à bâtir de nouveaux monuments impériaux à la chrétienté. Et petit à petit, je crus comprendre que lorsqu'il levait les yeux pour examiner l'un ou l'autre de ces chapiteaux, le promeneur chuchotant s'interrogeait peut-être en un monologue intérieur sur l'origine de tel ou tel feuillage de pierre, qu'il ne parlait donc pas tant aux poissons qu'à sa propre image à laquelle il communiquait à voix basse le résultat de ses calculs concernant la capacité portante des voûtes en brique. Il marchait, il chuchotait, tombait en arrêt, se remettait en mouvement, toujours plongé dans son monologue, et moi, je le suivais, après tout nous avions un objectif commun.

Tandis qu'elle s'adonnait, dans le temple de Pallas Athéna, aux jeux de l'amour avec Poséidon, le maître des mers, Méduse, une beauté mortelle du monde légendaire antique, y fut surprise par la déesse qui en prit ombrage et la condamna pour sacrilège à devenir du jour au lendemain l'incarnation même de la laideur extrême, de la hideur qui inspire l'effroi : l'incomparable beauté de naguère allait devoir porter sur la tête, jusqu'à la fin de ses jours, des serpents à la place des cheveux et, métamorphosée en un démon aux yeux flamboyants, aux crocs acérés et à la langue pendante, pétrifier de terreur tout humain qui aurait le malheur de croiser son regard.

Les constructeurs de la citerne avaient utilisé les têtes de Méduse comme socles de colonnes, l'une étant posée à l'envers, regard tourné vers le haut, sur le fond de la citerne, l'autre couchée sur le côté, comme s'ils avaient voulu forcer ainsi les Méduse à la contemplation sans fin des enfilades de colonnes et de la voûte et accroître encore la durabilité du granit et du marbre sous l'effet de leur regard pétrifiant.

Le promeneur tomba en arrêt devant celle des deux têtes de Méduse qui était couchée sur le côté et cessa de chuchoter. Il tira ensuite – comme deux autres visiteurs de la citerne à côté de lui – une pièce de son porte-monnaie, la tendit brièvement à la lumière, plus claire ici qu'à n'importe quel autre endroit du palais englouti, et la jeta en direction des yeux morts, en direction du front de la Méduse. L'impact de la pièce sur le plan d'eau ne fut guère plus sonore que le *clic* des gouttes tombant de la voûte. Le promeneur ne lâcha pas la monnaie des yeux tandis qu'elle sombrait et scruta longuement l'eau lorsque sa pièce reposa enfin au fond, à croire qu'il voyait là en bas quelque chose que personne d'autre ne voyait.

Et soudain il escalada la barrière, une lourde chaîne qui marquait la séparation entre les hommes et la Méduse, et avant qu'il ne se trouvât quiconque pour l'en empêcher, il sauta de la passerelle. Dans l'eau jusqu'aux genoux, il se pencha vers sa pièce de monnaie, la retourna sans la retirer de l'eau et la reposa au fond.

Pile ou face : Istanbul changerait-elle encore une fois de nom au profit d'un nom plus agréable aux oreilles d'Allah ? Convenait-il d'entreprendre un voyage en Anatolie ou d'y renoncer ? De dénouer une relation amicale à Istanbul ou de la cultiver ? Fallait-il assouvir un désir avant la fin de la nuit prochaine – ou lui résister ?

Face ou pile : peu importait le côté sur lequel la pièce était tombée, elle confirmait à présent le bien-fondé d'une décision ou l'imminence d'un événement attendu – tournée qu'elle était désormais dans le bon sens, autrement dit dans le sens qui correspondait aux attentes de celui qui l'avait jetée dans l'eau. Et tandis que sur les planches de la passerelle se faisaient entendre les piétinements de surveillants ou de responsables de la sécurité arrivant trop tard sur les lieux, le promeneur dégoulinant d'eau sortait de la citerne, souriant, comme quelqu'un qui interroge volontiers les dieux mais refuse de se plier à leur sentence. Il avait pris en main son destin en tendant la main vers la pièce de monnaie immergée. Et ce destin – sous les yeux accoutumés à l'obscurité des carpes et des poissons rouges et sous ceux, effrayés, de quelques visiteurs présents ce jour-là dans le monde d'en bas –, ce destin, il l'avait retourné.

La beauté des ténèbres

Je vis une galaxie spirale dans la constellation de la Chevelure de Bérénice, une région discrète du ciel à laquelle l'astronome grec Aristarque de Samos se plut à donner au troisième siècle avant Jésus-Christ le nom d'une reine de l'Égypte ancienne : Bérénice avait fait vœu de sacrifier sa chevelure aux reflets d'or si son époux revenait indemne de sa guerre contre les Assyriens. Le pharaon rentra victorieux et Bérénice déposa les mèches de ses cheveux coupés aux pieds d'une statue de la déesse de l'amour. L'offrande ayant disparu dans la nuit, le pharaon crut à un vol et sa colère ne s'apaisa que lorsque l'astronome grec de la cour, la nuit d'après, lui désigna trois nouveaux astres et lui apprit qu'Aphrodite, la déesse de l'amour, avait accepté l'offrande de son épouse : métamorphosés en étoiles, les cheveux d'or de Bérénice étaient à présent accrochés là-haut, dans le ciel nocturne.

D'après les dernières mesures astronomiques encore controversées, le faible éclat des milliards de milliards d'astres constituant la galaxie spirale dans la Chevelure de Bérénice mettait environ quarante-quatre millions d'années pour remonter des profondeurs de l'espace cosmique et atteindre enfin les miroirs de mon télescope. Dans l'oculaire, son ellipse ressemblait à un œil lumineux recouvert d'une paupière sombre qui paraissait tout juste en train de s'ouvrir – ou de se fermer. La seule longueur de cette paupière, un ruban de matière sombre, de voiles de gaz et de poussières d'étoiles, était estimée à plus de cinq mille années-lumière : cette mesure était également controversée. Je poussai un juron.

En cette nuit du solstice d'été, j'étais assis derrière mes télescopes dans une vaste clairière, en bordure du Höllengebirge, en Haute-Autriche, sous un ciel étoilé, sans lune, et je jurai si fort que l'écho de mes imprécations me fut renvoyé par un mur de pins sylvestres noirs se découpant en ombre chinoise sur le bandeau de la Voie lactée. Les vaches qui ruminaient ou dormaient dans les environs – on aurait dit des îles noires émergeant çà et là de l'alpage à peine plus clair – ne se manifestaient qu'occasionnellement par de profonds soupirs.

En raison des turbulences atmosphériques et de la défaillance d'un élément de navigation de mes instruments astronomiques, il m'avait fallu un temps fou pour régler, en glissant avec mes lunettes de visée d'étoile repère en étoile repère, les lentilles et les miroirs de mes deux télescopes sur les coordonnées de cette galaxie lointaine qui portait dans divers catalogues d'étoiles des noms aussi séduisants que *Black Eye Galaxy*, *Evil Eye Galaxy* ou *Sleeping Beauty* – Œil noir, Œil du malin, Belle endormie…

Trois astronomes du dix-huitième siècle finissant, l'Anglais Edward Pigott, l'Allemand Johann Elert Bode et le Français Charles Messier avaient observé cette Belle endormie, indépendamment l'un de l'autre, dans les profondeurs d'un espace cosmique quasi vide, mais seul Messier l'avait baptisée : *M 64* correspondait à la première lettre de son nom suivie du numéro d'ordre de la longue succession de nébuleuses et de galaxies découvertes par lui.

Au début du crépuscule astronomique précédant la nuit la plus courte de l'année, j'avais installé mon matériel – un lourd télescope à miroir Schmidt-Cassegrain et un réfracteur apochromatique à peine moins lourd – à côté d'un chalet d'alpage, sur une terrasse maçonnée que j'avais pris soin d'entourer d'une clôture en fil de fer afin de soustraire mes instruments à la curiosité des ruminants. Je voulais parcourir le ciel du solstice d'été jusqu'au lever de la lune dans l'idée d'explorer l'extrême nord de la mer du Froid et, sur sa rive orientale, les cratères Atlas et Hercules.

Par cette douce nuit d'été, tout en parcourant les constellations du Scorpion et du Porteur de serpent, j'étais déjà tombé sur un certain nombre d'étoiles doubles, sur des amas d'étoiles globulaires, sur des nébuleuses planétaires et, pourtant, je n'avais pu m'empêcher de donner libre cours, une fois de plus, à la colère qui s'était peu à peu accumulée en moi parce qu'une station de funiculaire, sur une crête juste en face de moi, avait soudain été tirée de la pénombre, brutalement éclairée par les faisceaux resplendissants d'une batterie de projecteurs. La lumière de ces projecteurs ternissait, quand elle ne les effaçait pas tout à fait, non seulement certains objets célestes faiblement lumineux, mais aussi des centaines de soleils géants situés à des millions d'années-lumière qui scintillaient d'habitude comme des diamants dans le velours noir de l'espace cosmique.

Lorsque je me décidai à délaisser ces aires célestes polluées par la lumière artificielle et à rejoindre des régions stellaires situées dans les profondeurs du sud-ouest, je constatai à mon grand dam que dans cette direction également la clarté diffuse de la station de montagne ne laissait pas de produire son néfaste effet : même M 64, l'une des douze galaxies les plus lumineuses du firmament, perdait la quasi-totalité de son éclat habituel. Par une nuit noire immaculée, les lunettes astronomiques les plus performantes permettaient de découvrir dans l'aire de Bérénice l'un des plus formidables agrégats de systèmes stellaires de l'Univers visible – plus d'un millier de galaxies situées à une distance pouvant atteindre quelque quatre cent cinquante millions d'années-lumière –, or une poignée de misérables projecteurs dévolus à l'éclairage d'une station de montagne déserte suffisait à les rayer de la carte du ciel. Je formulai à grand renfort de jurons le vœu que cette lumière pût s'éteindre sous l'effet d'un glissement de terrain, d'un éboulement ou de l'impact d'une comète.

Mais lorsque la source de lumière vint effectivement à se tarir tout à coup, je fus presque pris de peur. Qui voudrait que ses blasphèmes et malédictions circonstanciels se réalisent pour de bon, et qui plus est, sur-le-champ ? L'obscurité soudaine intervenant suite à une coupure de courant ou à un coup de foudre était un cadeau inespéré certaines nuits. Mais la nuit présente était calme, douce, étoilée – et voilà que d'un instant à l'autre, c'était le noir total.

Mes yeux ne s'accoutumèrent que progressivement aux nouvelles conditions d'éclairage, et cependant le nombre des étoiles accusa une croissance sensible dans la minute même qui suivit la fin de l'empoisonnement par la lumière artificielle des projecteurs. Et lorsque, profitant de l'amélioration de ces conditions, je délaissai le télescope à miroir au profit du télescope apochromatique à lentilles, j'eus la surprise de constater qu'un changement d'une dramatique intensité s'était également produit entre-temps dans l'aire de Bérénice :

La paupière de la galaxie M64 semblait s'être ouverte, le foyer central de la galaxie ne se bornait pas à scintiller faiblement mais *flamboyait* à proprement parler. Les mesures du décalage vers le rouge observé dans le spectre de cette galaxie avaient amené certains astronomes à se demander si la Belle endormie n'était pas née de la collision d'au moins deux galaxies, le fait étant que ses régions centrales accusaient un rapide mouvement de rotation en sens inverse de celle de ses régions périphériques. Dans les parages de leur point de rencontre, les deux rotations antagonistes suscitaient des mouvements convulsifs assortis de tourbillons dont on disait qu'ils pouvaient générer de nouveaux soleils ultra-chauds par centaines de milliers mais aussi, dans le même temps – en tant que phénomènes assimilables à des déchets cosmiques procédant de l'éclosion de ces astres nouveaux –, des essaims d'astéroïdes, des systèmes planétaires, des lieux plus frais dont l'existence même permettait d'imaginer de la vie jusque dans les profondeurs insondables de l'Univers.

Mais voilà que cet œil se refermait alors qu'il venait à peine de s'ouvrir. Je vis s'éteindre dans mon oculaire la *Black Eye Galaxy* qui s'était montrée dans toute sa beauté un instant auparavant. La galaxie tout entière disparut d'un seul coup dans les ténèbres mouvantes. Il ne subsistait, en bordure de mon champ visuel, que quelques points isolés qui scintillaient faiblement, contribuant à donner l'impression que tout ce noir, cette nuit ondoyante et qui engloutissait toute lumière, fonçait à ma rencontre.

Mais lorsque je détachai mon regard de l'oculaire et regardai le ciel à l'œil nu, Vierge, Bouvier, Lion et Chiens de chasse – toutes constellations proches de la Chevelure de Bérénice – se trouvaient à leur place dans le ciel paisible ; pas un souffle ne passait dans les pins sylvestres et même les vaches endormies ne soupiraient plus. La catastrophe cosmique ne se manifestait que dans l'oculaire de mon réfracteur, dévorant l'espace stellaire année-lumière après année-lumière... Et soudain j'entendis aussi le *son* de cette fin des mondes :

C'était le cri d'un oiseau. Une chouette hulotte. Sans doute la trajectoire du silencieux vol en piqué du rapace, en quête ou à la poursuite d'une proie, correspondait-elle à la direction dans laquelle étaient braqués mes télescopes et les lentilles avaient-elles transformé l'oiseau lui-même en un monstre informe dévoreur d'étoiles mais qu'on ne voyait pas davantage à l'œil nu que si on avait cherché à le voir depuis une lointaine galaxie.

Pouvait-on appeler soulagement ce que j'éprouvai à cet instant ? J'avais froid. Derrière la chaîne du Höllengebirge, au sud-est, la lune commençait à poindre, la *bonne lune*, la grande dévoreuse d'étoiles qui allait mettre un terme à mon raid intergalactique. Après une rapide ascension, sa faucille en suspens au-dessus de la ligne de crête des montagnes luisait comme une lampe près du lit d'un enfant qui aurait fait un mauvais rêve – une lumière nocturne familière dont la clarté apaisante, réconfortante, abolissait les terreurs et les fantômes de la nuit, mais aussi toute la beauté des ténèbres.

Tombé du ciel nocturne

Je vis des milliers de lumières scintillantes dans le ciel au-dessus de Jaipur. Comme si c'était précisément au-dessus de la capitale de l'État désertique du Rajasthan, en Inde du Nord, qu'un second firmament avait été déployé en guise de filet de protection contre les profondeurs effroyables du cosmos et leurs espaces vides confinant à l'éternité, ces lumières virevoltaient, planaient, dansaient dans une nuit sans lune, s'éloignaient les unes des autres, glissaient derechef à la rencontre les unes des autres et s'assemblaient l'espace de quelques battements de cœur, donnant lieu à des constellations aussi fugitives qu'aléatoires. Quand l'une de ces innombrables lumières, soudain arrachée par quelque force invisible à sa trajectoire chaotique, tombait sur la ville obscure et se consumait comme un météore au cours de sa chute, des ricanements se faisaient entendre dans le noir, des rires, des cris : des cris de victoire.

J'étais assis par cette claire et douce nuit de janvier sur le toit en terrasse d'une *guest house* proche du Hawa Mahal, le Palais des Vents, un château de plaisance datant de l'époque des Rajput, et je suivais le spectacle qui se déroulait dans le ciel, en même temps qu'un public nombreux massé sur les toits en terrasses de la ville, une armée de fantômes qui se perdait dans l'obscurité.

Cette nuit-là, à Jaipur, constituait le point d'orgue des festivités de *Makar Sankranti*, une fête de trois jours inaugurant la moitié lumineuse de l'année. Car durant ces journées, la trajectoire apparente du soleil s'incline en direction du nord jusqu'à hauteur d'un point solsticial calculé à la seconde près par les astronomes, et cette trajectoire, dès lors, le mène une fois de plus à travers la constellation que les observateurs du ciel occidental nomment Capricorne mais qui, dans le monde hindouiste, porte le nom d'une créature aquatique du bestiaire mythologique de l'Inde : *Makara.* Tantôt représentée sous la forme d'un crocodile, tantôt sous celle d'un dauphin, d'un poisson à tête d'éléphant ou d'un hippocampe, c'est une créature hybride portant ce nom que chevauchait la déesse Ganga le jour où elle ordonna au Gange, le fleuve sacré dont elle portait elle-même le nom, de se détourner du cours qui le menait à travers le monde des dieux pour s'écouler dorénavant dans celui des hommes. Lorsque le soleil pénètre dans le champ de la constellation baptisée du nom de Makara, l'hiver est terminé, les jours rallongent, de prometteuses récoltes ne tardent pas à s'annoncer dans les champs de canne à sucre, et ce n'est pas seulement la terre mais aussi le ciel qui se couvrent alors d'ornements de papier et de soie.

Car à Jaipur comme dans beaucoup d'autres villes du nord de l'Inde, c'est par centaines de milliers, voire par millions que les cerfs-volants de papier et de soie montent dans le ciel pour la fête du solstice, des volatiles de toutes tailles, formes et couleurs. Et durant ces jours de fête, quand le soleil se couche pour se relever le lendemain matin quelques secondes plus tôt que la veille, on fixe aux lignes de retenue tendues à craquer de minuscules lampes à huile qui scintillent et flamboient ensuite dans la nuit comme autant d'étoiles, un second firmament allumé et accroché au ciel par la main de l'homme.

Campés sur les toits, les cerfs-volistes eux-mêmes se rapprochent sans doute un peu des étoiles lorsqu'ils laissent filer par centaines de mètres les lignes enroulées sur des bobines de bois ou de plastique. C'est seulement sur les toits que le ciel, grillagé au niveau du sol par l'entrelacs des rues et des ruelles, découpé en bandes, devient assez grand, assez vaste pour servir de terrain de chasse ou de jeux ; de là-haut seulement, en effet, on peut l'embrasser du regard, peut-être même s'en rendre maître. Car il ne suffit pas, à Makar Sankranti, de faire grimper son cerf-volant aussi haut que possible, il s'agit aussi de disputer les plus hautes hauteurs à d'autres cerfs-volistes et, occuperaient-ils déjà le zénith, de s'employer à les en chasser.

Pour ce faire, on enduit les fils des cerfs-volants d'argile contenant de la poussière et des éclats de verre aussi coupants que des rasoirs ; on transforme ainsi les fils en scies à l'aide desquelles la ligne d'un adversaire peut être sectionnée, en conséquence de quoi son cerf-volant *libéré* ne peut plus que choir. Les délicats objets de papier et de soie tournoient alors en direction du sol, s'abattent sur les toits, dans les arbres, déclenchent des gerbes d'étincelles en se prenant dans le réseau des lignes électriques ou s'écrasent dans des champs poussiéreux en périphérie de la ville ; ils gisent là, déchirés, brisés, comme autant d'épaves célestes, un butin convoité par les enfants et les pauvres, tous ceux qui n'ont pas de quoi se payer un jouet de papier. Nombre de ces collectionneurs d'épaves parcourent les rues en chantant, exhibant leurs trophées ou s'évertuant à lâcher dans les airs, accrochée à des bouts de fils noués les uns aux autres, une épave encore susceptible de voler.

Le propriétaire de la *guest house*, un marchand de laine ayant fui le Cachemire en proie à la guerre civile, m'avait appris que nombre de cerfs-volistes étaient convaincus que chaque fil sectionné, chaque cerf-volant libéré épargnait la peine d'une renaissance supplémentaire à quelque âme en route dans le labyrinthe des réincarnations... mais pour la grande majorité des gens, ce qui se passait dans le ciel en clôture des festivités de Makar Sankranti n'était qu'un jeu. Et mon commerçant en laine d'ajouter que s'il ne se trouvait, sur les deux cent cinquante millions d'habitants que comptaient les États fédéraux de l'Inde du Nord, à savoir le Rajasthan, le Maharashtra et le Gujarat, qu'un habitant sur dix pour piloter un cerf-volant à Makar Sankranti – et cette évaluation était assurément en dessous de la réalité –, cela représentait déjà une économie théorique de vingt-cinq millions de renaissances.

Il ne m'était guère possible de reconnaître dans le noir, parmi les silhouettes massées sur les toits environnants, celles qui ne faisaient qu'assister au spectacle et désigner le ciel nocturne et celles qui pilotaient un cerf-volant en tirant sur une ligne ou en la laissant filer dans leur main revêtue d'un gant protecteur, mais à en juger par les cris enthousiastes et les acclamations, l'une des silhouettes sur le toit voisin venait de remporter une victoire : à quelque distance, en effet, on put voir une lumière tomber en chute libre puis un cerf-volant embrasé s'écraser avant d'être foulé aux pieds sur une terrasse où du linge avait été mis à sécher.

Et soudain, quelque chose d'autre encore tomba du ciel obscur au beau milieu des gens, une ombre noire, ailée dont la chute déclencha d'abord un cri de terreur puis des rires de soulagement. À la lueur d'une lampe de poche qui s'alluma après les premières secondes d'effroi, on put voir, couchée devant une flaque sombre miroitante qui devait être du sang, l'une de ces roussettes, semblables à des chauves-souris géantes, qui dormaient par centaines dans les arbres toute la sainte journée, tête en bas, enveloppées dans leurs ailes noires. Quand elles s'envolaient au crépuscule, elles pouvaient obscurcir totalement la bande de ciel au-dessus de la ruelle où se trouvait la *guest house*.

Le volatile qui venait de tomber devait avoir plus d'un mètre d'envergure. Il se débattait sur le sol mais une seule de ses grandes ailes de chauve-souris bougeait ; l'autre, bizarrement tordue, comme retournée, paraissait inerte, lacérée aussi. Sans doute les os de cette aile étaient-ils brisés. Des roussettes, on dit ici qu'elles étanchent leur soif avec de l'eau de mer mais aussi qu'elles se nourrissent comme les vampires de sang humain. Et pourtant, contrairement à ce que laisse supposer leur gueule de chien, elles ne mangent que des fruits, des fleurs, du pollen et ne chassent aucune créature vivante ni sur terre ni dans l'eau. À l'inverse des chauves-souris, elles ne sont pas non plus dotées de la faculté d'écholocation. Et c'est peut-être à ce manque que la roussette devait de s'être prise dans un ou dans plusieurs fils de cerfs-volants tendus dans la nuit.

Dans l'entrelacs de ces fils à dents de scie, ce n'étaient pas seulement des roussettes qui tombaient du ciel à Makar Sankranti mais des essaims d'oiseaux de toutes espèces, vautours, faucons, cormorans, ibis, hérons, flamants, pour ne pas parler des cerfs-volistes eux-mêmes qui n'avaient d'yeux que pour leurs combats aériens et tombaient souvent des toits en terrasses. Il arrivait aussi que l'un ou l'autre de ces fils tendus à craquer vînt à sectionner la carotide d'un cerf-voliste ou d'un badaud en train d'observer le ciel semé d'étoiles ou d'objets volants colorés. Onze morts, avait dit le marchand de laine cachemire, onze morts rien que l'année dernière.

Mais il ne fallait pas que le dernier jour de Makar Sankranti coûte la vie à cette roussette. L'attention de la plupart des spectateurs sur le toit voisin comme sur celui de la *guest house* était de nouveau entièrement tournée vers ce qui se passait dans le ciel lorsque je vis deux fillettes ramasser précautionneusement l'animal qui ne se débattait pratiquement plus, je les vis qui s'appliquaient à déployer non moins précautionneusement, à la lueur d'une lampe à huile, l'aile que l'animal blessé s'était démise dans sa chute, si bien que j'eus un instant l'impression qu'elles étaient occupées à réparer un cerf-volant qui ne tarderait pas reprendre son vol.

Les fillettes se gênaient parfois mutuellement dans leurs mouvements, s'exhortaient à redoubler de prudence tandis qu'elles saupoudraient l'aile blessée d'une poudre claire, la repliaient ensuite et la reposaient doucement contre le corps de l'animal figé de terreur ou effectivement tranquillisé, ou peut-être déjà à l'article de la mort. Elles l'enveloppèrent jusqu'à la tête dans un tissu broché de fils scintillants et le bercèrent comme un nourrisson ou une poupée. Chaque fillette n'avait le droit de faire que cinq, six pas avec la roussette dans les bras, ensuite elle devait passer le fardeau inerte à son amie. Je me figurais, non, j'espérais du fond du cœur que la créature tombée du ciel nocturne et à présent si tendrement prise en charge et traitée avec tant d'égards n'avait fait que s'endormir, confiante, dans les bras de l'une des fillettes et que ce n'était pas parce qu'elle était déjà pratiquement libérée à jamais de tout lien avec la terre qu'elle était à ce point silencieuse et immobile tandis qu'on la portait par un escalier extérieur dans la sombre ruelle en contrebas.

Le pianiste

Je vis un piano de concert derrière la façade de verre bleu de mon hôtel, en bordure des jardins de Sankei, à Yokohama. Platanes et érables se miraient dans cette façade et éveillaient l'impression fugace que le piano était installé dans une allée bordée d'arbres se balançant dans le vent. On était en octobre et l'air automnal étouffant vibrait du chant unanime des cigales, un chœur assourdissant qui couvrait le vacarme de la circulation et le bruissement du feuillage dans lequel les insectes chanteurs se cachaient par milliers. Je vis mon image avancer à ma rencontre dans le verre teinté de la façade qui me renvoyait également le chant des cigales, à croire que ce chant ne provenait pas non plus des arbres dans mon dos mais du verre qui les reflétait.

Le réceptionniste, un professeur à la retraite de Nagoya qui vendait des cigales coulées dans de la résine synthétique en guise de presse-papiers, m'avait appris que les larves de différentes espèces de ces insectes passaient sept ans, voire treize et même jusqu'à dix-sept ans sous terre, perdant enveloppe après enveloppe en vertu d'un processus de métamorphose au fil duquel les larves rampantes grimpaient lentement mais inéluctablement vers la surface et se transformaient peu à peu en des créatures ailées qui finissaient par accéder au monde d'en haut, à la lumière. Mais là-haut, une fois qu'elles avaient déployé leurs ailes et après toutes ces années passées dans les ténèbres, il ne leur restait à vivre que très peu de jours qu'elles passaient à entonner des chants d'accouplement et de territoire, à s'empêtrer dans des rituels nuptiaux, à pondre des œufs. Après cela, elles tombaient des arbres comme des feuilles – d'abord les mâles chanteurs, quelques jours plus tard les femelles muettes. Des larves s'échappaient alors des œufs fraîchement pondus et se glissaient dans l'obscurité, sous terre, où elles attendraient pendant sept, treize ou même dix-sept ans le jour où elles reverraient la lumière.

Sur le chemin qui me ramenait de Sankei-en à mon hôtel, j'avais vu des milliers de cigales tombées des arbres. Comme semées à la volée, elles gisaient sur des surfaces stériles, des toits de voiture, des voies carrossables, des chemins piétonniers, des places publiques. Au début, je tâchais encore d'éviter de leur marcher dessus mais, au bout d'un moment, je n'avais plus prêté attention au craquement des carapaces de chitine, au crissement des pattes et des ailes sous mes chaussures.

J'atteignis mon image réfléchie par la façade vitrée, ouvris la porte de verre et pénétrai dans le hall de l'hôtel. En même temps que l'air chaud, le chant des cigales s'engouffra dans la pénombre fraîche, climatisée et couvrit le son du piano à queue installé sous des palmiers en pots. Lorsque la porte se referma derrière moi, le chœur des cigales, pour la première fois depuis des heures, se fit plus discret, comme éconduit par la musique humaine, repoussé dans la nature. Et pourtant, à première vue, il n'y avait pas de pianiste assis derrière le piano de concert ouvert. Je me disais que ce que je voyais là, devant moi, n'était peut-être qu'un semblant de piano, dissimulant des enceintes acoustiques qui diffusaient des récitals enregistrés, lorsque je vis l'homme, le tout petit homme en costume noir. À le voir penché si bas sur le clavier, on aurait dit qu'il prêtait l'oreille non seulement au bruissement feutré des marteaux sur les cordes mais aussi à celui de ses doigts au contact des touches.

Les courtes jambes de ce pianiste se seraient balancées comme celles d'un enfant loin au-dessus du sol et des pédales s'il n'avait porté, retenues à ses pieds par des bandes noires, deux pièces de bois rondes laquées de noir, un peu comme des échasses sans lesquelles, faute d'atteindre les pédales de laiton, il n'eût pu moduler son jeu. L'impression de finesse des membres inférieurs tenait aux échasses qui les prolongeaient, on aurait dit de longues pattes d'insecte qui formaient d'ailleurs un singulier contraste avec le haut du corps ramassé et la médiocre envergure des bras. Pourtant la sonorité du jeu du petit homme était d'une plénitude, d'une légèreté telles que c'était à croire que le pianiste s'inspirait directement des couleurs sonores et des rythmes du chœur des cigales que les courants d'air transportaient jusqu'à ses oreilles. Son jeu paraissait en effet reproduire et varier l'inlassable *zii-zii-zii* entêtant des cigales.

J'allais me laisser tomber dans l'un des fauteuils, sous les palmiers, afin de l'écouter jouer lorsque le pianiste interrompit brusquement son morceau, retira ses échasses noires et se laissa glisser pieds nus du tabouret de piano sur le tapis bleu foncé à motifs de vagues. Dans le silence soudain rétabli, les voix des clients de l'hôtel installés sur les canapés et dans les fauteuils redevinrent audibles et, davantage encore, quoique atténué par la paroi de verre, le chœur des cigales.

Précautionneusement, le petit homme rabattit le couvercle sur le clavier, enfila les sandales disposées sous le tabouret de piano et trottina, les échasses sous le bras, à travers le hall en direction du jardin qui s'étendait au-delà d'une autre façade de verre. À travers cette paroi, il gagna l'air libre.

Le jardin en pente légèrement ascendante, disposé comme un amphithéâtre ceinturant l'hôtel, s'élevait en terrasses successives jusqu'à un horizon qui ne se trouvait qu'à une trentaine de mètres de distance et paraissait pourtant fort éloigné – les terrasses étant plantées de buissons et d'arbres, en particulier de prunus et d'érables rouges, de taille de plus en plus réduite au fur et à mesure que le regard s'élevait vers les terrasses supérieures pour s'arrêter finalement à la ligne d'horizon où ne poussaient que des arbres nains, des bonsaïs. Ce qu'il y avait derrière cet horizon au-dessus duquel des bancs de nuages bleu pâle s'étiraient dans le ciel d'octobre, on ne le voyait pas.

Le petit homme s'éloigna vers l'horizon, peut-être pour fumer une cigarette dans un coin ombragé ou pour rejoindre une annexe cachée, réservée au personnel, où il échangerait son costume noir occidental contre un *wofuku*, confortable tenue japonaise. Et tandis qu'il s'éloignait, grimpant lentement de terrasse en terrasse, buissons et arbres rapetissaient en une ligne de fuite dramatique au fur et à mesure qu'il devenait, lui, plus grand et encore plus grand jusqu'au moment où il se dressa tel un géant sur la ligne d'horizon. Arrivé là, il se pencha sur un bonsaï comme s'il venait de découvrir quelque chose dans sa ramure.

S'il s'agissait d'une cigale qui s'était tue à son approche, alors elle devait se présenter dans les frondaisons délicates, sous les feuilles minuscules de l'arbre nain, comme une géante préhistorique si grande et si craintive qu'il lui fallait un arbre entier quand elle voulait se cacher pour chanter.

La chance et l'océan calme

Je vis un vendeur de billets de loterie dans la ville chilienne de Valparaiso, au bord du Pacifique. De rares promeneurs flânaient en cette chaude après-midi de l'été finissant devant les portails fermés des banques dont les façades en verre réfléchissant ornées de colonnes s'alignaient ici côte à côte comme si, dans cette ville sur la côte de l'océan calme, de l'océan paisible, toutes les questions d'argent et d'organisation de la richesse étaient concentrées dans le quartier de la Antigua calle de la Aduana : un ghetto.

Des nuées de mouettes singulièrement silencieuses venues du port voisin voltigeaient autour des étages supérieurs des plus hauts d'entre ces palais de l'argent, les seuls à se dresser en pleine lumière dans le ciel floconneux, les seuls à émerger de l'ombre profonde dans laquelle les deux côtés de la rue étaient déjà plongés à cette heure. Les portails et les volées d'escaliers chargés d'ornements impériaux empruntés aux styles architecturaux les plus variés étaient totalement privés de soleil : privée de soleil la Banco Santander, privée de soleil, la Banco Itaú, la Banco Bilbao Vizcaya Argentaria, la Banco Facil, la

Scotiabank et la Banco de Chile et la Banco Estade – un royaume de l'ombre. Et les rangées de fenêtres opaques, les portes vitrées à battants, fermées comme pour toujours, placées sous scellés comme les lieux d'un crime.

Les rares promeneurs et passants, les clients potentiels présents au fond de ce défilé de façades, avaient beau être encore loin, bien trop loin pour entendre sa voix fluette, un vendeur de billets de loterie, qui passait d'un portail de banque à l'autre, se dirigeant vers la Plaza Sotomayor encore illuminée par le soleil du soir, n'en vantait pas moins les mérites de la loterie dispensatrice de chance, mais sur un ton monocorde, sans hausser spécialement la voix, fredonnant inlassablement ses vérités à titre d'exercice, semblait-il, et plutôt pour sa gouverne que pour celle d'un client susceptible de lui acheter l'un des nombreux billets qu'il portait autour du cou, enfilés sur des ficelles, comme des guirlandes de papier multicolores. Sur sa tête était posée une perruque noire, on aurait dit un casque ou un drôle de chapeau, et à son bras droit se balançait une béquille sur laquelle il ne paraissait d'ailleurs pas avoir besoin de s'appuyer pour maintenir son équilibre ou pour se faciliter la marche, mais dont il se servait parfois comme d'une baguette de chef d'orchestre.

C'est pas du vent, c'est pas du flan, c'est pas des menteries, s'écriait-il, *psalmodiait-il* tout en se déplaçant sans montrer de signe visible de difficulté motrice à travers le royaume de l'argent, s'arrêtant parfois devant un portail somptueux ou une volée de marches et désignant de sa béquille un nom en lettres d'or ou la plaque surdimensionnée d'une société bancaire : pas d'affaires pourries avec l'argent des autres ! Pas de taux d'intérêts usuraires, pas de laine broutée sur le dos du travailleur, non, parce qu'à la loterie !, à la loterie la fortune ne s'obtenait pas en pataugeant à travers le marigot des banques mais de manière directe, par chance, et cette chance était aussi équitable que la mort elle-même qui ne faisait aucune distinction de caste, de race ou d'origine. Un billet de loterie pouvait représenter pour le plus pauvre d'entre les pauvres une issue, une échappée débouchant sur un monde meilleur – *Revancha, Gana Gana, Noche* ou *Boleto,* n'importe quelle modeste forme de loterie était plus honnête que les spéculations qui se pratiquaient au détriment de l'humanité dans ces bunkers de l'argent ! Un billet de loterie – et à ces mots il faisait bruisser en les secouant ses guirlandes de papier – était un bon, à tout le moins un bon pour un beau rêve que l'on était en droit de nourrir semaine après semaine, jour après jour, jusqu'à l'emballement cardiaque correspondant à la seconde du tirage, le rêve d'une fortune méritée dont on vous spoliait quotidiennement derrière ces façades et ces portails. Même un billet de loterie perdant valait mieux qu'un prétendu titre vif de la *banco-je-ne-sais comment*, étant entendu que derrière chaque billet de loterie se tenait un homme qui respirait, qui rêvait, un joueur prêt à miser quelques pesos pour donner sa chance à l'un de ses semblables, tout en continuant d'espérer devoir un jour sa propre chance à la main heureuse de quelque autre joueur. Et le plus puissant flux d'argent, à y regarder de près, n'était-il pas généré par la mer de la loterie constituée par la communauté de tous les hommes, par l'État, par la Nation, et ne profitait-il pas à la fois au bien-être d'un individu *et* à celui de son pays ? Quelle banque, nom d'un chien, pouvait en dire autant de ses flux d'argent ?

Parmi les rares passants et flâneurs du dimanche qui croisaient notre homme – un couple d'un certain âge derrière lequel trottinait un épagneul gris, une femme tenant par la main une fillette habillée d'une robe de dimanche rose pâle, un soldat de la marine en permission, servant vraisemblablement sur l'un des navires de guerre qui mouillaient dans la vaste baie scintillante, face à la ville, et porteur d'un bouquet de fleurs sous cellophane –, certains prêtaient un moment l'oreille à la litanie du vendeur de billets de loterie ou tournaient la tête dans sa direction, mais il ne se trouva personne pour s'arrêter auprès de lui, personne pour lui acheter un billet. Seule la fillette que la femme retenait par la main parut véritablement fascinée par l'homme fredonnant, désigna en le croisant les guirlandes de papier qu'il portait autour du cou, voulut le suivre et ne se laissa tirer qu'à contrecœur dans la direction opposée.

Je suivis l'homme aux guirlandes en me rapprochant de lui jusqu'à l'endroit où la rue plongée dans l'ombre débouchait sur le vaste espace de la place Sotomayor baignée de soleil : je le rejoignis là et, davantage par compassion que pour tenter cette chance dont il vantait les mérites, je voulus lui acheter un billet. Mais il ne fit que m'effleurer brièvement du regard, ne s'intéressa pas le moins du monde au billet de mille pesos que je lui tendais et continua d'avancer, dans un bruissement de guirlandes de papier et sans cesser de fredonner, en direction du quartier général peint en bleu de la marine chilienne qui occupait le centre de la Plaza. Là, les passagers de trois autocars s'égaillaient justement sur la place et braquaient leurs appareils photo numériques dans toutes les directions possibles et imaginables, entre autres également dans celle d'où le vendeur de billets de loterie arrivait droit sur eux, un homme orné de guirlandes. Toujours fredonnant et sans se soucier de ce qui se passait autour de lui, il poursuivit son chemin ; au passage il fut photographié et photographié de plus belle, encore et encore, sans qu'il daignât s'arrêter, ne fût-ce qu'une seconde, et lorsqu'un quatrième autocar boucha en arrivant sur place mon champ de vision et le libéra ensuite lentement en se garant en marche arrière, l'homme aux guirlandes avait disparu.

L'un des vendeurs à la sauvette qui se pressaient avec des regards acérés de chasseurs expérimentés autour des passagers des cars s'était aperçu que j'avais suivi l'homme aux guirlandes et que je le cherchais à présent des yeux, surpris par sa brusque disparition. Il s'approcha de moi et, faisant preuve d'un certain sens stratégique, plutôt que de m'inciter d'emblée à lui acheter un plan de la ville ou de me proposer sous sa direction, pour un prix très modéré, une visite guidée des merveilles de Valparaiso, il se mit à me raconter une histoire :

Salva, l'homme aux guirlandes de papier, me dit-il, n'avait rien à vendre à personne, et surtout pas des billets de loterie. Ce qu'il portait là, autour du cou, c'étaient les billets grâce auxquels il avait espéré devenir riche. Des billets perdants achetés au fil des décennies et tressés en guirlandes. Une fois, pourtant, il avait touché au but. Failli toucher au but. Il avait gagné le gros lot ! Mais le matin suivant, après avoir passé la nuit à montrer à la moitié de la ville son billet d'entrée au *paraíso*, après avoir répété, crié, chanté chaque lettre et chaque chiffre figurant sur le billet si souvent que tous ces signes de chance devaient rester comme tatoués dans sa mémoire... le matin suivant, donc, lorsqu'il avait voulu présenter ce justificatif pour le faire valider et être crédité du montant auquel il avait droit, le billet avait disparu. Disparu, perdu, emporté par les vagues de la mer, envolé, volé par un envieux ou brûlé dans quelque feu de détritus.

Baptisé comme le souhaitait sa mère du nom du président assassiné Salvador Allende, le fils le plus célèbre de Valparaiso, Salva n'avait jamais été tout à fait clair dans sa tête, mais depuis qu'il était passé à côté du gros lot, ça ne s'était pas arrangé : il enfilait tous les billets, gagnants ou non, sur une ficelle qu'il portait autour du cou. Et monologuait tout haut, le plus souvent au sujet de la chance.

Mais de quoi donc Salva avait-il parlé aujourd'hui ? me demanda le vendeur à la sauvette dont je devais encore apprendre que, comme bon nombre de chauffeurs de taxi, de jardiniers ou de domestiques vivant au Chili, il venait du Pérou, de Lima, avait passé la moitié de sa vie à Valparaiso et mourrait sans doute dans cette *vallée du paradis*. Des banques ? Il avait parlé de ses banques ? Dans ce cas, il était bon que je sache ce que Salva disait de la chance et du Pacifique. L'avais-je entendu parler de cela aussi ? s'enquit le Péruvien et, dans la foulée, il me demanda si je ne voulais pas qu'il me montre le port. Ou le marché du dimanche ? Ou bien voulais-je faire le tour des plus belles collines de la ville, le *cerro* Alegre, le *cerro* Concepción ? Ou avais-je plutôt envie de voir le nord de la baie ? Viña del Mar ? Viña del Mar ! Les jardins des riches. Et d'en apprendre peut-être un peu plus sur Salva en cours de route ?

La chance et le Pacifique. La chance et l'océan Calme. Mon bateau devait appareiller tard dans la soirée, cap sur les îles Juan Fernández. Il me restait au moins cinq heures avant le départ. Oui, je voulais bien qu'il me parle un peu de cette chance. D'accord, dis-je, allons voir Viña del Mar, les jardins des riches.

Les règles du paradis

Je vis une chèvre noire au bord d'un court de tennis envahi par les roseaux, à Adamstown, la seule agglomération de l'île de Pitcairn, dans le Pacifique Sud. J'avais entrepris de faire le tour de l'île et, comme je franchissais une chaîne de collines boisées, j'étais tombé sur une clairière et sur ce court de tennis abandonné. Prise de panique, la chèvre voulut s'enfuir lorsqu'elle me vit sortir du sous-bois et m'engager sur la dalle de béton fissurée, mais elle était attachée par une longe à un fil de fer tendu au-dessus de la ligne de fond pâlie du court. Aussi ses tentatives de fuite ressemblaient-elles au va-et-vient empressé d'un joueur à la poursuite de la balle d'un adversaire fantôme. L'animal courait d'une extrémité du fil à l'autre, stoppé net chaque fois que la longe se tendait brutalement. Calé sur ses pattes de derrière, c'était en vain qu'il tirait sur la longe pour tenter de se libérer. On entendait alors tinter sur le béton l'anneau métallique qui reliait la corde au fil de fer.

Supposant que ces tintements éveilleraient l'attention du ou des occupants du bungalow blanc qui se profilait tout près du terrain de jeux entre les papayers et les arbres à pain, je lançai un appel en direction de la maison, en direction de la porte ouverte d'une véranda et des fenêtres équipées de moustiquaires. La porte ouverte laissait entrevoir une étagère de livres, une table sur laquelle reposaient un tas de copeaux et des outils, des gouges et des ciseaux à bois, à ce qu'il semblait. Devant l'étagère était disposé un fauteuil roulant. Mais il n'y eut aucune réponse à mon appel, rien que le bruissement des feuilles dans les arbres se mêlant aux tintements de l'anneau.

Il n'y avait plus de filet mais à une extrémité de la ligne médiane du court, le siège de l'arbitre émergeait encore d'une touffe de roseaux. Les barreaux de l'échelle menant au siège surélevé étaient brisés comme sous l'effet des gesticulations de l'arbitre corpulent du dernier match qui s'était joué sur ce terrain.

À l'époque où points, sets et matchs étaient encore chèrement disputés ici, le plus mauvais joueur pouvait au moins se prévaloir du record que constituait le simple fait d'avoir placé un maximum de balles déclarées *fautes* sur l'un des courts de tennis les plus reculés et les plus difficiles d'accès de la planète.

On se trouvait ici à plus de cinq mille kilomètres de la Nouvelle-Zélande et à quelque six mille kilomètres de la côte sud-américaine. Dans cet intervalle béant, seuls roulaient les flots du Pacifique dont les vagues tempétueuses et la houle d'une hauteur souvent démesurée, même par temps calme, ne rencontraient aucune barrière de terre ferme sur les différentes routes menant à Pitcairn. C'était la haute mer qui assaillait dans un fracas de tonnerre les récifs et les falaises de Pitcairn, si bien que l'accostage – en particulier pour les habitants de l'île qui ne pouvaient attendre des journées entières que la mer se calme lorsqu'ils revenaient d'une campagne de pêche – impliquait des manœuvres souvent mortellement périlleuses.

Mais parce qu'à Pitcairn, en raison de sa situation reculée et de son caractère hostile, il n'y avait ni aérodrome ni port, les canots de sauvetage ou *longboats*, de longues chaloupes massives en aluminium, demeuraient le seul moyen permettant aux passagers d'un bateau qui devait obligatoirement mouiller au large, à distance respectable des récifs, sur une mer de trois mille mètres de profondeur, de s'approcher de la côte rocheuse. Celui qui, après une interminable traversée, se retrouvait devant cette île de seulement quatre kilomètres carrés et demi de surface, était en effet encore loin d'être arrivé ; il lui fallait attendre, parfois des heures, parfois des jours, que la mer s'apaise enfin et lui permette de poser le pied sur l'île.

Les visiteurs les plus célèbres et les plus malfamés de Pitcairn, les mutinés du trois-mâts armé connu sous le nom de *Bounty*, avaient dû attendre plus de trois jours au large de la côte découpée et abrupte de Pitcairn avant de pouvoir rejoindre le rivage avec leur canot. Nous eûmes plus de chance qu'eux, nous autres passagers d'un bateau qui nous emmenait depuis la côte chilienne, par une route croisant neuf îles habitées et inhabitées du Pacifique Sud, jusque dans l'archipel de Tuamotu et à Tahiti. Malgré une mer relativement calme, ce ne furent pas, après seulement deux heures passées à attendre que la houle faiblisse, nos propres matelots mais quelques Pitcairniens appelés à la rescousse par radio qui nous permirent, tandis que notre bateau au mouillage continuait de donner de la bande, de rejoindre le rivage à bord de l'une de leurs chaloupes.

À l'heure où nous débarquions – c'était par une belle journée estivale de mars –, quarante-huit personnes vivaient encore à Pitcairn et bon nombre d'entre elles s'étaient réunies pour nous voir arriver sur le môle blanchi par les vagues déferlantes. Notre bateau était le premier que l'on voyait ici depuis des mois, le premier depuis le début de l'année.

Young, McCoy, Brown, Christian... Parmi ceux qui se présentèrent sur le môle, devant l'abri aux chaloupes ou, plus tard, devant les maisons de bois dispersées ou sur la petite place ombragée du village, beaucoup portaient les patronymes des mutins et annonçaient parfois non sans fierté la succession des générations en vertu de laquelle Untel était le descendant direct d'un *able-bodied seaman* du *Bounty*, d'un marin qualifié de l'équipage, tel autre celui d'un *midshipman*, d'un cadet, tel autre encore celui du *master's mate* et *acting lieutenant* en personne, de l'officier en second, autrement dit de celui-là même qui commandait les mutins à bord du *Bounty* et qui devait commander aussi ultérieurement à Pitcairn, à savoir le dénommé Fletcher Christian que des héros de cinéma tels que Clark Gable, Marlon Brando ou Mel Gibson tentèrent en vain de rappeler à la vie plus d'un siècle après sa mort tragique.

Trempé par les embruns, j'avais grimpé le chemin en pente raide menant du môle à la place du village et au *Post Office* où une lettre attendait parfois des mois avant d'être expédiée. Je voulais aussi m'arrêter au Christian's Café afin de me renseigner sur le sentier qu'il convenait d'emprunter si l'on voulait voir les plus beaux panoramas tout en faisant le tour de l'île à pied. Dans une pièce de séjour servant manifestement de salle de restaurant, je n'étais tombé que sur un oiseau, une frégate de la taille d'un aigle, perchée sur le bras d'une chaise à bascule. Je la croyais empaillée et sursautai quand elle tourna soudain la tête dans ma direction. Elle ouvrit en silence son long bec crochu au moment où la femme de l'aubergiste émergeait de la sombre cuisine et pénétrait dans la pièce avec une fillette sur le bras : Mrs Christian. La mascotte de la maison, dit-elle, l'oiseau avait pris pension chez elle trente-trois ans auparavant. Mais contrairement aux autres habitants d'Adamstown, il pouvait quitter l'île quand ça lui chantait et ne s'en privait pas, s'absentant parfois plusieurs semaines, voire plusieurs mois. Mais jusqu'alors – comme beaucoup de Pitcairniens qui avaient émigré un jour mais étaient rentrés au bout d'un certain temps, gagnés par le mal du pays –, l'oiseau était toujours revenu.

Mrs Christian, elle aussi une descendante du chef des mutins, accueillait plus volontiers des hôtes de passage débarqués de quelque bateau mouillant au large que ses clients habituels, et cela pour deux raisons, la première étant que les habitués étaient souvent de sa famille et la seconde qu'ils n'avaient pas grand-chose à raconter qu'elle ne sût déjà.

Tandis que je buvais de la bière néo-zélandaise tirée d'un réfrigérateur alimenté en électricité par un générateur ronronnant, Mrs Christian s'interrogeait : pourquoi des gens faisaient-ils la moitié du tour de la terre, des milliers de milles à travers les eaux du Pacifique pour voir le dernier port où le *Bounty* avait fait escale, oui, pourquoi diable faisaient-ils cela alors qu'ils ne s'intéressaient manifestement pas plus à la véritable histoire du *Bounty* qu'à la vie réelle sur une île qui ne se trouvait pas au bout du monde, comme on disait, mais qui *était* le bout du monde.

Eh oui, évidemment, quand on se mettait à rêver tout haut des mers du Sud, de plages paradisiaques qui n'existaient pas ici, d'un ciel toujours bleu qui n'existait pas ici – voire des filles de ces mers du Sud ! –, alors on avait les oreilles qui tintaient dans les lointains pays pluvieux où l'on n'avait même jamais entendu prononcer le nom de Pitcairn et où l'on eût été bien en peine de situer cette île océanienne qui avait été l'ultime refuge des mutins. Et depuis que ces histoires en rapport avec les filles de Pitcairn avaient été propagées par les journaux, en Patagonie d'abord puis jusqu'en Angleterre, depuis le procès au cours duquel la moitié des hommes de l'île avaient comparu, accusés d'avoir suborné et violé des mineures, chaque bateau qui mouillait au large de Pitcairn amenait son lot de *peeping Toms*, de voyeurs qui apportaient dans leurs bagages tout ce qu'ils avaient pu glaner et classer sous pochettes transparentes en fait d'articles sur *Le paradis perdu, Les crimes sexuels au paradis, Les ombres sur le paradis* et autres billevesées de ce genre, afin de comparer la réalité avec leur littérature. Comme si Pitcairn avait jamais été un paradis.

Tout au long du procès qui avait duré sept semaines, policiers, fonctionnaires de justice, procureurs, avocats de la défense en provenance d'Angleterre et de Nouvelle-Zélande avaient multiplié par deux la population d'Adamstown. Des juges avaient fait la moitié du tour du monde pour constater que les hommes du bout du monde n'étaient pas meilleurs que ceux du centre. Pitcairn, en tant que colonie britannique, demeurait placée sous l'autorité de la Couronne, mais ce fait, considéré comme crucial par l'accusation, ne l'était pas pour les accusés. Il fallait savoir, dit Mrs Christian, qu'Adamstown était le premier lieu au monde où les femmes avaient obtenu le droit de vote – et c'était en 1838 ! Et que ceux qui habitaient ici ne parlaient pas seulement un mélange de tahitien et d'anglais remontant à l'époque du *Bounty*, mais étaient eux-mêmes un mélange et comptaient parmi leurs ascendants des femmes et des hommes de Tahiti et de Tubuai enlevés à l'époque par les mutins ou arrivés ultérieurement de Mangareva, Raiatea et d'autres îles. Certains accusés avaient d'ailleurs invoqué pour leur défense les lois anciennes et les traditions de l'Océanie, les règles du paradis.

Mrs. Christian posa sur le sol sa petite fille qui ne cessait de babiller et la fillette se dirigea aussitôt à quatre pattes vers la frégate de nouveau figée dans une posture d'oiseau empaillé. À travers la véranda vitrée, je voyais mon bateau se découper au large sur la mer scintillante quand résonna un son de cloche, des tintements clairs qui devaient s'entendre de loin.

Le son de cette cloche, dit Mrs Christian, parvenait aux oreilles de chaque habitant de l'île, aussi loin qu'il se trouvât. Aujourd'hui la cloche sonnait pour Deborah Christian, la belle-mère de Mrs Christian, morte ce matin même à l'âge de quatre-vingt-huit ans, peu après l'arrivée de mon bateau.

Deborah ! Née à Pitcairn, morte à Pitcairn, ayant passé toute sa vie à Pitcairn et n'ayant, comme la plupart des Pitcairniens, jamais éprouvé le désir de rejoindre quelque continent que ce fût. Était-ce par miracle qu'elle avait eu une attaque le 23 janvier précisément, soit à la date anniversaire du *Bounty Day*, la fête annuelle la plus importante pour les gens d'ici, et qu'elle avait passé les dernières semaines de sa vie sans rien dire, muette, comme pour taire à jamais l'existence de Pitcairn que les mutins eux-mêmes avaient voulu tenir secrète ?... Deborah avait perdu l'usage de la parole au moment même où, comme chaque année, un modèle réduit du *Bounty* était incendié dans la baie et sombrait, comme chaque année, à l'endroit même où les mutins avaient incendié et sabordé leur bateau en janvier 1790, effaçant ainsi l'ultime indice susceptible de les trahir, d'attirer par exemple l'attention d'un navire qui aurait dévié de sa route et serait passé par hasard dans les parages.

Mais en ce bas monde, dit Mrs Christian, rien ne pouvait rester caché durablement, ni un bateau, ni un forfait, ni une île. Et si les compagnons de Christian n'avaient jamais été découverts par ceux qui les pourchassaient, leurs descendants, eux, s'étaient fait connaître en quittant l'île, certains rejoignant Tahiti, d'autres s'établissant des décennies plus tard six mille kilomètres plus à l'ouest, sur l'île-prison abandonnée de Norfolk... Mais chez ces émigrés, le mal du pays prenait invariablement des proportions telles qu'ils finissaient toujours par rentrer au bercail, exactement comme cette frégate, là, qui revenait tout le temps à la maison.

N'importe quel chemin, dit Mrs Christian en guise d'au revoir, je pouvais emprunter n'importe quel chemin. Ils faisaient tous le tour de l'île. Au bout du compte, je me retrouverais à coup sûr ici même, à mon point de départ, et en cours de route je ne manquerais pas de tomber ici et là sur des signes de l'histoire du *Bounty*, sur l'ancre qu'on avait eu tant de mal à dissimuler et qui était entre-temps devenue un monument commémoratif, sur un canon du bord également devenu monument, sur la bible du bord sauvée des eaux et sur la tombe du dernier mutin décédé à Pitcairn.

Sur des chemins de terre rouge, par des sentiers sinueux, à travers des collines sans chemin clairement tracé, j'avais mis à peine plus de deux heures pour faire le tour de l'île, et cela en ne perdant que rarement de vue Adamstown. Bien que la plus haute crête de Pitcairn ne surplombât que de trois cent quarante-sept mètres les vagues déferlantes en contrebas, je passai encore et encore à proximité de failles presque invisibles, parmi lesquelles certaines plongeaient droit dans la mer du haut de langues de terre en surplomb, si bien qu'elles paraissaient effectivement sans fond. Et de fait, beaucoup de noms de lieux figurant sur la carte de l'île que je ne cessais de tirer de ma poche évoquaient le souvenir d'une chute : Nelly Fall, Dan Fall, Tom Off, Lin Fall, Minnie Off, Johnny Fall – ici, ici et ici, celle-là et celui-ci et celui-ci et celle-là, occupés à cueillir des herbes médicinales, à retrouver des chèvres égarées ou à récolter des œufs d'oiseaux de mer, étaient tombés dans l'abîme ou avaient été saisis par une vague géante et balayés dans l'éternité alors même qu'ils se trouvaient sur un rocher où ils estimaient n'avoir rien à craindre.

Dans les pentes abruptes qui descendaient ou montaient vers les lieux des accidents, j'avais vu çà et là des chèvres noires qui tombaient en arrêt quand elles me remarquaient, restaient comme figées parfois durant plusieurs minutes avant de s'enfuir, prises de panique. Ces chèvres étaient venues de Tahiti avec les mutins qui les avaient laissées paître librement sur l'île, si bien qu'elles étaient redevenues aussi farouches que des bêtes sauvages.

La chèvre sur la ligne de fond du court envahi par les mauvaises herbes était à peine repérable sur l'écran de mon appareil numérique. Il en résulta une photo sur laquelle on ne distinguait qu'une ombre floue devant les reflets lumineux de la Bounty Bay, où gisaient encore sous l'eau peu profonde les vestiges du bateau des mutins, clous, ferrures d'accastillage, pierres de ballast. La grande vue plongeante sur la baie qui s'offrait depuis le court de tennis m'eût permis de voir brûler puis couler le bateau des mutins.

Comme Adamstown paraissait paisible, là en bas – les bungalows dispersés dans la verdure, les tours rocheuses, l'herbe ondoyante sur les crêtes des collines, les cocotiers se balançant en silence, presque imperceptiblement sous la brise légère. Et comme l'herbe poussait vite ici, même sur les places bétonnées, lorsque les seuls jeux qui s'y jouaient encore étaient ceux de l'ombre et de la lumière, des embruns et des pluies torrentielles. À voir les fissures béantes dans la chape grise, on aurait presque dit que l'aménagement du terrain remontait à l'époque du *Bounty*.

Je m'assis à l'ombre, sur la bande étroite entre le fourré et la ligne de bord pâlie du court de tennis, et bus de l'eau minérale du Christian's Café. La bouteille venait probablement de la cargaison de l'un des deux ou trois bateaux ravitailleurs néo-zélandais qui accostaient Pitcairn une fois par an. La chèvre ne pouvait pas me voir derrière l'écran de hautes touffes d'ajoncs. Et sa présence ne m'était plus signalée que par le tintement occasionnel de l'anneau.

S'agissant du *Bounty*, un ancien cargo charbonnier transformé en trois-mâts armé et placé sous le commandement d'un lieutenant du nom de William Bligh, il convient de considérer comme l'une des nombreuses conséquences de la guerre d'indépendance américaine le fait qu'il assurait à l'époque le transport à destination des Antilles de pousses d'arbres à pain en provenance de Tahiti. Après que l'Amérique se fut affranchie de la tutelle britannique, la Couronne n'avait plus trouvé à s'y approvisionner en blé à bon marché, si bien que, d'après des estimations approximatives mais plutôt inférieures aux chiffres réels, quelque quinze mille esclaves étaient morts de faim dans les plantations anglaises des Caraïbes dans les années qui suivirent la déclaration d'indépendance. Le fruit de l'arbre à pain, inconnu jusque-là aux Antilles, devait nourrir pour un coût aussi peu élevé que possible une nouvelle armée d'esclaves aussi nombreuse que possible.

Mesuré à l'aune de l'amirauté, le lieutenant Bligh était un excellent officier, à la fois indulgent et libéral. Bligh avait fait le tour du monde en compagnie de James Cook et paraissait tout désigné pour prendre les commandes d'une mission qui devait le mener à Tahiti, un lieu à l'époque encore peu connu en Europe et dont la dimension mythique exerçait sur les esprits une véritable fascination. Bligh espérait qu'à l'issue de cette mission il serait enfin nommé capitaine.

Fletcher Christian, officier en second à bord du Bounty, avait longtemps fréquenté la maison de William Bligh qui le traitait comme un fils adoptif, mais après quelques mois d'un séjour heureux à Tahiti, les pousses d'arbres à pain ayant été réunies et chargées dans le bateau, et Fletcher Christian s'étant séparé à contrecœur, après des adieux déchirants, de sa dernière conquête féminine tahitienne, il advint que, dès la première étape du voyage de retour, après différentes manifestations d'une sourde rancœur qui devait déboucher sur une altercation violente avec son supérieur au sujet de noix de coco manquantes dans la réserve de provisions, Christian fut pris d'une colère telle qu'il abandonna en haute mer, au large des îles Tonga, dans une barcasse de six mètres de long sur deux mètres de large, Bligh et dix-neuf hommes qui lui étaient restés fidèles, les condamnant ainsi à mourir de faim, de soif ou noyés.

Mais le lieutenant Bligh accomplit un exploit qu'aucun navigateur n'eût jugé possible, une action d'éclat en vertu de laquelle il réussit non seulement à rejoindre l'Angleterre avec ses hommes, mais se vit enfin promu au grade de capitaine et, plus tard, à celui de vice-amiral. À bord de la barcasse surchargée et difficile à manœuvrer, Bligh parcourut tantôt à la voile, tantôt à force de rames une distance de près de six mille kilomètres, atteignant au bout de quarante-huit jours de navigation le port de Kupang, à Timor, une colonie hollandaise ; exposé tout au long de l'effroyable traversée aux tourments de la soif, de la faim, de la chaleur écrasante et des tempêtes, et sans s'allonger une seule fois pour dormir dans l'intervalle étroit entre les bancs des rameurs, il cartographia quarante îles et récifs inconnus et rejoignit l'Angleterre via Batavia, plus tard nommé Djakarta, à bord d'un navire marchand. Son rapport à l'amirauté déclencha à travers la moitié des mers de la planète la plus longue chasse à l'homme jamais ordonnée par la marine royale.

À bord du *Bounty*, les mutins s'étaient entre-temps mis en quête d'une île à l'écart des routes maritimes fréquentées et pensaient avoir trouvé ce qu'il leur fallait sur l'atoll de Tubuai. Mais contrairement aux Tahitiens, les habitants de Tubuai n'étaient pas du tout disposés à se mettre au service des étrangers, ni à partager avec eux leurs denrées alimentaires, et encore moins leurs femmes – une attitude peu conciliante qui donna lieu à un massacre à la suite duquel les hommes de Christian remirent à la voile sans avoir subi la moindre perte mais en laissant soixante-six morts sur l'atoll. Le *Bounty* mit alors derechef le cap sur Tahiti où, malgré le danger d'y être un jour repérés par un navire de guerre anglais et en désaccord avec leurs camarades sur les perspectives d'avenir mais aussi sur la tuerie de Tubuai, seize mutinés quittèrent le bord.

Du fait d'une rixe à l'issue mortelle et des actes de vengeance sanglants qui lui succédèrent, il n'y avait plus que quatorze de ces nouveaux *Tahitiens* en vie lorsque, un an et demi plus tard, la frégate royale *HMS Pandora*, armée de vingt-huit canons, jeta l'ancre dans la baie de Matavai sur la rive de laquelle la plupart des fugitifs s'étaient établis avec leurs femmes tahitiennes. Or il y avait parmi eux des hommes qui n'étaient pas restés à bord du *Bounty* de leur plein gré mais uniquement parce qu'il n'y avait pas assez de place dans la chaloupe pour tous les fidèles de William Bligh. Ils n'en furent pas moins appréhendés comme les autres en l'espace de quarante-huit heures, enchaînés et entassés sur le pont arrière du vaisseau dans une petite cage où régnait une chaleur infernale. Il appartiendrait aux juges, en Angleterre, de faire la distinction entre coupables et innocents.

Mais durant la vaine poursuite des recherches visant à arrêter le restant des mutinés, le *Pandora* heurta la grande barrière de corail au large de l'Australie et coula et, en même temps que trente et un hommes d'équipage, quatre des hommes enchaînés du *Bounty* périrent noyés ; leur cage n'avait été ouverte qu'au dernier moment. Les survivants – les prisonniers comme ceux qui leur avaient donné la chasse et ceux qui étaient chargés de les surveiller – réitérèrent ensemble à bord de canots de sauvetage l'effroyable course en mer de William Bligh et de ses compagnons d'infortune. Après d'interminables semaines au cours desquelles les naufragés ne disposaient pour apaiser leur soif dévorante que du sang d'oiseaux marins capturés ou de leur propre urine, ils abordèrent également à Timor et gagnèrent Portsmouth via Batavia. Là, six mutins furent condamnés à mort. Trois d'entre eux furent graciés par le roi, les trois autres pendus aux vergues du vaisseau de guerre *HMS Brunswick* où on les laissa se balancer dans le vent des heures durant, pour l'exemple.

À l'autre bout du monde, après le massacre de Tubuai et la dispersion de l'équipage à Tahiti, Fletcher Christian et ses huit derniers affidés s'étaient avisés que seule une île inhabitée pouvait leur fournir une retraite sûre. Mais pour ne pas se retrouver sans femmes et sans serviteurs sur une terre inconnue, Christian fit couper les bosses d'amarrage devant Tahiti au cours d'une nuit de tempête et força de la sorte douze Tahitiennes et six hommes de Tahiti, Tubuai et Raiatea à un voyage dont ils ne reviendraient jamais.

Dans la bibliothèque de bord du *Bounty*, Fletcher Christian avait déniché des récits relatifs à une île appelée Pitcairn, du nom d'un cadet de marine qui l'avait découverte en 1767. Portée sur différentes cartes marines mais de manière manifestement hasardeuse puisqu'elle y occupait au moins trois positions différentes et très éloignées les unes des autres, l'île était entre-temps tombée dans l'oubli. C'était en vain que l'infatigable navigateur et cartographe James

Cook, épaulé en l'occurrence par un maître d'équipage du nom de William Bligh, avait voulu la retrouver : les coordonnées où elle figurait sur les cartes étaient erronées et, à la place de l'île, Cook n'avait rencontré qu'un horizon vide. Le lieu, en somme, pouvait paraître plus sûr que les cachettes les plus sûres du monde.

Quelle sensation triomphale ce dut être pour les mutins lorsque, en janvier 1790 et au terme d'une longue errance parfois désespérée, ils virent enfin des falaises s'élever hors de l'eau. Il devait s'agir de Pitcairn. Ici, enfin, tout irait, tout devait enfin aller mieux, mieux que jamais peut-être. Et peut-être si bien qu'on arriverait même à oublier ce qui ne pouvait être oublié.

Quelques jours seulement après avoir abordé l'île, contre toute attente, il se trouva pourtant matière à querelle : le marin Matthew Quintal, qui craignait l'échafaud plus qu'aucun de ses camarades, mit sans consultation préalable le feu au *Bounty* que l'on avait échoué à quelques encablures de l'île. Onze heures plus tard, lorsque le bateau eut coulé, un signe visible de loin et qui pouvait trahir les fuyards avait certes disparu, mais disparu également avec lui le moyen d'échapper éventuellement un jour, de sa propre initiative, à l'enfermement sur un rocher perdu au milieu du plus vaste et du plus profond océan du monde et, davantage encore, à l'enfermement dans les pièges de la mémoire, de la culpabilité, du mal du pays et de l'inassouvissement.

Ce qui se joua dès lors, ce fut le drame d'un nouveau commencement, mais qui ne paraissait obéir qu'à la logique d'un monde à jamais abandonné, d'un monde ancien, perdu loin en dessous de la ligne d'horizon : les neuf mutins commencèrent par revendiquer neuf des douze Tahitiennes comme leur propriété personnelle. Les trois femmes restantes devaient être attribuées aux six serviteurs tahitiens. Mais lorsque, dès la première année du temps nouveau, la compagne de l'un des mutins fit une chute mortelle en récoltant des œufs d'oiseaux de mer dans les falaises, que la compagne d'un autre mourut empoisonnée et que, là-dessus, deux femmes des serviteurs furent appelées à remplacer les défuntes, les serviteurs tahitiens voulurent se venger de cet affront, mais aussi du fait que l'île avait été partagée uniquement entre Blancs. Ils attaquèrent donc leurs maîtres qui répondirent en tuant deux de leurs agresseurs. Les survivants prirent la fuite et se cachèrent jusqu'au moment où, après une période de calme trompeur, ils purent enfin assouvir leur soif de vengeance. Au cours d'une attaque nocturne, ils tuèrent cinq mutins dont Fletcher Christian lui-même mais, la victoire à peine obtenue, ils se dressèrent les uns contre les autres. L'un d'eux mourut en combattant pour garder une femme, un deuxième qui voulait se rallier aux mutins et un troisième qui voulait le tuer pour cette raison furent abattus par les Blancs. Le quatrième et dernier serviteur polynésien fut tué à l'arme blanche par l'une des Tahitiennes, toutes au bord du désespoir, rongées par le mal du pays.

À Pitcairn, les femmes n'avaient pas seulement perdu leur liberté et leur famille mais aussi leur nom – Manatua était devenue Isabella, Teatuahitea Sarah, Toofaiti Nancy, Vahineatua Prudence et Jenny était le nouveau nom de Teehuteatuaonoa. Mais maintenant ça suffisait. Les femmes avaient rendu l'île habitable, elles savaient comment on crée un jardin, elles savaient préparer les fruits de l'arbre à pain, extraire les fibres du mûrier à papier afin d'en faire des habits et des couvertures, accommoder les noix de coco de cent manières différentes – maintenant ça suffisait. Elles voulaient quitter l'île et entreprirent en secret de construire un radeau. Tahiti était loin, extrêmement loin, mais peut-être rencontreraient-elles d'autres îles sans nom sur le chemin du retour. Rien ne pouvait être pire que de rester à Pitcairn.

Mais le radeau fut découvert. Et les femmes furent ramenées de force dans le nouveau monde si semblable à l'ancien où il se trouva subitement une autre personne qui ne voulait pas moisir plus longtemps à Pitcairn, à savoir le matelot William McCoy. Dans une vie antérieure presque oubliée, McCoy avait remué le moût dans une distillerie galloise. L'idée lui vint de distiller le brouet obtenu en écrasant des racines de cordyline et d'obtenir de la sorte une boisson qui l'aida à quitter l'île pour toujours : il se saoula, enroula une corde autour de ses pieds, la noua, s'attacha ensuite les bras de manière à ne pas pouvoir se libérer de ses liens et se laissa tomber d'un rocher dans l'océan enfin pacifié.

Il restait alors à Pitcairn trois hommes. L'un d'entre eux but le restant d'alcool frelaté laissé par McCoy, ce qui eut pour effet de le plonger dans une rage apparemment irréversible et d'une violence telle que ses deux camarades n'osaient plus dormir de peur que l'enragé ne profite de leur sommeil pour se débarrasser d'eux. Ils prirent donc les devants et l'occirent à l'aide de la hache avec laquelle il les avait menacés. Peu après le combat, l'un des vainqueurs succombait à une crise d'asthme.

Parmi les mutins ayant trouvé refuge sur une île qui se dérobait aux yeux de leurs poursuivants au point qu'on finissait par se demander, et ce en dépit des nombreuses positions qu'elle occupait sur la carte du monde, si elle n'avait pas été tout simplement engloutie par les vagues, il ne resta donc au bout du compte qu'un survivant ; et cet unique survivant devait être aussi, de tous les mutins du *Bounty*, le seul qui, après sa mort, ne fut pas enfoui à la va-vite, jeté à la mer ou simplement laissé en pâture aux oiseaux, mais décemment inhumé, recouvert d'une dalle de pierre et pleuré par une ribambelle de femmes et d'enfants.

Mais ce dernier des mutins lui-même ne mourut pas d'une mort non violente, peut-être même paisible, parce que les capitaines des vaisseaux de guerre anglais, le *Tagus* et le *Briton*, qui n'avaient jamais donné eux-mêmes la chasse aux fuyards et redécouvraient Pitcairn tout à fait par hasard vingt-cinq ans après les faits, estimèrent bon de faire preuve de clémence plutôt que d'appliquer la loi : bien qu'un vieil homme murmurant des psaumes se fût présenté à eux sous le nom d'Alexander Smith, alias John Adams, mutiné du *Bounty*, assassin, violeur et pécheur repenti, et qu'il se fût déclaré prêt à répondre de ses actes devant n'importe quel tribunal et à purger sa peine, dût-il même monter sur l'échafaud, les capitaines, répondant aux supplications d'une troupe de femmes et d'enfants en pleurs, s'en retournèrent en Angleterre sans John Adams, l'homme qui avait donné son nom à la plus petite ville du monde, à l'unique colonie humaine perdue dans un océan apparemment infini. Ils firent valoir auprès de l'amirauté qu'au vu d'une communauté d'insulaires dont l'existence évoquait à la fois le crime, la culpabilité et l'expiation, mais aussi le paradis perdu, ils n'avaient pas eu le cœur de satisfaire aux exigences de la loi.

Lorsque je me levai et sortis de derrière les roseaux dans l'idée de poursuivre ma route, de descendre au village et de me rendre sur la tombe de John Adams disposée sous un palmier royal, à l'écart du petit cimetière où la dénommée Deborah Christian serait enterrée en fin d'après-midi parmi de nombreux morts également porteurs du nom de Christian, aucun bruit ne se fit entendre : ni martèlements de sabots, ni tintements de l'anneau métallique sur le sol. La chèvre devait s'être libérée et réfugiée dans les fourrés en traînant sa longe derrière elle.

Dans la pente au-dessus de moi, très loin déjà, je vis bouger des herbes. Si ce mouvement indiquait le chemin de la chèvre en fuite, sa longe ne tarderait pas à rester accrochée dans des branchages ou à une quelconque racine si bien que l'animal se retrouverait entravé. Mais là-haut, il n'y aurait personne pour lui causer une peur panique comme je l'avais fait tout à l'heure en passant à côté d'elle. Mais personne non plus, vraisemblablement, pour la détacher, la ramener chez elle, la sauver. Je devais laisser un billet, un mot que je déposerais à l'entrée de la véranda pour en informer qui de droit, et j'arrachai donc une page de mon carnet de notes tout en m'avançant entre les touffes de roseaux vers la maison délaissée.

La face cachée du salut

Je vis un gilet de sauvetage rouge au bord d'un champ d'épaves flottant dans l'océan Indien. Comme déployé pour un vol à voile, il se balançait parmi des fûts de plastique, des algues, des bâches déchirées, des feuilles de palmier, des morceaux de bois, des restes de cases détruites et d'appontements démembrés dans une vaste baie de l'île Maurice, à mille huit cents kilomètres de la côte orientale de l'Afrique.

Le patron du bateau-taxi qui devait m'amener, par cette journée de février faiblement venteuse et presque sans nuages, de Péreybère à la capitale de l'île, Port-Louis, en même temps que d'autres passagers – trois femmes dont l'une portait au front le *tilaka*, symbole religieux hindou, et deux amateurs alsaciens de pêche à la ligne en haute mer –, retira le gilet à l'aide d'une gaffe du banc de débris que le cyclone Gamède avait laissé derrière lui une semaine auparavant. Gamède, l'un de ces cyclones tropicaux dévastateurs auxquels la région est régulièrement confrontée durant les mois humides de l'été, entre décembre et avril, avait soufflé à travers l'île à plus de cent quatre-vingts kilomètres à l'heure et soulevé devant la côte que nous avions longée le matin même des vagues dont les crêtes, mesurées par la météo, atteignaient jusqu'à vingt mètres de haut.

Le gilet de sauvetage que l'un des pêcheurs alsaciens avait été le premier à repérer n'eût été que l'un de ces innombrables objets, arrachés à leur cadre et flottants dans le plus grand désordre, que nous avions croisés sans leur prêter attention sur la route de Port-Louis, si, au beau milieu du rouge, ne s'était étalé en grosses lettres le nom du bateau que l'on citait sans cesse pour illustrer la force destructrice du cyclone et qui continuait d'occuper les émissions d'informations et la première page des journaux : *King Fish II*.

Avec à son bord un équipage de neuf hommes, le *King Fish II*, un cotre baptisé du nom du maquereau royal, avait quitté Port-Louis la veille de la tempête annoncée à destination de Saint-Brandon, un archipel de deux douzaines d'îles minuscules pour la plupart inhabitées au nord-est de Maurice, et c'est sur cette route qu'il avait affronté la tempête et disparu des ondes radio et de tous les systèmes de contrôle de la garde côtière.

Tandis que sur l'île Maurice la tempête déracinait des bosquets de palmiers, balayait des abris de tôle, fracassait portes et vitrines pourtant barrées à l'aide de planches et de madriers cloués, projetait à travers les airs d'imprévisibles projectiles tels que tuiles et débris de verre, un dernier message en provenance du labyrinthe d'îles de Saint-Brandon émanait du

King Fish II. Le contenu n'annonçait ni situation de détresse ni panique à bord : la mer était grosse, l'équipage en forme, on faisait face. Mais aussitôt après, silence radio.

Cinq jours après le passage du cyclone qui avait poursuivi sa course folle vers l'est, les vagues comme alourdies par les épaves flottantes et les débris de toutes sortes s'étant peu à peu aplanies, un aviateur du service de sauvetage en mer avait repéré le cotre depuis le cockpit de son Dornier, loin de la zone de recherches, sur une plage de Coco Island, une île la plupart du temps inhabitée de l'archipel de Saint-Brandon. Le lendemain, un bateau de la garde côtière abordait le cotre échoué :

Le *King Fish II* était ensablé. Le bastingage et une partie du bordé sur le flanc tribord étaient endommagés, mais le bateau ne présentait pas de voie d'eau ; le toit du poste de timonerie avait été arraché mais les cabines étaient sèches, les instruments de navigation et de radiocommunication, vivres, lampes et bouteilles d'eau éparpillés sur les planchers, tables et couchettes. Dans la cale réfrigérée, une belle prise de poissons – des thons, des maquereaux royaux et même des marlins bleus, le tout stocké sur la glace. Mais de l'équipage, pas la moindre trace.

Davantage que par d'autres effets catastrophiques survenus durant les jours de tempête, l'imagination des gens du pays paraissait stimulée par le fait qu'un cotre échoué dans le sable de Coco Island avait été abandonné par les marins alors qu'il était presque intact, que les cabines étaient sèches et que l'on disposait encore de tout l'équipement nécessaire ainsi que d'eau potable et de provisions en abondance. Des bateaux de pêche, et même des flottilles entières qui disparaissaient corps et biens... des trawlers qui chaviraient dans la tempête, qui étaient drossés sur des récifs, faisaient eau ou se brisaient en deux et coulaient en ne laissant derrière eux que quelques traces de mazout... les cases et les masures des pauvres de Port-Louis qui étaient carrément soulevées et dispersées dans les airs alors que les solides maisons des riches tenaient bon –, tout cela était conforme aux lois du cyclone, mais qu'un bateau bien équipé, offrant en cas de tempête un abri infiniment plus sûr que n'importe quelle cabane de pêcheur sur la terre ferme, eût été tout simplement abandonné par son équipage, cela posait une énigme en vertu de laquelle le *King Fish II* faisait peu à peu figure de vaisseau fantôme.

Même lorsqu'un diagnostic plus précis de la garde côtière eut révélé que le moteur du cotre avait subi une avarie, que de l'eau avait pénétré dans le compartiment machine, que le bateau, de ce fait, était devenu difficile à manœuvrer, que c'était sans doute pour cette raison qu'il avait été abandonné et que l'équipage, selon toute probabilité, avait tenté de rejoindre à bord d'un radeau de sauvetage gonflable l'une des îles de l'archipel de Saint-Brandon visible par moments seulement derrière les montagnes de vagues – même alors, l'image fantasmée s'imposa contre ce résultat et contre toutes les données objectives dont il découlait : un vaisseau fantôme. Et ce fut donc un vaisseau fantôme que l'on remorqua pour finir jusqu'à Port-Louis.

Je ne sais si les passagers du bateau-taxi avaient, pour se rendre de Péreybère à Port-Louis, d'autres raisons que le désir de voir le *King Fish II* de leurs propres yeux. Et je ne saurais dire dans quelle langue, étant donné qu'on en parle plus de vingt sur l'île Maurice, les trois femmes s'entretenaient sur le bateau ; quant aux amateurs alsaciens de pêche à la ligne en haute mer, ils tenaient au sujet des appâts et des hameçons une conversation à laquelle je ne comprenais pas grand-chose non plus. Le patron du bateau-taxi ne soufflait mot et je me demandais si nous rejoindrions Port-Louis à temps pour que je puisse encore me rendre avant la pause de midi au bureau de la compagnie de navigation où je voulais prendre un billet pour Madagascar... Mais lorsque nous pénétrâmes sous un soleil ardent dans la zone portuaire de la capitale et que nous vîmes le *King Fish II* amarré à une jetée, les femmes cessèrent de parler, de même d'ailleurs que les pêcheurs alsaciens. Le patron du bateau réduisit l'allure.

Le cotre reposait dans l'eau huileuse, solitaire, à l'écart des autres bateaux, comme s'il s'était instauré autour de lui, en présence de la mort ou de la disparition mystérieuse de l'équipage, un vide généré par l'effroi. Le bastingage fracassé, le bordé avant endommagé, le toit de la timonerie arraché – tout était exactement comme on l'avait vu sur les écrans et dans les journaux.

Au moment où notre bateau allait croiser le vaisseau fantôme, le patron coupa le moteur et nous glissâmes en silence le long du bordé défoncé. C'est alors que la femme qui portait au front la marque des hindous tira soudain un flacon de son sari, dévissa le bouchon et envoya d'un ample mouvement du bras un rayon fin et scintillant en direction de la coque du *King Fish II*. Cela fut fait comme en passant, d'une manière si naturelle que c'est à peine si je le remarquai et que je n'y vis guère plus que le geste de déverser un liquide ayant perdu sa fraîcheur ou gâté ; on venait de vider là un flacon que l'on voulait réutiliser, voilà tout.

Un peu plus tard, comme nous abordions un appontement où planait l'odeur de poisson en provenance de la grande halle du marché, le patron de notre bateau, qui m'avait déjà amené une première fois, avant la tempête, de Péyrebère à Port-Louis et retour, m'apprenait que la femme avait versé de l'eau du Gange dans la mer.

C'était, me dit-il, l'usage chez les hindous – et à l'île Maurice la plupart des croyants étaient des hindous – d'humecter la bouche des morts de quelques gouttes d'eau puisées dans le plus sacré des fleuves, de l'eau qui était censée laver la poussière accumulée durant la transmigration des âmes et fortifier le défunt en voie de se libérer de toutes apparences et formes incarnées.

L'eau du Gange, qui se mêlait à présent, sous la quille du *King Fish II*, à l'eau de ce bassin du port et donc à l'océan Indien, serait portée par les courants et les marées jusqu'aux lèvres des disparus qui flottaient dans le grand bleu, à proximité de Saint-Brandon ou ailleurs, quelque part au large de l'archipel. Et tandis que les corps des marins noyés calmeraient la faim des poissons et des crabes, cette eau traverserait leurs formes déliquescentes et rappellerait jusqu'au fond de la mer que le deuil, la douleur de la perte, n'est que la face cachée du salut.

Le non-mort

Je vis sept couples de jeunes mariés devant un barrage interdisant l'accès à la place Rouge, à Moscou. Derrière les barrières extensibles surveillées par des soldats, la place déserte ressemblait à un grand lac gelé. Il avait neigé le matin et la mince couverture de neige n'avait pas fondu dans la grisaille de l'après-midi commençant. Quant à savoir pourquoi on n'avait pas le droit de passer, cela restait un mystère. En réponse aux questions que lui posait mon accompagnateur, un interprète de Nijni-Novgorod, l'un des soldats de garde se borna à hausser les épaules. Un photographe bardé d'appareils qui attendait avec les jeunes mariés tout près du barrage nous laissa entendre qu'il fallait prendre patience, qu'il fallait attendre. Cela ne durerait plus très longtemps. Il tenait l'information d'un collègue en faction de l'autre côté de la place, près de la cathédrale Saint-Basile, et qui venait de l'appeler à ce sujet sur son mobile.

Plus très longtemps ? dit mon accompagnateur, plus très longtemps, en Russie cela pouvait signifier l'éternité.

Nous nous apprêtions à tourner le dos à la place Rouge et au mausolée de Lénine que nous voulions visiter lorsque les barrières s'ouvrirent soudain, cédant le passage, sous le regard des soldats, aux jeunes mariés et à leur photographe qui s'éloignèrent sur l'immense tapis blanc. À Moscou on déplorait en ces jours de l'automne finissant près de deux cents morts et plus de quatre cents blessés – victimes des combats de rue entre les partisans d'un vice-président russe nommé Alexandre Routskoï et ceux du président déchu, Boris Eltsine, qui avait fait tirer des grenades antichars sur le Parlement afin d'imposer sa politique de réformes contre l'avis des représentants du peuple qui s'y tenaient retranchés. Eltsine ayant remporté la victoire et les combats ayant pris fin, il régnait sur une grande partie de la ville un calme singulier, une sorte d'épuisement teinté de colère et de tristesse.

Nous obéissions, mon accompagnateur et moi-même, à une rumeur qui avait fait le tour de la ville la veille au soir : à l'initiative des réformateurs, se chuchotait-on, et après avoir été durant sept décennies l'objet d'un véritable culte posthume, la dépouille embaumée de Vladimir Ilitch Lénine avait été retirée du mausolée de la place Rouge et discrètement inhumée dans la nécropole du mur du Kremlin, si bien qu'il lui était enfin épargné d'être constamment offert en pâture à la curiosité de la Russie tout entière.

Tandis que nous arpentions les ruelles venteuses et désertes pour rejoindre la place Rouge, mon accompagnateur m'avait parlé d'un pèlerinage auquel il avait participé étant enfant quand, sous la conduite de ses parents et en compagnie de deux de ses frères, il avait quitté sa ville natale, Nijni-Novgorod, pour se rendre à Moscou, au mausolée de Lénine précisément : une journée de route éreintante sur le plateau de chargement glacé d'un camion cahotant. L'arrivée à minuit sur la place Rouge. Puis seize heures d'attente dans une queue qui s'étirait jusqu'au cœur du jardin Alexandre... Une nuit entière en plein air ! Puis dans l'interminable file de gens serrés les uns derrière les autres, l'infiniment lente progression en direction du portail du mausolée jusqu'au moment où, transi de froid et quasiment à bout de forces, on pouvait enfin jeter un rapide coup d'œil au cadavre embaumé de Lénine, mais sans cesser d'avancer, poussé par ceux qui arrivaient derrière et par les ordres des gardiens sur le chemin du retour, vers la sortie du mausolée, vers le monde d'en haut.

N'était-ce pas chose singulière, dit mon accompagnateur, que les hommes les plus puissants de la défunte Union soviétique eussent pris position année après année, pour l'anniversaire de la Révolution d'Octobre et pour la fête des Travailleurs, sur le toit du mausolée de Lénine afin de saluer de tout là-haut, en leur faisant longuement signe de la main, les drapeaux flottant en contrebas, les troupes défilant au pas de parade, le peuple ? Un tombeau comme tribune du pouvoir, un tombeau en guise de trône !

Les jeunes mariés, ayant entre-temps trouvé à quelque distance le décor propre à servir d'arrière-plan au souvenir d'une froide journée de mariage, riaient aux anges à l'appareil photographique braqué sur eux. Le granit rouge du mausolée dont nous nous rapprochions, mon accompagnateur et moi, sur un tapis de neige immaculé, eût certes offert un contraste plus frappant avec les robes blanches des mariées. Mais comparé à la magnificence impériale du Kremlin ou aux bulbes de la cathédrale Saint-Basile, il semblait que le mausolée eût perdu toute signification.

Bien que les battants du portail du mausolée fussent largement ouverts comme ceux d'un palais qu'on eût envahi après en avoir forcé l'entrée, il n'y avait pourtant aucun visiteur en vue. Rien que deux soldats de garde. La rumeur était-elle quand même fondée et Lénine avait-il effectivement été inhumé en catimini à côté de Staline, à l'ombre du mur du Kremlin ? Les réformateurs victorieux avaient-ils voulu montrer ce faisant que ce qui s'amorçait là, maintenant, ce n'étaient pas seulement des temps nouveaux mais une nouvelle éternité ? Le portail était grand ouvert. Aussi nous dirigeâmes-nous droit dessus.

Il s'était mis à neiger tout doucement sous les yeux des deux gardes qui nous laissèrent passer, impassibles, sans mot dire. Un peu plus tard seulement, comme nous nous enfoncions sous terre et que mon accompagnateur me parlait des pieds gelés et des mains bleues dont il avait souffert lors de sa première visite du mausolée, on nous aboya un ordre de là-haut : Silence ! Nous devions faire silence. Et lentement ! Nous devions marcher lentement.

Nous obéîmes et descendîmes les marches aussi lentement que si nous faisions partie intégrante d'une procession lasse, dense, avançant depuis des heures et des heures, pas à pas, à la rencontre d'une momie – d'invisibles visiteurs devant nous, derrière nous, à côté de nous – et nous nous retrouvâmes pour finir devant le cercueil de verre blindé de Lénine.

Encore là, il est encore là ! chuchota mon accompagnateur comme s'il ne pouvait en croire ses yeux et comme si je ne pouvais pas voir ce que lui voyait : une momie en costume-cravate que des générations de taxidermistes, biochimistes et anatomistes de tout poil avaient entourée de leurs soins minutieux, une momie qu'il avait fallu vêtir de neuf tous les deux ou trois ans et traiter encore et encore avec les moyens les plus radicaux de lutte contre la décomposition, une momie sous verre blindé, allongée sous une douce lumière blanche, sur un lit d'apparat. Les traits de son visage cireux étaient figés au point qu'on aurait juré que jamais – pas plus du vivant de la momie qu'après sa mort –, jamais au grand jamais, ils n'avaient été animés d'un quelconque tressaillement exprimant la joie, la haine, l'amour, la peur, l'anxiété, la tristesse ou quoi que ce fût d'autre.

À quoi pouvait bien avoir ressemblé le visage de Lénine le jour où son frère Alexandre, un étudiant de dix-sept ans impliqué dans un complot visant à attenter à la vie du tsar Alexandre III, avait été pendu haut et court – et à quoi pouvait-il avoir ressemblé des années plus tard, lorsque le même Lénine, souffrant de blessures par balles mal cicatrisées après avoir été lui-même victime d'un attentat, dressait des listes de personnes à liquider ou ordonnait des exécutions de masse que les services secrets bolcheviques étaient chargés de mener à bien ?

Liquider. Coller contre un mur. Effacer. Anéantir. Quelle expression Lénine arborait-il lorsqu'il traçait sur le papier ces termes si souvent employés par lui ? Ses traits exprimaient-ils l'indignation ou la colère le jour où il avait fait fusiller des centaines de prostituées à Nijni-Novgorod sous prétexte que ces dames risquaient de porter atteinte à la combativité de l'Armée rouge ? Et était-ce la colère ou simplement l'implacable froideur du stratège qui s'inscrivait sur son visage lorsque, après les lourdes pertes subies au cours de tant et tant de combats livrés pour établir enfin la dictature du prolétariat, il fit fusiller des centaines de travailleurs, des travailleurs en grève !, à Petrograd en arguant que le moment arrivait toujours où une révolution, y compris la grande révolution rouge d'Octobre, se mettait à dévorer ses enfants ?

Attendrie, gaie ou d'une gravité solennelle – quelle pouvait bien avoir été la mine de Lénine lorsqu'il demanda sa main à Nadejda Kroupskaïa, sa future épouse ? N'était-il pas également possible que celui qui échangea le nom d'*Oulianov*, patronyme d'un noble passablement fortuné, contre le nom de guerre de *Lénine* eût procédé à cet échange avec le sourire ? Mon accompagnateur m'avait parlé de voix d'après lesquelles, dans son enfance déjà, lorsqu'on lui demandait le nom de sa petite chérie, Lénine répondait invariablement *Lena !*, ce qui pouvait aussi signifier plus ou moins *Lénine* en russe. Ou bien le premier homme de la révolution avait-il voulu que son nom rappelât à tout un chacun le fleuve Lena, en

Sibérie orientale, et en même temps que ce fleuve, le massacre des ouvriers en grève des mines d'or qui fut perpétré dans cette région par les troupes tsaristes ? Lénine, cela pouvait aussi signifier : *Celui du fleuve.*

Nous avions encore pas mal de questions à poser à la momie mais il ne nous fut pas permis de nous attarder. Peut-être les gardes devaient-ils veiller à ce que le masque de l'immortel ne soit pas contemplé trop longuement car le visiteur risquait de s'apercevoir que pas plus que n'importe qui d'autre, un révolutionnaire – quand bien même il eût réussi à délivrer le monde des impératifs de la gravitation et à le faire dévier de sa course autour du soleil – ne pouvait en aucun cas être soustrait à l'usure du temps.

Avancez ! Une voix de soldat venue d'en haut lançait cet ordre dans les profondeurs. Nous étions pourtant seuls devant le lit d'apparat de la momie. Personne derrière nous n'attendait que nous nous éloignions pour prendre notre place.

Avancez ! Allons, avancez ! Et taisez-vous !

Nous nous rangeâmes de nouveau dans la procession de fantômes et remontâmes lentement les marches, flanqués d'une multitude d'invisibles, jusque dans la lumière crue de la place Rouge enneigée qui commençait à s'animer par suite de l'ouverture des barrières et malgré la tourmente de neige. Du portail du mausolée, seules les traces de nos propres pas s'étiraient en direction de la place. Et c'est donc sur nos propres traces, raidis par le froid et muets, comme si nous obéissions encore au gardien du mort qui nous avait ordonné de nous taire, que nous rejoignîmes le monde des vivants.

Visiteur au Parlement

Je vis un homme qui se tenait pieds nus dans une longue file de gens emmitouflés dans des vêtements d'hiver, en attente devant le Reichstag à Berlin. L'homme portait un manteau gris en laine peignée, des gants de cuir gris, foulard, chapeau et pantalon de flanelle étaient également gris, quoique d'une nuance plus foncée. Le froid aidant, ses pieds eux-mêmes paraissaient avoir pris une teinte proche du gris des pavés humides. Hormis le fait qu'il ne portait ni chaussures ni chaussettes, l'élégance de sa tenue vestimentaire distinguait l'homme de la plupart des gens qui attendaient là, engoncés dans leurs anoraks, leurs doudounes ou leurs imperméables.

Je croisais par cette journée venteuse la longue queue qui s'était formée à cet endroit parce que l'itinéraire menant à travers le grand espace vide devant le Reichstag m'avait paru le plus court chemin pour rejoindre la porte de Brandebourg où j'avais rendez-vous, et je me pris en passant à vouloir évaluer le nombre de gens qui se trouvaient là, à progresser pas à pas sous le ciel hivernal, sur les pavés, dans les escaliers puis à travers beaucoup d'espace vide en direction des barrières de sécurité placées à l'entrée du Reichstag.

Ils devaient être plus de deux cents à avoir décidé qu'il valait la peine d'affronter vent et froidure durant des heures puis de se soumettre au contrôle de leur sac et à une fouille au corps en règle pour pouvoir accéder enfin au siège du Parlement d'un pays qui comptait parmi les plus riches et les plus puissants d'Europe. Sous une gigantesque coupole d'acier et de verre dont la voûte, au-delà du palais du gouvernement, paraissait couvrir la ville entière et contraindre, par l'intermédiaire de grands panneaux réfléchissants, le ciel gris à se propager jusqu'au cœur de la bâtisse, des représentants du peuple débattaient justement de questions relatives à la répartition scandaleusement inéquitable des richesses, mais aussi, plus particulièrement, de l'opportunité de participer, en y envoyant des soldats allemands, à une guerre qui se déroulait loin des frontières du pays, sur des champs de bataille du Moyen-Orient où il n'y avait pas grand-chose à gagner et beaucoup à perdre.

L'homme aux pieds nus, qui avait largement dépassé l'âge d'être soldat et était peut-être même assez âgé pour avoir porté le casque et l'uniforme lors de la provisoirement dernière guerre mondiale, se trouvait dans le troisième tiers de la file et attendrait encore deux heures environ avant d'être au chaud dans les locaux du Parlement.

Ceux qui étaient juste devant et juste derrière lui semblaient s'être habitués à sa présence. Peut-être aussi avait-on tenté en vain d'engager la conversation avec lui et se tenait-on de nouveau recroquevillé dans le froid, silencieux ou conversant avec un voisin plus disposé à bavarder un peu pour passer le temps.

Bien entendu, la nouvelle de la présence de quelqu'un qui attendait pieds nus dans le froid devait s'être propagée vers l'avant comme vers l'arrière de la queue. Je voyais bien qu'il y avait de temps à autre des curieux qui se déplaçaient avec une nonchalance feinte dans le sens ou à contresens de la file pour voir l'homme en gris aux pieds nus qui paraissait, lui, n'avoir d'yeux que pour le dôme du Reichstag et se rapprochait de son objectif sans mot dire et sans prêter la moindre attention aux gloussements et aux chuchotements de ceux qui passaient de loin en loin à côté de lui.

Je feignis de ne m'intéresser qu'à la bâtisse monstrueuse qui se dressait devant les gens rangés à la queue leu leu, se hissant de plus en plus haut dans le ciel hivernal au fur et à mesure qu'ils s'en rapprochaient ; je laissai courir mon regard à la ronde comme quelqu'un qui compare ce qu'il voit avec son plan de ville, ses attentes ou ses souvenirs, et tâchai d'activer la fonction photo de mon téléphone portable, le tout sans cesser d'observer à la dérobée l'homme aux pieds nus, exactement comme les curieux qui se déplaçaient le long de la file d'attente pour le regarder au passage en faisant semblant de ne pas le voir. J'arriverais trop tard à mon rendez-vous, je m'en rendais bien compte, mais je ne pouvais tout simplement pas m'empêcher de le suivre des yeux.

Et voilà qu'il était interpellé par une petite fille accourue du début de la file – la nouvelle de la présence d'un homme pieds nus s'était-elle donc déjà propagée si loin ? La petite, en tout cas, était arrivée au pas de course, franchissant comme en dansant quelques marches de pierre sans se laisser arrêter par les cris d'une femme, sa mère ?, qui l'appelait par son nom que je ne compris pas du premier coup.

Tu n'as pas froid ?

Sans mot dire, les yeux toujours braqués sur le dôme, l'homme fit deux, trois pas en avant derrière les personnes qui le précédaient.

Pourquoi tu n'as pas de chaussures ?

Miriam ! La mère ne voulait pas perdre sa position avantageuse dans la file d'attente, elle n'avait fait qu'un pas de côté et appelait une nouvelle fois sa fille sur un ton impérieux : Miriam !

Tu n'as pas de chaussures, dit Miriam, et là-dessus elle se détourna de lui pour répondre aux appels réitérés de sa mère. Mais peut-être aussi parce qu'elle avait tout de suite compris qu'il n'y avait pas de réponse à attendre de cet homme.

Du ciel gris se détachaient de minuscules flocons dont un petit nombre seulement se posait sur les pavés ou les manteaux et les couvre-chefs des gens qui faisaient la queue ; répondant aux plus légères sautes de vent, ils étaient pour la plupart repoussés vers le haut et chassés avant de tomber quelque part, au loin. Parce que de l'orée lointaine d'une forêt de grues hautes comme des tours me parvenait une odeur de brûlé, je pensais voir de la cendre en suspens dans l'air ; peut-être que les ouvriers se chauffaient là-bas durant la pause de midi à un feu de bois de coffrage et de sacs de ciment vides. Mais c'était de la neige.

Est-ce qu'on ne ferait pas mieux de laisser tomber et de retourner à l'hôtel, s'enquit un homme coiffé d'une toque de fourrure et accompagné d'une dame à la mise élégante ; à ce rythme-là, on en avait encore pour des heures. Enfin quoi – à une allure pareille même un escargot serait mort d'ennui avant d'arriver à destination.

Et la prochaine fois il faudra remplir à nouveau les formulaires d'admission ? rétorqua la dame. Et refaire la queue ?

S'agissant du formulaire d'admission que chaque visiteur du Reichstag devait remplir avant d'aller se poster au bout de la file d'attente, longue en été, plus courte en hiver, je me demandais ce qui était écrit sur celui de l'homme aux pieds nus. Très haut sur le dôme du Reichstag, dans des hauteurs que l'on pourrait qualifier de célestes, sur une passerelle circulaire ou sur une plate-forme, des gens réduits à de minuscules formes noires se détachaient à présent sur fond de nuages gris. Ceux-là étaient arrivés à bon port. De là-haut, ils voyaient s'étirer très loin en contrebas, comme un long serpent se déroulant dans le vide, la file d'attente d'où ils étaient eux-mêmes sortis.

Qu'en pensez-vous, est-ce qu'ils ont au moins le chauffage au sol là-dedans ? demanda l'homme à la toque de fourrure à l'homme aux pieds nus sur un ton qui se voulait bienveillant.

Ce dernier suivait des yeux les formes minuscules se déplaçant sur le dôme et ne répondit pas.

À cet instant, un gros type qui attendait dans la première moitié de la file quittait la place, manifestement à bout de patience. La colère devait l'avoir échauffé, il portait sa doudoune sur le bras et n'avait pas à son côté une femme pour l'inciter à rester :

Y en a marre. Faut quand même pas nous prendre pour des truffes.

Il semblait que la présence dans la queue d'un homme qui allait pieds nus ne fût pas parvenue à ses oreilles. Il tomba en arrêt à sa hauteur, considéra avec stupéfaction les pieds nus de l'homme en gris et dit, si c'est pour vous réchauffer les pieds, vous feriez bien de choisir une autre crèmerie, m'est avis qu'on ne vous laissera pas entrer ici comme ça.

L'homme aux pieds nus ne dit rien.

Et pourquoi pas ? s'enquit alors celui qui portait une toque de fourrure. Peut-être enviait-il le gros. En voilà un qui suivait sa petite idée, faisait ce que lui-même aurait dû faire depuis longtemps, et pourquoi on le laisserait pas entrer, hein, pourquoi pas ?

Ceux qui attendaient devant et derrière l'homme en gris paraissaient en effet ne pas avoir douté un instant que l'on pût aussi accéder au Parlement sans chaussures ni chaussettes. Confronté à un vieil homme qui se présentait pieds nus, que pouvait avoir à craindre un pays parfaitement équipé, protégé par des forces de police, une armée, des services secrets, produisant en outre des armes en nombre tel qu'il occupait depuis peu la troisième place parmi les plus gros exportateurs d'armes du monde ? Pouvait-on imaginer créature plus inoffensive, plus démunie qu'un homme qui sortait sans chaussures ni chaussettes ? Et au demeurant, n'était-on pas tenu de retirer finalement ses chaussures devant le portique de sécurité lorsque tout le reste n'avait pas suffi à faire taire le détecteur de métaux ?

Mais l'homme aux pieds nus était bien loin de se poser ce genre de questions. Le dôme scintillait comme un palais de glace. Mille deux cents tonnes, pouvait-on lire sur un prospectus jaune que certains visiteurs tenaient encore à la main tandis que d'autres l'avaient depuis longtemps confié au vent : mille deux cents tonnes, voilà ce que pesait l'apparente légèreté de cet édifice. Un avion qui s'élevait au loin dans le ciel parut soudain passer en vrombissant à l'intérieur du dôme.

Pourquoi il ne verrait le Reichstag que de l'extérieur ? Pieds nus ! s'exclama le gros presque triomphant, comme s'il venait de trouver la clé qui vous ouvrait non seulement la porte du Parlement mais aussi celle de la communauté nationale – ou qui vous en excluait :

Pieds nus ! Parce qu'il est pieds nus.

Nu dans l'ombre

Je vis un homme nu à travers mes jumelles, de derrière un fourré de buissons-ardents poussiéreux où je me tenais caché. L'homme était accroupi, immobile, à l'ombre d'un pilier de béton surmonté de quatre haut-parleurs disposés en croix en direction des quatre points cardinaux. Le pilier se dressait sur le versant sud d'une colline sans arbres ni buissons qui s'élevait derrière de longues bâtisses entourées de barbelés et percées de fenêtres à barreaux – l'asile d'aliénés de l'île grecque de Leros.

Athènes était tombée aux mains des militaires et l'on disait que les adversaires de la junte ne disparaissaient pas seulement dans les caves où l'on pratiquait la torture, dans les prisons du continent ou encore dans les grands camps d'internement aménagés dans les îles de Gyaros et de Leros, mais aussi dans des asiles d'aliénés comme celui qui se trouvait là, devant moi, sous un soleil de plomb.

L'homme nu criait. Une succession effrénée de sons et de syllabes sortait de sa bouche et ne s'interrompait que lorsqu'il lui fallait reprendre son souffle. Le matin ne faisait que commencer mais le soleil était déjà brûlant. Il n'y avait aucun vent. Dans les villages de l'île on attendait en vain depuis des semaines que se lève enfin le meltémi, le rafraîchissant vent du nord-ouest. On était en août.

Le soleil ascendant avait raccourci l'ombre du pilier surmonté de haut-parleurs si bien que l'occiput rasé et le dos de l'homme nu se trouvèrent exposés à ses rayons ; c'est en criant et à croupetons qu'il sautilla hors de la lumière implacable, à la poursuite de l'ombre protectrice qui ne cessait de rétrécir. Y ayant enfin trouvé refuge, il parut sombrer dans une sorte de léthargie. Ses hurlements faiblirent, se réduisirent à de sourds gémissements, se turent.

Nus eux aussi ou vêtus uniquement de chemises blanches crasseuses, d'autres détenus, qui faisaient le pied de grue un peu à l'écart, passaient à côté de lui ou étaient allongés çà et là sur le sol caillouteux, à l'ombre des bâtiments, paraissaient ne pas entendre ses cris. Il pouvait crier ou se taire, ça ne les concernait pas. Je vis une bonne centaine d'hommes nus ou à demi nus en plein soleil, à l'ombre il y en avait plus, beaucoup plus. Mais impossible de distinguer, parmi tous ces hommes, les désespérés qui avaient toute leur tête et les désespérés qui l'avaient perdue.

De loin en loin, les haut-parleurs disposés en croix émettaient un craquement mais aucun avis, aucun ordre. Et les détenus également paraissaient muets. De ma cachette en surplomb, à une cinquantaine de mètres des spirales de barbelés couronnant le mur d'enceinte de l'asile, je ne pouvais entendre un détenu que s'il venait à crier, mais je n'osais pas la quitter pour me rapprocher du mur en me faufilant à travers le fourré de buissons-ardents car un homme en blanc, un infirmier ou un gardien était sorti depuis un moment déjà du bâtiment en direction duquel se déplaçait l'ombre du pilier. Le gardien s'était assis sur un banc, avait tiré un paquet de cigarettes de la poche de sa blouse et s'était mis à fumer. La sueur me coulait sur le front et s'égouttait sur les oculaires de mes jumelles. Je n'avais pas le droit d'être là où j'étais. Le périmètre où je me trouvais était interdit au public.

Et voilà que l'homme nu se remettait à crier. Combien de temps s'était-il écoulé depuis sa précédente séquence de hurlements ? Le soleil avait grimpé dans le ciel, l'ombre du pilier s'était encore raccourcie et l'homme nu se retrouvait accroupi en pleine lumière. Il s'était remis à crier et ne cessa de se lamenter que lorsqu'il eut rejoint son abri en voie de disparition.

Je n'avais plus d'yeux que pour lui, comme s'il était le seul et non pas – comme je l'avais appris à Athènes – l'un des deux mille détenus internés en ce lieu. Toujours à croupetons, l'homme nu tenait ses genoux enlacés, on avait l'impression qu'il serrait dans ses bras quelque chose qui le réconfortait ou lui était particulièrement cher, et il criait toujours et poursuivait sans jamais se lever, sous la contrainte du soleil à présent proche du zénith, une ombre qui ne cessait de le fuir. Criait. Gémissait. Se calmait peu à peu. Se taisait.

Je ne sais plus combien de fois je l'avais entendu crier, gémir puis se taire jusqu'à ce que l'ombre du pilier l'eût enfin attiré à proximité du bâtiment, plus près et encore plus près – avant de se confondre avec la grande, la formidable ombre des murs où s'abritaient d'innombrables formes humaines nues et muettes.

L'homme, à cet instant, leva pour la première fois la tête et laissa courir son regard à la ronde : de l'ombre tout autour de lui, étendit un bras : de l'ombre, étendit l'autre bras : de l'ombre, de l'ombre partout, mais nulle part cette ombre étroite, petite, qui n'appartenait qu'à lui seul – et se mit à pousser des cris si déchirants et exprimant par leurs sonorités variées une gamme de souffrances si riche qu'il se trouva même, pour se tourner dans sa direction, des codétenus qui étaient restés jusqu'alors de glace en l'entendant se lamenter, assis ou couchés sans broncher, sans lui prêter la moindre attention,

Mais cette fois, il n'y avait pas d'échappatoire, ni devant ni derrière. L'horloge solaire dont il avait fait partie s'était bel et bien volatilisée. Le temps s'était arrêté. Peut-être l'homme nu se croyait-il prisonnier d'un instant sans fin : tout, tout allait rester à jamais comme c'était – cette colline sans arbres, poussiéreuse, incandescente. Ces murs. Tout pareil, à jamais. Et sous le coup de cette perspective terrifiante, il ne cessait plus de crier, de hurler, tant et si bien que le gardien finit par se lever – il portait autour du cou une cordelette à laquelle était accroché un médaillon, à moins que ce ne fût une croix ou un sifflet – et lança un appel par la porte ouverte, juste à côté du banc. Un second gardien apparut.

Sans se presser, ils se dirigèrent tous deux vers le malheureux, l'empoignèrent par les aisselles et, sans qu'il se fût libéré de la posture accroupie dans laquelle il paraissait comme bloqué, paralysé par une crampe et hurlant sans discontinuer, ils le traînèrent sur le sol caillouteux jusqu'à la porte ouverte puis, par-dessus le seuil, dans l'antre obscur.

Un requin dans le désert

Je vis un arbre mort festonné de chiffons ou de fanions flottant au vent au bord d'une route côtière qui courait entre des étendues de désert et le rivage caillouteux de la mer Rouge, en direction de la ville portuaire yéménite d'Al-Hudaydah. Goudronnée sur de longues distances, se transformant par intervalles en une simple piste, la route se présentait à travers la vitre arrière du taxi-brousse comme un ruban de poussière ondoyant qui recouvrait tout ce que croisait la voiture avec ses cinq passagers et son chauffeur enturbanné et voilé pour se protéger du sable volant – dunes aplaties, criques encombrées d'épaves et de débris de verre, buissons épineux. Le ciel était couleur sable, les nuages étaient couleur sable, même la mer Rouge avait la couleur du sable, si bien que cet arbre dans le désert, le seul à des milles à la ronde, avec ses ornements multicolores évoquant des papillons, faisait l'effet d'une borne-frontière signalant la ville proche, l'annonce d'une fin imminente de l'uniformité et de la couleur unique.

Tandis que l'arbre, un tamaris sans doute depuis longtemps desséché, croissait de manière surprenante à la vitesse de notre taxi, je songeais à ces cols tibétains où flottent et vous saluent au passage des signes semblables, des *chevaux de vent* – des drapeaux de prières imprimés aux couleurs de l'eau, du feu, du ciel, de la terre et de l'air. Peut-être étaient-ce des sourates du Coran qui claquaient au vent dans ce tamaris, ou bien des vœux griffonnés sur des morceaux de tissu qui attendaient leur accomplissement en un lieu consacré, accrochés dans la ramure d'un arbre mort.

Cependant le chauffeur – un mécanicien d'Aden qui fermait occasionnellement son atelier pour une journée ou deux afin de répondre à la demande plus rémunératrice de touristes désireux de visiter le pays en taxi-brousse – n'accorda pas un regard à l'arbre chargé de signes, fonça à sa rencontre, le croisa et poursuivit sa route sans ralentir. Alors seulement, juste avant que l'arbre ne disparaisse dans le ruban de poussière que nous laissions derrière nous, je constatai que les chiffons, les fanions témoignant d'une foi énigmatique, étaient en fait des sacs plastique vides, des sacs de toutes les couleurs, un genre de détritus que l'on rencontre aux abords de chaque ville, de chaque village, de chaque oasis du Yémen ; après les courses, après le marché, ils sont lâchés dans la nature, emportés par le vent qui les chasse à travers le désert ou le long d'une côte scintillante de débris de verre jusqu'à l'obstacle qui les arrêtera et auquel ils tiendront lieu de parure – buissons épineux, poteaux, réseaux d'antennes. Les fanions flottaient là jusqu'au moment où le vent tournait, les décrochait un à un et les chassait plus loin, jusqu'au cœur du désert ou au large, dans la mer couleur sable.

La mer. Le chauffeur n'avait pas cessé de parler en cours de route de la mer qui miroitait comme du vif-argent dans la lumière vibrante du matin, de parler des formes et des couleurs variées de l'opulente vie sous-marine que, bien que ne sachant pas nager, il ne manquait jamais d'admirer à travers un masque de plongée. Penché par-dessus le bord d'une barque de pêcheur, avec seulement la tête dans l'eau, il retenait son souffle et laissait courir son regard au fond de la lagune : peut-être Allah avait-il voulu dédommager les habitants des déserts confinant à la mer Rouge, compenser en quelque sorte les inconvénients de la chaleur torride, de la sécheresse et de la stérilité de leurs espaces littoraux en mettant à leur disposition des poissons en abondance et la splendeur du monde caché sous le miroir de la mer – coraux, anémones, méduses, créatures luminescentes de toutes formes et couleurs croisant dans les eaux profondes – qui offrait à un habitant de la terre le spectacle de créatures aussi étranges, aussi fantastiques que si elles appartenaient à une autre planète. À Al-Hudaydah aussi rien n'était plus beau que la mer, le port, le marché aux poissons... Le marché aux poissons ! Le plus bel endroit de la ville, un spectacle féerique. Des montagnes de poissons scintillants dans un pays désertique !

Nous avions pratiquement laissé derrière nous les faubourgs d'Al-Hudaydah, des baraquements, des cabanes en tôle ondulée, des ateliers où flamboyaient les flammes bleues des postes de soudure ; devant nous, le vert poussiéreux des palmiers, des buissons de khat hauts comme des arbres vibrait dans l'air surchauffé et nous n'étions, ainsi que nous n'allions pas tarder à nous en apercevoir, plus qu'à quelques centaines de mètres du port et du marché aux poissons lorsqu'une fourgonnette renversée sur la route obligea notre chauffeur à s'arrêter : un triporteur bleu ciel entré en collision avec un autocar de ligne était couché sur le flanc, le pare-brise en miettes, la cabine enfoncée, le plateau de chargement bizarrement tordu, dégoulinant de sang, la ridelle baignant dans une flaque de fioul. L'autocar couvert de poussière ne présentait pour toutes marques de l'accident qu'un phare brisé et une profonde rayure bleu ciel sur l'aile avant.

Un attroupement s'était formé juste à côté du véhicule renversé, j'en déduisis qu'il y avait eu une victime autour de laquelle les gens faisaient cercle. Entre des jambes et des vêtements longs qui m'empêchaient de voir l'objet de la curiosité ou de la compassion des badauds, je vis deux rigoles de sang, l'une se perdait dans le sable au bord de la route, l'autre, plus large, coulait à travers l'asphalte crevassé jusqu'au milieu de la chaussée où elle était arrêtée par un nid-de-poule dans lequel le sang commençait à noircir.

Descendu de voiture, notre chauffeur s'était mêlé à la foule dans laquelle il avait disparu, manifestement déterminé à se frayer passage jusqu'à l'endroit d'où provenait le sang. À peine une minute plus tard, il réapparaissait, visiblement en proie à une certaine excitation et me faisait signe, faisait signe à ses passagers : nous devions le suivre ! Nous devions voir ce qui était arrivé ici.

Il me sembla que j'avais une odeur de sang dans le nez et je vis les rigoles de sang assaillies par les mouches. Personne dans le taxi ne paraissait tenir à aller y voir de plus près. Mais le chauffeur faisait de grands gestes, manifestement désireux de nous rameuter à tout prix.

Je finis par descendre de voiture et marchai à sa rencontre, irrité, résolu à lui dire que la vue d'un blessé ou d'un mort n'avait rien d'attirant pour moi. Je l'avais pratiquement rejoint lorsque quelques badauds ou témoins de l'accident se tournèrent vers moi, d'autres s'écartèrent pour permettre à l'étranger de voir ce que le reste de la foule lui cachait encore.

Et enfin je vis ce qui, sous le choc de la collision, avait été précipité du plateau ensanglanté du triporteur sur la route poussiéreuse – il s'agissait d'un requin-tigre d'environ quatre mètres de long. Sur le gris métallique de sa peau, on voyait encore se dessiner le motif qui lui avait valu son nom, un motif qui n'était pas sans rappeler les ombres ondoyantes courant sur le fond sablonneux d'une baie – un camouflage que le requin-tigre perd au fil des années, ainsi que je devais l'apprendre sur les lieux mêmes de l'accident.

Le requin faisait partie de la multitude de poissons déposés le matin même – comme tous les matins d'ailleurs – par une armada de bateaux de pêche sur les quais d'Al-Hudaydah. Battant encore bien souvent des nageoires et leurs branchies palpitantes, les poissons reposaient sur les quais aux pieds de ceux qui étaient là pour les vendre et de ceux qui venaient les acheter. Dans les halles du marché, on me montra des requins soyeux, des requins tisserands, des requins corail à pointes blanches et on me vanta le goût exquis des ailerons de requins-renards.

Les gens qui se pressaient autour du requin-tigre n'étaient ni des curieux ni des âmes secourables, mais des clients : sortis indemnes de l'accident, le chauffeur du triporteur et le passager qui lui servait d'aide maniaient à présent la hache et le couteau, débitaient l'animal sur place et le vendaient morceau par morceau à quiconque en voulait et à un prix avantageux. Pourquoi aurait-on livré le requin aux mouches, demanda notre chauffeur, pourquoi l'aurait-on laissé traîner en pleine chaleur en attendant un improbable véhicule de remplacement susceptible de l'évacuer, pourquoi aurait-on persisté, compte tenu des circonstances, à vouloir le vendre plus tard s'il pouvait être vendu séance tenante, pour ainsi dire en tant qu'article promotionnel, ici même, au bord de la route ?

Qu'elle consistât en un morceau de viande saignante, en un morceau d'aileron ou en quelques dents extraites de la mâchoire du requin et comme façonnées au tour, la part de chaque client lui était remise dans un sac plastique. L'aide en portait un gros ballot accroché à sa ceinture – des sacs de différentes couleurs, très fins, étanches et inaccessibles à la poussière qui se transformeraient, après avoir rempli leur office, en d'indestructibles lambeaux qui seraient encore assaillis pendant un certain temps par les mouches avides de sang mais voleraient ensuite, secs et bruissants, à travers les routes, les pistes, les terres jusqu'à ce qu'ils trouvent quelque chose à quoi s'accrocher, une branche, un buisson épineux, un obstacle quelconque où ils signaleraient la frontière menant à un monde bariolé et riche de promesses ou tiendraient lieu de drapeaux de prières flottant dans le désert.

Sang

Je vis une femme éplorée dans la sacristie de l'église paroissiale de Roitham, un village des Préalpes autrichiennes d'où l'on avait vue sur des massifs portant des noms tels que monts d'Enfer et monts Morts. Le curé venait de revêtir sa chasuble écarlate lorsque la femme était arrivée afin de convenir avec lui du jour et de l'heure de l'enterrement de son fils unique ainsi que du choix des cantiques pour la cérémonie. Le garçon de dix-sept ans avait été abattu la veille, dans la chambre à coucher de ses parents, par l'un des gendarmes qui le poursuivaient.

Au moment où la femme en pleurs pénétrait dans la sacristie, suivie du bedeau qui s'employait à la retenir et à la raisonner à mi-voix, j'ajustais tout juste un plastron rouge sur mon aube de servant de messe, rouge parce qu'on allait célébrer le sang d'un martyr des premiers temps de la chrétienté.

Laisse-la, dit le curé au bedeau, et il embrassa, conformément aux prescriptions liturgiques, son étole en lamé avant de la glisser par-dessus ses épaules : Laisse-la, te dis-je, laisse-la.

Elle devait bien admettre, dit la femme tandis que les larmes lui coulaient sur le visage, ruisselaient pardessus les coins de la bouche et le menton sur son chemisier noir où elles laissaient des traces encore plus noires, elle devait bien admettre que son Adi avait été un garçon sauvage. Il buvait, il se battait, oui, et hier il avait souillé le monument aux morts. Mais était-ce une raison pour l'abattre ? Était-ce une raison suffisante pour que le gendarme l'abatte en tirant à travers la porte de la chambre à coucher ? Adi avait été touché sept fois au ventre, sept fois ! Le médecin de l'hôpital de Wels avait compté les trous dans les intestins d'Adi avant de le recoudre alors qu'il était déjà mort.

Après la messe, dit le curé, on parlera après la messe. C'est triste. Mais il aurait dû ouvrir, Adi aurait dû ouvrir la porte.

La femme éplorée ne dit rien, secoua seulement la tête.

Comme servant de messe j'avais déjà vu pleurer pas mal d'adultes – à la chapelle funéraire, devant les cercueils ouverts, sur les bancs de l'église pendant le requiem, au bord des tombes, pleurer d'émotion et de joie aussi au cours des cérémonies de baptême ou de mariage –, mais la mort avait toujours été quelque chose qui concernait surtout les autres. Ceux qui mouraient, c'étaient les autres. Les larmes faisaient partie du spectacle multiple et dramatique auquel, suivant les impératifs liturgiques, je participais en costume noir, vert, violet ou rouge. Cette fois, pourtant, la mort était plus proche que de coutume.

J'avais connu le fils de la femme éplorée, je l'avais craint – et je l'avais admiré.

Adi contredisait les adultes sans hésiter, il se moquait de leurs avertissements et les menaçait parfois physiquement. Il marchait sans crainte droit sur les chiens qui grondaient en découvrant leurs babines et leur plongeait le poing dans la gueule. Et la plupart de ses adversaires ou ennemis déclarés battaient en retraite dès l'instant où il les menaçait : son poing, là, il allait le leur coller en pleine figure. Tous savaient qu'Adi en était capable, il l'avait démontré plus d'une fois.

Sa manière délibérément provocatrice d'affronter le monde et de le scandaliser avait de quoi inspirer la crainte, mais cette attitude était contrebalancée par le fait que lui, l'invincible, se montrait volontiers généreux avec les plus jeunes, les plus faibles. Celui qui était trop faible ou trop craintif pour pouvoir être considéré comme un adversaire potentiel sérieux avait la possibilité de se faire valoir à ses yeux en lui rendant de menus services en échange desquels il n'était pas seulement épargné mais récompensé.

Si j'acceptais, par exemple, de me rendre à sa place à l'épicerie pour lui chercher des chewing-gums qui ne l'intéressaient que pour les photos des stars de cinéma qui allaient avec et qu'il collectionnait, il me laissait les chewing-gums en guise de salaire tandis qu'il lui était donné de contempler à loisir l'image d'une belle femme ou d'un héros en papier et de souffler éventuellement dessus afin de chasser une pellicule de sucre en poudre qui en ternissait le brillant. Durant tout un hiver, il avait passé un temps fou à tirer le traîneau des enfants du médecin de la commune jusqu'en haut d'une pente abrupte et leur avait permis ainsi de faire sans fatigue d'innombrables descentes, et tout cela parce que leur père lui avait recousu, sans lui poser de questions ni lui faire de reproches, une plaie ouverte consécutive à une bagarre. Et dans le gravier d'une source proche de la rivière, en été, devant le public des baigneurs qui le payaient en menue monnaie pour sa prestation, il ramassait une pelote de vers de terre entremêlés, en détachait un, le tenait en l'air bras levé, le laissait tomber dans sa bouche grande ouverte et l'avalait. Celui qui appréciait le spectacle sans payer risquait de prendre des coups en guise de punition – mais il pouvait aussi être gracié.

Le jour de sa mort, Adi, pris de boisson, avait fait ses besoins sur les marches du monument aux morts et proclamé à hauts cris qu'une couronne de merde était ce qu'on pouvait déposer de mieux au pied d'un pareil monument. Au cours de la bagarre qui s'ensuivit, Adi dut fuir devant la supériorité numérique des témoins indignés de la profanation, soit un membre de la fédération des anciens combattants et deux instrumentistes à vent de la fanfare. Tout en s'enfuyant, il promit à ses adversaires de revenir, leur cria qu'il allait chercher un couteau et revenir dare-dare.

Sur le monument aux morts figuraient les noms des habitants du village tombés au cours des deux guerres mondiales, deux longues listes de noms gravés en lettres d'or sur une dalle de granit noir, le tout gardé par un soldat en béton coulé qui avait l'air épuisé ou grièvement blessé. Le monument se dressait devant la façade sud de l'église, entre deux grands mûriers qui portaient tellement de fruits l'été que le bedeau devait balayer chaque matin les baies qui jonchaient le chemin gravillonné, faute de quoi les gens qui venaient à la messe marchaient sur un tapis de mûres et laissaient ensuite sur le sol dallé de l'église des traces suggérant qu'ils avaient dû patauger dans le sang pour arriver jusque-là.

Adi les ayant menacés de revenir avec un couteau, les témoins de son acte sacrilège l'avaient dénoncé à la gendarmerie du village et deux gendarmes s'étaient mis en route aussitôt. En les voyant rappliquer, Adi, encore sous l'effet de la boisson, s'était réfugié dans la maison et, une fois à l'intérieur, dans la chambre à coucher des parents. À travers la porte verrouillée de l'intérieur, il avait juré qu'il tuerait d'une manière ou d'une autre, à la hache, au couteau ou en le rouant de coups de bâton quiconque s'aviserait de l'empêcher de dormir tranquille. Dormir, c'était ce qu'il voulait maintenant.

Cependant, il n'avait ni hache, ni couteau, ni bâton sur lui au moment où l'un des gendarmes, après l'avoir vainement sommé à plusieurs reprises de se rendre, avait vidé le chargeur de son pistolet de service à travers la porte qui avait volé en éclats sous l'impact des balles.

Le lendemain matin, dans la sacristie, on avait eu un moment l'impression que le curé allait consoler la femme éplorée en la prenant dans ses bras. Il commença, en effet, par les écarter largement mais, en fait de consolation, il se borna à lui poser les mains sur les épaules en même temps qu'il adressait un signe de tête au bedeau. Ce dernier prit la femme par le bras et l'entraîna jusqu'à son banc, dans la nef froide de l'église. Mais le programme de ce début de matinée avait été perturbé au point que le bedeau avait omis de balayer les mûres tombées sur le chemin et, tandis que je marchais devant le curé en direction de l'autel, je vis des traces de pas sanglantes sur le sol dallé de l'église.

Arche de lumière

Je vis une lumière en mouvement sur l'une des colossales arches d'acier du Harbour Bridge dans la baie de Sydney. Simple lumignon parmi des myriades d'autres lumières mobiles ou immobiles, rayonnantes, voilées ou diffuses de la plus grande ville du continent australien, cette unique lumière minuscule grimpait lentement aux confins du visible, en direction du sommet de l'arche du pont qui s'élevait à une hauteur vertigineuse au dessus de l'eau tranquille de l'entrée du port.

Je me tenais à la fenêtre d'une chambre située au dix-neuvième étage d'un hôtel et venais d'observer à travers mes jumelles l'emblème de la ville, le coquillage resplendissant de l'opéra, pour laisser courir ensuite mon regard sur les gratte-ciel illuminés, les tours de verre des banques, des firmes commerciales et des compagnies d'assurances en direction desquelles l'arche du Harbour Bridge paraissait accomplir un saut à travers la baie – lorsque je découvris cette lumière en mouvement ascendant. Tout en rampant vers le haut, elle disparaissait parfois un instant, réapparaissait. Ce devait être un homme muni d'une lampe de poche ou d'une frontale qui se balançait de-ci de-là au rythme de sa marche. Il grimpait sur une arche d'acier dont le sommet trônait à cent trente-six mètres au-dessus du miroir de l'eau. Un prospectus posé dans la chambre décrivait, chiffres et noms à l'appui, le panorama qui s'offrait à la vue depuis le toit en terrasse de l'hôtel et, compte tenu de l'étage élevé, également depuis la fenêtre de ma chambre.

Cent trente-quatre mètres. Celui qui grimpait sur l'arche d'un pont s'élevant à une hauteur pareille, seul et dans le noir, mettait sa vie en jeu ou voulait en finir. Celui qui sautait d'une telle hauteur dans le vide n'avait pas à craindre d'être sauvé *in extremis* ni d'être réduit à l'état d'invalide permanent pour avoir survécu à la chute : sa mort était certaine. L'homme là-bas, sur l'arche, est-ce qu'il voulait mourir ?

Le point lumineux trembla dans mes jumelles, trembla au rythme de mon cœur battant, de ma respiration. Je stabilisai mes jumelles contre la vitre de la fenêtre panoramique qui ne se laissait pas ouvrir, soit à cause de la climatisation, soit par mesure de sécurité, parce que l'on estimait sujette à caution la volonté de vivre des clients, mais même ainsi le grimpeur demeurait invisible, l'ombre d'un insecte minuscule dont seule la faible lumière intermittente de la lampe trahissait la présence.

J'étais fatigué, exténué par l'interminable vol intercontinental dans un avion surchauffé, bondé et, pourtant, une fois arrivé à l'hôtel, enfin allongé dans un lit douillet, je n'avais pas trouvé le sommeil. À trois reprises déjà, j'avais rallumé la lumière ; après avoir vidé la première des deux bouteilles de vin rouge du minibar, j'avais débouché la seconde et, comptant sur l'effet soporifique de la télé, j'avais fait défiler des animateurs de jeux, des commentateurs politiques et des prêcheurs criards mais aussi, en alternance, des couples avec enfants, dans un paysage idyllique, qui devaient tout leur bonheur à une marque de chocolat, un shampoing ou une lessive, sans parler des militaires de diverses armées, des animaux sauvages, monstres numériques, politiciens, acteurs porno et bulletins météo – mais il n'y avait rien eu à faire, le sommeil avait continué à me fuir, encore et encore.

L'homme sur l'arche du pont grimpait-il, rampait-il effectivement vers la fin de son monde ? Qu'est-ce qui dans sa vie était devenu un tourment tel qu'il n'y avait plus d'autre issue que la chute libre ?

Je l'observai à travers les jumelles, fasciné, étrangement convaincu à présent que ce que je voyais était vraiment la phase terminale d'un chemin de vie. Mais que pouvais-je faire dans mon peignoir blanc, que pouvais-je dire au réceptionniste après lui avoir décrit la lumière qui avait attiré mon attention dans le panorama sur lequel donnait ma fenêtre : j'ai vu une étincelle à travers mes jumelles, sûrement un homme qui s'apprête à sauter du Harbour Bridge, appelez les pompiers, voulez-vous, la police ou n'importe quel service d'intervention à proximité du pont, appelez quelqu'un qui puisse sauver ce désespéré ?

La lumière ambulante parut soudain lointaine, infiniment lointaine, aussi éloignée et inaccessible que les morts et les mourants sur un écran de télé flamboyant d'images en provenance de zones de guerre ou de catastrophes naturelles. La lumière atteindrait le sommet de l'arche, se détacherait de la construction d'acier et tomberait sans bruit dans le vide avant même que le réceptionniste, un pompier, un sauveteur, n'importe qui hormis moi ait eu le temps de la repérer. J'étais seul avec l'inaccessible. Comme quelqu'un qui en passant par hasard ici ou là verrait tomber un arbre sous la poussée du vent, ou même seulement une feuille, je me tenais contre la fenêtre scellée et j'attendais que l'inévitable se produise – lorsque la ville, soudain, commença à s'éteindre.

Sydney s'éteignait ! S'éteignait comme si le monde entier devait sombrer en même temps que l'homme sur l'arche du pont : les gratte-ciel illuminés, hauts de cinquante, soixante, quatre-vingts étages s'éteignirent – les étages inférieurs d'abord, les ténèbres s'étendant ensuite à toute vitesse vers le haut, gagnant les appartements en attique, les restaurants, les terrasses des étages supérieurs et même les fourrés d'antennes qui foisonnaient sur les plus hautes tours. S'éteignirent aussi les réclames en lettres de feu, les tracés des rues, des *highways*... Le coquillage lumineux de l'opéra s'éteignit. Le Harbour Bridge n'était plus qu'un arc noir courbé au-dessus de colonnes de voitures se déplaçant sur plusieurs voies dans les deux sens, les derniers fils de lumière reliant la côte sud et la côte nord de Sydney plongées dans les ténèbres.

Au ciel se montrèrent les constellations de l'hémisphère Sud encore masquées un instant auparavant par le rayonnement diffus de la ville, le Centaure, les Voiles, la Croix du Sud, le Loup... et, dans l'obscurité soudaine, la lumière sur l'arche du pont devint plus vive, plus claire, s'immobilisa un instant comme pour s'interroger, en tant qu'étoile parmi les étoiles, sur la constellation à laquelle elle allait se joindre et reprit ensuite son ascension.

Peut-être était-ce à mon état de fatigue insomniaque, peut-être également au vin rouge, que je devais d'avoir trouvé ces ténèbres qui s'étaient propagées comme l'onde de choc d'une explosion, aussi naturelles que l'obscurité d'une chambre où l'on vient d'éteindre la lumière, alors qu'il s'agissait en fait d'une coupure de courant qui figurerait plus tard dans les annales parmi les pannes électriques les plus catastrophiques que Sydney ait connues. Peut-être aussi que l'obscurcissement de la ville m'était apparu comme un phénomène secondaire parce que toute mon attention était concentrée sur une seule lumière qui pouvait tomber et s'éteindre à jamais d'un moment à l'autre.

À présent cette lumière avait atteint la crête de l'arche et avançait, planait par-dessus sans marquer de pause. Et descendait ensuite lentement de l'autre côté. Elle ne courait pas, ne tombait pas, mais descendait lentement vers les promenades noires de la côte sud où ce n'était pas l'obscurité du royaume des morts qui l'attendait mais simplement la ville plongée dans le noir.

Outre quelques détails se rapportant à la grande panne de courant, je devais apprendre le lendemain que la traversée de l'arche du pont figurait au programme des visites touristiques de la ville et que l'on pouvait s'inscrire à tout moment à cette promenade un peu particulière : des *guides* attitrés conduisaient à travers l'arche du pont des touristes ayant si possible le pied sûr, si possible peu sujets au vertige et équipés pour l'occasion de cordes et de harnais. Mais cela ne se faisait évidemment pas de nuit. Jamais de nuit, bien entendu. Aussi le réceptionniste ne s'expliquait-il pas non plus le pourquoi et le comment de ma petite lumière ambulante.

Mais quand bien même ce que je venais de voir n'aurait été que la lampe frontale d'un technicien, d'un ingénieur procédant à une visite de contrôle ou d'un photographe réalisant des clichés nocturnes avec l'autorisation de l'administration municipale, il n'en restait pas moins que j'avais été le témoin désemparé, fasciné par l'inéluctable ou, du moins, par ce qui lui paraissait tel, auquel il avait été donné de voir depuis la fenêtre panoramique de sa chambre, parmi toutes les lumières constellant la nuit, une lumière qui grimpait vers les hauteurs et vers la mort mais qu'un soudain obscurcissement avait rappelée à la vie tandis que tout le reste disparaissait dans les ténèbres.

Seconde naissance

Je vis une table dressée dans le carré d'équipage du brise-glace russe *Kapitan Dranitsin*. Le bateau était à l'arrêt sur la banquise, moteurs coupés, parfaitement immobile, si bien que pas une goutte ne s'échappa des douze verres levés pour boire à la santé d'un homme arborant un large sourire. Une nappe blanche et une bougie à étincelles qui déversait des étoiles sur un gâteau nappé d'un glaçage au sucre donnaient à la table un air de fête que démentaient cependant les bleus de travail des convives.

Le pilote de l'un des deux hélicoptères du bord avait invité ingénieurs et matelots à se réunir pendant une pause afin de fêter sa seconde naissance, le fait étant qu'il avait survécu sans subir la moindre blessure à une chute accidentelle de son appareil survenue quelques heures auparavant alors qu'il s'apprêtait à atterrir sur l'une des îles glacées de l'archipel François-Joseph ; l'accident s'expliquait par une défaillance de la turbine et la chute n'avait été quelque peu freinée que par les pales de l'hélice tournant à vide, mues uniquement par la résistance de l'air.

Le rescapé était censé venir nous chercher, un ami et moi-même, à un endroit dont nous étions convenus, sur l'île de Champ – l'une des quelque deux cents îles enfouies sous des glaciers que compte l'archipel – afin de nous ramener jusqu'au brise-glace par la voie des airs. Après son atterrissage en catastrophe, il avait attendu avec nous, blême et muet, l'arrivée de l'hélicoptère de secours.

Parti quelques heures auparavant d'un éperon rocheux pointant hors de la glace à une vingtaine de kilomètres au sud-ouest de l'endroit où l'hélicoptère était tombé, j'avais marché avec mon ami vers notre lieu de rendez-vous, à la lumière du soleil de minuit, à travers une terre caillouteuse mais exempte de neige pour quelques semaines d'été. En cours de route, je n'avais eu de cesse de comparer le tracé de la côte avec des photocopies de gravures sur acier réalisées d'après les esquisses cartographiques des découvreurs de ce pays : montagnes tabulaires, banquise, bancs de brume à l'éclat nacré que l'on avait peine, même de près, à distinguer des glaciers enneigés – tout s'étendait là, sous nos yeux, inchangé et apparemment jamais foulé avant nous, comme si le temps s'était arrêté ici en août 1873, après la découverte de ce groupe d'îles, les terres les plus septentrionales du monde.

Profitant de la douceur relative des journées de l'été arctique, nous quittions régulièrement le bateau, sans escorte, avec l'autorisation spéciale du commandant, afin de reconnaître les îles, les fjords, les caps figurant sur la route de l'expédition polaire austro-hongroise qui avait découvert cet archipel inhabité durant l'été 1873 au cours d'une errance forcée liée à la dérive du pack et l'avait baptisée en l'honneur d'un souverain lointain *Terre-François-Joseph.*

L'itinéraire qui menait le *Kapitan Dranitsin* de l'île norvégienne de Spitzberg jusque dans le Haut-Arctique russe était une manière d'hommage rendu aux découvreurs de l'archipel François-Joseph dont le but initial était de longer la côte polaire sibérienne avec l'espoir de parvenir à effectuer ainsi la jonction entre l'Atlantique et le Pacifique et à démontrer du même coup l'existence d'un *passage nord-est*, autrement dit la réalité d'une route mythique sur laquelle nombre de vaisseaux avaient disparu les uns après les autres au fil des siècles et jusqu'au siècle qui suivit l'expédition austro-hongroise dont les espérances, à cet égard, furent déçues.

J'avais été invité à participer à l'expédition polaire du *Kapitan Dranitsin* pour avoir écrit près de vingt ans auparavant un roman sur la découverte de la Terre François-Joseph – mais sans m'être jamais rendu moi-même dans l'Arctique. À l'époque, je n'avais vu ni les nombreuses couleurs de la banquise, ni les flammes ondoyantes de la lumière du nord, ni l'éblouissante auréole en rotation du soleil de minuit. Je m'étais approché de mon récit en interrogeant des voyageurs revenus du pôle ou des gens rentrés chez eux après de longs séjours dans les stations arctiques, en lisant leurs journaux et leurs rapports, en contemplant des peintures et des photos ou en comparant les mesures de profondeur de l'eau avec les gradations de bleu sur mes cartes de l'océan Arctique.

Et à présent, au cours de ces semaines d'été inhabituellement peu nuageuses, tant d'années après avoir achevé ce récit et plus d'un siècle après les marches exténuantes et les interminables courses en traîneaux à chiens de *mon* expédition, les pilotes des hélicoptères du *Kapitan Dranitsin* nous déposaient, selon la direction du vent, sur l'une ou l'autre des îles que les arpenteurs du Kaiser avaient cartographiées à l'époque par des températures de moins quarante à moins cinquante degrés Celsius et nous reprenaient à leur bord à un endroit convenu au cours d'une journée ou d'une nuit ensoleillée.

Lorsque l'hélicoptère, un robuste appareil de combat de l'Armée rouge, décollait en nous laissant dans des tourbillons de neige et de cristaux de glace, s'attardait encore un instant dans le ciel arctique au-dessus de nos têtes puis se transformait en un point sombre, fredonnant, avant de disparaître, le chemin qui s'ouvrait alors devant nous menait à travers un temps immobile. Car c'était seulement à de rares occasions, lorsque du haut d'une montagne tabulaire ou d'une élévation nous voyions le brise-glace au loin, tout petit, reposant comme un jouet perdu sur la banquise, que nous étions amenés à nous rappeler que depuis la découverte de cette terre rien et cependant tout était arrivé ici : du temps avait passé.

Après plus de deux ans sur la banquise, deux nuits polaires se signalant par les températures les plus basses jamais mesurées et supportées par des hommes, après le scorbut, les engelures et tous les effrois de la glace et des ténèbres, l'expédition impériale entrée dans l'histoire des explorations sous le nom de ses commandants, Julius Payer et Carl Weyprecht, avait abandonné sa goélette à trois mâts saisie dans une carapace de glace impossible à briser et tenté de gagner la mer libre en franchissant la banquise à pied. Traînant derrière eux à travers les tourmentes de neige et les paysages de glace ruiniformes leurs canots de bord, de massives baleinières norvégiennes, les hommes de l'expédition eurent l'impression de revivre en raccourci, au cours de cette marche forcée d'un mois, toutes les tortures endurées durant leurs deux années de séjour dans l'Arctique.

Mais il en résulta ce qui n'avait jamais pu se faire jusqu'alors sans une longue liste de morts : l'équipage atteignit effectivement les eaux libres, en l'occurrence la mer de Barents déchirée par les tempêtes, et fit voile à bord de ses canots de sauvetage jusqu'à la côte déchiquetée de la Nouvelle-Zemble où un baleinier russe prit à son bord et déposa au nord de la Norvège les étrangers à moitié morts de faim, couverts d'abcès et d'engelures. De là, les membres de l'expédition regagnèrent Vienne où ils furent triomphalement accueillis par un demi-million de personnes.

L'enthousiasme ! Nombre de voyageurs polaires anonymes, de chasseurs de baleines, de prisonniers du pack avaient certes entrevu ces terres froides à travers de lointains bancs de brume au cours des siècles passés – mais jamais elles n'avaient été foulées ni mesurées, et surtout : elles n'avaient pas été baptisées. Peu importait que l'on fût encore amené peut-être à voir émerger plus tard au-dessus de l'horizon ici une falaise, là un rocher inconnus qui viendraient s'ajouter au territoire d'ores et déjà reconnu et arpenté par l'expédition Payer-Weyprecht : avec la découverte initiale et le baptême de la Terre François Joseph, c'était la dernière tache blanche qui disparaissait de la carte de l'ancien monde. Enrichis d'une contrée désertique de plus de seize mille kilomètres carrés, les globes et les atlas reflétaient enfin une image complète de cette terre.

Pour assurer leur subsistance durant leurs années dans les glaces de l'Arctique, les chasseurs du Kaiser avaient tué, souvent au péril de leur vie, soixante-sept ours polaires. Sans la chair des ours, l'équipage serait mort de faim.

Sur les traces de ces chasseurs, appuyés au bastingage, nous avions pu suivre à travers nos jumelles les évolutions de ces ours lorsqu'ils sautaient d'une plaque de glace à l'autre sur le pack qui se déchirait sous notre étrave. Certains d'entre eux se mettaient debout quand le bateau était à l'arrêt, posaient leurs pattes de devant sur le bordage et levaient la tête vers nous – mais durant nos marches à travers l'île, nous n'avions rencontré qu'une seule fois une ourse avec ses deux petits :

Bien que munis d'un aérosol au poivre et d'une carabine de gros calibre, nous n'aurions sans doute pas pu réagir assez vite, ou alors à grand-peine, si l'ourse avait vu en nous un danger pour ses petits ou simplement une proie digne de ce nom. Quel spectacle ce fut lorsqu'elle émergea, suivie de ses oursons, de derrière un éperon de glace distant d'une cinquantaine de mètres et tomba aussitôt en arrêt. Petit à petit, en humant l'air d'un mouvement presque gracieux du museau, segment par segment, sur toute la circonférence d'un cercle invisible, elle se tourna vers nous.

J'avais décrit des chasses à l'ours dans mon roman, la peur panique aussi, et la fuite de matelots désarmés, surpris par un ours tandis qu'ils travaillaient sur la banquise. Mais jamais au cours de mes recherches il ne m'avait été signalé qu'un homme aux prises avec la peur peut aussi devenir léger, plus léger qu'une plume, si incroyablement léger que la plus faible brise est susceptible de le balayer droit dans les griffes ou sous les crocs d'un fauve, voire de le soulever comme un fétu de paille ou un morceau de papier de soie et de le transformer ainsi en une chose qui voltige sans but, au hasard, une chose qui se laisse cueillir dans l'air ou qu'une patte, par simple jeu, peut terrasser en plein vol. Je planais.

Sans doute avais-je, sans doute avions-nous intrigué l'ourse, mais elle nous avait jugés inoffensifs et négligeables en tant que proies, trop fluets à tout point de vue, et c'est d'un pas léger, après ce bref temps d'arrêt accompagné d'un regard inquisiteur, qu'elle reprit sa course, suivie de près par ses petits, et je remarquai alors que mon ami ne portait plus le fusil accroché à l'épaule mais qu'il le tenait entre les mains. Quant à moi, sous le coup de la frayeur, je n'avais pas songé un instant à tirer l'aérosol au poivre de la poche latérale de mon sac à dos.

En accord avec le pilote, une pente peu prononcée sur l'île de Champ avait été retenue comme lieu de rendez-vous et comme terrain d'atterrissage parce que l'endroit, jonché de boules de pierre visibles de loin et longtemps restées énigmatiques, ne pouvait être confondu avec aucun autre. À cause de leur forme régulière, ces boules, dont beaucoup n'étaient guère plus grosses que des billes ou des balles de tennis tandis que d'autres pouvaient atteindre un, voire deux et jusqu'à trois mètres de diamètre, avaient été considérées par certaines expéditions passées comme des vestiges d'une civilisation disparue, d'autres y avaient vu des offrandes faites aux esprits des ténèbres arctiques, d'autres encore des traces laissées par des extraterrestres. Cependant, un géologue japonais embarqué à bord du *Kapitan Dranitsin* les tenait pour le résultat d'un processus chimique complexe qui survenait à l'intérieur de certaines strates sédimentaires et donnait lieu à des dépôts en forme de coquille – s'accumulant par exemple autour d'un fossile minuscule et croissant à la manière d'une perle à l'intérieur d'une huître – pour aboutir finalement à ces singulières formes sphériques.

Nous atteignîmes notre lieu de rendez-vous parmi les pierres sphériques avant l'heure convenue, après cinq heures ensoleillées de marche nocturne et, un peu plus tard, comme l'hélicoptère était dans les parages – et après un craquement métallique assourdissant signalant manifestement la cassure d'une aube de turbine dont les morceaux étaient projetés dans les pales de l'hélice en giration rapide –, nous craignîmes le pire en voyant l'appareil tomber en chute freinée et se poser brutalement sur le sol. Il nous fallut dix, quinze secondes après l'impact pour rejoindre au pas de course, à travers la pente caillouteuse et les pierres rondes, le lieu de l'accident où nous trouvâmes le pilote assis immobile dans l'habitacle intact.

Au carré de l'équipage, à l'occasion de la fête anniversaire pour laquelle l'un des cuisiniers du bord avait fait couler sur le gâteau un hélicoptère en sucre doté d'ailes d'oiseau, le pilote déclara que son appareil resterait sans doute stationné sur l'île durant la prochaine nuit polaire et ne pourrait être remis en état de voler que lorsqu'on aurait reçu les pièces de rechange nécessaires qui seraient livrées l'an prochain par le brise-glace nucléaire *Yamal* en route pour le pôle Nord. Il s'en retournerait donc l'après-midi même à l'île de Champ avec le second hélicoptère afin d'arroser de diesel l'appareil endommagé et de saturer également de carburant le terrain environnant sur une distance de quelques mètres. C'était ainsi seulement que l'on pouvait – encore que ce ne fût pas chose garantie – empêcher les ours blancs de fracasser la cabine durant les sombres mois d'hiver. Oui ! leurs coups de patte étaient d'une violence telle que le verre d'une cabine de pilotage n'y résistait pas et il ne leur restait ensuite qu'à assouvir leur faim en dévorant le cuir des sièges de la cabine et tout ce qui, par ailleurs, leur paraissait mangeable. Car si ce fauve, le plus grand du monde, paraissait plutôt inoffensif durant l'été arctique – quand les phoques reposaient sur la glace, à sa disposition, comme des mets tout préparés et qu'il trouvait même des morses à se mettre sous la dent –, il n'en allait plus de même dans le froid et les ténèbres de la nuit polaire où la faim d'un tel ours devenait alors aussi insatiable que le désir de vivre d'un pilote tombant en chute libre.

Le dieu de glace

Je vis le fils en pleurs du jardinier sur le perron d'un manoir dans le comté irlandais de Cork. Il brandissait à bout de bras un morceau de glace de la grosseur d'une tête et appelait son père pour lui montrer ce qu'était devenu le trésor qu'il conservait depuis des mois dans le congélateur, à l'abri du climat doux de l'Irlande du Sud : ni plus ni moins qu'un informe bloc vitreux.

Le jardinier était en train de planter cinq palmiers cordyline qui avaient été livrés le matin même par une jardinerie de Bantry et m'invita, moi, son aide, à marquer une brève pause dans la préparation des trous pour les racines en mottes ; il serait de retour sous peu. Et là-dessus, longeant une plate-bande ondoyante d'arums jaunes et rouges, de langues de feu et d'anthuriums flamant rose, il se dirigea vers le perron afin de consoler son fils. Vu par-dessus les fleurs ondoyantes sous le vent, le petit sur le perron ressemblait à un Atlas en miniature levant vers le ciel une sphère terrestre d'aspect singulièrement hivernal.

Dans le jardin du manoir attenant à un parc qui descendait en pente douce vers le rivage rocheux de l'Atlantique, tout paraissait en mouvement en cette journée ventée de l'été commençant : les hortensias bleus, les rhododendrons et les camélias, les fougères arborescentes avec leurs palmes aussi grandes que celles des palmiers à noix de coco, les myrtes, les arbousiers et les pins, les figuiers qui se chargeaient chaque année de fruits amers, les magnolias, les fuchsias rouges et blancs et, même, la *Gunnera brasiliensis* avec ses feuilles surdimensionnées évoquant celles d'une rhubarbe géante – des feuilles aussi grandes qu'un lit double ! –, tout ce qui fleurissait dans ce jardin au bord de la mer auquel l'influence du Gulf Stream conjuguée aux soins du jardinier conférait une luxuriance tropicale, tout ce qui fleurissait et poussait là se faisait signe, s'inclinait en bruissant et en murmurant, se balançait, dodelinait, se tordait, ondulait et se courbait dans le vent – seul Atlas en pleurs, le pilier du monde, se tenait immobile au beau milieu de cette danse végétale foisonnante. Son trésor, son trésor chéri avait perdu sa forme.

J'avais vu à plusieurs reprises et à différents stades de sa transformation le globe glacé que le petit Atlas remettait à présent entre les mains de son père : on n'avait pas vu de neige depuis plus de trois ans sur ce bout de côte et, quand il en était tombé un peu début février, Kieran, le fils du jardinier, s'était efforcé d'arracher le premier bonhomme de neige de sa vie au mince tapis blanc qui avait d'ailleurs fondu au bout de quelques heures. Il avait dû secouer les camélias en fleur pour récupérer les pelotes de neige qui y étaient accrochées et compléter ainsi un bonhomme de neige qui arrivait tout juste aux genoux de son père.

Parce que dans le comté de Cork l'hiver est aussi doux que dans des contrées beaucoup plus méridionales et que Kieran se faisait beaucoup de souci pour sa créature, sa mère avait sorti de la viande de mouton du congélateur – ce qui donna lieu à un repas fastueux avec des amis de Skibbereen – et créé de la sorte un refuge pour le bonhomme de neige de son fils. Depuis lors, le nain blanc avait été tiré à plusieurs reprises de ses ténèbres glacées et replongé dedans, le plus souvent devant un public d'enfants enthousiastes. Sous l'effet des variations brutales de température, il avait commencé à développer ici et là une fourrure de cristaux de condensation, une sorte de bourre de glace et de neige, mais n'en était pas moins resté tout à fait reconnaissable et digne d'admiration. Il semblait que la perte progressive des formes liée au processus de vieillissement ne pouvait donner lieu à des changements tels que le fils du jardinier et ses camarades ne fussent capables de les considérer avec indulgence, voire de les ignorer, tant était grand le plaisir que leur procurait la simple existence d'un bonhomme de neige dans leur monde par ailleurs éternellement verdoyant et florissant. Quel beau bonhomme : une pomme de pin à la place du nez, les fruits gelés de l'arbousier à la place des yeux, une bouche faite d'un rameau sec de rosier, deux feuilles de camélia luisantes à la place des oreilles et la tête ornée d'une couronne de laurier vert.

Ce roi de neige aurait assurément pu surgir encore souvent de ses ténèbres glaciales – soit pour figurer le héros blanc des fêtes d'enfants, soit simplement comme l'ami précieux et muet que Kieran exposait à la lumière chaque fois que, bravant l'interdit, il ouvrait le congélateur pour s'assurer qu'il était encore là –, peut-être même eût-il survécu jusqu'à la prochaine neige si la tempête ne s'était pas déchaînée ces jours derniers. Sous la pression du vent, les flots de l'Atlantique avaient assailli la côte abrupte et les îles inhabitées que l'on voyait du jardin avec une violence telle que des voiles d'écume hautes comme des tours se déroulaient sur les récifs et les falaises, se déchiraient dans un fracas de tonnerre et retombaient en de multiples cascades dans le chaos bouillonnant.

La tempête déracina des arbres, brisa des pylônes électriques, plongea des villages entiers dans l'obscurité, paralysa des usines, éteignit des écrans de télé – et les congélateurs par la même occasion. Si la tiédeur catastrophique qui commença à pénétrer les denrées réfrigérées sur de nombreux kilomètres de côte et mit en branle un processus de fonte et de corruption jusque dans les endroits les plus froids ne détruisit pas le bonhomme de neige, elle le réduisit pourtant à ce bloc glacé orné de feuilles de camélia et de bois de rosier sous la forme duquel il se figea après que le courant eut été rétabli.

Le jardinier s'assit avec son fils sur la marche supérieure du perron, tendit le bloc dans la lumière du soleil, le remua de manière à faire scintiller ses parties claires et translucides. Ce qu'il dit à son fils à ce moment-là, je ne pus l'entendre par-dessus le tapis ondoyant de fleurs et de feuilles qui se balançaient en bruissant entre nous, mais le petit cessa de pleurer et hocha vigoureusement la tête en signe d'approbation et en réponse à une question à la suite de laquelle le jardinier se leva et déposa ce qui restait du roi de neige sur une colonne recouverte de lierre qui servait la veille encore de socle à un faune sculpté dans la pierre ; la tempête l'avait arraché de son piédestal et il s'était brisé en tombant sur le sol.

À la place du faune détrôné scintillait à présent un dieu de glace en forme de boule vitrifiée devant lequel le jardinier tomba à genoux, les bras en l'air, et se mit, comme un prêtre ou un officiant préposé à la célébration de quelque culte irlandais, à psalmodier strophe après strophe une antienne monotone jusqu'à ce que toute tristesse au sujet du bonhomme de neige métamorphosé parût dissipée et que son fils éclatât de rire. Et en accompagnement de cette antienne et de ce rire presque inaudible dans la vastitude du parc venteux et de l'horizon atlantique ébouriffé par les vagues, le dieu de glace fondante se mit à couler goutte à goutte le long de la colonne puis sur la terre noire du jardin dans laquelle il finit par disparaître à la suite de la neige de février.

Le prêcheur

Je vis un homme indigné, un prêcheur qui arpentait bras en l'air le terrain de jeu boueux du plus grand stade de football de la République populaire de Pologne : Une honte, criait l'homme, faire du commerce à un pareil endroit, quelle honte ! Trafiquer en un lieu consacré aux héros, aux morts et au souvenir ! Jésus, le fils de Dieu, avait chassé avec un fouet du temple de Jérusalem les marchands et les changeurs, et c'était comme ça, exactement comme ça qu'il fallait chasser du stade la canaille qui vendait ici sa camelote, ses produits de contrebande, même ses marchandises volées ! Dehors, dehors ! Tout le monde dehors !

Un fabricant de jouets originaire de Géorgie, l'un des innombrables commerçants dont la clientèle assaillait en cette journée pluvieuse d'avril les milliers d'échoppes et d'éventaires alignés sur le stade du Dixième-Anniversaire, était tout juste en train de m'expliquer le fonctionnement d'une marionnette de soldat en tenue de camouflage tandis que le prêcheur s'approchait de la surface du but envahie d'herbes sèches et d'orties. Il avait tiré de sa ceinture un bâton de la longueur d'un manche de hache ou de marteau à l'extrémité duquel il avait noué des ficelles tressées ou des lanières de cuir – effectivement un fouet à plusieurs lanières, une sorte de fléau qu'il se mit à faire tournoyer au-dessus de sa tête. Mais dans la presse où les voix et les langues s'entremêlaient, dans l'entrelacs des ruelles de cette ville d'échoppes qui s'étendait jusqu'aux plus hauts gradins du stade envahis par la végétation et à moitié cachés derrière des rideaux de pluie, nul ne prêtait attention au crieur. Il se bornait du reste à agiter le fouet au-dessus de sa tête, il sermonnait, gesticulait, maudissait. Mais il ne faisait pas ce qu'avait fait le fils de Dieu, il ne frappait pas.

Ce stade, *maudits colporteurs !*, avait été bâti avec les décombres de Varsovie, avec des pierres, des briques encore maculés du sang des héros du soulèvement contre les Allemands, le sang de milliers d'habitants innocents de cette ville, le sang d'enfants, de femmes, de vieillards qui servirent de boucliers contre les tirs des chars allemands ou furent massacrés comme otages. *Bande de crapules ! Voleurs !*, mais ce stade n'était pas seulement né des décombres pour commémorer une barbarie atroce, non, c'était un monument dédié à l'avenir. Le peuple des victimes et le peuple des assassins, vainqueurs et vaincus, les ennemis mortels d'hier devaient jouer ensemble dans ce... dans ce temple, devaient s'affronter ici, mais en paix ! Jouer ! Ils devaient jouer et montrer que les hommes peuvent se mesurer les uns aux autres, et même s'affronter, mais sans tuer. Aime ton prochain ! avait ordonné le fils de Dieu, et cela voulait dire aussi : tâche de le vaincre si tu veux le vaincre – mais en jouant.

Et que faisaient-ils, tous ces vendeurs de pacotille, s'écriait le prédicateur, que faisait-elle sur ce terrain de jeu, toute cette racaille venue d'Ukraine et du Caucase ? Ça trafiquait, ça vendait de la marchandise de contrebande et même des souvenirs de la plus terrible guerre qu'avait connue l'humanité, des médailles et des poignards ornés de la croix gammée !

Voulais-je vraiment suivre ce fou ? me demanda mon accompagnateur, un ami viennois qui vivait à Varsovie depuis des années et m'avait entraîné dans une longue promenade en ville, à travers le pont Poniatowski, sur la rive droite de la Vistule et jusqu'à l'ancien stade qui passait alors pour le plus grand bazar non seulement de la capitale polonaise mais de toute l'Europe de l'Est.

L'homme ne faisait pas attention à nous tandis que nous le suivions à faible distance dans la foule sur son chemin de prédicateur, nous arrêtant quand il s'arrêtait, repartant quand il repartait.

Cent mille personnes, c'était la capacité du Stadion Dziesięciolecia inauguré dix ans après la fin de la guerre en souvenir du soulèvement de Varsovie et des combats livrés à l'occupant allemand par l'armée polonaise intérieure. Bâti avec et sur les décombres de la ville totalement détruite par les corps d'armée de la Wehrmacht et de la SS durant les soixante-quatre jours d'un soulèvement qui fit près de deux cent mille morts du côté polonais, pour la plupart des civils abattus, brûlés ou enterrés vivants comme otages ou par mesure de représailles, alors qu'ils défendaient leur maison, cette construction monstrueuse, loin d'avoir seulement servi d'arène, durant plus de trois décennies, aux grandes équipes de football et aux athlètes de Varsovie, avait aussi été la scène des parades militaires, des démonstrations de force théâtrales du parti communiste et le lieu privilégié d'une grand-messe en plein air célébrée par le pape polonais Jean Paul II en personne.

Laissé finalement à l'abandon faute d'argent, le stade avait été cédé à une société commerciale, baptisé par cette dernière Jarmark Europa et loué pour un loyer minime comme place de marché à des boutiquiers et à des colporteurs en provenance de presque tous les pays de l'Empire soviétique en voie de dissolution – mais en ce jour de marché pluvieux, en avril, ces circonstances faisaient depuis longtemps partie de l'histoire : des commerçants venus de toutes les régions de Pologne, d'Ukraine, de Russie, de Russie blanche, de Moldavie et de Géorgie, de Tchétchénie, d'Arménie, du Kazakhstan, de l'Azerbaïdjan et, même, du Kirghizistan, sans parler des réfugiés de Chine, de Mongolie et du Vietnam vendaient ici à peu près de tout, depuis le café, la lessive en paillettes, les contrefaçons d'articles de marques, les copies pirates de musiques et de films, en passant par les fourrures de zibeline, les cigarettes, les articles ménagers, les outils à bas prix et le caviar, jusqu'aux armes, munitions et drogues diverses, bref tout ce pour quoi il y avait de la demande, tout ce qu'on ne pouvait pas avoir du tout ailleurs ou alors pour deux ou trois fois le prix auquel on l'obtenait au Stadion en marchandant un tant soit peu.

Entre les boutiques alignées, dans les rangs où les chœurs de supporters de l'équipe nationale ou dc grands clubs tels que Legia Warszawa et Polonia Warszawa s'égosillaient naguère jusqu'à l'extinction de voix pour manifester leur enthousiasme, prunelliers, orties et trèfle se disputaient à présent la place. Autrefois blancs, à présent tachés de rouille, les buts étaient encore là, mais il n'y avait que le temps pour voler à travers et pas de filet pour le retenir.

Quand le soir tombait après un jour de marché et qu'il ne restait sur le stade que des détritus et des lambeaux que le vent chassait par-dessus les lignes de touche et de but à moitié effacées, par-dessus les délimitations devenues sans objet, les passages cendrés et le terrain de jeu réduit à l'état de prairie bourbeuse, alors, dit mon ami, ces lieux avaient l'air aussi effroyablement désolés que les champs de ruines de Varsovie après la répression du soulèvement. Ce stade, promis à la destruction à l'approche d'une coupe d'Europe de football, devenait alors véritablement un monument commémoratif et l'on était effectivement amené à songer en le voyant à l'interminable procession de morts dont les maisons et les appartements mitraillés, bombardés, pulvérisés avaient servi à construire cette arène sur laquelle s'appesantissait dans la pénombre une incompréhensible, une impardonnable absence de vie.

Le prêcheur avait atteint les premiers rangs et entamait à présent une pénible escalade entre les stands protégés par des bâches de plastique ruisselantes de pluie. Peut-être certains commerçants avaient-ils eu vent de la rumeur dont mon ami m'avait entretenu tandis que nous le suivions : l'homme était un buveur invétéré mais inoffensif, un ex-joueur de la troisième ou quatrième réserve du club traditionnel Legia Warszawa, un ailier qui n'avait jamais figuré en ligne d'attaque, jamais joué dans l'équipe première de la Legia et qui, en plus, était affligé d'un boitement depuis un accident de tramway à la suite duquel il avait effectué un pèlerinage à Częstochowa où la Vierge noire n'avait malheureusement rien pu faire pour lui. Le prêcheur n'apparaissait au Stadion que la veille des grandes fêtes religieuses – mais Jésus n'avait-il pas chassé les marchands et les changeurs du Temple juste avant la fête de Pessah et provoqué ainsi la colère qui devait l'amener au Golgotha et sur la croix ?

Il se pouvait que l'anecdote du crieur, qui avait nourri autrefois de grandes mais vaines espérances en tant qu'ailier de la deuxième ou de la troisième réserve d'une équipe couverte de gloire, ne fût qu'un conte inventé en temps et lieu opportuns. Cependant, il devait être effectivement arrivé à cet homme un malheur qui l'avait privé sans doute de la joie de vivre et à coup sûr de la mobilité dont il jouissait auparavant, le fait étant qu'il ne grimpait qu'à grand-peine les marches de béton éclatées, hérissées de touffes d'herbe et qu'il ne cessait de souffler et de boiter au fur et à mesure de son ascension tout en invoquant encore et encore les morts, les héros de l'histoire et les victimes de la cruauté des hommes, avec pour unique espoir non pas la miséricorde du ciel, mais le jeu considéré comme un reflet du paradis.

Un photographe

Je vis un cantonnier qui disparaissait jusqu'à mi-corps dans une tranchée devant une maison bleu pâle, dans la ville dominicaine de Puerto Plata. Maniant la pelle et la pioche, l'homme s'employait manifestement à prolonger la tranchée afin de relier la maison avec ses fenêtres blanches et ses vérandas à un caniveau ouvert qui courait le long de la rue. Des pierres de la grosseur d'une tête disposées au bord de la chausse-trappe devaient avertir les passants du danger.

L'homme s'appuyait tout juste sur le manche de la pelle pour reprendre son souffle lorsque trois piétons en pleine conversation, deux hommes et une femme, arrivèrent sur les lieux. La femme avait déjà désigné de loin la maison bleu pâle comme si elle venait de faire une découverte. Lorsqu'elle tomba en arrêt au bord de la tranchée, visiblement embarrassée, le cantonnier lâcha sa pelle et improvisa une passerelle en posant une planche de coffrage sur la fosse.

Aucun des trois arrivants ne daigna le remercier. La femme invita les hommes à franchir devant elle l'étroite passerelle – l'un des deux portait un objet plat emballé dans du papier kraft – et leur fit signe de prendre la pose devant la porte d'entrée de la maison. Elle se pencha ensuite vers le cantonnier et lui demanda quelque chose qui le fit sourire et hocher la tête.

Il grimpa hors de la fosse et s'essuya les mains à l'aide d'un mouchoir en papier que la femme lui avait tendu avant de lui remettre un appareil photo et de lui donner quelques indications utiles, à savoir que tout était réglé, temps d'exposition, distance, contraste, il n'avait qu'à pousser sur ce bouton, oui, celui-là. Elle franchit ensuite la passerelle improvisée, alla se poster entre les deux hommes et fit signe au photographe.

Le cantonnier tenait l'appareil à bout de bras devant sa poitrine, comme un ostensoir, et appuya sur un déclencheur inaudible. Encore une, une autre photo ! La femme voulait s'assurer qu'on aurait au moins une photo. De la sueur perlait au front du photographe. Encore un *clic* inaudible. Satisfaite, la femme photographiée retraversa la passerelle, prit l'appareil des mains du photographe, l'essuya avec un autre mouchoir en papier et le glissa dans son sac à main.

Le cantonnier redescendit dans sa fosse et suivit des yeux, appuyé sur sa pioche, les deux hommes qui s'apprêtaient, après l'avoir déballé, à clouer l'écriteau sur la porte. De la tranchée, on avait du mal à déchiffrer ce qui était écrit dessus. C'étaient les horaires d'ouverture d'un hypnotiseur qui ne recevait que trois jours par semaine des clients désireux d'entrer en transe.

Alors que les trois visiteurs – propriétaire bailleur, agent immobilier, hypnotiseur ou architecte d'intérieur – avaient depuis longtemps disparu dans la maison, l'homme dans la tranchée était toujours là, immobile, les yeux braqués sur l'écriteau. Songeait-il au minuscule appareil photo qui avait quasiment disparu dans ses mains tout à l'heure, songeait-il peut-être à échanger sa pioche contre quelque chose d'aussi infiniment léger et, pourquoi pas, contre une autre vie où tout ce qui était lourd, terre, pierres, briques, seaux en bois remplis de goudron, serait porté par d'autres, soulevé par d'autres, manipulé par d'autres et où personne ne serait obligé de travailler torse nu en plein air ? Il se tenait là comme fasciné. Il se tenait là comme en transe. Puis il lâcha la pioche et remit à sa place, debout contre la paroi terreuse de sa fouille, la planche de coffrage, l'étroite passerelle que les visiteurs avaient empruntée pour franchir la tranchée.

Pacífico, Atlántico

Je vis deux petits chiens sur un parking enfoui sous des nappes de brouillard, à trois mille quatre cents mètres d'altitude, juste au-dessous du cratère de l'Irazú, le volcan le plus haut, le plus dangereux du Costa Rica. Les pattes calées dans le sable de lave noir, ils tiraient à hue et à dia sur un morceau de tissu blanc garni de dentelles qui pouvait avoir fait partie d'une robe de bal, d'un rideau ou d'un voile de mariée. Comme s'il existait entre eux un accord pour ne pas déchirer l'objet de leur convoitise mais pour tâcher de le soustraire au rival en aussi bon état que possible, ils exerçaient sur le tissu une traction mesurée visant à ne pas mettre sa résistance à trop rude épreuve et se tenaient pour cette raison parfaitement immobiles, face à face, tremblant sous l'effort contrôlé, tremblant de convoitise, peut-être aussi de froid, grondant et comme fascinés par le regard de l'adversaire.

En même temps que d'autres passagers du car tout bosselé par les chutes de pierres qui devait nous attendre dans le brouillard du parking, je passai devant les chiots pour me rendre dans les parages immédiats du gouffre, du monstrueux cratère principal large de plus d'un kilomètre, au fond duquel scintillait un lac acide d'un vert toxique. Au bord du cratère et en voyant le lac, certains se remirent à prier – comme ils l'avaient déjà fait auparavant lorsque le car s'était enfoncé dans les brouillards d'altitude –, ce qui n'avait finalement rien d'étonnant sachant que presque tous revenaient d'un pèlerinage au sanctuaire de la Vierge noire de Cartago. La Negrita, une statuette de pierre volcanique auréolée de rayons dorés dont les pèlerins avaient sollicité l'aide après s'être approchés d'elle en progressant à genoux tout le long de la nef principale de la basilique, ne serait jamais implorée assez souvent pour obtenir que les humains soient préservés des atteintes du feu infernal en provenance des entrailles de la terre. En dépit des prières qui lui étaient adressées en ce sens depuis des siècles, Cartago avait été détruite à maintes reprises par les tremblements de terre et les éruptions volcaniques. Les pluies de cendres répétées de l'Irazú avaient peu à peu terni son éclat et la ville avait finalement été privée de son statut de capitale au profit de San José.

Sur l'esplanade de la basilique où je l'avais interrogé sur la possibilité de me rapprocher quelque peu de San José qu'il se disposait à rejoindre, le chauffeur avait accepté de me déposer, comme je le lui demandais, à l'embranchement d'où partait une route menant à San Gerardo de Dota. Suivant la recommandation d'un ornithologue de ma connaissance, je voulais m'arrêter dans les forêts de brouillard proches du Cerro de la Muerte afin d'observer le vol de pariade du quetzal, le resplendissant et craintif oiseau divin des Mayas, des Incas et des Aztèques.

Parce qu'un regard plongeant dans le gouffre du volcan, un autre dans les lointains du pays protégé par la reine des cieux constituaient le point d'orgue de chaque visite à La Negrita, j'étais fondé, du seul fait que je voyageais à bord d'un car de pèlerins revenant de Cartago, à espérer pouvoir contempler moi aussi un panorama que le chauffeur nous vantait par l'intermédiaire d'un micro relié à deux haut-parleurs : du haut d'un promontoire rocheux au bord du cratère de l'Irazú, on pouvait voir l'océan Pacifique au sud, la mer des Caraïbes au nord. Mais lorsque j'atteignis, en même temps que les pèlerins, le point le plus élevé de ce pont de terre séparant deux océans, force me fut de constater que la vue ne donnait de tous côtés que sur une unique immense mer ondoyante de nuages

Nuestra Señora de Los Ángeles, lisait-on à la place du nom d'une localité sur une pancarte disposée contre le pare-brise de notre car, *Notre-Dame des Anges.* Mais bizarrement, aux légendes concernant cette reine des cieux – aux histoires se rapportant à la jeune Indienne qui découvrit la statuette noire en ramassant du bois, aux histoires tournant autour des signes réitérés du ciel qui devaient aboutir à la construction d'une église sur les lieux mêmes où la statuette avait été trouvée – se superposèrent au fil de la sinueuse et vrombissante ascension de l'Irazú d'autres histoires, plus anciennes. Car lorsque le chauffeur révéla mon but à ses passagers – les sites privilégiés du quetzal près du Cerro de la Muerte, le mont de la Mort, sur lequel grimpait, avant de plonger vers la capitale, la plus haute route du Costa Rica –, le ciel indien parut ternir l'éclat du ciel chrétien, de même que les cendres de l'Irazú avaient terni l'éclat de Cartago.

Quetzal ! Avec son plumage d'un vert iridescent, sa gorge écarlate et ses plumes rectrices longues comme le bras, cet oiseau de la taille d'un perroquet, qu'un observateur chanceux, embusqué dans la forêt de brouillard, pouvait éventuellement voir s'envoler de la cime d'un avocatier sauvage, s'élever par degrés dans les airs pendant quelques secondes puis plonger en piqué et disparaître aussi vite qu'il était apparu, nourrissait depuis des siècles l'imagination des Indiens. Les Aztèques avaient orné de ses plumes un serpent à sonnette auquel ils attribuaient, sous le nom de Quetzalcóatl, des pouvoirs divins et chez les Quichés, on disait que le quetzal était à l'origine entièrement vert et qu'il était resté vert jusqu'au jour où les sbires du conquistador espagnol Pedro de Alvarado avaient tué sur un champ de bataille de la Sierra Madre guatémaltèque des milliers de guerriers quichés parmi lesquels se trouvaient également leur roi, Tecún Umán. Les nuages de deuil noirs avaient alors largué une nuée bruissante de milliers de quetzals qui s'étaient posés en déployant largement leurs ailes sur les guerriers morts ou agonisants afin d'accompagner leurs âmes hors de ce monde. C'est ainsi que le plumage vert de leur gorge s'était teinté de rouge.

Peut-être, dit l'un des pèlerins, un professeur natif d'Alajuela, tandis que nous nous éloignions du cratère et revenions au parking à travers les nappes de brouillard, peut-être n'aurais-je pas davantage la chance de pouvoir observer le quetzal dans les vallées de San Gerardo que je n'avais eu celle de jouir de la vue grandiose sur le Pacifique et l'Atlantique que l'on était censé avoir de là-haut. C'est que, pour voir les deux plus grandes mers à la fois tout comme pour voir l'oiseau divin, il fallait surtout avoir une chose en suffisance : du temps. À un moment ou à un autre, même ce qu'il y avait de plus caché, de plus craintif se montrait, à condition de lui en laisser le temps. À moment ou à un autre, toute chose se manifestait.

Comme nous atteignions le parking, je vis voltiger entre les voitures garées le morceau de tissu blanc que les deux chiots se disputaient encore tout à l'heure et auquel ils avaient entre-temps cessé de s'intéresser. Saisi par une saute de vent, il prit son essor, fila à tire-d'aile par-dessus le sable de lave noir et ressembla l'espace d'un instant à un oiseau que le professeur désigna de la main en déclarant avec un sourire : quetzal. Près de la porte ouverte de l'autocar, une fillette nourrissait les deux chiots de pain blanc, et comme nous montions à bord, le professeur leva une autre fois la main et, montrant en premier lieu le plus petit puis le plus grand des deux, il dit : *Pacífico – Atlántico*.

Love in Vain

Je vis une étroite passerelle de bois qui menait dans les marais de la mangrove sur la côte est de Sumatra. En suivant un embranchement de cette passerelle, je trouverais la plage et là, une construction sur pilotis, un hôtel. C'était en tout cas ce que m'avait certifié, en me recommandant de descendre à hauteur de la route de Malacca, le patron du bateau sur lequel nous avions embarqué, quelques passagers et moi-même, dans le port fluvial de la capitale régionale de Pekanbaru.

Je m'engageai donc sur cette passerelle et le vacarme du débarcadère faiblit derrière moi jusqu'à être finalement couvert par le clapotis des vaguelettes entre les racines de la mangrove. C'était un soir de décembre, il faisait une chaleur étouffante et les montagnes de nuages violets ne cessaient de lâcher des averses qui pouvaient mouiller en quelques secondes jusqu'aux vêtements de rechange emballés dans le sac à dos.

La passerelle était sans rambarde et, dans la pénombre tropicale en rapide progression, je devais faire très attention à ne pas glisser sur les planches mouillées au risque de tomber avec armes et bagages entre les racines de la mangrove qui surgissaient telles des griffes de l'eau saumâtre croupissante. Je dépassai deux bifurcations mais ne vis nulle part de panneau signalant une plage ou un hôtel et restai sur ma passerelle de planches, convaincu que seul ce chemin menant vers l'ouest et vers la lumière du jour finissant pouvait être le bon.

Tandis que la mangrove se transformait peu à peu en deux murs noirs se dressant de chaque côté de la passerelle, je continuai d'avancer en direction des bancs de nuages d'un rouge pâle violacé qui s'attardaient au couchant, jusqu'au moment où je vis s'élever devant moi, au-dessus de la cime des arbres, un reflet de lumière froide, blanche – une lumière de néon : la plage et l'hôtel ne devaient pas être loin. D'ailleurs, je ne tardai pas à entendre également de la musique. Elle sonnait comme les morceaux de bravoure que les groupes locaux des villages de mon pays natal jouaient et chantaient à l'occasion de mariages ou de fêtes foraines sur des modèles qui demeuraient hors de leur portée mais qui n'en restaient pas moins tout à fait reconnaissables et familiers à mes oreilles : *Love in Vain*, un tube des Rolling Stones.

Mais je devais vite m'apercevoir que le néon en question n'éclairait ni mariage ni fête d'aucune sorte et qu'il n'y avait pas non plus de plage en vue. Rien qu'une clairière dans la mangrove et, protégée des averses par un toit de tôle, une vaste plate-forme sur pilotis d'où partaient quelques passerelles qui menaient plus loin, à présent dans la nuit noire. Sur la plate-forme, une trentaine de tables en plastique étaient disposées en demi-cercle autour d'une scène à laquelle on accédait par un escalier bordé de guirlandes lumineuses. Et là-haut, un homme dont je ne pouvais évaluer l'âge chantait devant un microphone à pied sur une musique d'accompagnement qui craquait et grésillait plus qu'elle ne sonnait, diffusée par deux enceintes acoustiques décorées de couleurs criardes. Un chanteur de karaoké sans public.

Du moins sans public humain car au-dessus de sa tête, comme collés au toit de tôle, des geckos immobiles, des centaines de pâles geckos de différentes tailles guettaient leurs proies – mouches, papillons de nuit, moustiques voltigeant en épais nuages autour d'une douzaine de tubes au néon –, aussi irrésistiblement attirés par la lumière que moi-même. Tempête de neige ; les essaims d'insectes dans la lumière blanche faisaient penser à une giboulée hivernale. Qu'un papillon, une mouche... un flocon vînt à passer un peu trop près d'un gecko, il était happé en un éclair, après quoi le chasseur retombait aussitôt comme en catalepsie. Et entre les tables vides, un chat noir et blanc tout ébouriffé montait la garde, la tête tournée vers le haut, attendant vraisemblablement que l'un ou l'autre des petits chasseurs d'insectes, encore peu expérimenté, lâchât prise à la suite d'une attaque mal calculée et lui tombât du ciel de tôle blanc entre les griffes et sous les crocs.

Le chanteur était de stature gracile et si petit de taille qu'il devait lever la tête pour chanter dans le micro vraisemblablement impossible à régler plus bas ou vissé à fond sur son support. Pour chanter certaines paroles, il se haussait sur la pointe des pieds :

Well, I followed her to the station with a suitcase in my hand.

Sa voix ne ressemblait en rien à celle de son modèle, Mick Jagger, mais elle était parfaitement placée et d'une force surprenante. Il était pieds nus mais n'en avait pas moins un petit air endimanché avec son pantalon noir et sa chemise blanche boutonnée jusque sous le menton. Les lunettes de soleil réféchissantes devaient contribuer à lui donner un look de rockstar.

Well, it's hard to tell, it's hard to tell, but all true love's in vain.

Sur un écran à sa droite, les strophes de sa chanson se déroulaient vers par vers en lettres lumineuses rouges, mais le chanteur n'avait pas besoin de cette aide. Il chantait tête levée par-dessus l'écran et il semblait même parfois qu'il s'adressait aux centaines de lézards immobiles qui se doraient au-dessus de sa tête dans la lumière des néons.

When the train left the station, it had two lights on behind.
Well, the blue light was my baby and the red light was my mind.

Je m'étais assis à l'une des tables après avoir retiré mon sac à dos, et en écoutant ce chanteur je m'étais retrouvé d'un coup dans mon village natal où, par un samedi après-midi froid et enneigé, un groupe local en gilet de velours brun et pantalon à pattes d'éléphant jouait et chantait à l'occasion d'un mariage, non sans mal mais pour le plus grand plaisir des convives en partie vêtus de costumes traditionnels, cette complainte sur un amour non partagé et des adieux dans une gare.

La chaîne karaoké jouait manifestement le morceau en boucle et le chanteur venait d'entonner une nouvelle fois la première strophe lorsque, après un éclair aveuglant aussitôt suivi d'un coup de tonnerre, la musique s'arrêta et toutes les lumières s'éteignirent soudain. Dans la nuit, le chanteur m'apparut comme une ombre noire qui chanta encore deux ou trois mesures dans l'impressionnant silence puis s'approcha, le nez toujours chaussé de ses lunettes de soleil, de la tour d'appareils électroniques qui se dressait sous l'écran éteint. Bien que tous les témoins lumineux fussent éteints, il tourna et pressa des boutons comme s'il suffisait de trouver la bonne combinaison pour que tout se remette en marche malgré la foudre et la coupure de courant et qu'il puisse continuer à chanter sa complainte.

Mais voilà qu'une lampe flamboya au bord de la plate-forme et je vis un homme mince, vêtu seulement d'un sarong, que je n'avais pas remarqué auparavant, soit parce qu'il se tenait à l'écart de la scène, soit parce qu'il venait seulement d'arriver sur les lieux par l'une des passerelles qui débouchaient dans la clairière, en provenance de la mangrove obscure. Il héla le chanteur une première, puis une seconde fois, tandis qu'il se dirigeait vers la scène à la lumière de sa lampe de poche en se faufilant entre les tables. Le chanteur s'esclaffa. L'instant d'après, l'homme mince se retrouvait auprès de lui, le prenait par la main et le conduisait précautionneusement en bas de l'escalier de la scène puis entre les chaises et les tables vides jusqu'à l'une des passerelles, et je compris alors que ce chanteur, dont la main libre ne cessait de chercher à tâtons quelque obstacle à éviter, n'avait pas pu voir l'éclair, n'avait pas pu voir non plus s'éteindre les néons et les témoins lumineux des appareils, ni comment la nuit était brutalement tombée sur la mangrove et n'avait fait qu'une bouchée des centaines de geckos collés au ciel de tôle. Karaoké. Le chant d'un aveugle m'avait arraché aux mangroves de Sumatra et ramené en un éclair au village d'où je venais.

Dimanche blanc

Je vis une paire de jolies chaussures vernies, des chaussures blanches de petite fille dans le nid douillet d'une boîte ouverte garnie de papier de soie. Une fillette aux cheveux sombres qui était arrivée main dans la main avec un homme trapu et ruisselant de sueur dans ce magasin de la localité de Schwertberg, en Haute-Autriche, avait précautionneusement reposé les chaussures dans la boîte après les avoir essayées et attendait à présent, sans les quitter des yeux, que ces merveilles soient emballées afin de faire d'elle, irrévocablement, l'heureuse propriétaire de chaussures blanches vernies.

La porte du magasin était grande ouverte. Cela se passait au printemps, par un après-midi ensoleillé, la première semaine après Pâques. Dans quelques jours ce serait un dimanche particulier, le *blanc*, comme on l'appelait, un jour de fête où la fillette tout de blanc vêtue, ses longs cheveux enroulés sous le voile, à la main un cierge orné d'une croix, serait conduite à l'église au sein d'une procession solennelle de petites filles également vêtues de blanc et de garçons engoncés dans des costumes de communiants.

Devant l'autel comme enneigé de fleurs blanches, le cortège d'enfants recevrait la *Sainte Eucharistie* – une fine tablette en forme de pièce de monnaie, faite de farine de froment sans levain et accompagnée d'une gorgée d'eau qui se transformerait en *corps du Christ* sous l'effet de la parole du prêtre, à l'acmé mystérieux d'un rituel soutenu par du chant choral et de la musique d'orgue. Et ce corps du fils d'un dieu tout-puissant, créateur du Ciel et de la Terre, des Océans, des systèmes solaires et planétaires, des galaxies et des profondeurs insondables de l'espace cosmique et du temps mesurés en milliards d'années-lumière –, ce corps déposé sur la langue des enfants par des mains consacrées, sous la forme d'une hostie, se dissoudrait dans leur cavité buccale et deviendrait ainsi une partie d'eux. Quelle transformation extraordinaire, quelle magie que ce dimanche. Quelle fête ce serait.

Deux merles dans les marronniers de la place du Marché, devant le magasin de chaussures, poussaient des trilles si ensorcelants que même le fracas d'un marteau-piqueur avec lequel on perforait une dalle ou un mur de béton dans la maison voisine était comme filtré et adouci par leur chant. L'odeur de cuir se mêlait au parfum, omniprésent en cette saison, du lilas, des narcisses et de la terre noire que le courant d'air propageait jusqu'à l'intérieur du magasin. Seule était pure et sans mélange l'odeur de transpiration s'exhalant de l'homme auquel la vendeuse s'était adressée entre-temps comme au père de la fillette. Elle lui tendit un mouchoir de papier pour qu'il essuie son visage dégoulinant de sueur. Quelle chaleur, dit-il, quelle chaleur, c'est à croire qu'on nous a supprimé le printemps : il y a peu de temps encore, de la neige jusque sous le toit, ensuite de l'eau jusqu'au premier étage, et du jour au lendemain des températures comme en plein été.

La fillette était restée assise sur le tabouret où elle avait pris place pour essayer les chaussures vernies, comme fascinée par les merveilles qui reposaient toujours là, dans leur nid de papier de soie, et que la vendeuse n'avait pas encore rangées parce qu'elle estimait devoir vanter d'abord un produit d'entretien qui promettait de leur conserver l'éclat du neuf.

Une large coulée de soleil tombant à travers la porte ouverte sur des étagères surchargées paraissait à cet instant éclairer uniquement cette évidence majeure, à savoir que parmi la multitude de chaussures proposées en ce lieu, il ne s'en trouvait pas une paire qui pût être déclarée plus belle, plus splendide que ces chaussures blanches vernies qui permettraient à celle qui les aurait aux pieds de sortir enfin du monde des salles de classe, de la vaisselle à laver, des sonneries de réveil matinales, des maux de gorge, des bulletins, des devoirs et des avertissements pour gagner le royaume enchanté des contes : il n'y avait que les filles de rois pour porter pareilles chaussures, ou à la rigueur des servantes anoblies, des cendrillons devenues princesses, héritières du trône par l'entremise de quelque prince charmant.

J'attendais depuis quelques minutes qu'une apprentie vendeuse revienne de la réserve avec des lacets cirés pour mes bottes de randonnée et j'entendais comment le père cherchait à faire impression sur la vendeuse grassouillette et plutôt mignonne. Il ne remarquait pas que la femme reculait aussi discrètement que possible devant son odeur de transpiration. Et ne remarquait pas davantage, tout occupé qu'il était à se faire valoir, l'impatience de la fillette qui attendait de pouvoir quitter triomphalement le magasin.

Ah, la première communion ! dit-il, quel tintouin on faisait autour de cette première communion. Chaque enfant habillé de neuf ! Même les garçons, on les envoyait maintenant au lit avec un filet sur la tête la veille de l'événement. Pensez donc, il ne fallait surtout pas que leur coiffure passée au gel souffre dans la nuit des atteintes de l'oreiller de plume. Mais que ne faisait-on pas pour les enfants aujourd'hui. De son temps, le dimanche blanc vous donnait au mieux le droit de porter les habits fraîchement repassés de la sœur ou du frère aîné – et si l'on était enfant unique, on mettait ce qu'on avait pu trouver dans les armoires de la famille... Des temps difficiles. Maintenant tout devait être flambant neuf, n'est-ce pas, du voile jusqu'aux chaussures. Et tout ça rien que pour une journée. Des chaussures blanches, n'était-ce pas comique ? Spécialement en un temps où les filles arrivaient plus tôt que jamais à l'âge où elles montraient plus de goût pour les talons aiguilles noirs et la lingerie en dentelle noire que pour le blanc de l'innocence. N'avait-il pas raison ? N'avait-il pas raison ? Qui prétendrait le contraire ? Mais oui, évidemment, la vendeuse pouvait tranquillement emballer le produit d'entretien avec les chaussures blanches. On l'utiliserait plus tard pour les cuissardes noires à hauts talons. Et à ces mots, il s'esclaffa.

Mais la vendeuse se borna à ébaucher un bref sourire de politesse. Bien que le mouchoir en papier eût commencé à se dissoudre à force d'être imprégné de sueur comme une hostie gorgée de salive, elle ne lui en proposa pas un second.

La fillette ne paraissait pas écouter ce qui se disait. Elle ne fut brutalement tirée de sa rêverie que lorsque son père saisit soudain l'une des chaussures blanches dans le nid de papier de soie et l'examina sous toutes les coutures en la tournant et la retournant entre ses mains. Drôle d'époque, poursuivit-il, drôle d'époque vraiment où le bonheur tenait à des babioles de ce genre ! Des chaussures en similicuir. De dérisoires joujoux qui fondraient sans nul doute sous l'effet de la prochaine pluie. Mais dans l'enfance, le bonheur était à portée de main, n'est-ce pas. Jamais plus par la suite, on y accédait aussi aisément. Et pourtant, il connaissait à présent de meilleurs moyens de s'offrir une petite heure de bonheur par-ci par-là, mais il ne s'en vendait pas ici, ou bien si ?

Ces chaussures, dit la vendeuse, étaient en cuir véritable, un modèle italien, *vero cuoio*, et la semelle pas simplement collée mais cousue. Elle en avait vendu quatre paires ces jours derniers. Des valeurs sûres.

Des valeurs sûres ? Pour la caisse du magasin, sans nul doute, dit l'homme, manifestement déçu que la femme rondelette ne voulût pas entendre parler davantage de sa conception du bonheur. Incroyable, le prix qu'on demandait aujourd'hui pour ce genre de babioles. Son petit ange – il caressait à présent les cheveux de la fillette –, son petit ange avait même investi tout son argent de poche pour ne pas devoir porter les chaussures de sa sœur aînée dimanche prochain. Une vraie tête de pioche, cette petite. Elle était rentrée chaque jour avec le désir d'une autre nouveauté entrevue au passage dans la vitrine du magasin. Une raison de plus pour ne vouloir finalement que ces chaussures-là, les blanches vernies. Des chaussures vernies ! Existait-il seulement quelque chose de moins pratique, de plus inutile, de plus kitsch que des chaussures vernies, et blanches de surcroît ? Quant à lui, il était curieux de voir si la joie de la petite durerait au-delà du dimanche suivant. Un petit caillou, un faux pas dans la nef de l'église, une flaque ou une petite lézarde dans la laque au moment de la première génuflexion devant l'autel – et c'en serait fait de toute cette joie.

Puis-je ? dit la vendeuse en faisant mine de reprendre la chaussure afin de la remettre dans la boîte. L'homme profita de l'occasion pour lui attraper le poignet ; lâcha prise l'instant d'après et lui passa la main sur l'épaule comme l'ébauche d'une tentative avortée visant à l'enlacer. Bien sûr, marmonna-t-il, bien sûr, faites donc.

La fillette avait écouté bouche bée les invectives suscitées par ses chaussures vernies. Sa mine s'était assombrie progressivement, exprimant pour finir l'immense déception de quelqu'un qui s'aperçoit pour la première fois que la chose la plus merveilleuse, la plus resplendissante, la plus incontestablement noble pouvait non seulement être avilie et conspuée, mais piétinée avec rage. Elle ne regarda même plus comment la vendeuse recouvrait les chaussures de papier de soie, remettait le couvercle sur la boîte et la glissait précautionneusement dans un sac un peu trop petit, mais se tint immobile dans la coulée de soleil qui avait progressé quelque peu sur le sol, le visage empreint d'une tristesse telle que la lumière elle-même paraissait devenir peu à peu aussi grise que la moquette souillée.

Les merles s'étaient tus. Le marteau-piqueur dans la maison voisine tapait si fort qu'on aurait dit que le burin allait d'un moment à l'autre trouer les rayonnages sur le mur du magasin. Le parfum du lilas et des narcisses s'était dissous dans une odeur âcre de sueur. La vendeuse, à présent une femme blafarde, à la mine fatiguée, lissa le billet de banque avant de le poser dans le compartiment idoine du tiroir de la caisse enregistreuse qui s'était ouvert d'un coup en ferraillant. Le père ne disait plus rien. Et lorsqu'il voulut remettre à sa fille le sac avec les chaussures vernies, la petite ne tendit pas la main pour le prendre.

La pêcheuse à la ligne

Je vis une fillette avec une canne à pêche en bambou au bord de la rivière Bagmati, à Pashupatinath, le secteur des temples de Katmandou. Elle devait avoir dans les dix ans, peut-être moins, ses pieds s'enfonçaient dans la boue qui lui arrivait jusqu'aux chevilles et elle tirait un fil de pêche à travers l'eau grise sur laquelle flottaient de la cendre, des morceaux de bois carbonisés, des lambeaux charbonneux et des blocs noirs dont on eût été bien en peine de dire quelle forme ils avaient revêtue avant d'en être arrivés à ce stade.

Des haillons de fumée ne cessaient de voiler la pêcheuse derrière laquelle on voyait émerger de l'eau une rangée de ghats, des plates-formes de pierre sur lesquelles des cadavres étendus sur des bûchers brûlaient sous le ciel d'un bleu printanier sans nuages. De temps en temps, un bras ou une jambe tombaient de l'un ou l'autre de ces lits de feu rougeoyants, ou bien les flammes s'écartaient, laissant apparaître, crevé sous l'effet du feu ardent, un ventre d'où s'échappait une pelote grise de boyaux. Des hommes vêtus de blanc, des gardiens du feu, jetaient alors des touffes d'herbe dans le brasier afin que la fumée voile le spectacle effroyable de la dislocation ; ce qui était tombé d'un lit de feu était rejeté dans les flammes à l'aide de pelles et de fourches.

Lorsqu'un bûcher était consumé, on déversait des seaux d'eau sur les cendres et les derniers nids de braises et on repoussait dans le cours d'eau à l'aide de balais de jonc ce qui n'était pas entièrement brûlé mais seulement carbonisé. Puis la plate-forme était lavée à grande eau jusqu'à ce qu'elle brille, et c'est avec un soin méticuleux que l'on érigeait ensuite un nouveau bûcher qui finissait par ressembler à un sarcophage ; on y installait le corps d'un défunt que l'on recouvrait de brindilles et de bûches afin que la dépouille mortelle ne repose pas seulement dans les flammes mais au cœur même du feu.

Enveloppés dans des tissus jaune safran, des morts entourés de leurs familles éplorées étaient allongés sur la berge. Le moment venu, on les aspergeait une dernière fois avec l'eau sacrée de la rivière puis on tirait le tissu sur leur visage et on les portait sur les ghats.

La fillette tournait le dos aux morts et aux familles endeuillées, elle tournait le dos aux feux et aux temples qui se profilaient, étincelants d'or, derrière les ghats, tournait aussi le dos à la ville derrière les temples et aux chaînes blanches de l'Himalaya qui se dressaient dans le ciel bleu foncé, très loin derrière la ville, et n'avait d'yeux que pour sa ficelle de pêche qui fendait l'eau de la rivière. Une seule fois, la pêcheuse se retourna vers la berge lorsqu'une femme, après avoir humecté le visage de son mari avec de l'eau de la rivière et l'avoir embrassé une dernière fois, se mit à pousser des hurlements de désespoir et se réfugia en hurlant dans les bras d'une consolatrice.

Un chien noir et blanc qui dormait entre les dépouilles prêtes à être incinérées se leva, sans doute réveillé par les lamentations de la femme, bâilla, s'étira, trotta ensuite jusque dans la rivière, s'intéressa à un débris noirâtre qui flottait par là, le prit brièvement dans sa gueule, le laissa retomber dans l'eau. Mais cela l'avait mené trop près de la pêcheuse qui l'apostropha vertement et feignit de ramasser une pierre pour le chasser.

Le chien comprit l'avertissement, fit quelques sauts en aval, non sans soulever de la boue noire avec ses pattes de derrière. Puis il marqua le pas, s'éloigna encore un peu mais tranquillement, la truffe contre le sol, reniflant et happant quelque chose par-ci par-là, et il était déjà hors de portée d'un jet de pierre lorsqu'il se trouva soudain confronté à un rival qui lui bondit dessus sans crier gare.

J'observais les chiens qui se battaient dans l'eau et c'est pourquoi je ratai le moment où la fillette fit une prise. Je ne me tournai vers elle qu'en l'entendant pousser une exclamation triomphale. Elle avait déjà retiré sa ficelle de l'eau. Au bout de la ficelle il n'y avait pas d'hameçon mais un aimant auquel quelque chose était resté attaché, un morceau de métal, une boucle, un fermoir, quelque chose qui avait peut-être orné de son vivant le corps de l'un des défunts incinérés ou qui lui avait été utile, quelque chose qui avait été balayé dans la rivière en même temps que ses cendres.

La fillette détacha sa prise, la tendit à la lumière pour l'examiner à loisir, la montra en riant à l'une des femmes accroupies sur la berge, l'examina une autre fois puis la glissa dans un petit sac en tissu qu'elle portait en bandoulière.

Je portai ma main en visière au-dessus de mes yeux afin de suivre le combat des chiens en aval de la rivière. Mais là où ils se démenaient encore furieusement un instant auparavant, accrochés l'un à l'autre et soulevant des gerbes d'eau, il n'y avait plus qu'une place vide dans la lumière de l'après-midi et la rivière – pourtant un véritable cloaque quand on la regardait de près – scintillante comme une coulée d'argent.

La menace

Je vis un nœud de pendu s'étalant sur le panneau publicitaire haut comme une maison qui surplombait le bâtiment bas d'un poste frontière. Ainsi que l'exige le strict règlement qui prévaut dans le no man's land entre les frontières thaïlandaise et malaise, le car, dans lequel j'occupais une des places situées à l'avant, roulait au pas à la rencontre de ce panneau. Au-dessus du nœud coulant à six tours, on lisait en lettres noires de la hauteur d'un homme se détachant sur fond blanc : DEATH FOR DRUGS. Peine de mort pour trafic de drogue.

Partis du sud de la Thaïlande vers le nord-est et les vapeurs chaudes de la mousson, nous avions été prévenus d'emblée, nous autres voyageurs de diverses nationalités qui rejoignions la Malaisie à bord d'un autocar de ligne plein à craquer : ne jamais quitter des yeux ses bagages ! Ne jamais accepter de porter quelque chose à la place de quelqu'un pour traverser la frontière malaise, jamais !, sous aucun prétexte, ni paquet ni vêtement, ni même une poupée ou un gâteau. Il était arrivé que des voyageurs non avertis soient devenus ainsi, sans le savoir, des passeurs de drogue et tombés comme tels sous le coup de la loi. En Malaisie, on n'avait pas besoin de preuves pour vous accuser de trafic de drogue ; votre innocence, en revanche, vous deviez la prouver. Et aussi : en Malaisie, la torture était pratique courante.

À la vue du nœud de pendu qui grandissait au fur et à mesure que notre car s'en rapprochait à une allure d'escargot, je fus pris d'un doute – et je n'étais vraisemblablement pas le seul dans ce cas : n'avions-nous pas quitté des yeux nos bagages ? Nos sacs à dos, besaces, valises, ballots étaient rangés sur le toit de l'autocar, sous des bâches arrimées à l'aide de cordes.

Lorsque le car s'arrêta sous le panneau et que le chauffeur et ses aides commencèrent à descendre les bagages un à un et à les aligner en une longue rangée sur l'asphalte miroitant de flaques, tout un chacun était fondé à se dire que son sac à dos précisément, ou sa valise qui était restée là-haut tout au long du voyage, contenait peut-être quelque article de contrebande qui en serait retiré après le passage de la frontière malaise aussi subrepticement qu'il y avait été introduit avant le départ dans le tohu-bohu de la gare routière ou lors d'une halte en cours de route, mais qui, pour l'instant, y reposait encore, planqué tel un œuf de coucou mortellement dangereux entre les t-shirts, les sarongs, les sacs de couchage, les livres de poche.

La rangée de nos bagages alignés par terre était à peu près trois fois plus longue que notre car encroûté de boue dont le dessous fut inspecté par deux policiers à l'aide de miroirs roulants fixés à l'extrémité d'une barre, avant que les rangs de sièges vides soient passés en revue et dûment reniflés par un berger allemand au pelage singulièrement clair, presque blond. Les policiers promenèrent ensuite le chien tenu en laisse courte le long de nos sacs alignés derrière lesquels nous avions dû nous poster. L'ordre nous en avait été donné en trois langues par deux haut-parleurs fixés au panneau sur lequel s'étalait l'image menaçante de la corde de pendu. Mais le chien passa devant nous, apparemment indifférent, sans daigner s'arrêter.

Comme si tout se déroulait ici suivant une dramaturgie parfaitement réglée, au moment même où les policiers arrivaient avec leur chien à l'autre bout de la file de voyageurs alignés côte à côte, trois femmes voilées sortaient du poste de douane et se dirigeaient vers nous dans leurs longs drapés noirs ondoyants. Et tandis que les policiers s'arrêtaient avec leur chien à l'extrémité de la ligne de bagages comme pour les protéger ou les surveiller, les femmes désignaient au hasard telle ou telle besace, tel ou tel sac à dos ou valise : ouvrir ! Déballer !

Ainsi se forma peu à peu une seconde ligne, parallèle à la première, mais à la fois plus clairsemée et plus diversifiée, et qui ne laissait pas de faire penser à l'alignement approximatif des éventaires de quelque marché aux puces improvisé. Quand apparaissaient des boîtes à savon, des trousses de toilette, des pochons en plastique ou des sacs à chaussures, ils devaient être ouverts, et tous les contenants qui se trouvaient dedans devaient être ouverts à leur tour, et ainsi de suite, à la façon des poupées russes, jusqu'à ce que devienne apparent le noyau, l'indivisible dedans du dedans. Et tout au long de ce déballage, les femmes voilées ne disaient mot, se bornant à faire des signes : désignaient quelque chose, traçaient une boucle ou un cercle dans l'air, tournaient vers le haut les paumes de leurs mains, faisaient non de la tête.

Si les voyageurs n'avaient cessé d'échanger des mots durant tout ce processus de contrôle, des mots rassurants, lénifiants, parfois même des réflexions teintées d'humour, le silence se fit brusquement, le silence absolu, lorsque l'une des femmes voilées appela les deux hommes en uniforme et leur montra un coffret en bois délicatement ouvragé dont elle retira un objet de la taille d'un savon enveloppé dans du plastique et du papier adhésif. Lorsque le chien le renifla, il se secoua comme si quelque chose d'âcre, de piquant lui était monté au nez.

Tous les regards étaient à présent tournés vers la propriétaire de ce coffret, une jeune Thaï qui comprenait manifestement la langue du pays, le *bahasa melayu*, car elle répondit dans cette langue, même si ce fut d'une voix hésitante, aux questions des hommes en uniforme. Les femmes voilées faisaient également cercle autour de la suspecte mais sans poser de questions, se bornant à la regarder de haut tandis qu'elle s'agenouillait pour ramasser, comme on le lui avait ordonné, le contenu de son sac répandu sur l'asphalte mouillé.

Lorsque ce fut chose faite, l'un des hommes en uniforme la saisit par le bras, l'autre se chargea du sac. Et c'est ainsi qu'elle fut conduite au poste de douane. Les femmes voilées leur emboîtèrent le pas avec le coffret et nous restâmes plantés là, alignés en rang d'oignons derrière nos sacs, jusqu'à ce que le chauffeur et l'un de ses aides, après s'être rendus à leur tour au poste, en soient revenus avec l'autorisation de charger les bagages ; alors seulement, nous nous hasardâmes à bouger. Mais il nous était expressément interdit de monter dans le car. Il fallait attendre, dit le chauffeur, attendre que nous soit délivrée l'autorisation de poursuivre notre route. Une heure s'écoula. Puis une averse violente nous força à chercher refuge sous l'auvent du poste de douane.

Au premier moment et tandis que la pluie battante sonnait comme une grêle de cailloux sur l'auvent, personne d'entre nous ne reconnut la silhouette gracieuse qui sortait du poste suivie par les femmes voilées. Elle portait un manteau de pluie bleu à capuche, délaissa l'abri de l'auvent et se dirigea droit vers notre car en attente devant le nœud de pendu. C'était bien la suspecte. Le contenu de son coffret ne contrevenait manifestement à aucune loi. Nous pouvions à présent, signifia l'une des femmes voilées à notre chauffeur, poursuivre notre route en direction de Kuala Lumpur.

La jeune femme à l'imperméable bleu fut en définitive la seule d'entre nous à remonter dans le car sans avoir trop souffert de la pluie. Nos imperméables étaient restés dans nos sacs et se trouvaient de nouveau sur le toit de l'autocar. Nous reprîmes place à bord, trempés jusqu'aux os.

Si j'ai bonne mémoire, il n'y avait, au départ de Hat Yai, en Thaïlande, pas une place libre dans le car qui s'éloignait à présent du poste frontière, apparemment sans un bruit de moteur, tant était sonore le tambourinement de la pluie au-dessus de nos têtes. Il y avait même eu une dispute quand un couple d'Australiens n'avait pas trouvé à s'asseoir côte à côte dans l'étouffoir exigu. Mais à présent que le nœud de pendu disparaissait derrière des rideaux d'eau ruisselante, l'effroi, la seule ombre de la mort avait créé de l'espace. La suspecte était assise là où elle était assise auparavant. Mais la place à côté d'elle était vide.

Présumé coupable

Je vis un panneau d'affichage au bord de la route de Kliplaat qui courait, miroitante dans la lumière tremblée, au pied du mont de Suurberg, en Afrique du Sud. À côté de réclames pour des véhicules tout-terrain, des glaces, des limonades et des appareils de climatisation, le panneau, légèrement penché en arrière et censé protéger l'aire de repos du faible trafic de l'autoroute, présentait aussi une mise en garde contre les babouins qui pouvaient se montrer agressifs : il convenait de ne pas déballer de nourriture sur l'aire de repos. La voracité des babouins était telle que toute denrée alimentaire avait tôt fait de les attirer.

À l'ombre de ce panneau penché, un chien poussiéreux était couché de tout son long, pattes en extension, comme si la surveillance de ce bariolage de réclames et de recommandations diverses avait fini par l'ennuyer au point qu'il s'était endormi. Et dans son sommeil, il n'avait pas dû s'apercevoir du passage du barbouilleur en colère qui avait peint par-dessus les affiches publicitaires avertissements et recommandations diverses, en lettres d'un format avoisinant la taille d'un homme, avec une peinture rouge foncé trop fluide et qui avait laissé des coulures, cette revendication criarde reléguant à l'arrière-plan tous les autres messages : HANG EM. Pendez-le.

Je voyageais ce jour-là à bord d'un autocar de ligne qui m'emmenait de Port Elizabeth, au bord de l'océan Indien, vers les paysages de steppes désertiques du Grand Karoo, et je savais – comme la plupart des passagers de l'autocar – à quoi faisaient allusion ces lettres démesurées et qui était celui que l'on souhaitait voir finir la corde au cou. Sur un parking de l'autoroute menant à Uitenhage, dans la province du Cap-Oriental, un parking semblable à celui-ci mais sans eau, ni kiosque, ni toilettes, ni pompe à essence, un sergent de la police sud-africaine, jeune, blanc, irréprochable, avait tué sa femme et ses deux enfants avec une arme militaire, en l'occurrence une kalachnikov. Telle était en tout cas la version tenue pour la plus vraisemblable et qui avait amené le tribunal de Uitenhage à placer le sergent en détention provisoire.

Pour l'amour du ciel, non, non ! avait juré le suspect après son arrestation, non, ce jour-là, le plus effroyable de sa vie, il était parti en excursion dans les montagnes avec sa petite famille et, à cause d'une dispute survenue entre les enfants au moment du départ, il avait oublié de faire le plein. Peu avant d'arriver à cette aire de repos, le lieu du crime, il était tombé en panne sèche. Il avait alors laissé sa femme et ses enfants chéris à l'ombre et s'était mis en route, un jerricane vide à la main, espérant ne pas avoir à franchir à pied la distance qui le séparait de la prochaine station d'essence. Peut-être se trouverait-il, parmi les rares automobilistes qui empruntaient cet itinéraire, quelqu'un pour le prendre à son bord et le conduire jusque-là. Et c'est ce qui était arrivé, l'automobiliste compatissant pouvait en témoigner. Et à son retour... à son retour il avait trouvé sa femme et ses enfants couchés à l'ombre, couverts d'innombrables blessures par balles, à la tête, au ventre, baignant dans leur sang, tous morts, abattus à bout portant.

Le crime sur un parking d'autoroute, le sergent blanc, sa cruauté ou son destin tragique, sa culpabilité ou son innocence avaient donné lieu, dans les jours qui suivirent son arrestation, à des débats passionnés relayés par les journaux et la télévision locale ou survenant spontanément, en famille, autour de la table de la salle à manger ou entre les gens aux arrêts de bus, et cela non seulement dans la région de Uitenhage mais bien au-delà, dans toute la province du Cap-Oriental. J'avais vu à Port Elizabeth un camion à ridelles dont les flancs s'ornaient d'une sorte d'anneau de Moebius peint à la bombe qui réitérait interminablement la même exigence : le meurtrier devait être lynché.

Deux ans seulement s'étaient écoulés depuis qu'il avait été mis fin à l'apartheid, inconditionnellement et dans tous les secteurs de la société, du moins sur le papier de la nouvelle Constitution, et depuis qu'avait été élu, en la personne de Nelson Rolihlahla Mandela, de l'ethnie Xhosa, le premier président noir de l'histoire de l'Afrique du Sud. Mais parmi les nombreux espoirs qui s'étaient accumulés durant des décennies de combats apparemment vains en faveur de l'égalité entre tous les habitants du pays, la plupart demeuraient irréalisés : c'étaient presque exclusivement des Noirs qui continuaient de s'échiner sur les lieux des travaux les plus ingrats, la misère était toujours chez elle dans les townships noirs, et noir demeurait, après comme avant, le syndrome d'immuno-déficience connu sous l'acronyme de SIDA – en revanche, le petit restant de vie claire et belle demeurait blanc, après comme avant. Tandis qu'aux étages inférieurs de la société, dans les ateliers, les entrepôts, les cantines, et autres lieux où la vie quotidienne était tenue en mouvement, résonnaient encore et toujours les chants des Xhosas et des Zoulous, des Sothos, des Tswanas, Ndébélés, Héréros, Swasis et de bien d'autres tribus du pays, les hauteurs devenaient de plus en plus silencieuses – et de plus en plus claires. Et pour finir, toutes blanches.

Et c'est dans ce contexte de prise de conscience de la torturante lenteur du processus d'amélioration du monde que s'inscrivait le triple meurtre de l'autoroute et, surtout, ce qui en découlait, à savoir la scandaleuse détention préventive d'un suspect blanc qui invoquait pour sa défense l'argument suivant : ce n'était pas lui qui avait commis le meurtre dont on l'accusait, oh non, pas lui ! mais l'une de ces nombreuses bandes de Noirs qui tuaient pour voler, violaient et se rendaient coupables de plein d'autres délits dans la région de Uitenhage et dans toute l'Afrique du Sud. Des Noirs. Une fois de plus, c'étaient des Noirs qui devaient payer.

Si j'eus un peu mal à suivre les propos d'un couple descendu du car en même temps que les autres passagers et qui se disputait à présent, non sans hausser la voix, après être venu se poster à côté de moi devant le panneau d'affichage, j'eus cependant tôt fait de comprendre que ces gens ne faisaient que répéter à peu près tout ce qui se disait dans la région et tout ce qu'on lisait dans les journaux sur le cas du sergent blanc. Appartenant à cette frange de la population qui bénéficiait en tant que *Coloured* – ni Blanc ni Noir – et aux termes des lois périmées d'un apartheid désormais relégué dans le passé, de quelques modestes privilèges la distinguant de la grande majorité des Noirs, le couple se disputait à présent là, devant ce panneau publicitaire, manifestement voué à osciller entre blanc et noir, d'un extrême à l'autre.

Je dis qu'on devrait le pendre, ce cochon, le pendre haut et court, dit la femme – elle portait un sari jaune safran et se montait le bourrichon –, un homme, un gardien de la loi ! qui en venait à tuer ses propres enfants et la mère de ses enfants, non, un tel homme ne méritait pas de se réveiller en vie le lendemain de son forfait. Et son cadavre devait être accroché à un arbre ou tout en haut d'une grue et rester là jusqu'à ce que les oiseaux aient déchiqueté de leur bec ses mains d'assassin et semé ses os entre ses pierres et les buissons d'épines du Grand Karoo.

Le mari ou l'ami ou le frère ou simplement le passager s'étant trouvé par hasard assis à côté d'elle approuva en silence les imprécations de la femme au sari, ce qui ne l'empêcha pas de mettre ensuite en doute la culpabilité du sergent blanc – n'était-il pas quand même possible, tout à fait possible que le sergent fût innocent ? Quel terrible coup du sort c'était : s'en retourner au parking avec le jerricane plein d'essence dans l'idée de poursuivre enfin l'excursion dominicale projetée et y trouver ses proches baignant dans leur sang. Pouvait-on imaginer quelque chose de plus effroyable que d'avoir à prendre congé de cette manière de ses enfants, de sa femme, et de devoir supporter en plus d'être accusé de les avoir tués ? Et au lieu de soutien, de réconfort, de compassion, de ne pouvoir attendre que répugnance et haine de la part de ses semblables. S'il était à la place de ce sergent, ajouta-t-il en s'adressant cette fois autant à moi qu'à la femme au sari, coupable ou innocent, il souhaiterait en tout cas mourir sur-le-champ, soit pour expier son crime, soit pour ne pas avoir à endurer plus longtemps l'intolérable souffrance liée à la perte subie et à l'accusation visant à le convaincre du meurtre des êtres les plus chers à son cœur.

J'ai oublié de quelle manière le chauffeur nous signala qu'il était temps de reprendre la route, je me rappelle seulement que les passagers quittèrent soudain le kiosque du parking, la fontaine d'eau potable devant laquelle ils faisaient la queue ou les toilettes dont les portes présentaient encore la marque des plaques RÉSERVÉ AUX BLANCS depuis longtemps retirées et qu'ils regagnèrent promptement leurs places. Le couple obtempéra également mais sans cesser de se chamailler.

Cependant, l'homme qui, tout à l'heure encore, semblait prendre fait et cause pour le meurtrier présumé de Uitenhage, parut soudain bizarrement excédé par ses propres prises de position, comme si le simple fait de se représenter ce qui était arrivé récemment sur une aire de repos semblable à celle où nous nous trouvions était de nature à vous dégoûter d'un monde où de telles choses pouvaient encore se produire alors que tout aurait enfin dû aller dans le bon sens. Peut-être ce revirement tenait-il aussi à une brusque colère déclenchée par un sentiment d'impuissance, par l'impossibilité de porter un jugement définitif faute d'avoir un coupable avéré, et peut-être que le chien endormi à l'ombre du panneau d'affichage lui apparut alors, sous le coup de la colère, comme le symbole même de la bestialité endormie qui pouvait se cacher sous le masque de l'innocence.

Tandis que la femme traversait le parking vibrant de chaleur pour rejoindre sa place dans le car, l'homme qui avait commencé par lui emboîter le pas fit soudain volte-face, se retrouva en quelques pas rapides près du chien et lui décocha dans le postérieur un coup de pied rageur. L'animal sursauta en poussant un hurlement à fendre l'âme mais, sans doute parce qu'il était habitué à être maltraité, il n'alla pas plus loin que jusqu'à l'autre extrémité de l'ombre projetée par le panneau d'affichage où finissait l'inscription peinte en grandes lettres rouges. HANG EM. Et arrivé là, comme celui qui l'avait brutalisé ne le suivait pas, le chien, une créature tourmentée par la gale, à moitié morte de fatigue, se laissa retomber dans la poussière.

Le vase chinois

Je vis des champs de glace entre les palmiers d'un vaste jardin à Santiago, capitale du Chili ; c'étaient les glaciers des Andes qui flamboyaient sous les derniers feux du soleil, les Andes dont les sommets s'élèvent non loin de la ville à près de six mille mètres d'altitude. Le vert foncé subtropical du jardin paraissait encore plus sombre par contraste avec l'éclat argenté du fond sur lequel il se découpait : entre les papayers, les orangers des Osages et les crinodendrons pataguas, les lauriers, les jacarandas et les fougères arborescentes, c'était manifestement une fête qui se préparait là. Sur la pelouse rase, semblable à un grand tapis vert, étaient disposées en un cercle ouvert des tables blanches couvertes de porcelaine blanche et ornées de bouquets blancs – arums, hibiscus, roses, lis et lavande blanche.

Et au centre du cercle, comme pour souligner la splendeur de ce blanc aux nuances variées, se dressait sur un podium également blanc un vase chinois gigantesque d'environ trois mètres de haut, vraisemblablement de l'époque Ming, émaillé de volées d'oiseaux et de guirlandes de fleurs. Les oiseaux paraissaient suivre le mouvement ascendant d'une spirale de fleurs de toutes les couleurs et, peut-être, de toutes les saisons, s'élevant du socle du vase à son bord supérieur. Ou bien étaient-ce les oiseaux qui semaient ces fleurs dont les différentes teintes signalaient à la fois leur passage et celui des saisons ? Le vase devait représenter le monde – les vagues bleu foncé de la mer ondoyaient autour du socle et le bord supérieur s'ornait d'une couronne de sommets enneigés, enveloppés de nuages. Sur une bande noire et or au-dessus des sommets brillaient des étoiles.

Peut-être, me disais-je, n'était-ce pas du tout à l'occasion d'un mariage, d'un baptême ou d'un anniversaire que ce décor avait été planté mais uniquement pour que ce vase... Oui, peut-être qu'un collectionneur passionné voulait simplement montrer à ses amis le butin qu'il avait rapporté d'une vente aux enchères, d'une brocante ou d'une manufacture de porcelaine ; ou bien cet objet monstrueux faisait-il partie d'une succession et devait-il être solennellement présenté au cercle des héritiers par celui qui en était devenu l'heureux légataire ? Oui, j'en étais convaincu, c'était l'un ou l'autre ou, du moins, quelque chose dans ce genre qui devait avoir motivé l'organisation de ce banquet blanc dans un jardin déjà gagné par la pénombre, tandis qu'au loin les glaciers des Andes resplendissaient encore sous un soleil automnal invisible.

Je m'étais égaré dans ce jardin alors que je cherchais un passage direct entre deux défilés de maisons courant en parallèle. Après avoir suivi un long mur hérissé de tessons et contourné une impasse, je croyais déjà être sur le bon chemin mais je n'avais fait qu'accéder à une vaste cour bordée de garages sécurisés par des systèmes d'alarme pour me retrouver un peu plus tard entre des tours d'habitations si hautes que je devais renverser la tête en arrière pour distinguer les terrasses verdoyantes des étages supérieurs et tomber enfin en arrêt devant un portail de jardin grand ouvert dont les battants disparaissaient sous un lacis de fil de fer barbelé. Le jardin paraissait si grand qu'il faisait penser à un parc (et pourtant, il ne figurait pas sur mon plan). Sans doute s'agissait-il d'un jardin privé, mais je me disais qu'il devait être possible de le traverser et d'en ressortir de l'autre côté, à peu près là où je voulais me rendre. Et si l'on m'interrogeait, j'expliquerais ma présence par ma méconnaissance des lieux, brandirais mon plan de ville comme un passeport et demanderais que l'on m'indique le bon chemin.

Mais le jardin était désert. Entre les tables dressées pour soixante-dix à quatre-vingts personnes, ni les hôtes ni les invités n'étaient visibles, et invisibles demeuraient également ceux qui avaient installé les tables dans cette forêt vierge urbaine : nulle trace de cuisiniers ou de serveurs près du buffet dissimulé sous des bâches blanches.

Et comme tout était silencieux dans cet endroit. Les bruits de la ville, le raffut des moteurs et des machines de toutes sortes, comme tamisés par le vert profond du jardin, se réduisaient à une rumeur étale, lointaine. Le soleil allait se coucher, c'était l'heure où les oiseaux chantent mais le silence ici était tel qu'on avait l'impression que non seulement les oiseaux du jardin mais aussi tous ceux de la ville avaient été capturés par un peintre magicien et changés par lui en ornements qui figuraient à présent là, sur ce vase colossal.

Mais l'image de ce jardin luxuriant, prêt à accueillir de nombreux convives au déclin du jour, perdit d'un seul coup et son équilibre et son harmonie, elle se mit même à vaciller, comme prise de vertige, au moment où je m'aperçus que le socle du vase débordait du podium de trois largeurs de main, voire davantage, que le vase était en suspens au-dessus du vide, qu'il pouvait tomber d'un instant à l'autre et se briser sur le sol. Si l'on s'était servi d'une grue pour le soulever sur le podium – je crus voir des traces de roues sur la pelouse –, le grutier n'avait pas dû se rendre compte que la dépose laissait à désirer, le fait étant qu'un peu plus de la moitié seulement de la surface portante du vase reposait sur une base ferme.

Singulière expérience que de se trouver seul à seul avec un objet de cette dimension qui pouvait à tout instant basculer, tomber et se briser. Je ne voulais surtout pas me trouver dans les parages immédiats de cet équilibre menacé. Si le vase tombait, la faute en serait immanquablement imputée à celui qui était sur les lieux au moment de sa chute – moi, un intrus, un étranger. Quant à tenter de le repousser afin de lui assurer une position moins précaire sur le podium, il ne fallait même pas y songer, à moins de s'y mettre à plusieurs et de disposer de quelque outil de levage, d'une grue si possible.

Tandis que le jardin tout entier paraissait s'incliner peu à peu – y compris son mur d'enceinte et les tours d'habitation qui se profilaient derrière le mur – dans la direction où le vase tomberait si jamais il devait tomber, j'étais moi-même gagné par la sensation de perdre l'équilibre, de vaciller, de tomber puis de glisser, de rouler en arrière sur un plan oblique, dans la direction d'où j'étais venu, hors du jardin, à travers le fil de fer barbelé, à travers des arrière-cours et le long d'un mur hérissé de tessons jusqu'au fond d'une impasse. Penché !, tout était penché, tout s'inclinait. Le plus léger grondement de l'un des innombrables volcans de ce pays – ou ne serait-ce que le tremblement sismique à peine perceptible des glaciers entre les palmes – pouvait, *devait* faire tomber le vase.

Mais le récipient ne broncha pas lorsqu'un souffle de vent passa dans les arbres et qu'à travers le bruissement du feuillage un coup de sifflet retentit soudain, convoquant comme par enchantement le personnel de service qui fit irruption dans le jardin en rang par deux, les hommes en chemise blanche et cravate noire, les femmes en chemisier et robe blanche sous le tablier noir : quatorze hommes et femmes, des Indiens me sembla-t-il. Ils étaient commandés par un homme décharné en smoking qui étendait les bras de-ci de-là comme un maître de cérémonie, soulignant ses gestes de signaux qu'il donnait à l'aide d'un sifflet. Les Indiens portaient des lampions blancs et des candélabres en argent garnis de bougies blanches qui furent allumées sur les tables. Personne ne s'occupa de moi. Avec mon jean noir et ma chemise noire, je passais peut-être pour un invité arrivé en avance. Les autres convives n'étaient sûrement pas bien loin.

Et voilà que les yeux de l'homme décharné, alors qu'il allait déplacer un candélabre dont la disposition sur la table ne lui plaisait peut-être pas, se fixèrent sur le vase qui menaçait de tomber. Il se mit en mouvement aussitôt, se dirigea vers le podium, mais sans se presser, sans appeler à la rescousse l'un ou l'autre de ses subordonnés, si bien qu'il se retrouva tout seul devant le vase quelques secondes plus tard, comme si un maigrichon de son espèce était susceptible de remuer seul un objet qui pesait plusieurs quintaux, peut-être même plusieurs tonnes – mais voilà-t-il pas que le maigrichon en smoking écartait les bras et repoussait le vase vers le milieu de la table, sans forcer, presque comme si de rien n'était ! Une plume ! L'objet était aussi léger qu'une plume ! Il devait être en papier mâché ou dans une matière synthétique ultralégère, mais très ressemblante à de la porcelaine peinte, même vue de près.

Sous les mains du maître de cérémonie, ce n'est pas seulement le vase mais, en même temps que lui, le tapis vert, les buissons, les tables et les arbres qui cessèrent de se tenir de guingois et se retrouvèrent soudain d'aplomb ; et tout comme le vase, et avec la même soudaineté que lui, ils furent libérés de leur poids : car si cette poterie gigantesque était aussi légère qu'une plume, les palmiers, les fougères arborescentes, les tours d'habitations, même les chaînes de montagnes et leurs glaciers ne devaient pas peser bien lourd non plus. Et de fait, les grands palmiers Washingtonia frémissaient comme des brins d'amourette, des murs moussus et hérissés de tessons s'envolaient comme des guirlandes de papier, des tables lourdement chargées se soulevaient dans l'air à la lueur des bougies, aussi légères que des feuilles mortes, les couverts d'argent, les assiettes de porcelaine blanche, même les glaciers à présent éteints voltigeaient tels des flocons à travers le silence que nul chant d'oiseau ne troublait, tout dansait et flottait au moindre souffle de vent… jusqu'au moment où le maître de toute légèreté, le maigrichon – mais qui sait s'il n'était pas quand même doté de la force d'un géant – reconnut en moi un étranger et se porta à ma rencontre sans même prendre le temps de donner un autre coup de sifflet.

Calligraphes

Je vis des îles de pierres plates émergeant de l'eau lisse du lac Kunming au nord-ouest de Pékin. On aurait dit de petites plates-formes flottant sur le lac, si près du rivage et si proches les unes des autres qu'un promeneur pouvait les rejoindre sans difficulté. Sur la plus grande de ces îles, un homme était assis sous le soleil printanier. Il avait posé à côté de lui un sac de toile blanche et un bâton de bambou dont l'extrémité s'ornait d'une sorte de bulbe, une éponge de mer, et lisait un livre qu'il tenait à la manière d'un presbyte, pratiquement à bout de bras. Quand il baissait le livre et laissait courir son regard sur le miroir de l'eau jusqu'aux tours et aux pavillons du Palais d'été de l'empereur de Chine qui scintillaient au loin, de l'autre côté du lac, une faible brise feuilletait parfois le livre et les pages, alors, tournaient toutes seules. Lorsqu'il relevait le bras et que son regard retombait sur le livre, il ne faisait, semblait-il, que suivre la proposition du vent en reprenant sa lecture là où l'éventail des pages s'était figé.

Alors qu'il venait de poser le livre de côté et de tirer du sac un gobelet puis un bocal à confiture ou à cornichons contenant du thé, il fut rejoint par deux hommes qui l'avaient déjà hélé de loin. Les nouveaux venus étaient également munis d'un bâton de bambou et ils avaient aussi apporté du thé, mais pas de livres, rien qu'une liasse de fiches qu'ils tirèrent de la poche intérieure de leur veste. Ils prirent place sur deux autres îles, burent le thé, déployèrent leurs fiches et bavardèrent par-dessus les étroits chenaux de l'archipel miniature jusqu'au moment où, comme s'ils répondaient à un mystérieux signal qui eût invité les oisifs se trouvant au bord du lac à passer enfin aux choses sérieuses, ils cessèrent soudain de parler, rangèrent leurs verres et se mirent debout. L'instant d'après, ils plongeaient leurs bâtons de bambou dans l'eau et écrivaient sur leurs îles à l'aide des éponges gorgées d'eau. Sur la pierre lisse éclairée par le soleil, leurs élégants idéogrammes paraissaient comme peints à l'encre de Chine.

Les calligraphes étaient manifestement passés maîtres en leur art, aussi ne se référaient-ils que de loin en loin et très brièvement aux fiches et au livre qui devaient contenir ce qu'ils peignaient sur la pierre. Mais l'élégance des signes graphiques peints avec l'eau et la maestria avec laquelle ils les traçaient n'y changeaient rien – l'écriture pâlissait rapidement au soleil, s'évaporait. Lorsqu'un scribe parvenait à la fin d'une série de signes, il arrivait parfois que le début se fût déjà volatilisé et que la pierre plate redevenue vierge en séchant fût prête à en recevoir une nouvelle série. Il arrivait aussi que l'un ou l'autre scribe cesse un moment d'écrire pour évaluer d'un regard scrutateur l'œuvre de son voisin et la commenter en deux mots, ou tout simplement pour assister au spectacle de la disparition de l'écriture de l'autre ou de la sienne propre.

Lorsque le soleil se cacha durant quinze ou vingt minutes derrière un long banc de nuages, le processus de disparition ralentit au point que les scribes se déplacèrent d'île en île en quête de nouvelles surfaces vierges – et finirent d'ailleurs par se séparer. Ce furent, en l'occurrence, les porteurs de fiches qui prirent congé et s'éloignèrent en suivant le bord du lac vers le pavillon de marbre en forme de bateau à aube que l'impératrice veuve Tseu Hi, dont le règne dura plus de cinquante ans, avait fait édifier sur le lac pour montrer que, même en marbre, un vaisseau impérial ne sombre pas.

Après le départ des deux autres, l'homme resté sur les îles posa de côté son bâton de bambou, reprit en main son livre et lut jusqu'à ce que le soleil perçât à travers le banc de nuages et que toute trace des signes peints sur les pierres eût disparu. Je craignais déjà d'avoir raté une occasion, mais lorsque le calligraphe se remit à l'œuvre, je m'approchai du bord et le priai, en bon touriste que j'étais et à grand renfort de gestes aussi gauches qu'éloquents, de m'autoriser à le photographier, lui et ses signes volatils. Il me répondit en anglais et m'offrit du thé et une place sur une île vide à côté de lui. Son écriture se volatilisa tandis qu'il me demandait d'où je venais et me questionnait sur le but de mon voyage. Je répondis, photographiai, questionnai à mon tour.

Il avait travaillé comme technicien dans une centrale hydraulique sur le cours supérieur du Yang-Tsé

Kiang et ce n'était que tout récemment, à l'âge de la retraite, qu'il avait quitté la province de Hubei pour rentrer à Pékin, auprès de sa fille. Pour peu que le temps le permît, il écrivait jour après jour, en plein air, pas seulement avec l'eau sur les pierres mais aussi avec un pinceau sec, dans la poussière. Souvent sur le capot poussiéreux des voitures arrêtées. Une rangée de voitures au bord de la rue, un parking pouvaient ainsi devenir un livre ou une bibliothèque jusqu'à la prochaine pluie.

Avais-je déjà entendu parler de la lessive céleste ? Après des semaines particulièrement poussiéreuses, on tirait des charges d'iodure d'argent dans les nuages, au canon ou au lance-roquettes, afin de provoquer une averse nettoyante. Lorsque l'assaut des *soldats de la pluie*, comme on appelait les collaborateurs de l'*Office de gestion* du climat, était couronné de succès, il pouvait tomber des trombes d'eau telles que des quartiers entiers étaient inondés – et le calligraphe, alors, ne dessinait plus ses signes au pinceau ou à l'éponge mais les traçait dans la boue avec son bâton.

Des années durant, il avait eu le projet de voyager avec sa femme à travers le pays et de transcrire sur les rives des plus grands fleuves et lacs de Chine les trois cents poèmes remontant à la dynastie Tang que, de nos jours encore, beaucoup de calligraphes considèrent comme la source de leur art – de la poésie du septième, huitième et neuvième siècle. Mais sa femme était morte entre-temps et la Chine devenue trop grande pour ses moyens et ses forces. Et c'est pourquoi son champ d'action, qui aurait pu s'étendre aux rives du Huang He, du Mékong et du Yang-Tsé Kiang, des lacs Qinhai, Poyang et Namco, se limitait aujourd'hui au vaste rivage du lac Kunming.

Il n'aurait su dire, déclara encore le calligraphe, combien de fois il s'était plu à orner ce rivage en y inscrivant les œuvres des poètes les plus célèbres de la dynastie Tang – les dits de Li Bai, de Du Fu, de Meng Haoran ou de Bai Juyi, mais au nombre des dits qu'il avait le plus souvent écrits sur ces pierres, il fallait assurément compter ceux de Meng Hoaran, un poète du huitième siècle. Et le calligraphe, là-dessus, lut à haute voix, au rythme de son bâton de bambou, ce qu'il était en train d'écrire sur la pierre :

J'ai passé à dormir l'aube d'un matin de printemps

La première ligne s'était depuis longtemps effacée lorsque j'avais commencé à griffonner dans mon carnet de notes, avec son aide qui n'était pas sans me donner une idée du trésor de significations contenu dans chacun des signes qu'il traçait, une sorte de traduction, ma version du poème disparu ;

J'ai passé à dormir l'aube d'un matin de printemps
Alors que l'air était empli du chant des oiseaux
Et réduite au silence la rumeur nocturne de la pluie
[et du vent
Qui sait combien de fleurs sont tombées.

Était-ce parce que après ce message du temps de la dynastie Tang il n'y avait rien à ajouter, ou parce que j'avais commencé à griffonner de mon côté – toujours est-il que notre conversation marqua dès lors le pas et finit par s'enrayer. Mais peut-être aussi le moment était-il tout simplement venu pour le calligraphe de se remettre à calligraphier et pour moi de me remettre en chemin afin de rejoindre par la promenade du bord du lac le vaisseau de pierre de celle qui fut autrefois la femme la plus puissante de Chine.

L'instant d'après, en tout cas, nous prenions congé l'un de l'autre, chaleureusement mais sans échanger nos adresses et sans évoquer la possibilité de nous revoir un jour. Lorsque je me retournai dans sa direction à quelque distance de là, je constatai qu'il s'était replongé dans son travail d'écriture. Il trempait le bâton de bambou dans l'eau, pressait l'éponge saturée contre le bord de la pierre et ressemblait alors l'espace d'un instant à un passeur sur un radeau de pierre couvert de signes graphiques.

Pèlerins

Je vis les fondations d'une maison détruite dans la baie de Weligama, à l'extrême sud du Sri Lanka, envahies de haricots sabres, de scaevolas bleus et d'ipomées.

Sameera, le conducteur d'un de ces rickshaws motorisés à trois roues appelés *tuks tuks* qui pullulent dans les rues de la ville, s'était arrêté sur la route qui nous menait du marché aux poissons au môle de Mirissa où m'attendait un bateau afin de me montrer ce qui était resté de la maison où il habitait avec ses parents, après le tsunami dévastateur de 2004. Je l'en avais prié après que nous avions lié connaissance au comptoir d'un restaurant ambulant. Aujourd'hui encore, m'avait dit Sameera, sept années après le raz-de-marée, le simple fait de se retrouver devant ces fondations envahies par la végétation déclenchait en lui un afflux de souvenirs qui pouvaient le tourmenter des heures, parfois des nuits entières :

La grande vague avait fait plus de mille morts rien qu'à la gare routière de Galle et plus de quarante mille sur les côtes du pays. Parmi les morts se trouvaient l'une de ses sœurs, la mère de sa femme et deux de ses frères qui, comme nombre de victimes, avaient disparu, engloutis par les flots. Sampath, l'aîné des deux, il l'avait encore vu nager à quelque distance mais hors de sa portée, parmi des palmiers déracinés, des fûts et du bois de construction à la dérive. Il avait dû se noyer peu après ou être tué par les épaves qui roulaient dans l'eau tumultueuse, à moins qu'il n'ait lutté encore un certain temps dans les tourbillons rugissants, cramponné à quelque épave flottante mais aspiré vers le large par le reflux de la mer puis entraîné irrémédiablement dans les profondeurs.

Sameera avait toujours redouté l'océan près duquel il avait grandi. Il devait uniquement au mal de mer qui le rendait inapte au dur travail sur les fines barques de pêche d'être le seul des cinq frères à ne pas avoir dû devenir pêcheur. La simple houle en l'absence de tout vent le faisait vomir jusqu'au bord de l'asphyxie.

Là, c'était la chambre à coucher. Et là, la cuisine. Et là, la pièce où l'on mangeait et où se trouvait aussi, entourée d'une couronne de lumières clignotantes, la petite statue de Bouddha devant laquelle il priait chaque matin avant de sortir avec son tuk tuk.

Non, le véhicule orné de fleurs artificielles et de petites lampes multicolores qui lui permettait de nourrir ses trois fils, sa femme et ses parents ne lui appartenait pas. Il conduisait un tuk tuk de location appartenant à un commerçant aisé. Et la plupart de ses pareils en étaient à présent réduits à faire de même parce qu'ils n'avaient pas d'argent et ne présentaient pas non plus les garanties nécessaires pour obtenir le crédit qui leur eût permis de remplacer par un véhicule neuf celui qui avait été emporté par les flots ou fracassé par le tsunami.

Quant à bâtir une autre maison comme celle dont les fondations disparaissaient peu à peu, là, sous ce tapis de verdure et de fleurs, il ne pouvait en être question, et pendant des années et des années encore, il devrait se contenter de la baraque sans fenêtres ni eau courante, couverte de tôle ondulée, qu'il occupait comme locataire depuis l'année de la catastrophe, au bord de la route bruyante de Matara. Il fallait que ses fils aient grandi et appris un métier plus rémunérateur que celui de pêcheur avant qu'il puisse seulement songer à une maison ou à un véhicule qui lui appartiendrait en propre. Il avait bien, dit Sameera, une belle-sœur disposée à lui prêter une maison vide qui lui appartenait, une belle maison tout près de l'embouchure du fleuve. Mais il n'avait pu se résoudre à déménager tant il était effrayé à la seule pensée que l'un ou l'autre de ses enfants pût se noyer en jouant sur la berge boueuse,

Demuthu, la femme de Sameera, était enceinte de leur premier fils lorsque, comme en guise d'avertissement mais sans que personne n'en tînt compte, le rivage fut soudain submergé par une déferlante qui inonda les jardins et les maisons au point qu'on avait de l'eau jusqu'aux genoux. Puis l'eau s'était retirée très loin, puis plus loin encore, jamais de mémoire d'homme on ne l'avait vue refluer aussi loin... Parmi les habitants de la côte, entre Galle et Matara, nul ne se rappelait que l'océan se fût jamais retiré jusqu'à disparaître dans le lointain, hors de portée du regard, jusqu'à laisser émerger à perte de vue une terre qui n'était autre que le fond de la mer ! Des poissons, de gros poissons surpris par le retrait rapide de l'eau battaient de la queue, couchés dans la vase ou le sable et il ne restait qu'à les ramasser. Des enfants jouaient au ballon et poussaient leurs cerceaux sur cette étendue de terre brillante, souple, jamais vue, lorsque Sameera avait aperçu quelque chose de sombre au-dessus de la ligne d'horizon, quelque chose comme une bande côtière émergeant de la mer, non, plutôt quelque chose comme un sombre ruban de nuages... C'était le second mur d'eau, haut comme une tour, qui fonçait à six cents kilomètres à l'heure vers le rivage où il allait tout dévaster. Pour les enfants qui jouaient au loin et pour les ramasseurs de poissons, les cris d'avertissement venaient de toute façon trop tard, mais Sameera n'avait eu de cesse d'alerter sa femme, ses voisins et tous ceux qu'il voyait au loin et qui étaient déjà perdus, de leur crier *cours ! courez !*, encore et encore, si fort que ça le brûlait dans la gorge et dans la poitrine.

En voyant comment le mur d'eau submergeait les cocotiers du rivage, Demuthu, qui était en train d'étendre du linge, ne chercha même pas à s'enfuir mais grimpa dans le grand pandanus derrière la remise. En haut de l'arbre, aussi haut qu'elle put grimper avec l'enfant qu'elle avait dans le ventre, elle s'attacha au tronc à l'aide de son sarong tandis que Sameera, arraché à la place qu'il occupait, était projeté sur le toit en terrasse d'une maison en construction où il réussit à s'accrocher à un fer à béton. Le fer lui coupa les tendons du pouce, de l'index et du majeur. Mais la maison en construction et l'arbre de Demuthu résistèrent à la pression de l'eau.

Deux des frères de Sameera étaient en train de décharger leur barque échouée sur le fond asséché de la mer. Ils devaient travailler dos tourné au mur d'eau et ne le virent pas arriver sur eux. S'ils avaient encore été sur leur lieu de pêche habituel, très loin de la côte, à bord de leur bateau peint imitant le pelage d'un tigre !, la vague n'aurait fait que les soulever, les maintenir un moment en suspens et les redéposer ensuite gentiment dans une mer plate, comme passée au rouleau compresseur.

Demuthu était encore attachée au pandanus, muette, comme pétrifiée par l'épouvante lorsque Sameera, tantôt rampant à travers les décombres tantôt les escaladant, s'en revint avec sa main ensanglantée qui ne pouvait plus rien tenir ni saisir sur les lieux où, tout à l'heure encore, se trouvait sa maison.

Était-ce le lendemain ?, oui, c'était bien le lendemain, tandis que les gens pataugeaient dans la boue et fouillaient les décombres à la recherche des morts et des disparus et de tout ce qui pouvait être récupéré et utilisé dans la triste nouvelle vie vers laquelle ils s'acheminaient, le lendemain donc, Sameera et sa femme avaient décidé de se rendre au Sri Pada, la montagne sacrée du Sri Lanka. Les hommes de quatre religions différentes escaladaient cette montagne pour prier, pour témoigner leur gratitude ou confier leur désespoir à leurs dieux respectifs mais aussi, lorsqu'il s'était produit un événement qui avait bouleversé leur vie jusque dans ses fondements et qu'ils étaient en quête d'un nouvel équilibre, pour prendre conseil, se sentir réconciliés, réconfortés peut-être.

Ils s'étaient donc extraits du chaos et avaient gagné le haut pays, le district de Ratnapura où le Sri Pada rocheux et dénudé surgit du beau milieu de la forêt vierge. À deux mille deux cent quarante-trois mètres d'altitude, un monastère couronne le sommet de la montagne qui doit être gravie de nuit pour que la fin d'une épuisante escalade à travers l'obscurité coïncide avec le lever du soleil. Quiconque escalade le Sri Pada est censé rejoindre la lumière en s'arrachant à l'obscurité, à celle du dehors comme à la sienne propre.

La montagne que bouddhistes, hindous, musulmans et chrétiens tenaient également pour sacrée et qui avait suscité de nombreuses légendes souvent contradictoires demeurait un lieu de partage dont personne ne prétendait s'arroger l'exclusivité et où chacun trouvait à nourrir sa foi :

Bouddha, disait-on, avait laissé au sommet l'empreinte d'un pied aujourd'hui richement décorée afin d'adoucir la vie des hommes pendant la saison sèche, il avait apporté avec lui, en descendant de là-haut, la rosée qu'il avait prélevée dans les nuages, la rosée scintillante d'où venaient les saphirs bleus, les rubis et les pierres de lune que l'on cherchait aujourd'hui encore dans les mines de la région de Ratnapura...

De son côté, le dieu Shiva avait dansé au sommet de la montagne et, en dansant, il n'avait pas seulement piétiné l'aveuglement spirituel et l'ignorance, mais posé les bases d'un nouvel univers...

Et l'apôtre Thomas, entré dans l'éternité à Madras, en Inde du Sud, s'était agenouillé sous le sommet du Sri Pada et avait remercié la Sainte Trinité de lui avoir révélé un pays qui, vu de là-haut, se confondait avec le jardin d'Éden...

Alors même qu'il me parlait de ce pèlerinage qu'il avait fait à l'époque en compagnie de Demuthu tout en cueillant quelques ipomées bleues sur les fondations noircies par l'humidité de sa maison disparue, Sameera parut soudain comme frappé de mutisme, croyant à un signe du destin et insistant même plus tard, au moment où nous prenions congé l'un de l'autre sur le môle de Mirissa, pour me faire cadeau des quatre cents roupies représentant le montant de la course en tuk tuk, après que je lui eus dit que j'étais arrivé moi-même sur la côte trois jours auparavant seulement, venant du Sri Pada où je m'étais recueilli, comme lui-même et sa femme, devant l'empreinte du pied de Bouddha, au sommet de la montagne – un sommet où j'étais arrivé non pas comme un simple excursionniste mais comme l'un de ceux qui avaient grimpé durant une nuit orageuse à la rencontre du soleil levant, des heures durant dans des escaliers taillés à même le roc ou maçonnés, aussi raides que des échelles appuyées à des murs. Et de ce pèlerinage j'avais rapporté une histoire de plus parmi toutes celles qui circulaient au sujet de cette montagne, une histoire que Sameera ne connaissait pas. Je venais d'un monde où le Sri Pada était appelé *Adam's Peak* et n'apparaissait sur les cartes que sous ce nom :

Le Sri Pada était le premier endroit de la terre qu'Adam avait foulé après avoir été chassé du

Paradis. Il n'était donc pas arrivé de la vallée mais d'en haut, des sphères divines, du ciel, et à peine avait-il posé le pied sur le sommet de la montagne qu'il était tombé à genoux, désespéré à la vue de ce monde où tout était éphémère, où tout était destiné à mourir, et avait passé mille ans à pleurer sur le Paradis perdu... Toutes les sources, les torrents et les cascades du Sri Pada n'étaient rien d'autre que les larmes d'Adam.

Autant les scènes de la vie de Sameera avaient été jusque-là totalement différentes des miennes, autant nous partagions soudain, et comme par un fait exprès sur les lieux de sa maison détruite, le souvenir d'une montagne qui nous était apparue d'emblée, sous le ciel étoilé, comme un colosse noir traversé de lignes, de veines lumineuses.

Une société d'électrification, me dit Sameera, avait installé en guise de sacrifice propitiatoire les innombrables rubans de lumière et les lampes qui éclairaient nuit après nuit le chemin qui se hissait, à grand renfort d'escaliers et de plates-formes taillés dans la roche, du cœur de la forêt jusqu'au sommet de la montagne : on avait voulu de cette manière apaiser la colère des dieux et des démons après qu'un tunnel du barrage de retenue édifié au pied de la montagne, en terre consacrée, s'était effondré, provoquant la mort de cent quarante ouvriers...

Combien de chapelles et d'oratoires, de lieux de prière et de saintes effigies de différentes religions, combien de cabanes et d'abris où le thé pour les pèlerins épuisés et assoiffés fumait dans de grands chaudrons avions-nous croisés, Sameera et moi, sur le chemin du Sri Pada ? Et toutes ces cabanes, ces abris devaient être démontés au terme de la période du pèlerinage car le Sri Pada n'appartenait aux hommes que la moitié de l'année. Durant l'autre moitié il n'appartenait qu'aux dieux.

Mais au fait, s'enquit Sameera, est-ce que je connaissais la grotte près de la cascade, une grotte à peine plus grande que la cuisine de sa maison détruite ? Un ermite vivait là depuis quarante années.

Oui, et j'avais aussi vu l'ermite, un petit vieux qui m'avait invité à prendre place sur un banc taillé à même le roc où il dormait la nuit. Il m'avait offert de l'eau à boire en me voyant couvert de sueur. J'avais bu et lui avais posé quelques questions sur la vie qu'il menait ici et les raisons qui avaient pu le pousser à se retirer dans cette grotte sur les pentes rocheuses du Sri Pada, et c'est à peine si j'avais pu écouter ses réponses : l'ermite avait l'haleine fétide d'un grand malade et j'étais si occupé, dans un premier temps, à maîtriser mon dégoût que je n'avais presque rien compris de ce qu'il me disait.

Un peu plus tard, comme il s'était adossé à la paroi de la grotte et me parlait de l'amour de ses parents, de sa sœur et de ses frères, il avait soudain fondu en larmes. J'aurais voulu lui mettre le bras autour des épaules et le consoler, mais la puanteur de son haleine m'en empêcha.

Non, il ne manquait de rien dans cette grotte, jamais il n'avait regretté ce qu'il avait quitté en se retirant ici et son seul vœu non encore exaucé était de connaître bientôt une mort paisible, m'avait-il dit en retirant ses lunettes et en essuyant les larmes sur ses joues ; il pleurait, dit-il, parce que c'était la première fois au cours de tant d'années que quelqu'un lui posait des questions sur sa famille, sur la vie qu'il menait ici.

Il a pleuré ? s'enquit Sameera. Il a passé sa vie entière à prier dans une grotte du Sri Pada, à méditer et à chercher à se libérer des pesanteurs de la vie et n'a pas pu s'empêcher de pleurer quand on l'a questionné sur son histoire ?

Je raconte ce que j'ai vu, dis-je. Je raconte ce que j'ai entendu.

Sameera était monté deux fois au Sri Pada. La seconde fois, quatre ans après le tsunami et sans Demuthu. Cette fois aussi, l'un de ses frères avait trouvé la mort peu avant son départ pour les hautes terres : Harsha, qui avait laissé tomber la pêche et vendu son bateau avant de devenir soldat et de sauter dans le district de Batticaloa sur une mine des séparatistes tamouls. Alors que, comme il l'écrivait à sa famille à peine une semaine auparavant, il n'avait pas tiré un seul coup de feu sur les Tigres Tamouls qui tentaient en vain, depuis des décennies, de créer un État indépendant sur l'île des Cinghalais et avec lesquels on avait récemment pu conclure la paix.

Tout de même étrange, dit Sameera, que tout au long de ce second voyage dans les hautes terres, il n'eût songé ni à son frère récemment tué par une mine, ni aux membres de sa famille qui avaient disparu dans un mur d'eau, occupé qu'il était à comparer pas après pas cette seconde ascension avec celle qui l'avait emmené pour la première fois jusque devant l'empreinte du pied de Bouddha.

La première fois, il n'y avait que peu de pèlerins en chemin parce que la saison du pèlerinage ne battait son plein qu'à partir de décembre, après la pleine lune. Mais cette fois-ci il avait été pris dans le flot tumultueux de milliers de gens, pressé de tous côtés et poussé et charrié vers le haut par et avec eux. Il s'était arrêté là où ils s'arrêtaient, avait fait des offrandes et prié là où ils faisaient des offrandes et priaient : devant la grotte ombreuse du grand Bouddha couché... devant le rocher baigné de lumière du dieu Saman et aussi au pied du versant abrupt où Bouddha s'était reposé et avait recousu ses vêtements déchirés. À cet endroit, Sameera avait acheté du fil et une aiguille à des marchands ambulants et cousu le fil de son destin dans la tresse faite de tous les fils signalant le passage des innombrables pèlerins qui s'étaient arrêtés là avant lui.

Et quel silence régnait là-haut au terme de son premier pèlerinage, dit-il, le monastère pratiquement désert, le sommet enveloppé de nuages et le soleil levant réduit à un pâle reflet dans le brouillard mouvant. Mais cette fois, le ciel était clair, la couverture de nuages en contrebas, une surface plane, blanche, faiblement ondulante, l'air froid empli de voix, de prières, du martèlement des tambours, du tintement des cloches – chaque nouvel arrivant pouvait donner un nombre de coups de cloche équivalant au nombre de ses ascensions – et puis... et puis le soleil avait grimpé au-dessus des montagnes et projeté sur les nuages en contrebas l'ombre puissante du Sri Pada, on aurait dit l'aiguille d'une énorme horloge solaire.

J'ai vu cela aussi, dis-je à Sameera.

Peut-être d'ailleurs que le réconfort apporté par cette montagne tenait à ce que celui qui la gravissait, que ce fût durant la saison de la mousson ou par une nuit claire et sans vent, partageait ses souvenirs, ses sensations, ses émotions, son enthousiasme avec ceux qui cheminaient à ses côtés, pour des raisons vraisemblablement analogues aux siennes. Une fois redescendu dans la vallée, chacun de ceux qui s'étaient rendus là-haut en rapportait et conservait en son for intérieur, pour le restant de sa vie, quelque chose que les autres conservaient également, et chacun portait donc à travers son temps quelque chose qui faisait partie de tous les autres.

Comme nous nous étions éloignés des vestiges de la maison de Sameera enfouis sous la végétation et roulions vers le môle de Mirissa, nous franchîmes non loin de son embouchure, en empruntant un pont suspendu branlant, le fleuve au bord duquel se trouvait la maison vide qui était prête à l'accueillir mais où il ne pouvait emménager parce qu'il avait peur pour ses fils. C'était l'endroit même où la veille, au cours d'une excursion en bateau, j'avais vu des alcyons, des nuées de roussettes, des hordes de singes et des pygargues à queue blanche, des flamants se promenant parmi les lotus et les orchidées et sur des bancs de sable ombragés, des varans assoupis, un air de jardin d'Éden où l'homme brillait par son absence.

Une trentaine de bateaux de pêche, peut-être davantage, passaient tout juste sous l'arche du pont. Ils reposaient de jour à l'abri, sur la berge du fleuve, et filaient à présent droit sur la barre. Sameera fit signe sans s'arrêter à l'un des pêcheurs, cria à travers le bruit du moteur : mon frère ! Et son frère l'entendit ou reconnut peut-être le tuk tuk orné d'une ceinture de fleurs artificielles. Assis au volant d'un hors-bord noir décoré d'un motif de flammes peintes, il leva la tête dans notre direction et fit signe à son tour.

Il se faisait tard et je ne savais pas si j'arriverais à l'heure pour prendre le bateau à Mirissa. Cependant, je priai Sameera de s'arrêter un moment au bout du pont. Appuyé au parapet, je vis les embarcations sortir de l'embouchure du fleuve et se porter à la rencontre de la barre. Je vis comment la lame les soulevait, on aurait dit qu'elles allaient s'envoler mais elles restaient un instant comme en suspens dans l'écume bouillonnante, presque à la verticale, avant de glisser dans l'eau calme, de l'autre côté des crêtes houleuses, et je vis une flotte bariolée, audacieuse, triomphante qui faisait route vers la nuit.

Consolation des affligés

Je vis un groupe de gens en prière devant le portail à barreaux de l'église de l'hospice psychiatrique Am Steinhof, à Vienne. Le regard tourné vers la nef scintillante de dorures et faiblement éclairée par deux ampoules, les gens étaient agenouillés ou debout devant la grille fermée, cramponnés aux barreaux, comme si l'immensité qui se déployait dans leur dos, l'indolent défilé des nuages dans le jour déclinant et la ville tout entière en contrebas, immergée dans un océan bleu-gris, faisaient partie d'un monde clôturé de toutes parts tandis que le clair-obscur barricadé en direction duquel ils murmuraient et psalmodiaient leurs prières, leurs chants et leurs litanies représentait la liberté, un espace infini, un inépuisable trésor de merveilles resplendissantes.

Ô Marie, Reine miséricordieuse
Consolatrice des affligés,
Priez pour nous.

Les voix entremêlées des six ou sept dévots psalmodiant des prières et des couplets différents formaient un chœur confus où chacun se taisait puis s'associait de nouveau aux voix des autres suivant le rythme que lui dictait sa propre supplique. Les quatre anges gigantesques aux ailes d'or repliées trônant au-dessus du portail principal, le marbre blanc des façades rappelant la banquise et le dôme doré de l'église scintillante au soleil couchant avaient peut-être contribué à donner à ces femmes et à ces hommes une idée de la splendeur de ce ciel vers lequel leurs prières et leurs suppliques étaient censées s'élever à travers un tamis de barreaux et de grilles.

Restez avec nous
car le soir s'annonce
et le jour va sur son déclin.

Un guide que j'avais acheté à un kiosque tandis que je m'acheminais vers l'hospice Am Steinhof disait de cette bâtisse comme saupoudrée d'or, à laquelle menaient de sinueux chemins gravillonnés et des volées d'escaliers aux courbes ornementales, que c'était l'édifice sacré le plus vaste et le plus représentatif du Jugendstil : érigée dans les premières années du vingtième siècle, en guise de pièce maîtresse et de couronne, sur la partie la plus haute du terrain de l'hospice, la majestueuse église ne dominait pas seulement un complexe ceint de murs et comptant quelque soixante bâtiments, pavillons, locaux administratifs et techniques, mais aussi tous les clochers de la ville en contrebas. Cent mille arbres, pins, marronniers, ifs, platanes, sapins plantés sur le terrain de l'hospice durant les années de construction ombrageaient à présent jusqu'aux plus grands pavillons et accomplissaient une fois de plus, en cette soirée de l'automne commençant, le dessein du maître d'œuvre : l'air était empli de chants d'oiseaux.

Mais comme je pus le lire dans mon guide, assis sur un banc à proximité du portail de l'église, le maître d'œuvre en question, Otto Wagner, le grand architecte du Jugendstil, tomba en disgrâce à la cour impériale de Vienne en dépit de la clairvoyance dont il avait fait preuve en enchâssant son ouvrage dans un écrin de feuillus et de résineux – et l'on ne s'en étonnera pas sachant que cette cour haïssait tout ce qui ne correspondait pas aux normes, tout ce qui était nouveau, différent, tout ce qui était fou. Un héritier du trône, qui devait tomber quelques années plus tard à Sarajevo sous les balles d'un terroriste, n'avait pas même jugé bon, lors d'une allocution prononcée pour l'inauguration de ce qui était à l'époque le plus grand *asile d'aliénés* au monde, de prononcer le nom de l'architecte et avait quitté les lieux de la fête inaugurale, visiblement mécontent, aussitôt après une visite de l'église effectuée au pas de course.

Les noms que l'on ne prononce pas ! Combien de noms avaient été oubliés ou passés sous silence depuis cette allocution de l'héritier du trône : dans deux mille sept cents puis trois mille et, pour finir, dans quatre mille huit cents lits médicalisés, le désespoir et de nombreux autres maux de l'âme attendaient d'être soulagés, voire guéris, lorsque la peste à croix gammée atteignit son paroxysme et que la plupart des internés furent déclarés *indignes de vivre*, retirés des pavillons et déportés dans des lieux d'extermination où ils moururent gazés ou sous l'effet des poisons qu'on leur injectait, ou encore victimes d'expériences médicales pour lesquelles ils servaient de cobayes. Et pendant combien de temps, entre autres choses avérées, avait-on pu passer sous silence, dans et hors de l'enceinte de cette institution, le fait qu'un médecin qui s'était livré ici même à des expériences effroyables, souvent mortelles, sur des centaines d'enfants, œuvrait encore des dizaines d'années après l'éradication de la peste brune comme expert au tribunal et comme pédiatre dans les grises profondeurs de la ville grise.

Ô Marie, reflet de la grâce,
miroir de la justice,
priez pour nous.

Il est vrai qu'à l'heure où, assis sur ce banc public, je suivais la litanie de ces gens qui priaient devant la grille de l'église, le silence au sujet de ce médecin et de son temps avait été finalement rompu. Mais – et l'on avait beau être arrivé entre-temps au début des années quatre-vingt du vingtième siècle – sur les cinq mille cinq cents *internements* annuels en vertu desquels des gens étaient soustraits à leur logement et à leur vie quotidienne et transférés dans l'un des pavillons de l'hospice de Steinhof, près de cinq mille obéissaient à des placements d'office. Et il en allait encore ainsi, alors même qu'au cœur de ce doux automne les effets d'un vent frais se faisaient déjà sentir jusque sur les terres de l'hospice, un vent en provenance de la Méditerranée, déclenché par un psychiatre du nom de Franco Basaglia, né à Venise et installé à Trieste, qui avait réclamé l'ouverture de la frontière entre normalité et folie, la suppression de toutes les institutions fermées et fait – du moins en Europe de l'Ouest – un certain nombre d'émules dans les hôpitaux psychiatriques encore gérés à l'époque comme des *asiles d'aliénés.*

Bien entendu, les portes de l'hospice de Steinhof ne s'étaient pas ouvertes d'emblée toutes grandes à la suite des recommandations et propositions en provenance de Trieste. Mais à l'instar des grilles de l'église devant laquelle j'étais assis, elles s'étaient entrouvertes et s'ouvraient encore le dimanche et à certaines occasions exceptionnelles, et un premier pas était ainsi accompli dans le sens d'un rapprochement entre ceux qui vivaient entre les murs de l'institution et ceux qui vivaient en dehors.

Et c'est dans ce but aussi qu'en cette fin de semaine, un cirque avait installé son chapiteau bleu sur les prés de Steinhof. Patients et visiteurs devaient trembler ensemble en suivant les numéros des dompteurs et des équilibristes évoluant sur la corde raide sans filet de sécurité ou rire ensemble en voyant un clown trébucher sur des pierres invisibles et tomber dans une fosse invisible. Mais sous ce chapiteau, j'avais aussi vu des gens pleurer sur les malheurs d'un clown.

Les habitants de la ville, en contrebas, et ceux des pavillons de l'hospice s'étaient retrouvés par centaines sous le chapiteau pour assister à la représentation du cirque mais aussi, le lendemain, au théâtre de l'hospice où se donnait une conférence avec projection de diapositives sur Hawaï. Impossible de savoir, en entendant les interjections enthousiastes, les *aah* et les *ooh* suscités par les crêtes blanches des lames déferlantes, par les plages de sable noir bordées de palmiers royaux ou par les amoncellements de nuages rougeoyant sous les feux du couchant au-dessus des volcans de quatre mille mètres de haut, lesquelles venaient des visiteurs et lesquelles des patients. Et même si tel spectateur, fasciné par les paysages volcaniques défilant devant lui, était venu en pyjama ou en robe de chambre, cela ne voulait pas dire qu'il s'agissait forcément d'un patient. Le public ne pouvait en effet que constater qu'il régnait *dans* l'enceinte de Steinhof – au moins en ce qui concernait l'habillement, les mimiques, les cris et les manifestations bruyantes en général – une plus grande liberté qu'au-*dehors*. Il se trouvait ici nombre de personnes qui ne maîtrisaient pas ce qui, suivant les circonstances, entrait en ébullition, se rétractait ou se pétrifiait au-dedans d'eux et, de ce fait, ceux qui étaient là en tant que visiteurs pouvaient se sentir plus libres et se comporter plus librement qu'ailleurs. Dans ces conditions, pourquoi un visiteur qui n'avait éventuellement qu'à traverser la rue pour arriver à destination ne serait-il pas venu s'asseoir en pyjama ou en robe de chambre parmi les spectateurs réunis au théâtre de l'hospice ?

Et pourtant, comme ils paraissaient lointains et comme ils sonnaient étrangement, dans les rangs serrés des spectateurs, les noms des îles de Hawaï : Molokaï, Kauaï, Oahu, Mauï, Kahoolawe, Lanaï, Niihau... Des plages noires en forme de faucille défilaient sous les yeux du public, la sombre forêt tropicale vers laquelle des mains se tendaient parfois comme pour saisir un fruit ou cueillir une fleur. Un ara d'un rouge éclatant qui courait en remuant ses plumes rectrices à travers un désert de lave correspondait si précisément à la représentation que se faisait du jardin d'Éden un homme aux cheveux blancs emmitouflé dans une veste molletonnée qu'il s'écria *Adam et Ève !* en le voyant et répétait encore à hauts cris Adam et Ève ! Adam et Ève ! alors que le conférencier promenait déjà le public avec une flèche lumineuse en mouvement à travers les rues de Honolulu.

Le silence ne se fit qu'à la fin de la projection, lorsque la lumière se fut rallumée dans la salle. À certains spectateurs en attente d'autres images et manifestement disposés à attendre le temps qu'il faudrait et même davantage, il dut être notifié par des visiteurs – ou bien étaient-ce peut-être des voisins de lit ? – que le voyage était fini pour aujourd'hui. Un homme qu'un infirmier conduisait hors de la salle voulait constamment s'arrêter et se mettre à genoux pour cueillir des choses invisibles sur le plancher, des herbes, des anémones de mer. Au foyer, une jeune femme me pria de l'autoriser à prendre appui sur mes épaules : elle voulait sauter le plus haut possible. Devant un long miroir mural, à côté du vestiaire, elle sauta ensuite en l'air à perdre haleine tout en criant à tue-tête : Je suis jeune ! Je suis jeune ! Voyez comme mes cheveux volent !

Ô Marie, étoile du matin,
porte du ciel,
priez pour nous.

Parmi les gens qui s'en revenaient d'Hawaï il y en avait qui, plutôt que de rejoindre leur pavillon ou leur logement en ville après l'extinction de la dernière île, avaient envie de passer encore un moment sur place, de monter jusqu'à l'église ou de gagner les vastes prés qui s'étendaient derrière le dôme doré et semblaient se perdre dans le paysage vallonné du Wienerwald parce que le mur d'enceinte, là-haut, disparaissait entre les arbres.

J'avais emboîté le pas à ceux qui montaient à l'église et certains d'entre eux s'étaient déjà mis à chanter en cours de route. Une fois là-haut, installé sur le banc, je me plongeai dans mon guide, griffonnai ensuite les noms de Marie dans mon carnet de notes, dos tourné à la ville, face aux anges accrochés au-dessus du portail principal et aux fidèles qui psalmodiaient leurs prières. Aussi ne remarquai-je pas ce qui se passait dans le ciel derrière moi. Je n'entendis pour commencer qu'une rumeur lointaine mais qui prit rapidement de l'ampleur et remplit bientôt le ciel comme si c'étaient les armées célestes qui débarquaient, répondant aux appels réitérés des fidèles, des anges en si grand nombre que leurs ailes obscurcissaient le ciel.

Puis toutes les voix, les noms et les paroles se perdirent dans cette rumeur immense : c'était effectivement un bruissement d'ailes, le bruissement des ailes de milliers de corbeaux freux qui venaient dormir comme chaque soir dans les arbres de Steinhof, des arbres qu'un maître d'œuvre tombé en disgrâce n'avait peut-être pas seulement plantés pour qu'ils fassent de l'ombre et pour que les oiseaux y chantent mais pour le spectacle qui se jouerait jour après jour dans leurs ramures et qui montrerait à tout un chacun comment ça se passe et à quoi ça ressemble : se détacher à loisir de la terre, survoler toits, pavillons et murs ou laisser défiler le ciel, atterrir à loisir en des lieux immuables et, là, chanter, croasser ou se taire avant de s'envoler à nouveau, en solitaire ou en gigantesques nuées, de filer à travers le ciel à tire-d'aile ou en cinglant dans une direction ou dans une autre, mais en tout cas à sa guise et sans se laisser arrêter par rien.

Le ténor

Je vis disparaître une rue hideuse dans les tourbillons de neige d'une zone de dépression arctique : des bâtisses en préfabriqué trouées d'ouvertures noires ; un entrepôt dont les murs de béton lézardés et les portails coulissants cabossés étaient couverts de têtes de mort peintes et de personnages de bandes dessinées bariolés ; une fouille abandonnée au-dessus de laquelle deux grues enneigées tendaient leurs bras squelettiques ; des baraquements, des bouleaux déplumés et, juste derrière, sur un tertre, un monument en béton coulé haut de dix à douze étages représentant un soldat en armes... Saisis dans un tourbillon de voiles cristallins, les maisons, le tertre, le soldat colossal qui devait évoquer le souvenir de combats sanglants pour le contrôle des régions polaires s'enfonçaient irrémédiablement, comme aspirés par la plainte du vent, jusqu'à ce qu'il n'y eût plus rien à voir d'autre, depuis ma fenêtre, qu'une mer de neige démontée.

J'étais assis dans ma chambre surchauffée, au cinquième étage d'un hôtel de Mourmansk, dans la péninsule russe de Kola, les yeux braqués sur le chaos blanc. Mon vol à destination de Moscou avait été annulé à cause du mauvais temps et la pression atmosphérique avait encore baissé dans l'intervalle. Du fait de cette annulation, j'avais aussi raté les vols à destination de Londres et de Cork et je n'assisterais donc pas au mariage d'un ami qui devait être célébré ce jour-là à Baltimore, en Irlande. Au cours d'une conversation téléphonique sans cesse brouillée par des bruits de friture, j'avais appris qu'un agréable soleil d'automne brillait là-bas à cette heure et que l'Atlantique reposait aussi lisse qu'un miroir le long de la côte découpée.

Que n'étais-je parti deux jours plus tôt quand les conditions de vol étaient excellentes ! Si seulement j'avais, si seulement je... Mais à l'issue d'un voyage par mer dans l'Arctique, j'avais eu la fâcheuse idée de prolonger d'une journée mon séjour à Mourmansk : pour faire une excursion ! dans le port principal de la flotte russe de la mer du Nord qui était aussi le port des brise-glace, et pour croiser ensuite, à bord d'un trawler de pêche réaménagé en bateau de tourisme, des navires de guerre prêts à appareiller et faire le tour de la baie de Kola, un fjord de la mer de Barents de près de soixante kilomètres de long où reposaient, le long de quais à l'abandon et de docks délabrés, d'innombrables bâtiments hors d'usage, croiseurs, frégates, torpilleurs, sous-marins de toutes catégories rongés par la rouille, couchés sur le flanc ou à moitié immergés.

Dans le ventre des rares bateaux qui n'étaient pas encore simplement livrés à l'usure du temps au bord de quais et de môles abandonnés mais que l'on continuait à désosser, on voyait briller de loin en loin les éclairs bleutés de fers à souder ou bien l'on entendait retentir et se propager au loin sur l'eau lisse les tintements du bras d'une grue ou d'une masse contre le métal des superstructures ou des bordés. L'effondrement de l'Empire soviétique avait beau remonter à bien avant cet automne, les signes et les traces du déclin étaient partout présents, dans le port comme en ville.

Près de la moitié des habitants, soit quelque deux cent mille personnes, avaient quitté Mourmansk après l'effondrement survenu vers la fin du vingtième siècle : des chantiers navals, des usines, des comptoirs avaient fermé leur porte, des unités entières de la flotte de la mer du Nord avaient été dissoutes et démantelées. N'étaient restés à Mourmansk que ceux qui croyaient à un nouvel essor reposant sur l'exploitation de la région polaire, des gigantesques ressources de pétrole et de gaz présentes jusqu'au pôle Nord proprement dit ou, à tout le moins, sur une relance liée à la demande touristique croissante visant la mer de glace et les territoires militaires naguère interdits.

Mais qu'est-ce qu'on n'avait pas promis, dit encore le pilote du trawler, oui, qu'est-ce qu'on n'avait pas promis aux gens de Mourmansk à l'époque des communistes et, plus encore, après la disparition de leur Union soviétique. Plus d'un dixième de la prise totale de la pêche soviétique se faisait autrefois à Mourmansk. Et aujourd'hui ? Du fait des sous-marins qui y avaient été démantelés avec leurs réacteurs nucléaires, de toute l'huile et de toute la chimie des navires de guerre qui y croupissaient, il ne se trouvait pas aujourd'hui d'eaux plus polluées que celles des zones de pêche de la baie de Kola et du littoral de la mer de Barents. Et la seule promesse qui serait tenue aujourd'hui, dans cette baie, concernait les bancs de brouillard que nous traversions tout juste et qui se dissiperaient assurément dans la matinée.

Lorsque le brouillard se leva effectivement, quoique avec l'indolence de lambeaux de fumée en l'absence de vent, durant notre première heure de navigation autour du port, les épaves émergèrent peu à peu comme d'un rêve apocalyptique : dans l'eau noire, couchés sur le flanc, des navires dont les canons pointaient vers le ciel automnal sans nuages ou vers le fond de la mer, des sous-marins reposant entre des rochers comme des baleines échouées ; d'un contre-torpilleur, on ne voyait émerger de l'eau huileuse que le poste de commandement et les tourelles, et quelques frégates rongées par la rouille avaient été jetées les unes contre les autres par les marées ou par la tempête et reposaient à présent comme d'énormes bois flottés devant des docks en ruine. Quelques navires seulement se balançaient encore sur l'eau, amarrés ou à l'ancre, les autres étaient échoués, donnant de la bande, renversés ou submergés.

Je devais m'estimer heureux de trouver encore une chambre libre et chauffée, par ce temps, m'avait dit le réceptionniste à mon retour de l'aéroport de Mourmansk qui venait de fermer ses portes ; et d'ajouter qu'il pouvait me proposer le même numéro. Heureux, oui.

De retour dans ma chambre quelques heures seulement après l'avoir quittée, j'avais étendu une serviette mouillée sur le radiateur bouillant, et comme il avait cessé de neiger un moment, j'en profitais pour observer avec mes jumelles les nuées de mouettes qui volaient autour d'*Aliocha*, le soldat de béton colossal, et les immeubles en préfabriqué que je voyais de l'hôtel : des sacs en plastique contenant des victuailles se balançaient sous de nombreuses fenêtres de ces bâtisses mal entretenues ; d'autres fenêtres, moins nombreuses, s'ornaient de casiers, de garde-manger, peut-être parce qu'on n'avait pas de réfrigérateur, peut-être aussi par manque de place ou par mesure de prudence, contre les voleurs, car dans ces zones de stockage se déployant sur toute la hauteur des immeubles, on voyait aussi des bicyclettes, des chaises, des sacs de vêtements. Les façades des immeubles faisaient ainsi penser à de singuliers éventaires aériens où s'exposaient des choses du quotidien signalant des vies pleines de manques et de vaines espérances. Nombre d'habitants de ces immeubles, ainsi qu'en témoignaient des rangées entières d'orbites vides, devaient avoir renoncé à toute espérance.

Lorsque je reposai mes jumelles, il se remit à neiger, à neiger de plus en plus fort, et c'est à l'œil nu que je vis s'effacer ce décor de misère. Je me rassis dans un fauteuil de mousse grêlé de brûlures de cigarettes et, télécommande à la main, je me mis une fois de plus en quête de nouvelles météorologiques encourageantes. Et ne vis pour commencer s'inscrire sur l'écran que des rues et des pistes d'atterrissage enneigées, de brefs fragments de feuilletons, des pubs, des informations et des messages tronqués – et puis aussi, à un moment donné, un homme replet avec des dents de travers, coincé dans un costume d'employé de bureau quelque peu étriqué, debout sur une scène, sous les feux des projecteurs, devant un public nombreux. Je ne saurais dire si c'était son expression timide, presque embarrassée, son sourire timide, presque embarrassé aussi ou bien les regards dédaigneux et les rires sous cape que son maintien lui valait de la part du public et du jury retranché derrière une table – toujours est-il que je cessai instantanément de changer de canal. J'étais manifestement tombé sur un de ces concours télévisés qui faisaient alors florès sur les chaînes de nombreux pays, en de nombreuses langues, un de ces shows à rallonges se poursuivant de semaine en semaine et au terme desquels, suivant un processus d'élimination successive et sans appel, on était amené à couronner un gagnant ou une gagnante, celui ou celle qui chantait le mieux, celui ou celle qui dansait le mieux ou qui se montrait le plus apte – et cela dans le seul but de présenter des créations de mode ridicules – à parader sur une passerelle improvisée en adoptant une démarche singulièrement raide doublée d'un air infiniment blasé, bref : qui pouvait montrer, se prévaloir de quelque chose qui avait permis à certaines étoiles montantes de devenir mondialement célèbres. C'était de telles célébrités mondiales qu'il s'agissait de suivre l'exemple devant un jury souvent implacable et pour le plaisir d'un public constitué de millions de téléspectateurs appelés à participer au vote par téléphone.

De l'opéra, dit l'homme replet en réponse à la question d'un membre du jury qui lui demandait avec quoi il croyait pouvoir convaincre son public, là, maintenant ; avec de l'opéra, répéta l'homme replet. Dans le public et dans le jury on souriait d'un air entendu.

Mais lorsque l'homme replet aux dents de travers entonna une aria extraite de Turandot, de Giacomo Puccini : *Nessum dorma*, que personne ne dorme !, le chant d'un prince dans une ville impériale insomniaque, toutes les traces de doute et de condescendance souriante sur les visages des auditeurs s'effacèrent au profit d'une expression de surprise totale où l'enthousiasme eut tôt fait de se mêler à l'émotion. Vers la fin de l'aria du prince, le public commença à se lever puis à applaudir debout sous des bravos fusant de toutes parts ; une femme du jury essuya discrètement les larmes qui coulaient sur ses joues tandis que ses collègues ne dissimulaient qu'à grand-peine le trouble qui perçait sous leur air ostensiblement indifférent.

Bien plus tard seulement, longtemps après le passage de la dépression polaire à laquelle je devais d'être arrivé deux jours plus tard que prévu à Baltimore où l'on était d'ailleurs également passé entre-temps à un temps d'automne froid et pluvieux, j'apprenais par des amis irlandais que ce que j'avais vu à la télévision dans mon hôtel de Mourmansk n'était pas du tout une émission en direct mais la retransmission, d'ailleurs accessible sur internet, d'un tour de chant remontant à des années et depuis lors entré dans la légende.

L'homme replet, un amateur d'opéra né au pays de Galles, avait étudié la philosophie, travaillé comme employé de rayon dans la grande distribution puis comme représentant d'une marque de téléphones portables ; il suivait aussi des cours de chant depuis de nombreuses années et avait déjà largement perdu espoir pour n'avoir été épargné ni par la maladie ni par les séquelles de plusieurs interventions chirurgicales. Mais l'occasion s'était alors présentée de participer à un jeu-concours télévisé qui représentait sa dernière chance de réaliser son rêve : s'illustrer comme ténor. Et il avait gagné le concours.

L'année même de son triomphe, il chantait devant la reine d'Angleterre, gagnait des millions mais devait aussi payer la rançon de son bonheur. Car à l'émotion et à l'enthousiasme déclenchés par ses surprenants débuts succédèrent des voix plus critiques qui estimaient que son chant n'était finalement pas si enchanteur que ça, que les récompenses et les honoraires qu'il engrangeait étaient indûment élevés, ses apparitions sur scène entachées de dilettantisme. Que l'éternel perdant eût jugé bon de se faire redresser les dents aussitôt après avoir enfin gagné quelque chose, qu'il eût troqué son vieux costume bon marché et qui le gênait aux entournures contre un smoking sur mesure, c'étaient là des détails qui apparurent soudain, sous le nouvel éclairage qui le valorisait depuis peu, comme les signes regrettables d'une modestie perdue.

À l'heure de la tempête de neige, cependant, le chant de l'homme replet au sourire timide ne suscitait encore ni malveillance ni jalousie. Et tout comme la majorité des spectateurs dispersés de par le monde et invisibles, je fus vivement impressionné par sa prestation télévisée. Dans ma chambre d'hôtel, à Mourmansk, il me sembla qu'elle prouvait que le chemin mythique, censé pouvoir vous mener comme par magie de tout en bas à tout en haut, d'une situation désespérée à un bonheur sans mélange, existait réellement et que chacun, même un homme replet déjà presque perdu, mal fagoté et affligé de dents plantées de travers, était susceptible de le trouver et de l'emprunter. Et tandis que ce prince chantait l'amour et l'insomnie, une chambre d'hôtel misérable se transformait en un refuge douillet, le temps suspendait son vol, mettant du même coup un terme à l'attente impatiente de la fin d'une dépression cyclonique, et la tourmente de neige devant ma fenêtre devenait un paisible paysage de Noël, un paysage des années d'enfance au cours desquelles tous les espoirs, à juste titre, étaient encore permis.

Homme sans soleil

Je vis cinq hommes hilares accoudés au bar du *Sandboat*, un troquet dont le nom évoquait une flottille de canots de transport de charbon et de matériaux de construction depuis longtemps disparue, à Ballydehob, dans le comté de Cork, en Irlande du Sud. C'était par un dimanche après-midi gris, en juillet, et l'air dans la salle – on pouvait encore fumer à l'époque dans les débits de boisson – était chargé de fumée de cigarettes au point d'être aussi laiteux et trouble que dehors, sous le *drizzle*, un crachin aussi fin que la poussière.

Interrompu encore et encore par les exclamations des autres, l'un des hommes, un poivrot rubicond et trapu qui, en plus de la pinte de bière qu'il était en train de vider, en avait une autre pleine à portée de main, racontait une histoire qu'il enrichissait de détails complémentaires après chaque interruption. Ses auditeurs devaient donner finalement à l'histoire le titre de *The man who never saw the sun rise*, l'homme qui ne vit jamais le soleil se lever, et rire derechef à gorge déployée.

Écoutée, largement commentée et ponctuée de rires bruyants, l'histoire que le poivrot racontait au comptoir était celle d'un tailleur de pierre qui habitait dans un hameau au bord de la route de Mizen Head où il vivait en compagnie d'un chien de berger irlandais hirsute et plus grand qu'un dogue. Ce tailleur de pierre, l'un des ouvriers irlandais, au nombre d'environ deux douzaines qu'employait encore à l'époque un entrepreneur allemand qui s'était installé dans le pays plus de trente ans auparavant, ne cessait de jurer, devant ses camarades mais aussi, comme il se plaisait à le répéter, en invoquant le nom de la Vierge Marie, de ne plus jamais boire une goutte d'alcool ; malheureusement, il se trouvait toujours sur sa route quelqu'un pour le forcer ou, du moins, pour l'inciter à obliquer dans la mauvaise direction avec pour résultat de lui faire rompre son serment.

Le narrateur leva son verre, une pinte de Beamish, le vida, empoigna le verre plein qui l'attendait et but à la santé des autres. Ils s'esclaffèrent et burent à leur tour.

Quand le tailleur de pierre rentrait chez lui, souvent éméché, trop souvent complètement bourré, jurant comme un charretier ou chantant à tue-tête, son chien venait le lécher, et quand son maître poussait la chansonnette, il se plaisait parfois à l'accompagner en donnant lui-même de la voix, jappant et hurlant à n'en plus finir. Mais l'abus d'alcool faisait que le tailleur de pierre arrivait souvent en retard sur les chantiers et après avoir été congédié pour cette raison de diverses entreprises, il ne lui était resté au bout du compte qu'un seul employeur en la personne de l'entrepreneur allemand. Plus de cent maisons irlandaises traditionnelles en pierre avaient été entre-temps construites sous la houlette de l'Allemand sur les collines, sur le littoral et dans les vallons du comté, plus de cent maisons ! Et le tailleur de pierre avait participé à la construction d'une bonne moitié d'entre elles. Le fait qu'il était capable de travailler douze, voire quatorze heures d'affilée et même davantage quand il n'avait pas bu, était sans doute l'une des raisons pour lesquelles l'Allemand, à la grande surprise de certains habitants de Ballydehob, avait passé l'éponge sur ses manquements répétés.

C'était par un dimanche pluvieux comme celui-ci, mais plus froid, un dimanche d'hiver, que l'entrepreneur était tombé au *Sandboat* sur quelques-uns de ses ouvriers et les avait invités à boire une pinte puis une autre ; le tailleur de pierre était de la partie. Combien de pintes lui et les autres avaient-ils déjà vidées avant l'arrivée de leur patron, le tavernier lui-même ne le savait pas. Ici, comme d'ailleurs dans tous les débits de boisson d'Irlande, on payait chaque verre au moment où on passait la commande. Ce qui est sûr, c'est qu'on avait bu une flopée de pintes ce dimanche-là.

L'après-midi était déjà bien entamé lorsque l'entrepreneur avait pris congé de ses hommes en leur faisant promettre d'être présents à la première heure, le lendemain matin, sur le chantier de Mount Gabriel. Aucun retard ne serait toléré ! Le client pour lequel on travaillait là, un dentiste de Dublin qui passait toutes ses vacances d'été en Irlande du Sud, exigerait de copieuses compensations financières si la maison de ses rêves n'était pas achevée à la mi-mars au plus tard.

Le tailleur de pierre, lui, avait eu droit à un avertissement solennel. Il n'était plus question de lui passer la moindre incartade et l'entrepreneur le congédierait, se verrait, à son grand dam, dans l'obligation de le congédier sur-le-champ s'il n'était pas à l'heure au boulot. D'ailleurs, son prochain retard serait le dernier, en tout cas chez lui, en tout cas dans son équipe. Donc, demain matin à sept heures sur le chantier, sans faute, et pas une minute plus tard, hein ? Promis juré, avait dit le tailleur de pierre. Les autres s'étaient contentés d'approuver en silence.

La pluie avait cessé, les nuages défilaient à toute vitesse, chassés par un vent d'ouest soufflant en rafales, et les îles dénudées au large, dans la Roaringwater Bay, se dressaient noires et bruissantes dans la nuit lorsque l'entrepreneur, dans sa maison dont les fenêtres donnaient sur la côte balayée par la tempête et le ciel déchiré, avait dû quitter la télé devant laquelle il s'était installé à l'heure des informations pour aller voir qui frappait à la porte d'entrée à cette heure indue. Il était huit heures passées et il faisait nuit noire.

Devant la porte se tenait le tailleur de pierre. Trempé comme une soupe, hagard. Il devait être sorti avant que la pluie cesse de tomber. Mais va savoir d'où ? De chez lui sans doute. Il y avait un bon bout de chemin entre sa chaumière et la maison du patron. Il était en tenue de travail, tenait à la main un sachet en plastique avec quelques provisions pour la pause de midi et bredouillait des excuses. C'était la faute du réveil. Et pourtant, il l'avait remonté avant de s'endormir, mais cette saloperie de machin, ce machin de merde lui avait fait faux bond. Même Lucky, le chien, n'avait pas bronché. Alors que pour avoir sa pâté, Lucky le réveillait d'ordinaire avant même que le réveil ne sonne. Mais voilà, tout, absolument tout s'était ligué contre lui, ce matin justement, comme par un fait exprès. Cette saloperie de vie était décidément pleine de chausse-trappes.

Lucky. Le monstre antédiluvien. L'entrepreneur avait photographié le chien de berger et son maître quelques mois auparavant, après avoir ramassé le tailleur de pierre ivre mort à Ballydehob. Il l'avait ramené chez lui en voiture, aidé à retirer ses chaussures, ses vêtements maculés. Il avait même dû l'aider à se coucher car l'ivrogne était manifestement incapable d'y arriver seul. Profitant de la quasi-paralysie de son maître inconscient, le chien avait sauté du côté libre du lit double, s'était couché sur le flanc après s'être enroulé tant bien que mal dans la couverture et avait fermé les yeux en poussant un grand soupir.

Et l'entrepreneur n'avait pu résister à la tentation de tirer la couverture jusque sous le menton des deux dormeurs, d'aller chercher ensuite dans la voiture l'appareil photo toujours rangé dans la boîte à gants et dont il était amené à se servir fréquemment pour mémoriser les innombrables détails qui doivent être documentés sur un chantier de construction, et de photographier le couple alité. Pour les besoins d'une seconde photo, le chien s'était même laissé retourner sur le dos.

Avec sa tête poilue calée dans l'oreiller, couché à côté de son maître ronflant comme un sonneur, on aurait dit que c'était la bien-aimée du tailleur de pierre qui reposait là, métamorphosée en loup-garou sous la pleine lune. La photo resta punaisée des mois durant au tableau noir du bureau plein à craquer de plans enroulés, de classeurs et de plantes d'appartement, où l'entrepreneur payait salaires journaliers ou hebdomadaires. La photo du couple de l'année, disait l'entrepreneur quand le tailleur de pierre passait un moment au bureau pour toucher sa paye parmi les pots de cactées et les fleurs de la passion. Et voilà le résultat : on s'endort avec la bouteille et on se réveille à côté de son chien.

Et le même soiffard se tenait à présent devant lui et n'avait manifestement pas réalisé, après s'être assoupi chez lui ou ailleurs puis réveillé en sursaut de sa torpeur éthylique, qu'on était encore dimanche, dimanche soir. N'avait tout simplement pas fait la différence entre matin et soir en consultant l'heure sur son réveil. Et comme l'autre fois, dans la chambre à coucher avec le chien, l'entrepreneur n'avait pas pu résister à la tentation :

Huit heures passées, plus d'une heure de retard. Tu es viré, avait-il décrété.

Le tailleur de pierre toussota, écarta de la main, comme il le faisait toujours avant de dire quelque chose, la mèche de cheveux qui lui barrait le front, mais observa cette fois un long silence. N'était-il pas pensable, demanda-t-il enfin, n'était-il pas pensable que le patron se montrât une dernière fois indulgent avec lui, ne serait-ce que par égard pour sa famille ; une dernière chance. Après tout, il avait été hier parmi les premiers à quitter le *Sandboat* et s'était couché alors qu'il faisait encore jour. Bien simple, il y avait des années qu'il ne s'était couché aussi tôt. Tout ça pour être certain d'être à l'heure ce matin.

Ta famille ? avait rétorqué le patron. Le tailleur de pierre avait-il oublié que Deirdre, sa femme, l'avait plaqué des années auparavant, excédée par les débordements de son soiffard de mari, et que ses filles avaient mis les voiles pour la même raison, s'étaient mariées et établies l'une à Rosslare, l'autre à Waterford, et ne revenaient pas même à Noël dans sa bicoque pourrie ? Ta famille ? La famille, elle était là, sur la photo, au grand complet : un vieux pochard et son chien hors d'âge.

Une dernière chance, supplia le tailleur de pierre.

C'était à présent l'entrepreneur qui observait un long silence, comme saisi dans un cruel débat intérieur. Les autres, dit-il enfin, étaient depuis longtemps au boulot, il les avait envoyés à Skibbereen, étant donné qu'on ne pouvait pas poursuivre le travail à Mount Gabriel tant que les dalles de granit n'étaient pas prêtes à poser.

Ce sera fait d'ici ce soir, avait dit le tailleur de pierre.

Et l'entrepreneur, là-dessus : la toute dernière.

Le raconteur attendit que les rires bruyants de ses auditeurs se soient quelque peu calmés pour reprendre la parole : une dernière chance ! Sa dernière chance !

Que le matin ne fît que s'annoncer ou que la nuit fût déjà tombée – c'est en tout cas dans l'obscurité que l'entrepreneur avait déposé le tailleur de pierre au chantier de Mount Gabriel, et c'est donc au début de la nuit que celui-ci avait commencé sa journée de travail, taillant, sciant, transportant des pierres dans le noir. Comme le temps passait lentement quand on s'échinait de la sorte. Et comme le jour était lent à se lever.

Et plus tard, il ne savait plus depuis combien de temps le point du jour se faisait attendre, il se tenait penché sur une pierre d'angle de la terrasse d'où aurait dû s'offrir une belle vue sur l'Atlantique, soulevait tout juste la pierre qui était si lourde que le sang rugit dans sa tête, lorsqu'il entendit des voix entonner à l'unisson : *Good morning, good morning sunshine !*, bonjour cher soleil, la nuit s'achève !, un canon très approximatif qui se transforma très vite en une clameur ponctuée de hourras frénétiques. Ceux qui chantaient et vociféraient là, c'étaient ses camarades. L'entrepreneur en avait ramassé deux au *Sandboat*, quelques autres dans deux pubs, il en avait même sorti un de son lit et leur avait proposé à tous de les emmener au Mount Gabriel pour donner une sérénade en l'honneur d'un travailleur très consciencieux qu'on trouverait là à l'ouvrage.

The man who never saw the sun rise. L'homme qui ne vit jamais le soleil se lever... Comme de la poix, dit le narrateur avant de reprendre, comme d'habitude, au moment où les rires commençaient à faiblir, le sobriquet lui collait au train comme de la poix... et comme la poisse.

Qui est donc ce tailleur de pierre ? s'enquit le serveur, un remplaçant du patron, il venait de Glengarriff et ne connaissait pas encore l'histoire.

Il est là, devant toi, dit le raconteur.

Et l'entrepreneur allemand ? s'enquit encore le serveur.

Il est là, à côté de moi, dit le raconteur.

Ralenti

Je vis un paresseux à trois doigts sur la véranda d'une maison en bois peinte en bleu sur la côte du Pacifique, au Costa Rica. Entre les crêtes des vagues déferlantes et le mur vert foncé de la forêt pluviale qui courait le long de la côte, la maison, la seule sur cette plage de la péninsule d'Osa recouverte de rubans d'algues et de varech cuivré, avait l'air si petite et si perdue qu'on se disait qu'elle allait être engloutie dans les prochains jours, peut-être même dans les prochaines heures, elle et tout ce qui allait avec, l'abri à bateau, le jardin ensauvagé, l'antenne parabolique rongée par la rouille, soit par la jungle, soit par les rouleaux du Pacifique qui se brisaient à grand fracas sur les récifs affleurants juste en face d'elle.

Le paresseux, pareil à un nageur crawlant au ralenti sur le plancher de la véranda noirci par l'humidité tropicale, soulevait alternativement et lentement, très lentement ses longs bras puis les laissait retomber lentement, très lentement et se traînait ainsi vers l'avant par tractions successives en s'aidant de ses griffes longues comme des doigts. Deux mètres à la minute, c'était la distance maximale qu'il pouvait parcourir en rampant de cette manière. Les griffes crochues qui lui permettaient de passer sa vie dans les arbres de la forêt vierge, accroché tête en bas dans les branches les plus hautes ou occupé à grimper au sommet comme sous hypnose, dérapaient encore et encore sur le plancher humide et le zébraient d'éraflures. L'animal se déplaçait en silence, centimètre après centimètre, en rampant et en se tortillant à travers les débris de plexiglas couleur ambre, fragments du toit couvert de mousse à travers lequel il venait de tomber sur la véranda. Il ne paraissait pas blessé et cherchait à s'enfuir avec l'incomparable lenteur propre à son espèce.

Maria, la femme du pêcheur qui m'avait montré la veille, au cours d'une sortie en mer mouvementée, des fonds propices à la pêche au marlin bleu, était occupée à repasser du linge blanc dans un coin ombreux de la véranda quand l'animal était tombé à travers l'auvent. Le fracas de sa chute avait couvert les bruissements du ressac et du vent dans les arbres ; en tombant l'animal avait bousculé la table à repasser qui s'était renversée et avait heurté le plancher en produisant un son semblable à un sourd roulement de tonnerre.

L'animal avait beau mesurer guère plus d'un mètre de long depuis les griffes de ses pattes antérieures jusqu'aux griffes de ses pattes postérieures, son poids et la hauteur de sa chute depuis les branches d'un coulequin dont les feuilles constituent l'une de ses nourritures favorites avaient suffi à briser l'auvent de la véranda. Le plexiglas, devenu friable sous l'effet des vagues de chaleur et des averses diluviennes auxquelles il résistait depuis de nombreuses années, avait certes amorti quelque peu la chute de l'animal mais n'y avait pas résisté. Une branche morte grosse comme le bras et tailladée par les piverts s'était cassée quelque part dans l'arbre sous le poids de l'animal ; elle était restée coincée dans le trou juste au-dessus de la femme du pêcheur.

Maria venait de chauffer le lingot de son fer à repasser à l'aide d'une pince sur la flamme du gaz et allait le remboîter dans le fer lorsque le ballot de poils gris lui était tombé devant les pieds – un démon, un esprit malin ! Elle avait lâché le lingot chauffé à blanc qu'elle appelait *pescado*, poisson, à cause de sa forme, avait lâché en poussant un cri d'effroi le poisson rougeoyant et senti un éclat de plexiglas lui frôler l'épaule.

Mais un faisceau de lumière solaire s'était frayé passage à travers l'auvent troué et éclairait la créature qui gisait sur le plancher de la véranda parmi les débris de plexiglas moussus, et Maria avait alors repoussé avec sa pince le fer brûlant qui chuintait au sol à proximité immédiate de la fourrure grise. Car s'il était vraisemblable que l'apparition d'un diable ou d'un esprit malin pût éventuellement s'accompagner d'une odeur analogue de feu et de brûlé, elle avait pourtant eu tôt fait de s'apercevoir que ce qui lui montait au nez à cet instant n'était ni plus ni moins que l'odeur d'une fourrure de paresseux en train de roussir. *Un perezoso !* Un paresseux était tombé du ciel et son mari Bonifazio allait devoir tenir une promesse remontant à la nuit des temps et remplacer une bonne fois l'auvent pourri de la véranda. À présent, elle riait.

Le fracas de la chute, mais peut-être aussi le cri d'effroi de Maria ou, un peu plus tard, son rire sonore avaient arraché à ses rêves un petit chien au poil dru qui dormait enroulé à côté d'une pile de nasses. Le chien – son poil hirsute ressemblait au pelage du paresseux au point que c'était à croire qu'il existait entre les deux un étroit quoique obscur lien de parenté –, le chien se précipita sur l'intrus tombé du ciel, franchit d'un bond les quatre marches menant à la véranda et eut bien du mal à s'arrêter à temps devant la créature qui fuyait mais dont la fuite était si lente, si étrangement lente.

Aboyant, hurlant pour ainsi dire de colère ou d'indignation, il se mit à sauter autour du paresseux, mais en observant une distance de sécurité de la longueur de son propre corps. C'est que les paresseux, quoique végétariens et d'une placidité apparemment inébranlable et somnolente, savent se servir de leurs griffes en forme de faucilles et sont tout à fait capables – des jaguars, des oiseaux de proie, des anacondas l'ont appris à leurs dépens – d'infliger de graves blessures à ceux qui leur cherchent noise. Ce qui tenait le petit chien à distance, ce n'étaient pourtant vraisemblablement pas ces griffes acérées – il était sans doute trop jeune encore pour connaître l'effet de ces armes –, mais plutôt l'inexplicable lenteur de la fuite et de chaque mouvement de cette créature. Enfin quoi – adversaires en déroute, proies en fuite, assaillants vaincus filaient ventre à terre, s'envolaient à tire-d'aile, s'éloignaient en bondissant ! Même un escargot aurait pu rattraper ce machin gris. Sourd ou aveugle, ou les deux à la fois, il ne paraissait en tout cas se soucier ni des aboiements, ni du rire de Maria.

Excédé par cette énigme vivante, véritablement hors de lui au point que sa maîtresse même ne parvenait pas à le calmer, le roquet bondissait autour du paresseux qui avait atteint l'escalier menant à la véranda et qui, oubliant de ramper, se laissait à présent pour ainsi dire choir de marche en marche et se retrouvait enfin sur la terre rouge dans laquelle il pouvait planter ses griffes, tourner le dos à l'océan et s'éloigner en direction de la forêt pluviale. Du fait de la danse effrénée que le chien furieux exécutait autour de lui, chacun de ses mouvements paraissait encore plus lent, plus bizarre.

Il suffisait que l'étrange créature lève la tête et vienne à l'effleurer seulement du regard à travers les cercles de fourrure noire qui lui faisaient comme un masque sur les yeux pour que le chien, effrayé, s'en écarte davantage. Et lorsque le paresseux, après un mouvement un peu gauche, faillit rouler sur le côté et étendit machinalement, en quête d'un point d'appui, son bras armé de griffes dans sa direction, le roquet cessa soudain d'aboyer, comme frappé de mutisme sous le coup de la frayeur. Maria se tut à son tour. Comme avant la chute du paresseux, la rumeur puissante du ressac et du vent dans les arbres occupa de nouveau tout l'espace sonore, bientôt soutenue néanmoins, comme pour encourager ou pour saluer celui qui rentrait chez lui, par la soudaine intervention d'un chœur plus ou moins éloigné de singes hurleurs.

L'arbre bruissant d'insectes – fourmis de feu et coléoptères – du haut duquel le paresseux était tombé se trouvait du côté ombragé de la maison et n'était pas visible de là où l'animal se trouvait à présent. Il lui fallait retrouver l'abri sûr de la forêt vierge et traverser pour ce faire un espace découvert de terre rouge ceinturé de haricots sauvages. Les ombres des arbres à l'orée de la forêt étaient déjà longues et lui indiquaient la direction à suivre.

Ce mur vert sombre, bruissant, fait de feuilles, de troncs, de végétaux entrelacés, qui se dressait tout à côté quoique relativement loin à l'ouest pour l'animal rampant, ce mur d'où s'échappaient des chants, des cris, des stridulations, des sifflements, des appels, les voix des singes, toucans, grenouilles, perroquets, cigales, des voix de plus en plus nombreuses, certaines envoûtantes, d'autres menaçantes, rêveuses, voire moqueuses ou amoureuses... ce mur était le salut, oui, le salut devait être là.

Accompagné par un petit chien hirsute encore très excité mais muet et qui ne tarderait sans doute pas à faire volte-face pour s'en retourner, lui aussi, là où tout était familier, chaque voix, chaque ombre, le paresseux rampa tel un nageur dans la poussière rouge, en direction du mur providentiel.

Le chasseur de varan

Je vis un attroupement qui bloquait une route trouée de nids-de-poule dans le district de Tirto Moyo, à Java Timur. Le trafic plutôt clairsemé sur la piste de sable de lave noir paraissait bloqué depuis un bon moment : de part et d'autre de l'attroupement des véhicules étaient arrêtés, moteur coupé, des camionnettes, des voitures, un autocar ; dans la colonne il y avait aussi un attelage de buffles d'eau et une limousine aux vitres teintées. Les portes des voitures étaient ouvertes, des vélos et des mobylettes étaient appuyés aux hévéas et aux palmiers à huile qui bordaient la route. Tout ce qui, dans un sens ou dans l'autre, soulevait encore il y a peu des rubans de poussière derrière soi s'était entre-temps immobilisé. Chauffeurs et passagers formaient un attroupement étrangement calme, recueilli, au sein duquel seuls les pleurs déchirants d'un enfant se faisaient entendre.

Après avoir dû renoncer la veille, sous une pluie battante, à gagner le sommet du Mahameru, la plus haute montagne de Java, un stratovolcan de trois mille sept cents mètres de haut, j'étais en route pour la côte proche de Lumajang où j'escomptais attendre une période annoncée de temps plus stable lorsque j'avais été contraint, moi aussi, de m'arrêter à cet endroit. J'avais garé ma moto de location à l'ombre d'un pick-up chargé de jaques et rejoint les gens attroupés.

Il y avait là environ quatre-vingts à quatre-vingt-dix personnes qui se pressaient sur les lieux d'un accident. Badauds, aides providentiels ou témoins faisaient cercle autour d'un homme couché, yeux ouverts, saignant de la tête et des mains. Deux personnes étaient accroupies à côté du blessé et le repoussaient doucement sur le sol chaque fois qu'il faisait mine de se redresser en gémissant de douleur. Pas bouger ! Il ne fallait pas qu'il bouge ni qu'on le bouge : la colonne vertébrale, me traduisit un type défiguré par des cicatrices de brûlures ou d'opérations, porteur d'un uniforme d'employé d'une société de téléphone qui se rendait en jeep dans le massif du Tengger – la colonne vertébrale en avait pris un coup, il y avait peut-être de la casse, une ambulance était en route.

Devant le blessé se tenait un homme vêtu seulement d'un pagne, un ouvrier agricole travaillant dans une plantation : l'accident s'était produit sous ses yeux alors qu'il était justement dans le coin en train de pratiquer dans l'écorce des hévéas bordant la route des incisions en forme de chevrons et de fixer sur leur tronc des récipients pour récolter le latex. Portant sur un bras une fillette vêtue de blanc, âgée d'un an environ, et qui ne cessait de pleurer, il soulevait et baissait alternativement les mains et les pieds de la petite comme on ferait avec une poupée, on aurait dit qu'il vérifiait le parfait état et le bon fonctionnement de chacun de ses membres et en faisait la démonstration au blessé incapable de bouger et qui ne quittait pas l'enfant des yeux.

Au milieu de la scène, mais ne suscitant guère d'attention, gisait le véhicule accidenté, une mobylette sur le porte-bagages de laquelle un saurien jaune moucheté de noir d'environ un mètre de long était attaché avec de la ficelle et du fil de fer – un varan blessé. Mais plutôt qu'à l'accident proprement dit, les plaies qu'il présentait à la tête et sur ses pattes musculeuses paraissaient avoir été causées par les liens en fil de fer et par la manière dont il avait été capturé. Seuls les yeux témoignaient que l'animal était en vie. Sa langue noire pendait sur le côté hors de sa gueule ouverte où perlaient des gouttes de sang. Il avait dû être attrapé selon la méthode usuelle – une grenouille comme appât au bout d'une ficelle munie d'un hameçon auquel le varan restait accroché et qui lui déchirait les lèvres et le palais tandis qu'il tirait dessus pour se libérer – et son destin était tout tracé. Le cuir et la chair de varan étaient également prisés.

Le chasseur de varan était en route pour le marché avec sa fille – celle-là même qui criait dans les bras de l'homme au pagne – qu'il portait attachée sur son dos, enveloppée dans un morceau de tissu. Une branche morte, un serpent, ou bien était-ce tout simplement un nid-de-poule ? – les avis à cet égard étaient partagés – l'avait forcé à une brusque manœuvre d'évitement qui s'était soldée par cette mauvaise chute. L'homme au pagne dit : un serpent, c'était à coup sûr le serpent qui l'avait fait tomber, une vipère rouge à nez plat. Il avait voulu la tuer peu avant avec un bâton mais elle avait disparu dans l'herbe, un esprit malin, un démon qui avait dû se glisser ensuite à travers la route au moment où le chasseur arrivait sur sa mobylette avec la petite fille attachée sur son dos.

À quelque distance l'un de l'autre, dans quelque contrée densément peuplée de Java Timur ou au contraire déserte et difficile d'accès, qu'eussent vécu jusqu'à ce jour le varan et son chasseur – il avait peut-être effectivement fallu l'intervention d'un démon pour les contraindre à cette situation de proximité étroite, presque de parenté, dont ils étaient maintenant prisonniers. Car quand bien même l'accident ne représentait pour le varan ensanglanté qu'un ajournement, une halte sur le chemin de la mise à mort, il n'en restait pas moins qu'un lien singulier s'était établi soudain entre l'animal blessé, ligoté, immobilisé et son chasseur en sang, à présent aussi mal en point que sa proie et privé comme elle de sa liberté de mouvement. Mais tandis que le chasseur, quoique sans force et gémissant, faisait encore mine de vouloir se redresser, marcher, peut-être même fuir, le varan, lui, paraissait avoir pris son parti d'une situation sans issue : la fuite, pour lui, n'était plus de saison. Immobile, son regard restait braqué sur l'enfant en pleurs, la seule chose qui remuait sans cesse ou que l'on remuait dans son champ de vision. Le chasseur également, pendant qu'on tentait de lui bander la tête, n'avait d'yeux que pour sa fille.

Ses yeux, les yeux des spectateurs, les yeux du varan – tous les regards étaient tournés vers la fillette indemne lorsque l'homme au pagne la souleva soudain très haut au-dessus de sa tête, la laissa tomber et la rattrapa au vol. La petite cessa presque aussitôt de pleurer, et comme l'homme au pagne recommençait encore et encore son petit jeu, elle se mit progressivement à rire et parut effectivement *flotter* dans l'air au point de rencontre de tous les regards – une divinité enfantine, symbole d'inaltérable complétude, d'invulnérabilité voire d'immortalité, toutes qualités que les gens attroupés ne pouvaient que lui envier.

Et soudain d'autres bras se tendirent vers la fille du chasseur, désireux de la tenir, de la bercer comme si quelque chose de sa nature aérienne et de sa force pouvait se transmettre à quiconque entrerait en contact avec elle – et c'est ainsi que la fillette fit le tour de la scène de l'accident en passant de bras en bras, riant parfois, oubliant de pleurer. Sous l'effet de cette ambiance presque enjouée, rares furent parmi les gens attroupés ceux qui s'aperçurent que le chasseur qui perdait son sang tendait lui aussi un bras vers l'enfant, avec lenteur, comme au bord de l'extinction, tandis que, de son côté, le sang ayant cessé de goutter de sa gueule, le varan ligoté fermait les yeux.

Avis de tempête

Je vis deux bras graciles se tendre vers une corde à linge afin d'y mettre à sécher une chemise blanche. Dans la pénombre du grenier où trois cordes étaient déjà chargées de blanc, chemises mouillées, draps et taies d'oreillers flottaient en formation serrée telle une délégation de spectres surgis du néant. Avec le vent qui hurlait au-dehors, arrachant des branches aux arbres fruitiers et faisant grincer les chevrons dans la toiture, la peur de l'obscurité et de ses fantômes m'eût assurément saisi une fois de plus si les bras graciles n'avaient été ceux de ma mère.

C'était un privilège rare d'avoir été autorisé à pénétrer en sa compagnie dans le domaine réservé d'un grenier qui s'étendait au-dessus de notre logis, tantôt comme une menace tantôt comme un pays de rêves, et de pouvoir à présent lui passer le linge mouillé entassé dans une grande corbeille d'osier. Car les malles et les caisses, le mobilier abrité sous des couvertures, toutes les affaires qui s'empoussiéraient là-haut, comme destinées à un oubli programmé, étaient la propriété de différentes *parties* et devaient pour cette raison être soustraites à la curiosité des enfants de la maison et à leur propension à jouer avec tout. Le grenier avec ses tentations et son obscurité sans fin était un lieu interdit auquel on n'accédait licitement que sous réserve d'être accompagné par un adulte.

Mardi, ce devait être un mardi. Mardi était jour de *blanchissage* à la maison des professeurs dite Maison-du-Jubilé-Kaiser-François-Joseph, sise à Roitham, un village des Préalpes autrichiennes. La journée était pluvieuse, le vent avait forci d'heure en heure et bien qu'il soufflât du Sud, il faisait froid. Curieusement, c'est comme par un fait exprès en ce lieu alternant entre clair-obscur et obscurité totale que le jour fit irruption d'un seul coup, une clarté soudaine, envahissante qui m'effraya davantage que tout ce qui devait se passer ensuite.

Ma mère tendit les bras vers la corde à linge, mais la corde parut se retirer brusquement devant elle avec tout le linge qui y était accroché à l'aide de pinces en bois, se souleva ! comme un rideau ne s'ouvrant que sur l'obscurité. Machinalement, ma mère se hissa sur la pointe des pieds pour attraper la corde mais ses mains ne rencontrèrent que le vide. Et le linge qui, un instant auparavant, pendait immobile, comme gelé dans ce clair-obscur pauvre en courants d'air, s'anima soudain tout là-haut, hors de notre portée, se mit à flotter, à claquer sous les rafales de vent dans lesquelles j'étais moi-même saisi. Et à cet instant, d'un seul coup, il fit grand jour.

Cours. Cours ! J'avais eu du mal à comprendre ce que ma mère me criait tandis que sa main saisissait la mienne et me tirait en avant si brusquement que je me serais étalé si elle ne m'avait à moitié soulevé en continuant de courir à toutes jambes. Dans la clarté tumultueuse accompagnée d'une soudaine averse de grêle, je fus entraîné vers le puits de l'escalier menant au grenier puis dans l'escalier lui-même tandis que la tempête du sud soulevait davantage et davantage encore l'énorme toiture, la rabattait en arrière dans un bruit de tonnerre et la précipitait dans la cour entre l'école et la Maison du Jubilé. Des poutres volaient dans l'air, en apparence aussi légères que des plumes, des caisses, des coffres, des tuiles comme des feuilles emportées par le vent. Dans les intervalles tourbillonnaient des spectres de linge blanc.

Je me rappelle que ma première pensée, sur le chemin puis dans la descente de l'escalier, n'avait rien à voir avec la crainte de perdre la vie ou que ma mère pût la perdre – j'étais encore immortel à l'époque, immortelle également ma mère, et la mort quelque chose qui concernait fondamentalement les autres –, mais plutôt avec le fait qu'une tempête capable d'arracher le toit de la plus grande maison du village comme s'il s'agissait d'une maison de poupée pouvait aussi dévoiler voire détruire mon lieu le plus secret – un appentis de bois construit dans le grenier même, un réduit désigné comme *propriété de la commune*, muni d'une porte en bois habillée de tôle et fermée par deux verrous métalliques cadenassés. Les habitants de la Maison du Jubilé et ceux de la commune avaient manifestement oublié jusqu'à l'existence de ce réduit, car mon frère cadet et moi-même, quoique tenaillés par la peur des fantômes et autres créatures des ténèbres, étions les seuls à le visiter en secret : il était niché dans un recoin du grenier que l'on n'atteignait qu'en se glissant à travers le clayonnage de plusieurs entretoises, à la lisière de ténèbres peu rassurantes, hors d'atteinte de tout rai de lumière pouvant tomber de jour de la lucarne la plus proche.

Quand on avait la taille d'un enfant, on pouvait grimper entre les chevrons, se faufiler à travers une fente qui s'ouvrait entre la pente du toit et l'encadrement de la porte et découvrir à la lumière d'une lampe de poche un véritable univers de conte de fées, un monde magique de chevaliers dans lequel il suffisait, une fois là-haut, de se laisser glisser : on y découvrait un gros bouquet de drapeaux et de lances appuyé contre un conduit de fumée noir de suie, il y avait aussi deux épées accrochées dans leur fourreau noir à de grands crochets plantés dans les poutres ainsi qu'une aigle dorée grandeur nature aux ailes déployées contre laquelle était appuyé le portrait d'un chevalier en armure ; un chevalier !

Un trésor. Nous l'avions découvert, mon frère et moi, au cours de l'une de nos expéditions interdites dans le sombre royaume qui s'étendait au-dessus de notre appartement et, depuis lors, le secret avait été bien gardé car nous nous étions mis d'accord pour n'en parler à personne, pas même à nos camarades de jeu. Mais lorsque la tempête se fut calmée au terme de cette journée de blanchissage, tout ce qui était caché dans le réduit gisait éparpillé dans la cour de l'école parmi des tuiles brisées, des décombres de toutes sortes, des morceaux de toiture. Et au fil des travaux de nettoyage que je pus suivre de la fenêtre de notre cuisine, je devais entendre pour la première fois les noms de ces objets précieux à jamais perdus : le signe qui figurait sur les drapeaux rouge et blanc s'appelait *croix gammée*, l'aigle dorée sur son socle était une *aigle impériale* en plâtre, les lances étaient les *étendards* d'une armée qui s'appelait *Wehrmacht* et les courtes épées dans leur fourreau noir étaient les *dagues d'apparat* d'une certaine *SS*. Le chevalier dans son armure d'argent s'appelait *Adolf Hitler*.

Les charpentiers qui intervinrent après la tempête commencèrent par couvrir le grenier avec de vieilles bâches de camouflage avant de mettre en place une nouvelle charpente. Après des semaines passées à clouer, scier, varloper au-dessus de nos têtes, ils installèrent dans la pente du toit, juste au-dessus de l'endroit où un trésor avait longtemps scintillé dans les ténèbres, une lucarne par laquelle on apercevait au loin, par temps clair, des chaînes de montagnes bleutées. Sur les cartes géographiques qui furent déployées devant le tableau durant ces jours mouvementés pour les besoins d'une leçon de *connaissance du pays natal*, deux longues banderoles tendues entre les sommets signalaient en grosses lettres les noms qui résumaient à eux seuls toutes les crêtes, pics et abîmes se succédant au loin et désignant le panorama qui, s'il y en avait eu une, aurait également été visible d'une lucarne du réduit au trésor : au sud-ouest, les montagnes s'appelaient *Monts d'Enfer*, au sud-est, *Monts Morts*.

Une fin du monde

Je vis la tour bleue de la Bank of China en flammes. Elle pointait comme l'aiguille d'une montre de feu hors d'un nuage ardent, s'inclina en direction de la mer, se disloqua et sombra dans les flots sous une pluie de braises. Après la Bank of China, la forteresse nimbée de fumée et de brume tropicale de la Hong Kong & Shanghai Banking Corporation s'écroula à son tour dans la mer de Chine méridionale en crachant une gerbe d'étincelles. Et déjà le feu gagnait la Standard Chartered Bank puis la Citibank, le Hopewell Center, la Wan Chai Tower et, pour finir, même le gratte-ciel à l'éclat soyeux de la Bank of America. Hong Kong brûlait. L'un après l'autre, les emblèmes de l'île étaient dévorés par les flammes et coulaient dans les profondeurs de la Joss House Bay. C'était le matin du vingt-troisième jour du troisième mois de la lune d'après le calendrier chinois, une chaude journée de fin avril. On fêtait la reine du ciel Tin Hau, déesse de la mer de Chine méridionale.

À l'heure du petit déjeuner, j'étais assis ce matin-là avec un ami sur le pont arrière d'une jonque dont les voiles rouges claquaient mollement dans les nappes de fumée tandis que la ligne d'horizon incandescente de Hong Kong apparaissait et disparaissait dans les bancs mouvants de brume. Les feux ne se trouvaient qu'à faible distance de l'endroit d'où nous les voyions se propager de tour en tour et, cependant, on avait du mal à reconnaître que les gratte-ciel qui brûlaient là, sous nos yeux, n'étaient que des modèles réduits en contreplaqué et en papier de soie, des imitations reproduisant les couleurs et l'éclat métallique des originaux hauts de plusieurs centaines de mètres – une Bank of China d'à peine deux mètres de haut, une Bank of America en papier, de la taille d'un homme et flottant sur l'eau à côté des autres tours et palais de la haute finance, de la politique et du commerce –, le tout dévoré par le feu, des épaves brasillantes offertes en holocauste à une déesse de la mer dont il s'agissait de s'attirer les bonnes grâces.

Tin Hau, reine du ciel taoïste : c'est en son honneur que nous mouillions dans la Joss House Bay, ce matin-là, au beau milieu d'une armada de jonques, de radeaux et de bateaux d'excursion. Sur une hauteur dominant cette baie située à la limite extrême des *New Territories*, à l'est de Hong Kong, se découpait devant le disque éblouissant du soleil la silhouette d'un temple vieux de sept cents ans dévolu à la déesse de la mer, une pagode de bois peinte en rouge qui paraissait flotter au-dessus des bancs de brume et des essaims de mouches tournoyant autour des offrandes propitiatoires de quartiers de porc fumé, de pain sucré, de coupes de miel disséminées en bordure de la baie. Sur fond rythmique de timbales et de crécelles d'un orchestre vêtu de rouge, des nuées de billets rouges imprimés de lettres d'or s'envolaient du pont d'un hydroptère – de l'argent pour les morts censés acheter la paix aux âmes des défunts –, et chaque fois que s'embrasait un gratte-ciel de papier encore intact, acclamations et cris d'enthousiasme se propageaient sur l'eau lisse de la baie. Les passagers des bateaux rejoignaient le rivage en cortèges successifs, certains en pataugeant dans l'eau peu profonde, d'autres à bord de chaloupes surchargées, afin de déposer leurs offrandes dans le sable avant de monter au temple sous des drapeaux de soie, d'allumer des spirales d'encens dans la pénombre du sanctuaire et de s'incliner devant la statue voilée de la déesse.

Comme on nous avait servi le thé et les gâteaux de riz et que j'attendais avec mon ami que les occupants de notre jonque soient conviés à leur tour à rejoindre le rivage pour y déposer leurs offrandes, deux poétesses de Chung Wan, le district central de Hong Kong, contaient l'histoire de la déesse à l'auditoire réuni autour de notre table à l'heure du petit déjeuner. Des poétesses ! Sur les drapeaux et les banderoles des bateaux voisins du nôtre s'étalaient les noms des grandes banques et des sociétés cotées en Bourse ; à notre bord, en revanche, on ne comptait que des poétesses et des poètes, des conteurs et des traducteurs pour faire le voyage qui nous menait à travers le labyrinthe des îles du delta de la rivière des Perles : Lamma, Lantau, Cheung Chau, Peng Chau, Tung Lung, Macao...

Notre périple en mer se présentait comme la conclusion festive d'un symposium auquel nous avions été invités à participer à Hong Kong, une rencontre entre des poètes et des conteurs européens et des poètes en provenance des deux Chine. Ce printemps avait été le printemps de tous les espoirs. Un poète de Pékin nous avait parlé de dizaines de milliers d'hommes qui s'étaient réunis ces jours sur la place Tian'anmen, après la mort du grand réformateur Hu Yaobang, afin d'exiger une nouvelle Chine à grand renfort de slogans scandés en chœur et de banderoles, d'exiger par la même occasion la destitution de l'oligarque Deng Xiaoping ainsi que la liberté de réunion, la liberté d'expression, la liberté de pensée. Pas un coup de matraque n'avait été donné, pas un coup de feu n'avait été tiré jusque-là par la police, s'était enthousiasmé le visiteur de Pékin, et les slogans scandés en chœur, les chants avaient résonné jusque tard dans la nuit sur la place de la Paix Céleste... Un printemps de l'espoir, comme il avait été dit – les jours de fête dédiés à Tin Hau, patronne protectrice de tous ceux qui avaient à redouter un naufrage.

Tin Hau, nous apprirent les poétesses de Chung Wan en prenant la parole tour à tour dans une langue mélodieuse, était la fille d'un pêcheur qui avait vécu au dixième siècle du calendrier occidental et sauvé du naufrage, au cours d'un typhon, l'équipage d'un navire qu'elle avait conduit sans encombre jusque sur la côte est de Macao :

Tin Hau avait simplement ordonné aux vagues de s'apaiser, de déposer leurs couronnes d'écume et tous les autres signes de leur pouvoir. Au treizième siècle, longtemps après son accession au rang d'immortelle, Tin Hau qui possédait la faculté de dissiper les bancs de brouillard et de faire fleurir le mât d'un navire avait été finalement désignée reine du ciel, au cours de cérémonies solennelles, par le souverain mongol Kubilaï Khan en personne, et elle avait dès lors siégé à côté de l'empereur de Jade, le Tout-Puissant taoïste.

Le nom même de Macao, nous dirent encore les poétesses en évoquant un port où nous avions fait halte précédemment, au cours de ce voyage en bateau qui nous avait conduits à travers le delta de la grande rivière des Perles jusqu'au continent chinois – le nom même de Macao était dérivé du cantonais *A Ma Gao*, un surnom de Tin Hau qui ne signifiait rien moins que *La baie de A Ma.* Macao avait été le théâtre des premiers miracles accomplis par Tin Hau, un lieu de salut.

Dans les journées précédant notre voyage en bateau, durant les pauses de la conférence, nous avions passé pas mal de temps à parcourir les marchés du port de Kowloon abrité contre les typhons, mon ami et moi, à fouiner dans les boutiques et à passer en revue les éventaires, à la recherche de crayons en bois de rose, de cahiers en papier de riz, de matériel d'écriture rangé dans des coffrets de bois de camphre... Dans Jervois Street, à Sheung Wan, la rue des marchands de serpents, nous avions assisté à la mise à mort de l'un de ces cobras qui se vendent à Hong Kong chaque année par dizaines de milliers comme viande censée réchauffer ceux qui la consomment. Et nous nous étions laissé expliquer par un pharmacien de Yau Ma Tei les vertus thérapeutiques des frelons grillés et des os de tigre frits, des perles réduites en poudre, de la corne de rhinocéros, mais aussi du plus merveilleux de tous les médicaments :

le jade pilé mélangé à de la rosée du matin en guise de remède contre la mortalité.

Mais c'était maintenant seulement, au moment où un monde de papier était sacrifié à une jeune fille du dixième siècle, réduit en cendres sous nos yeux avant de sombrer dans l'eau calme de la Joss House Bay, c'était maintenant seulement que beaucoup de choses que nous avions dites, vues, achetées, faites et rassemblées ces jours derniers se révélaient soudain beaucoup moins importantes, moins significatives qu'elles ne nous étaient apparues jusque-là, comme si le véritable but de notre voyage ne nous avait été dévoilé qu'après avoir embarqué à bord de cette jonque :

Assis autour de notre table de bambou sur le pont arrière du bateau, nous avions vu des gratte-ciel prendre feu, des palais en papier de soie, des places fortes dépositaires de pouvoirs et de richesses démesurés se lézarder, partir en fumée et couler à pic tandis que notre jonque continuait de flotter intacte sur les eaux profondes. Et cette fin du monde, nous y assistions comme à un jeu sacrificiel, peut-être aussi comme à une sorte de souvenir du futur, en simples spectateurs, autrement dit sans sombrer nous-mêmes, et cela uniquement parce que Tin Hau, une immortelle, étendait sur nous ses mains protectrices de jeune fille.

Le chien de berger

Je vis un chien de berger délaisser son troupeau, une trentaine de chèvres pâturant dans les ruines envahies par la végétation de la ville de montagne lycienne de Pinara, et s'élancer en aboyant vers la formidable paroi rocheuse qui se dressait dans les feux du couchant à l'ouest de la ville. Ses aboiements se répercutaient dans un silence qui pesait depuis plus de mille ans sur ces champs de ruines. Détruite par un tremblement de terre et abandonnée par ses habitants après des siècles d'une existence brillante, Pinara en ruine s'était fondue dans le paysage chaotique du Taurus occidental, protégée des déprédations uniquement par son éloignement. Une étroite route empierrée mène seule jusque dans ces hauteurs depuis les fertiles vallées de Xanthos dans la province d'Antalya.

Arc-boutée telle une digue lézardée de plusieurs centaines de mètres de haut sur un front orageux qui paraissait vouloir la repousser, la vertigineuse falaise en surplomb vers laquelle le chien de berger se précipitait était ponctuée d'innombrables tombes rupestres se présentant comme autant d'ouvertures noires taillées dans la roche. Dans ces chambres funéraires s'étageant en rangées irrégulières sur toute l'étendue de la paroi rocheuse, l'éternel repos n'avait pourtant duré qu'un temps, aussi longtemps que les vivants avaient pu défendre leurs morts. Au terme de cette éternité, les tombes avaient été pillées. Là où des portes taillées dans la pierre, ornées de reliefs sculptés et de glyphes finement ciselés, séparaient autrefois le monde des vivants de celui des morts s'ouvraient à présent des excavations creusées par la cupidité des hommes, des cavernes aux gueules noires qui béaient jusque dans les hauteurs les plus difficilement accessibles de la falaise.

Il y a de cela deux mille cinq cents ans, Pinara était l'une des six villes les plus florissantes de Lycie, un royaume mystérieux qui s'épanouissait au pied des monts Taurus. D'après les chants d'Homère, c'est en pure perte que les héros de Pinara affrontèrent Achille et Ulysse durant la guerre de Troie.

J'entendais bruisser dans le vent les toiles de tentes du camp militaire établi devant Troie, les claquements des oriflammes sous les premières rafales de l'orage brassant les cimes des pins parasols qui se dressaient parmi de puissantes colonnes renversées. J'entendais le vent souffler à travers le catafalque sur lequel reposait un guerrier lycien tué de la main d'Ulysse.

Mais le chien me rappela au présent. Ses aboiements étaient plus bruyants que la rumeur de mon armée de fantômes. Pas un sifflement, pas un appel de berger ne se fit entendre et le chien fondit donc à travers la végétation qui colonisait un temple disparu, une place de marché disparue et de labyrinthiques fondations, droit sur la falaise des morts comme s'il avait repéré là-haut une menace pour son troupeau – et me montra du même coup le chemin le plus direct menant des champs de ruines aux chambres funéraires.

Je m'étais mis en quête d'un tel chemin dès mon arrivée sur le site de la ville légendaire et c'est pourtant en résistant à l'envie de fuir que je suivais à présent le chien. Y avait-il effectivement un danger qui nous guettait là-haut ? Ce n'est pas sans hésiter que je quittai le couvert de la végétation et me dirigeai vers un éboulis qui dévalait des tombes rupestres jusqu'au pied de la paroi rocheuse. Tel un vaisseau de pierre en train de sombrer, un sarcophage pointait hors de la coulée de pierres. Au sommet de la coulée, je vis le chien arrêté devant un caveau béant, devant une gueule noire ouverte. Pattes antérieures appuyées sur le seuil ouvragé, il aboyait, hurlait dans l'obscurité devant lui, comme s'il avait localisé là un ennemi qu'il n'osait pas attaquer.

Les Lyciens inhumaient leurs morts en hauteur, au-dessus des vivants, en des lieux éclairés par le soleil et la lune, offrant une vue dégagée sur la ville, les terres ou la mer. Les défunts reposaient dans des sarcophages placés sur des blocs rocheux ou des colonnes monolithiques, voire dans des tombes rupestres remarquablement ouvragées, les sépultures étant disposées dans tous les cas de manière telle que le monde des vivants s'étendît dans toute sa splendeur comme une promesse d'avenir devant les demeures des morts – devant ces chambres mortuaires semblables à celle où le chien s'était immobilisé, en proie à une sorte de rage cataleptique ; il aboyait, hurlait sans bouger face à l'entrée défoncée du caveau. Le troupeau paissait tranquillement en contrebas, prélevant de petites touffes d'herbe rase entre les vestiges des fortifications de pierres taillées qui avaient résisté à l'assaut de nombreuses générations d'ennemis mais non à l'usure du temps. Certaines chèvres se dressaient devant ces vestiges sur leurs sabots postérieurs, mangeaient pour ainsi dire debout en prenant appui sur des murailles à moitié écroulées, à croire qu'il s'agissait d'assaillants métamorphosés en bêtes par la colère des dieux ; mais elles finissaient par s'élancer à la suite du troupeau qui se déplaçait lentement des hauteurs de l'acropole vers la ville basse, croisant les tombeaux des rois au centre de la ville, les vestiges de l'agora, de l'odéon et, plus loin, du grand théâtre dont les larges gradins n'étaient plus occupés que par des buissons épineux et où, sur la scène, ne résonnait que la voix furieuse du chien de berger.

Les premières grosses gouttes d'une pluie d'orage mouchetèrent les pierres tranchantes de l'éboulis que j'empruntai pour rejoindre le chien. Ce n'est qu'en voyant les pierres piquetées de gouttes que je m'aperçus qu'il pleuvait. Le grondement du tonnerre demeurait sourd et lointain et si l'orage, en ce début d'été, se manifestait surtout par l'air glacial qui, du sommet de la paroi, me tombait dessus, mon front et mes joues n'en ruisselaient pas moins de sueur. Je voulais rebrousser chemin, oui, je voulais rebrousser chemin – et pourtant je continuai, sans cesser de trébucher dans la pierraille, de monter plus haut et encore plus haut.

La paroi aux morts se dressait à présent toute noire au-dessus de moi et les plus hautes chambres funéraires se perdaient déjà dans les volutes de brouillard et de pluie, mais lorsque je m'arrêtai pour reprendre mon souffle, je constatai en regardant par-dessus mon épaule que le monde clair et réconfortant destiné au regard des morts était toujours là, derrière moi : la ville, la belle ville dévalant en terrasses hardies vers les vallées de Xanthos, plus loin les bois vert sombre soulignant les lignes de crête d'un paysage de collines qui s'élevait lentement à l'est pour former d'autres massifs montagneux dont les névés scintillants, hors d'atteinte du front orageux, renvoyaient la lumière du soleil couchant jusqu'à Pinara, au cœur du royaume des ombres.

Avec l'image de la Lycie se présentant dans mon dos comme un paisible paradis, je rejoignis enfin le chien, l'entrée béante de la chambre funéraire. Il me lança un bref regard en coulisse et cessa aussitôt d'aboyer comme s'il avait accompli son devoir en montrant à une créature, à quelque créature appartenant au monde des hommes, craignant la mort et donc directement concernée, la menace qui était tapie là-haut – comme s'il était à présent en droit de rejoindre son troupeau.

Reviens ! Reste ! Par ici ! lui lançai-je tandis qu'il dévalait l'éboulis en direction du beau pays, du monde des vivants. Je ne voulais pas rester seul là-haut et n'en demeurai pas moins cloué au seuil de la chambre funéraire. La lueur grisâtre du jour pluvieux y pénétrait par l'entrée défoncée, éclairant parcimonieusement trois catafalques de pierre sur lesquels des morts devaient reposer jusqu'au jour où un dieu anonyme leur ordonnerait de se lever et de s'en retourner dans le monde des vivants, chargés des précieuses offrandes déposées à leurs pieds.

Les catafalques taillés dans la roche, les niches et les parois taillées dans la roche, mais aussi le sol sur lequel ils feraient leurs premiers pas hors du royaume des ombres portaient les traces des ciseaux de tailleurs de pierre qui devaient eux-mêmes dormir depuis des millénaires dans de semblables endroits en attendant leur retour à la vie. Mais ce qui avait provoqué la fureur du chien, ce qui lui avait fait craindre pour son troupeau ne devait pas être destiné à des yeux humains, à des oreilles humaines.

Dégoulinant de pluie et de sueur, je me tenais au seuil de la haute ouverture de roche excavée, à l'endroit même où le chien se trouvait encore un instant auparavant, immobile comme lui, fouillant du regard le clair-obscur de cette maison des morts. Le sol, les niches, les catafalques de pierre étaient secs et vides.

À l'ombre de l'homme-oiseau

Je vis une croix faite de tubes de néon sur la côte de cette île du Pacifique Sud nommée *Rapa Nui* par les autochtones mais que les visiteurs connaissent le plus souvent sous le nom d'île de Pâques. Comme le signe visible de loin d'une mission ou d'un ermitage, la croix vissée à de longues barres métalliques surplombait une ferme abandonnée, blottie dans la caldera d'un volcan éteint depuis des millénaires. Le cratère déchiré et à moitié effondré sous l'effet de l'érosion et de la tectonique ressemblait à un chaudron posé de guingois dont le contenu – une petite maison d'habitation coiffée d'une toiture en tôle ondulée, des étables, une remise et, surtout : des bovins mugissant sur des pâturages pierreux, noirs, ainsi que quelques chevaux d'une maigreur squelettique – paraissait sur le point d'être déversé dans la mer. Le bord inférieur du chaudron se trouvait si près des vagues déferlantes qu'il était sans cesse saupoudré de flocons d'écume tandis que le bord supérieur se perdait dans un défilé rapide de lambeaux de brouillard.

Au terme d'une marche de plusieurs heures à travers des coulées de lave solidifiée et de vastes plateaux rocheux, j'avais finalement rejoint cette ferme à l'extrême nord de l'île ; mon intention, à partir de là, était de longer la côte sauvage jusqu'à la baie d'Anakena. C'était là, à en croire l'une des nombreuses légendes relatives aux origines du peuplement de l'île, que Hotu Matua, un roi mythique qui fut aussi le père fondateur des Rapa Nui, avait accosté à bord d'un catamaran volant sur la crête des vagues afin d'y établir la première colonie humaine. Des volcans avaient hissé cette terre hors de l'eau à la rencontre du ciel, mais il avait fallu attendre Hotu Matua pour lui donner vie : À bord de son catamaran, il avait apporté, disait-on, des pousses de cocotier du Chili, de mûrier à papier et d'arbre à pain, des semences d'ignames et de patates douces. Toutes ces plantes et d'autres encore, tel l'arbre sacré Toromiro, avaient été introduites dans l'île de cette manière. Mais c'était aussi vers le rivage d'Anakena que convergeaient les racines des arbres généalogiques des dix ou douze clans qui, pour honorer leurs ancêtres, taillèrent dans la pierre au fil des siècles quelque mille *Moaïs* – ces sculptures colossales figurant des personnages au long nez dressés sur des plates-formes, tournant le dos à la mer, leurs yeux d'obsidienne braqués dans le sens contraire de l'horizon marin, fouillant du regard non pas le lointain mais le proche, le cœur de l'île, peut-être le cœur de ses habitants. Avec leur dos de basalte ou de tuf, ils repoussaient la mer, l'empêchaient de se refermer sur la terre. Leur physionomie stoïque exprimait l'indifférence avec laquelle les morts attendaient que leurs descendants les rejoignent au royaume des ombres et leurs mains inertes reposant le long du corps montraient qu'il n'y a rien à faire contre le cours du temps qui relie le monde des vivants à celui des ancêtres, que toute révolte à cet égard est vouée à l'échec.

Du rivage d'Anakena depuis longtemps délaissé par les chefs de clan, les rois et leur suite, désormais surveillé uniquement par des colosses de pierre sans yeux, un taxi conduit par une native de l'île, une Rapa Nui de souche, devait me ramener le soir même, par une sinueuse route côtière, à Hanga Roa, la seule localité de l'île encore habitée.

Comme je me rapprochais de la ferme sur un chemin tracé par le bétail, une saute de vent m'apporta soudain une odeur de charogne si puissante que je me retrouvai sans l'avoir voulu avec mon serre-tête trempé de sueur plaqué sur la bouche et le nez : devant un abreuvoir renversé gisait un cheval crevé dont les naseaux et les orbites fourmillaient d'asticots. Des charognards lui avaient ouvert le ventre d'où s'échappaient les boyaux sur lesquels un essaim scintillant de mouches à viande se souleva puis se reposa l'instant d'après. À vingt mètres à peine de l'abreuvoir, je vis les cadavres de deux bovins et d'un autre cheval devant une grille maintenue fermée à l'aide de bouts de corde.

Quoique familiarisé depuis l'enfance avec les ruminants, il me fallut résister à l'envie de fuir lorsqu'une douzaine de bovins dispersés dans la caldera arrivèrent soudain au trot à ma rencontre. Les bêtes efflanquées ressemblaient à un troupeau de spectres : tachées d'essaims noirs de mouches qui paraissaient collés aux abcès et aux traînées sanguinolentes provoquées par frottement aux endroits où leur pelage paraissait tendu à craquer sur les os saillants, elles m'entourèrent et mugirent lamentablement. Elles m'avaient vu près de l'abreuvoir, non loin d'un bassin qui ne contenait que des pierres, du sable et des déjections d'oiseaux et je compris alors que les bêtes hurlaient de soif et voyaient en moi leur sauveur.

Le troupeau me suivit tandis que je me mettais en quête d'une conduite d'eau intacte. Je tombai sur deux robinets qui se laissèrent ouvrir mais qui se trouvaient à l'extrémité de tuyaux vides ; il n'y avait pas de puits, pas de citerne, pas d'eau, nulle part âme qui vive. La porte d'entrée de la maison était condamnée par des chaînes et des cadenas. Une porte donnant sur la remise battait dans le vent. La remise était vide.

Je dénombrai cinq bêtes mortes – trois vaches et deux chevaux – à différents stades de décomposition, dans les environs immédiats de la ferme. Un vent du sud soufflant en bourrasques arrachait d'épais lambeaux de brouillard au bord supérieur du cratère et les poussait à travers les pâturages noirs, mêlant à la puanteur des animaux en voie de décomposition le parfum des ignames mûres qui, associé au crottin des chevaux sauvages, colonisaient sur toute la surface de l'île la plupart des pâturages rapa nui. Il n'y avait d'eau nulle part et il ne restait donc aux bêtes qu'à lécher les traces de pluie sur les rochers noirs ou à laper à la hâte, lorsqu'une averse assombrissait la côte, les flaques rapidement absorbées par le sol volcanique, mais cela ne pouvait suffire à étancher la soif d'un troupeau.

Je songeai évidemment à dénouer les cordes qui tenaient la grille fermée et à libérer le bétail, mais comme il n'y avait visiblement pas davantage d'eau de l'autre côté des murs et des clôtures, je resserrai le nœud que j'étais en train de défaire. Je n'étais d'aucun secours ici. La seule chose que je pouvais faire, c'était de parler à la femme au taxi avec laquelle j'avais rendez-vous à Anakena du sort misérable du troupeau qui survivait dans cette ferme à l'abandon et d'en informer avec son aide, une fois arrivé à Hanga Roa, les autorités qui pouvaient avoir compétence en pareille matière. Quant au propriétaire de la ferme, il devait lui être arrivé quelque malheur.

Comme je me disposais à escalader le mur, tout à côté de la grille, afin de poursuivre ma route, je vis soudain des têtes de démons ou de dieux, des mains de pierre, des griffes, des ailes d'oiseaux : d'innombrables fragments de sculptures avaient été incorporés dans ce mur de pierres sèches ainsi que deux grosses pierres d'angle sur lesquelles étaient peints des signes rongorongo – symboles de la seule écriture née dans le Pacifique Sud, devenue et demeurée indéchiffrable après la disparition de ses inventeurs. Un bloc de lave érodé planté au sommet du mur suggérait encore la forme d'une créature dotée d'un corps d'homme surmonté d'une tête et d'un bec de frégate – une représentation de cet *homme-oiseau* qui avait marqué des siècles durant l'histoire de l'île de Pâques.

Durant les heures que j'avais passées chaque soir à compulser les ouvrages de la bibliothèque du bateau à bord duquel j'étais arrivé sur l'île deux jours auparavant, j'avais eu l'occasion de voir des illustrations représentant des hommes-oiseaux mais aussi des caractères rongorongo et des figures délicatement ciselées sur la bordure de ces pierres ouvragées qui tiennent lieu de fondations aux habitations traditionnelles des Rapa Nui, des maisons de roseaux ovales, sans fenêtres, en forme de pirogues renversées. Parmi les caractères rongorongo que j'avais recopiés sur mon carnet de notes, j'en reconnus trois sur les pierres d'angle peintes et, juste à côté, plusieurs fragments de basalte sculpté :

Il semblait que chaque pierre qui avait servi à édifier ce mur constituait un fragment du passé de l'île, que le propriétaire disparu du domaine avait en quelque sorte archivé l'histoire de ses ancêtres dans cet ouvrage de maçonnerie. Il est vrai que le matériau qui pouvait servir à cette fin ne manquait pas : il suffisait de se promener parmi les volcans de cette terre sans arbres pour tomber sur des vestiges du passé. L'île comptait autrefois entre quinze et trente mille habitants. Ils étaient aujourd'hui à peine quatre mille. Et il y avait eu des périodes durant lesquelles il ne restait ici que deux petites centaines d'habitants dont l'unique préoccupation était de trouver de quoi ne pas mourir de faim et qui en arrivaient à s'entre-tuer parmi les ruines, les statues renversées et décapitées et les lieux de culte désertés, uniquement pour s'approprier la nourriture nécessaire à leur survie.

Tandis que le bateau tanguait dans les effluents d'une dépression cyclonale et que je devais parfois maintenir en place les livres empilés sur la table pour les empêcher de se répandre sur le sol, j'avais aussi appris les différents noms qui furent donnés puis retirés à Rapa Nui au fil des siècles, des noms dont chacun raconte une histoire différente. Si l'île, durant des générations successives, s'était appelée *Kahukahu o hera*, ce qui veut dire à peu près *terre stérile d'herbe rase*, elle fut nommée en d'autres temps *Te pito o te henua,* autrement dit *nombril du monde* parce que ses habitants, confrontés au vide immense de l'horizon marin, pensaient qu'ils étaient les seuls hommes vivants sous le soleil et leur île, la seule terre émergée ; une terre qui fut baptisée des générations plus tard, après que l'on eut constaté que l'on n'était pas seul au monde, *Mata ki te tangi* – soit quelque chose comme *pays du ciel étoilé*, appellation correspondant à la sombre époque où les habitants de l'île devinrent la proie de marchands d'esclaves péruviens : déportés à plus de quatre mille kilomètres de chez eux, dans les îles Chincha, ils étaient employés comme travailleurs forcés dans les exploitations de guano ; ils y vivaient et y mouraient parqués dans des enclos à ciel ouvert où on les entendait se lamenter la nuit, tournés dans la direction des constellations sous lesquelles se trouvait leur île natale.

Mais si nombreux que furent, outre celui toujours valide de *Rapa Nui*, *La Grande Île*, les noms successifs – tantôt transmis uniquement par voie orale, tantôt enregistrés dans les livres de bord des navigateurs – qui servirent à désigner cette terre, les cartes marines retinrent en définitive celui qui évoque directement le souvenir de ce dimanche de Pâques de l'an 1722 où un navigateur hollandais, premier d'une longue liste de découvreurs et conquérants espagnols, anglais, français et, en dernier lieu, chiliens, avait rejoint l'île en pataugeant dans les hauts-fonds après avoir quitté la chaloupe qui n'avait pas pu l'amener jusque sur le rivage et avait planté, en même temps que le nom de la compagnie néerlandaise des Indes orientales, une croix et un drapeau sur la terre de l'homme-oiseau. La croix de néon éteinte se dressait dans le ciel comme le souvenir de cette expropriation.

Mon chauffeur qui m'attendait dans la baie d'Anakena m'avait conduit le jour même de mon arrivée sur le site d'un village cérémoniel où les chefs des différents clans se réunissaient autrefois pour élever, après une compétition des plus singulières et dont l'issue était souvent mortelle, l'un de leurs pairs au rang d'homme-oiseau, un personnage auquel tout le monde devait stricte obéissance. Le village était situé au bord d'un volcan dont la caldera s'était transformée en un lac bordé de roseaux où se mirait le ciel d'été tandis que son flanc sud-ouest plongeait presque droit dans la mer, deux cents mètres plus bas. Les maisons sans fenêtres étaient collées comme des nids d'hirondelles au bord du cratère, au-dessus du gouffre mugissant.

Chaque année, à l'époque de la couvaison des hirondelles de mer considérées comme des oiseaux sacrés, les meilleurs nageurs et grimpeurs de tous les clans se mesuraient ici. Représentant les chefs de clan et sur ordre de ces derniers, ils grimpaient jusqu'au pied de la pente friable du volcan ; couchés sur un faisceau de roseaux, ils se jetaient dans les vagues déferlantes, tâchaient de franchir en pagayant avec les mains un bras de mer infesté de requins et de rejoindre de cette manière Motu Nui, un îlot rocheux totalement dénudé qui se dressait telle une muraille à quelques encablures de la côte découpée de la Grande Île. Une fois sur place, il leur fallait attendre des jours, parfois des semaines entières l'arrivée des oiseaux sacrés et tâcher de mettre la main avant les autres sur un œuf d'hirondelle de mer.

Celui qui avait eu cette chance disposait l'œuf bien attaché sur son front à l'aide d'un bandeau et se jetait derechef à l'eau. Il franchissait le bras de mer en sens contraire, tâchait de rejoindre la côte déchiquetée de la Grande Île, la pente abrupte du volcan assaillie par les déferlantes dont il entreprenait l'escalade si toutefois il avait réussi à franchir la barre et à prendre pied sur le rocher dans le tohu-bohu de l'écume bouillonnante ; il gagnait les hauteurs vertigineuses du village cérémoniel et remettait au chef de son clan un œuf d'hirondelle de mer qui devait évidemment être intact. Cette offrande faisait de celui à qui elle était destinée un homme-oiseau qui régnait sur l'île jusqu'à la ponte suivante. L'intronisation de l'homme-oiseau de l'année s'accompagnait de festivités qui duraient plusieurs jours, ponctuées de rituels orgiaques mais aussi, semble-t-il, de pratiques cannibales. Le premier œuf d'hirondelle de mer ramassé à Motu Nui n'avait pas seulement la faculté de métamorphoser un chef de clan en un homme-oiseau auquel tout le monde, en particulier les autres chefs de clan, était assujetti, il signalait aussi le début d'une année et, davantage encore, un recommencement du temps. Mais c'était aussi cet homme-oiseau, avait dit mon accompagnatrice tandis que nous roulions sur les pentes du volcan et que sa fille, assise à l'arrière du taxi, était penchée sur un album de coloriage et poussait un soupir sonore à chaque virage ou nid-de-poule qui faisait dévier son crayon des contours de la fleur ou du cheval qu'elle était en train de colorier – c'était aussi cet homme-oiseau de malheur ! qui en prenant trop d'importance avait précipité la fin du culte des ancêtres et des hommes de pierre et, du même coup, la fin de l'âge d'or des Rapa Nui.

La femme au taxi avait longtemps travaillé comme caissière et placeuse dans un cinéma de Santiago du Chili. Deux ans auparavant, elle avait décidé de rejoindre son île parce qu'elle estimait que sa fille qui n'avait pas de père – l'intéressé s'était fait la malle – devait absolument grandir parmi les siens. L'histoire de l'île et des Rapa Nui, elle la connaissait non seulement par le livre de lecture de l'enfant, mais aussi par un film hollywoodien qu'elle avait vu une douzaine de fois au moins à Santiago.

Si un film prêtait toujours et forcément à discussion, il n'en restait pas moins, s'agissant de l'histoire de l'île de Pâques, que parmi les thèses relatives au déclin des Rapa Nui, la plus plausible était celle qui montrait – comme le faisait le film en question – que ces compétitions rituelles, auxquelles les femmes n'étaient pas autorisées à assister et qui masquaient à peine une lutte féroce pour l'obtention du pouvoir, avaient entre autres choses altéré peu à peu la signification originelle des Moaïs qui étaient graduellement devenus des symboles de domination et de pouvoir discrétionnaire. Et comme tous les symboles dans ce monde d'hommes, il avait fallu qu'ils grandissent, qu'ils grandissent encore et encore jusqu'à atteindre des dimensions démesurées.

Et c'est ainsi que toutes les forces et toutes les énergies avaient été sacrifiées à la croissance des colosses de pierre : les forêts de palmiers, les hommes, toute la richesse du pays, et l'île entière était peu à peu devenue un désert où il n'y avait plus d'arbres, presque plus d'animaux, pas de champs et où des hommes-oiseaux incapables de voler durent admettre au bout du compte qu'on ne pouvait pas se nourrir de pierres.

Est-ce que je voulais voir la carrière où la plupart des Moaïs étaient taillés avant d'être traînés en lentes et laborieuses processions à travers l'île, sur des troncs de palmiers, jusqu'aux plates-formes destinées à les recevoir ? Mon chauffeur se proposait, en échange d'un léger supplément, de me conduire jusque-là – à Ranoraraku.

Une demi-heure plus tard, nous étions sur les lieux et je vis, empilés les uns sur les autres ou rangés côte à côte, des Moaïs mesurant jusqu'à vingt mètres de haut, encore solidarisés avec le rocher, leur inachèvement témoignant de l'épuisement des Rapa Nui. Les pistes qu'empruntaient les cortèges processionnels étaient envahies de hautes herbes, des Moaïs se dressaient ou gisaient sur les bas-côtés, comme abandonnés du jour au lendemain par ceux qui les avaient créés : des symboles de puissance réduits à l'état de bornes milliaires signalant la disparition d'un monde.

Lorsque ces hommes-oiseaux ne purent affirmer plus longtemps leur prépondérance en dressant des monstres de pierre plus grands que ceux de leurs rivaux, dit encore mon chauffeur, on avait commencé à renverser et à décapiter les monstres des clans voisins ; un peu plus tard, on s'en prenait au voisin en personne et on n'y allait pas par quatre chemins : on le tuait, parfois même on le mangeait, avant d'être soi-même tué et mangé. Finalement, affaiblis au point de ne plus pouvoir s'entre-tuer, les survivants furent en grande partie déportés par les marchands d'esclaves d'une puissance inconnue dont les navires, surgis de nulle part, avaient subitement mouillé au large de Rapa Nui. Le sort réservé au petit nombre d'autochtones encore présents sur l'île ne fut guère meilleur : beaucoup succombèrent aux maladies et à la vermine introduite par les navigateurs étrangers – découvreurs et conquérants –, d'autres encore furent expropriés et enfermés dans des camps parce que des éleveurs de moutons européens avaient besoin de leurs terres pour y faire paître leurs troupeaux.

Au bout du compte, c'était à la dernière occupation étrangère à ce jour en l'occurrence la chilienne, que l'on devait un accroissement de la population de l'île qui s'élevait à présent à quelque quatre mille âmes – la moitié étant toutefois constituée d'immigrants chiliens. Plus récemment encore, on avait bénéficié des faveurs du général Augusto Pinochet – oui ! –, le dictateur, le sanguinaire Pinochet en personne, ce boucher à la solde des États-Unis avait eu un faible pour Rapa Nui : il y était venu en visite à deux reprises, il y avait fait bâtir un aérodrome et des routes, et c'était aussi grâce à lui qu'un Rapa Nui de souche avait pu devenir gouverneur de l'île. Aussi se trouvait-il encore ici pas mal de gens pour parler avec respect du général.

L'après-midi était déjà bien avancé. Je pouvais certes évaluer sur ma carte la distance qui séparait la ferme abandonnée de la baie d'Anakena mais non le temps que je mettrais pour la franchir, car il s'agissait d'un parcours difficile, entrecoupé de failles et de falaises qu'il me faudrait contourner. En fin de journée, avait simplement dit mon chauffeur lorsque nous étions convenus d'un rendez-vous.

Dans les herbages, le calme était revenu. Les bêtes avaient cessé de mugir. Comme s'ils s'étaient soumis entre-temps au destin qui semblait les condamner à périr de soif, vaches et chevaux s'étaient remis à trotter à travers les terres arides.

Je jouai un moment avec l'idée de desceller et d'emporter un bec de pierre, fragment d'un homme-oiseau incorporé au mur de pierres sèches ; après tout, me disais-je, cette sorte de vestiges abondait ici au point qu'on les utilisait comme matériaux de construction. Mais je songeai au même instant au Moaï intact, chargé de tous les symboles du culte de l'homme-oiseau, qui avait été dérobé au cours d'une opération de pillage archéologique et transporté au British Museum à Londres et, du coup, je tournai le dos au mur et me remis en route sans avoir touché à rien.

J'avais perdu de vue la croix de néons mais la baie d'Anakena était encore loin lorsque je tombai sur les bordures de basalte de trois maisons de roseaux depuis longtemps tombées en putréfaction. Et à quelque distance de ces pierres de bordure dont la disposition dans l'herbe évoquait les traces de trois pirogues, à proximité immédiate de l'arête vive de la falaise, je vis une plate-forme en ruine, recouverte d'herbe roussie et de goyaves et, parmi un monceau de débris colossaux, un Moaï à moitié mangé par le vent salé, les lichens et les averses torrentielles.

Au cours de mes déplacements sur l'île, j'avais vu de longues rangées de statues colossales de tuf et de basalte, reconstituées – après avoir été détruites par des catastrophes intérieures et extérieures dont la plupart demeuraient énigmatiques – à partir de débris pesant parfois des tonnes et replacées sur leur plate-forme par des découvreurs, des chercheurs ou de simples admirateurs de la culture Rapa Nui. Mais ici, tout était en l'état correspondant à l'usure du temps. Ici la nature dissimulait charitablement les preuves de la violence et de la fureur destructrice des hommes, les recouvrait d'un lit de feuilles et de lichens et effaçait peu à peu les traits d'un visage de pierre au point qu'une tête sculptée finissait par ne plus se distinguer qu'à grand-peine de la roche brute.

Comme s'il n'avait fait que suivre l'exemple des dieux déçus en se détournant des hommes et de leur île pour faire face enfin à l'immensité du Pacifique, aux nuages et au ciel étoilé, ce Moaï décapité, dont la tête reposant visage contre terre demeurait alignée avec le corps renversé, était tout entier tourné vers la mer, vers le grand large, là-bas, au-delà des brisants.

Scènes de chasse

Je vis un oiseau de la taille d'un moineau, détrempé par la salive du maigre chat roux qui lui donnait la chasse au point que la couleur ou les motifs de son plumage n'étaient plus reconnaissables et qu'on aurait eu bien du mal à dire à laquelle des quelque trois cents espèces d'oiseaux paraguayens il appartenait. Bien que totalement épuisé, il continuait de tenir son rôle chaque fois que le chat le saisissait entre ses griffes, le lançait en l'air, le laissait retomber et s'éloigner en sautillant, désormais incapable de voler, sur l'asphalte lézardé et taché d'huile de la rampe d'accès d'un poste d'essence : le rôle d'une proie en quête d'une cachette, d'un refuge susceptible d'assurer son salut, une proie qui se prêtait docilement à la mise au point de techniques de chasse et qui, apparemment hors d'atteinte au terme de chaque tentative de fuite, se retrouvait en définitive invariablement entre les griffes du chasseur.

Captivé par son propre jeu, le chat laissait l'oiseau s'abriter dans des endroits de plus en plus difficiles d'accès tant pour le chasseur que pour la proie – renfoncements d'un escalier de bois écroulé, interstices entre trois seaux remplis de terre, de suie ou d'huile de vidange, mur tapissé de plantes grimpantes ou tas de vieux pneus – mais finissait toujours par rattraper sa victime.

Au fur et à mesure que les battements d'ailes de l'oiseau se faisaient plus hésitants et plus lents, le chat le lançait plus haut ; ou alors, il le repoussait si vigoureusement qu'on avait l'impression qu'il voulait non seulement raviver les forces de sa victime mais lui transmettre les siennes. Parfois aussi, il prenait l'oiseau dans sa gueule et le portait jusqu'au point de départ d'une nouvelle tentative de fuite. Mais ce qu'il lançait en l'air finit par ne plus être qu'un sac de plumes informe et gluant qui retombait lourdement sur le sol sans que sa chute soit freinée par le moindre battement d'ailes ; tout juste si elle s'accompagnait d'un léger frémissement de duvet, si bien que l'on avait peine à imaginer que cette petite chose inanimée qui ne servait plus que de balle ou de projectile eût été capable, en d'autres temps, de se laisser porter par le vent loin au-dessus d'ennemis rivés au sol, de flotter, de planer ou de passer, après une descente en piqué suivie d'une remontée en flèche, si près de la tête d'un chasseur que celui-ci se mettait machinalement à couvert.

Ce jeu cruel se déroulait un matin à la première heure sous l'auvent défoncé d'un poste d'essence à l'abandon, au bord du Parana, dans la deuxième plus grande ville du Paraguay qui avait perdu, après la chute du dictateur Alberto Stroessner, le nom de *Puerto Presidente Stroessner* pour ne plus revêtir désormais que celui d'un point cardinal et s'appeler tout simplement : *Ciudad del Este.* Quant au propriétaire disparu du poste d'essence abandonné, je m'étais laissé dire, par la patronne de la petite pension où j'avais élu domicile pour quelques jours en ce mois de mai, qu'il s'agissait d'un homme appartenant au peuple guarani, connu dans le voisinage pour s'enorgueillir de n'avoir, contrairement à la plupart de ses concitoyens, pas une goutte de sang européen, espagnol ou portugais, pas une goutte de sang de conquistador dans les veines.

Cet Indien avait participé aux travaux de construction du grand barrage d'Itaipu et, après des années de ce rude labeur, il avait pu prendre son indépendance en investissant ses économies dans l'acquisition du terrain et du poste d'essence voisin de la pension. Cependant – et tout le monde avait fini par être au courant dans cette région du fleuve –, le poste d'essence était peu à peu devenu un relais pour les marchandises de contrebande qui se négociaient dans le labyrinthe des ruelles commerçantes de Ciudad del Este avant d'être chargées sur des canots et introduites clandestinement au Brésil via la frontière naturelle constituée par le Parana – matériel électronique bon marché, copies pirates de musique et de films, contrefaçons de produits de marques arborant les imitations des noms célèbres, brodées, cousues, estampillées, peintes dans des caves et des garages de la ville. Mais avec la création du *Mercado Común del Sur*, les barrières douanières étaient tombées une à une, provoquant l'assèchement de nombre de filons parmi les plus juteux de la contrebande.

Le propriétaire du poste d'essence, disait-on, avait fini par se lancer dans le trafic de cocaïne, plus rentable mais aussi notoirement plus dangereux ainsi qu'en témoignait sa soudaine disparition. Car il y avait fort à parier que sa disparition et sa mort probable étaient liées au trafic de cocaïne. Le fait est qu'un beau jour, deux voitures de police avaient fait halte devant le poste d'essence fermé. Mais l'oiseau, avait dit la patronne de la pension, l'oiseau s'était envolé.

Les semaines suivantes, on avait encore vu quelquefois des voitures s'arrêter pour faire le plein devant l'une ou l'autre des deux pompes. Mais le temps des vitres brisées était arrivé très vite et le poste avait été livré au pillage : les étagères avaient été vidées de leur contenu, huile de moteur, produits nettoyants, essuie-glaces de rechange, cartes routières et ainsi de suite. Plus tard, c'étaient les étagères vides qui avaient disparu, puis la table, les chaises, les ampoules nues – et les lianes de toutes sortes, les figuiers étrangleurs avaient alors commencé à prendre possession de tous les coins et recoins, par exemple de cet endroit, là-bas, sous l'auvent, où l'oiseau mouillé, au terme de la chasse qui lui était donnée, gisait à présent comme s'il avait lui-même fait partie de l'inventaire du poste d'essence aux temps heureux des affaires florissantes et ne revêtait son aspect actuel qu'au terme d'un lent processus de déclin – à l'instar des fenêtres fracassées, de la porte défoncée, de l'entrelacs de tuyaux d'huile et d'essence lacérés, disparaissant à moitié dans un fourré de végétation racornie.

Aussi maigre et hérissé qu'il fût et aussi grande que pût être sa faim, le chat, pour d'obscures raisons, n'avait pas dévoré sa proie mais s'était borné, lassé par un jeu qui n'avait que trop duré, à la lancer une dernière fois en l'air et à l'abandonner tout simplement là où elle était retombée – sur l'un des ronds de carrelage bleu qui entouraient comme des margelles de fontaine les trous noirs au-dessus desquels se dressaient naguère les pompes.

Les coudes plantés sur le rebord de la fenêtre de ma chambre, les yeux rivés à mes jumelles, je vis l'oiseau sans vie dans son costume de plumes sombre, mouillé, dont les faibles coups de vent chaud et humide de cette matinée de mai ne faisaient que remuer légèrement une plumule de loin en loin.

Un cortège de fourmis coupeuses de feuilles défilait imperturbablement à quelques centimètres de distance du petit cadavre. La route des fourmis conduisait, sans doute déjà bien avant la dernière chute de l'oiseau, à une construction labyrinthique dissimulée quelque part dans le chaos du poste d'essence abandonné. Retenant sur leur tête des fragments de feuilles soigneusement découpés, les insectes poursuivaient leur progression inéluctable, apparemment sans même remarquer l'oiseau tombé, telle une flotte minuscule mue par des voiles vert pâle.

Le scribe

Je vis l'image d'un glacier se reflétant dans l'eau turquoise d'un lac de montagne dans la région du Kham, au Tibet oriental. Lorsqu'un léger souffle de vent chargé d'effluves de mousse et de résine effleurait les parois rocheuses et les versants abrupts, sans aucun chemin tracé, et striait d'ombres la surface du lac, l'image se troublait avant de se recomposer peu à peu, à mesure que s'estompait le délicat relief des vagues soulevées par la brise. Les nomades des hautes vallées proches du mont Tsola appellent ce lac *Yilhun Lhatso*, et lorsqu'on les interroge sur le sens de ce nom, ils parlent d'un lac qui est sacré et d'une beauté telle qu'on ne s'en éloigne qu'à regret après l'avoir contemplé.

Quoique délimitée par l'écrin des montagnes de cinq à six mille mètres dans lequel le Yilhun Lhatso est enchâssé, la vue sur le ciel au-dessus du lac demeurait largement ouverte du fait que les rives couvertes de sable ou de gravier où nous avions établi notre campement se trouvaient elles-mêmes à quatre mille mètres d'altitude. Aussi les plus hauts sommets encore enfouis sous la neige profonde nous paraissaient-ils singulièrement proches et accessibles. Bordés à leur limite supérieure par des groupes de cèdres de l'Himalaya portant de longues barbes de lichen, de sapins et de pins pleureurs, les prés proches de la rive faisaient penser à quelque alpage de conte de fées.

Nos tentes, les seules habitations dans ce coin perdu, étaient plantées si près de l'eau que nous avions la sensation, bercés que nous étions par le clapotis des vagues au moment de nous endormir comme à l'heure du réveil, de dériver à bord d'un radeau à la rencontre des plus hautes montagnes du monde. Nous formions un groupe de trois hommes et trois femmes unis par des liens d'amitié ou d'amour et nous nous étions proposé de traverser la région du Kham – autrement dit le Tibet oriental pour une grande part rattaché par l'occupant chinois à la province du Sichuan : depuis la ville de Ya'an située aux confins du plateau tibétain de Qin Gai, le long du cours supérieur du Yang-Tsé Kiang et du Mékong jusqu'au Tibet central et à Lhassa, cela représentait quelque mille cinq cents kilomètres que nous franchirions en partie à pied, avec les caravanes de nomades accompagnés de leurs troupeaux de yaks, en partie à bord de ces camions non bâchés avec lesquels les temps nouveaux pénétraient aussi depuis peu jusque dans les vallées les plus reculées du pays.

Juste avant notre départ, le Tibet oriental, encore peu fréquenté alors par les voyageurs, avait à nouveau été déclaré zone dangereuse et son accès strictement interdit aux voyageurs occidentaux franchissant les montagnes. C'est que dans les grands monastères du Tibet central, à Drepung, à Ganden, à Sera, les moines s'étaient soulevés une fois de plus contre l'occupant chinois et sa toute-puissante *armée de libération du peuple*, une armée dont les généraux étaient convaincus d'avoir effectivement libéré le peuple tibétain du joug féodal d'une caste de religieux rétrogrades et des pires maux d'une société arriérée, ou bien de devoir encore le faire là où ils continuaient de rencontrer de la résistance à leurs efforts de libération. Et ces généraux ne toléraient pas qu'il y eût des témoins de la répression de soulèvements orchestrés par de misérables zélateurs du passé.

Mais lorsque parurent dans les journaux occidentaux les premières photos de maisons tibétaines incendiées, de convois de l'armée chinoise sur le pied de guerre et de moines ligotés, lorsque les visas d'entrée au Tibet furent tout simplement déclarés nuls et non avenus, les nouvelles demandes catégoriquement rejetées et les postes-frontières barrés, nous étions déjà en chemin depuis près de deux semaines en compagnie de deux porteurs khampas et d'un guide, khampa lui aussi et parlant plusieurs des nombreux dialectes tibétains en usage le long de notre route, nous étions rendus au cœur du pays des nomades avec des papiers encore valides et hors d'atteinte des autorités susceptibles de nous les retirer. Les nouvelles ne nous atteignaient plus que sous forme de rumeurs : les moines avaient pris les armes, nous apprit le chauffeur d'un camion qui transportait des tronçonneuses et des écorceuses à destination des vastes forêts du Kham vouées à être abattues par décision de l'armée de libération du peuple et qui avait été arrêté en cours de route par un glissement de terrain. Des moines armés de fusils ! À Lhassa, il y avait eu des arrestations, et des morts.

À Manigango, un village poussiéreux composé d'une seule rue bordée de maisons hautes en couleur, à la croisée de trois pistes empierrées constituant d'importantes voies de communication et de ravitaillement, chaque personne interrogée nous proposait une version différente des événements, voire des affrontements armés survenus ici ou là et, par voie de conséquence, les points de vue sur l'état des lieux divergeaient jusqu'à se contredire. Là où l'un affirmait que le calme était rétabli, l'autre soutenait que les monastères et les temples étaient en train de brûler. Là où l'un avait été témoin d'un regroupement de chars d'assaut, l'autre déclarait que les troupeaux de yaks étaient toujours chez eux et paissaient comme d'habitude, en toute tranquillité. Tharchin, notre guide, traduisait les dires de chacun avec un éternel sourire au coin des lèvres.

Des nomades armés de courtes épées, réunis autour d'un billard graisseux disposé au bord de la rue, jouant au pool sous une faible averse de neige, se gaussaient bruyamment des dires des uns et des autres. Un soulèvement ? Il y avait des décennies, de toute façon, que Kham était en guerre contre les Chinois ; ils pouvaient bien construire des routes, des voies ferrées et des ponts à n'en plus finir, Kham était et resterait le cœur battant du Tibet. Les Khampas avaient de tout temps été les gardes du corps du dalaï-lama.

L'un des joueurs de billard – ses cheveux noués en tresses avec des rubans brillants lui retombaient dans le dos jusqu'à la ceinture – tira un couteau de son manteau de peau et montra, en le portant à son propre cou, comment s'y prendre pour égorger un ennemi. Avant de se pencher sur la table pour ajuster un nouveau coup, il épaula sa queue comme un fusil et fit feu sur un ennemi invisible. Tharchin connaissait le Chinois qui louait le billard à trois yuans la partie. Une généralisation du soulèvement lui paraissait improbable, néanmoins il nous conseillait de contourner les postes militaires de Dege et de Qamdo.

Le lendemain, dans l'après-midi, c'était l'image même de la paix qui s'offrait à nos regards au moment où nous rejoignions le Yilhun Lhatso. Le lac se situait dans une haute vallée à treize kilomètres seulement au sud-ouest de Manigango. Le camion qui nous avait déposés près d'un sentier muletier proche du lac s'éloigna puis disparut dans un nuage de poussière, et avec le ronflement décroissant du moteur, tous les autres bruits, le fredonnement du vent dans les conifères, le rugissement d'un torrent en provenance du glacier se turent à leur tour, cédant la place à un silence qui paraissait émaner du miroir turquoise du lac, se détacher en quelque sorte de ce miroir et se propager vers le haut, par-dessus les arbres, jusqu'à la région des glaces.

Des perches plantées en cercle dans le sol, reliées entre elles par une multitude de ficelles retenant des centaines de drapeaux de prières dits *chevaux de vent*, étaient à première vue les seuls signes indiquant que des êtres humains, bergers ou pèlerins, fréquentaient cet endroit. Le bâti de bois avec ses ficelles et ses bouts de tissus couverts de mantras paraissait si léger qu'on avait l'impression qu'il allait s'envoler dans les airs au prochain coup de vent avec ses centaines de petits drapeaux flottant en tous sens et laisser derrière lui une rive vierge de toute empreinte de pas, de toute trace humaine.

Mais c'est alors que je vis des masses colossales, inébranlables, des pierres énormes, des blocs rocheux gisant dans l'eau peu profonde ou sur la rive sablonneuse : couverts de lettres le plus souvent grandes comme la main mais pouvant atteindre jusqu'à plusieurs mètres de haut, ces blocs formaient comme une bordure tout autour du lac, et les lettres qui s'étalaient dessus paraissaient être des effets aléatoires de l'érosion, des traces gravées dans la pierre par l'eau et par le vent ou laissées par les lichens qui les avaient colonisées. Mais un simple coup d'œil à travers les jumelles montrait que le lac qui, d'après nos cartes, mesurait trois kilomètres de long sur un kilomètre de large, était bordé d'une banderole de pierre sur laquelle figurait, répétée à d'innombrables reprises, la formule rituelle, présente dans tous les monastères et temples tibétains, que Tharchin déchiffra en laissant courir son regard le long de la rive : *Om Mani Padme Hum* – le mantra qui, d'après la croyance de ceux qui le pratiquent, conserve l'empreinte lisible et audible du son originel de l'univers. Chaque réitération de ces syllabes – murmurées ou figurant sur un rouleau de papier et répétées simplement en faisant tourner un moulin à prières – constitue l'un des innombrables pas sur la voie de la libération visant à s'affranchir des illusions, des formes et des figures du monde sensible.

En traversant le pays de Kham, nous avions vu des murs de pierre couverts de lettres, bâtis sur des crêtes et épousant parfois sur plusieurs kilomètres le drapé de la montagne, des *murs de Mani* construits uniquement avec des pierres sur lesquelles ce mantra était gravé, peint ou taillé au burin... Nous avions franchi des gués dans lesquels des centaines de milliers de ces *pierres écrites*, pour la plupart grosses comme des billes mais pouvant atteindre la taille d'un poing ou d'une tête, avaient été immergées au fil des siècles afin que le courant glisse par-dessus les syllabes et emporte de la sorte les prières plus loin et encore plus loin. Sur des versants dévalant à pic à travers les nuages, nous avions vu flotter des milliers de drapeaux de prières disposés en rectangle. Et sur le cours supérieur du Yang-Tsé Kiang, des moines qui frappaient l'eau lisse avec des plaques de bois ou d'argile sur lesquelles ces mêmes syllabes avaient été gravées et qui, de cette manière, *imprimaient* des mantras sur le plus long fleuve d'Asie afin que le courant emporte les mots imprimés jusqu'à la mer et que chaque vague de l'océan, chaque lame de fond, les brisants eux-mêmes et jusqu'à l'alternance de la marée montante et descendante deviennent prière.

Du fait de sa rive couverte de lettres, nous expliqua Tharchin, cette haute vallée avec son lac glaciaire était devenue un unique et gigantesque moulin à prières –, un moulin à prières que le pèlerin faisait tourner en arpentant simplement la banderole de pierre qui courait autour du lac et en lisant en même temps, en murmurant les syllabes qui défilaient sous ses pieds : *Om Mani Padme Hum*, *Om Mani Padme Hum*...

Le silence fut soudain rompu ou plutôt, non, souligné plutôt que rompu par un tintement métallique très ténu, d'une légèreté presque aérienne. Nous avions monté nos tentes et allumé du feu lorsque dans les lointains bleutés, sur la rive sud, retentirent de légers coups de marteau ou de baguettes percutant la peau d'un tambour à la sonorité claire, une succession de sons dont le rythme faisait penser à un carillon.

Le scribe, dit Tharchin.

Le scribe ? demandai-je.

Il écrit avec le marteau et le burin, dit Tharchin. Il grave depuis des siècles ces signes sur la rive.

Depuis des siècles ? Il écrit depuis des siècles ?

Depuis des siècles, dit Tharchin.

Je savais qu'il y avait des moines qui quittaient leur monastère pour vivre en ermites pendant un certain temps, parfois jusqu'à la fin de leur vie, dans des lieux reculés, des grottes ou des abris noirs de fumée, perdus dans la montagne, et qu'il se trouvait toujours un autre moine pour remplacer celui qui venait de mourir, pour continuer l'œuvre de la vie qui venait de s'éteindre, faire tourner les moulins à prières, accrocher des chevaux de vent à de longues ficelles... Mais Tharchin avait dit tout ce qu'il voulait dire, ou pouvait dire : le scribe qui gravait des lettres dans la pierre sur la rive sud faisait cela depuis des siècles.

Le lendemain et les jours suivants, nous cherchâmes évidemment à rencontrer ce scribe tailleur de pierre, à le voir de nos propres yeux, mais le son qui devait nous conduire jusqu'à lui s'interrompait chaque fois qu'il estimait que nous l'avions approché de trop près. À travers les jumelles, j'entrevis une fois une ombre, la sienne sans doute, entre des rochers et un bosquet de tsugas, mais avant d'avoir pu m'assurer qu'il s'agissait de l'ombre d'un homme et non de celle d'un animal, je ne vis plus, là où je venais de voir passer une forme furtive, qu'un bout de terre forestière inondé de soleil.

Le Yilhun Lhatso tint la promesse exprimée par son nom au point que nous étions encore là six jours après notre arrivée, non sans avoir différé notre départ par deux fois à seule fin de retarder autant que possible l'heure où, comme tous ceux qui l'ont approché, nous connaîtrions, nous aussi, la mélancolie des adieux. Jour après jour, nous entendions le scribe à l'œuvre, son carillon rythmique, parfois aussi une chanson à couplets, lointaine, d'une fraîcheur singulièrement enfantine, mais nous ne cherchâmes pas davantage à le rencontrer ou à le surprendre. La veille de notre départ, cependant, comme j'étais monté jusqu'au glacier et que je redescendais vers la rive par une cheminée abrupte envahie de hautes herbes, je fus arrêté par un surplomb infranchissable. Contraint de faire un détour à travers un éboulis de roches, je me retrouvai soudain dans le dos de l'homme qui, à en croire Tharchin, écrivait depuis des siècles sur la rive du lac :

Comme il était petit. Il portait une tunique orange déchirée, une couverture autour de ses épaules fluettes. Occupé à tracer avec une pointe métallique, peut-être un clou, l'ébauche d'une lettre qu'il travaillerait ensuite au marteau et au burin, il ne me remarqua pas tandis que j'arrivais derrière lui par le labyrinthe de roches éboulées. Ne l'ayant vu moi-même qu'au moment de sortir du labyrinthe, je tombai en arrêt, surpris, presque effrayé, et j'allais me retirer discrètement derrière les rochers pour trouver un autre passage et laisser ce vieil homme tout rabougri à son ouvrage de scribe – lorsqu'il se retourna.

C'était un enfant. Un garçon de dix à onze ans. Il avait le nez qui coulait. Il leva le bras et essuya la coulure brillante avec la manche de sa tunique. Ses joues étaient colorées de ce rouge foncé, légèrement bleuté, la marque que laisse fréquemment le froid glacial sur le visage des gens qui vivent dans ces montagnes. Il me dévisagea longuement et attentivement comme s'il s'était attendu à ma visite. Puis, sans un mot, sans un sourire, il se détourna et continua d'écrire.

Transgression

Je vis une nageuse dans une piscine bleue illuminée, au beau milieu d'un jardin de palmiers plongé dans la nuit. Le jardin se trouvait au pied du volcan Gunung Agung dans l'île indonésienne de Bali. Un mur haut comme une maison et envahi de bougainvillées soustrayait tout ce qui se passait dans ce jardin aux regards de la ville de Tulambon sur la côte nord de l'île. Mais cette nuit-là, les rues et les places de la ville étaient désertes et aussi sombres que les rizières, les bosquets de palmiers, les temples – sombres et silencieuses. La nageuse, elle, décrivait lentement de larges cercles dans la grande piscine ronde.

L'île obéissait durant ces heures nocturnes aux lois de son plus important jour de fête, appelé *Nyepi* – Nouvel An –, une fête dont la date découle du calendrier lunaire hindouiste et à laquelle viennent s'ajouter, tout au long de l'année, les nombreuses autres fêtes des calendriers grégorien, musulman, bouddhiste et chinois. Des démons colossaux et des diables en papier mâché, polystyrène, plastique et bambou peints de couleurs criardes avaient été promenés la veille en cortège par les rues de la ville, dans un vacarme de clochettes, de tambours et de gongs ; des dieux et des esprits avaient été apaisés ou conjurés à l'aide de somptueuses offrandes – couronnes, pyramides de fruits, montagnes de viande, de friandises et de fleurs – afin d'obtenir d'eux qu'ils protègent l'île contre les menaces en provenance du monde terrifiant des démons. Mais le jour des cortèges colorés et tintinnabulants, du brouhaha et des feux d'artifice devait être suivi d'une journée dévolue au silence et à l'obscurité totale : Nyepi. Nyepi était voué à la méditation silencieuse, au recueillement, au repos que procure l'obscurité.

À Nyepi, même l'aéroport de la capitale, Denpasar, devait rester fermé, et il en allait de même pour les gares, les stations de bus, les boutiques, les marchés, les ateliers, les écoles où nulle activité n'était tolérée ce jour-là. Des gardiens de temple en sarong patrouillaient dans les rues et veillaient à ce que soient respectées les consignes visant à obtenir silence et obscurité, consignes que les étrangers et les touristes étaient d'ailleurs également tenus d'observer. Comme à tous ceux qui ne respectaient pas l'ordre du jour, des amendes étaient infligées aux hôteliers qui n'avaient pas réussi à dissuader leurs clients de partir en promenade, de sortir en ville, de chanter ou de brailler :

À Nyepi – telle était la loi –, personne ne devait quitter sa maison ou son jardin. À Nyepi, aucune lampe ne devait être allumée, aucune torche, aucun feu, et c'était contrevenir à la loi que de gratter simplement une allumette. Toute vie devait rester cachée derrière des jalousies ou des rideaux, dans les maisons non éclairées afin de laisser croire aux démons qui remontaient des profondeurs de l'océan, de la gueule des volcans ou des labyrinthes souterrains que Bali, la plus fertile des six mille îles habitées et des onze mille îles inhabitées d'Indonésie, était devenue inhabitable et qu'elle était donc inhabitée, un lieu désert qui ne valait pas la peine que les mauvais esprits et les démons s'y intéressent.

Gare à ceux qui privaient cette ruse de son efficacité, qui montraient en s'éclairant, en chantant à tue-tête sous l'empire de l'alcool, en criant ou en faisant résonner un gong que l'île était en réalité plus habitée que jamais elle ne le fut tout au long de son histoire, que la terre fertilisée par les cendres des volcans produisait trois à quatre récoltes de riz par an, que l'île était florissante !, aimée de tous et visitée par des voyageurs venus de partout : un pays de cocagne.

Vu d'en haut, du couloir de vol d'un démon surgi de la mer et retournant à la mer, la piscine lumineuse devait ressembler à un morceau de ciel bleu sans nuages qui se serait déposé sur ce pays béni et dont la lumière rayonnante dévoilait aussi un environnement comprenant des palmiers, des orchidées, des papayers et une terrasse, une table à laquelle j'étais assis, des verres de vin, des carafes sur la nappe blanche ainsi que le mur d'enceinte fleuri qui empêchait les gardiens des temples, en ce jour dévolu au silence et à l'obscurité, de constater la transgression de l'interdit qui était commise en ces lieux.

Quant à la transgression de l'interdit portant sur le silence, à savoir le faible clapotis occasionnellement provoqué par les mouvements de la nageuse dans l'eau, il était couvert par le bruissement des palmes brassées par le vent nocturne qui se levait soir après soir à la même heure. Et ce vent cueillait à présent quelques fleurs de bougainvillée et d'hibiscus dans le jardin, les transportait au-dessus de la piscine lumineuse et les semait dans les vagues qui se propageaient autour de la nageuse. Elle leva brièvement la tête, continua de nager.

Ce n'étaient pourtant plus des fleurs qui voltigèrent ensuite dans l'eau mais un papillon – puis un autre, un des nombreux papillons prisonniers de l'obscurité qui pesait sur la terre ; en quête de lumière, de jour, ils voulaient descendre dans les profondeurs : attirés par les soleils des projecteurs immergés dans la piscine, ils battaient des ailes à côté de la nageuse, pris de panique à l'instant crucial où, tombés dans l'eau, ils étaient sur le point de se noyer. Devant la lumière éblouissante venue du fond, leurs ailes paraissaient noires – et noire aussi comme une ombre chinoise la nageuse qui s'arrêta, se tint debout dans l'eau qui ne lui arrivait qu'à la poitrine et tendit le bras au premier puis au second papillon afin de les sauver.

Les papillons ne se firent pas prier et la nageuse pataugea jusqu'au bord du bassin, posa sur la bordure en pierres polies le bras sur lequel les créatures ailées reprenaient vie peu à peu et se mit à leur parler à voix basse, à leur chuchoter quelque chose, peut-être des avertissements, un conseil visant à les empêcher désormais de confondre les rayons du soleil avec le faisceau lumineux d'un projecteur, peut-être même des mots tendres, et attendit sans cesser de chuchoter que les papillons, après avoir tracé en l'air quelques spirales confuses, s'envolent enfin vers leur seconde vie.

Mais à peine la nageuse avait-elle recommencé à tracer ses cercles dans l'eau que les papillons en quête de lumière – ils étaient à présent six ou sept – délaissaient la nuit et se retrouvaient pour finir dans l'eau, dérivant dans les vagues et battant désespérément des ailes.

Une fois encore, la nageuse pataugea en direction des insectes en train de se noyer, devint pour celui-ci et pour cet autre et pour cet autre encore une île providentielle d'où ils reprirent tant bien que mal leur envol, les ailes encore chargées de gouttes brillantes, tandis que celle qui les avait sauvés replongeait dans l'eau et se remettait à nager.

Mais les papillons trompés par les soleils subaquatiques n'avaient été que l'avant-garde d'un essaim d'où des chercheurs de lumière, des chercheurs de jour par douzaines se détachèrent et se jetèrent dans les flots avant même que la nageuse eût tracé un nouveau cercle dans le bassin lumineux. Mais comment sauver un essaim de papillons en train de se noyer ? Et comment décider lesquels devaient être sauvés et lesquels devaient mourir ? Car les secours ne pouvaient arriver à temps pour tous ceux qui se noyaient.

Cet essaim tombé de la nuit en ce premier jour de l'année nouvelle ne faisait-il pas penser à la grêle de pierres brûlantes que le volcan Gunung Agung crache sur la ville couchée à ses pieds au gré de ses éruptions cycliques, en signe de la haine qu'inspire aux démons l'exploitation effrénée et destructrice de la terre par les hommes ?

Le nom même de la ville, *Tulambon*, n'était-il pas dérivé du mot *Batulambi* qui pouvait signifier *grêle de pierres* et désigner ce qui s'était produit ici dans le passé et ce qui s'y produirait encore et encore jusqu'à ce que chaque jardin, chaque rue, chaque maison ait disparu sous la cendre et les débris calcinés, jusqu'à ce que tout cela ait été balayé de la surface de la terre ?

Et si ces papillons symbolisaient effectivement les âmes des défunts, comme l'affirmait le livre qui était toujours là, ouvert devant moi, après que je l'avais lu à la lumière du jour finissant, jusqu'à l'heure du couvre-feu prescrit par la loi, alors la rayonnante piscine bleu ciel devait être la représentation symbolique d'un au-delà ondoyant parcouru de fins clapots.

Je vis la nageuse au milieu de l'essaim tombé. Nombreux étaient les papillons qui avaient cessé de combattre pour rester en vie. Noirs, figés, ils dérivaient au-dessus de la lumière, et les vagues les balançaient comme s'il s'agissait, faute de pouvoir berner les démons par un moyen aussi dérisoire, de tenter au moins de tromper les hommes – moi à ma table couverte d'une nappe blanche sur une terrasse sombre, et la nageuse dans l'eau – en leur faisant accroire que ces épaves flottantes vivaient encore.

Mais la nageuse parut se rappeler à cet instant que les lois édictées par les hommes pouvaient être transgressées, et pas seulement par les hommes. Elle leva la tête. Et entre les cimes bruissantes des palmiers indifférents à toutes les consignes de silence, son regard plongea dans le ciel nocturne, dans les ténèbres scintillantes d'étoiles.

Silence

Je vis un troupeau d'éléphants dans l'eau peu profonde d'un lac entouré d'une forêt vierge sur la côte est du Sri Lanka. Quelque trente bêtes, mâles et femelles avec leurs petits, se tenaient à proximité du bord, dans l'eau sombre et lisse, immergées jusqu'au ventre et davantage, occupées à enrouler leur trompe autour de grosses touffes d'une sorte de roseau appelé *herbe des éléphants*, à les retirer du sol spongieux, à débarrasser de la terre et de la boue les racines entremêlées en les faisant claquer dans l'eau comme on ferait avec du linge. Dans le silence du soir, on entendait aussi les craquements qu'ils produisaient lorsqu'ils réduisaient en miettes entre leurs molaires les tiges fibreuses des roseaux. Quelques petits tentaient d'imiter leur mère, retiraient de l'eau ici ou là une tige beaucoup trop longue pour leur trompe, s'efforçaient maladroitement de la nettoyer pour la lâcher ensuite, de guerre lasse et comme après l'avoir comparée au goût du lait maternel, et la laisser aller à la dérive dans la pénombre.

Rien n'indiquait que ce lac, si vaste que la présence d'un troupeau d'éléphants ne vous apparaissait pas forcément au premier regard, était l'œuvre de l'homme, qu'il s'agissait en fait de l'un de ces immenses bassins ceinturés de murs de pierre aujourd'hui envahis par la végétation que les rois cinghalais firent aménager au fil des siècles afin de capter l'eau durant la saison des pluies et d'en disposer durant les mois de sécheresse pour irriguer les rizières, les jardins et les parcs au moyen d'un réseau serré de canaux ou pour laisser se déployer fontaines jaillissantes et jeux d'eau sous le ciel chauffé à blanc.

Les reflets des montagnes de nuages d'où la pluie tombait encore à verse un instant auparavant défilaient à présent, indifférents aux éléphants ou aux hommes et à leurs œuvres, dans le lac qui allait s'assombrissant. C'était le soir de ce jour de décembre auquel succédait dans la région du monde d'où je venais – une région enneigée et lointaine au point de paraître inatteignable – une nuit silencieuse, une nuit sainte au cours de laquelle, réunis autour d'arbres décorés de lumières, on chantait en chœur pour célébrer la naissance d'un dieu... Mais ici, près de ce lac et au-dessus des marais, dans l'arrière-pays de la baie d'Arumgam, le silence était total. Les claquements des roseaux lavés à grande eau ne faisaient que le souligner et seuls menaçaient de le troubler quelque peu les rires étouffés d'un groupe d'enfants aux pieds nus qui m'avaient conduit à travers des fourrés et des bandes forestières marécageuses jusqu'à ce rivage où paissait, dans l'eau peu profonde du bord, des éléphants en fuite arrivés du nord-est deux jours auparavant.

Silence ! Silence ! Tandis que je m'évertuais à disposer mon appareil sur une branche qui pût faire office de trépied et me permettre de photographier le troupeau dans la maigre clarté du jour finissant, les enfants pouffaient en portant les mains ou les poings à leur bouche ou se posaient mutuellement l'index sur les lèvres. Mais contrairement à moi, aucun d'eux ne paraissait envisager qu'un éléphant, mâle ou femelle, sentant sa tranquillité ou sa vie de famille menacée, pût se transformer d'un instant à l'autre en un ennemi mortel du visiteur qui le surprenait dans la jungle. Le mâle qui se trouvait le plus près du fourré où nous nous cachions était visiblement en rut et vacillait dans la vase du bord, comme déséquilibré par le balancement de son pénis monstrueux. Tout en riant sous cape dans le fourré fleuri de notre cachette commune, les enfants se disputaient les places qui offraient la meilleure vue sur l'éléphant chancelant.

Le troupeau n'était que le groupe de tête d'une longue colonne de plus de deux cents éléphants sauvages qui fuyaient les tirs de missiles, les mines, les bombes et les feux de forêts gigantesques, conséquences de la guerre civile entre la population cinghalaise pro-gouvernementale, acquise à l'idée d'une nation sri-lankaise une et indivisible, et la population tamoule réunie sous la bannière des Tigres Tamouls qui voulaient créer leur propre État dans l'est de l'île. La nuit venue, les Tigres régnaient en maîtres sur de vastes secteurs de la côte Est pourtant contrôlés de jour par l'armée cinghalaise.

Dans les premiers jours de décembre, les séparatistes tamouls, confrontés à la puissance de feu infiniment supérieure de l'armée régulière, avaient commencé à se replier dans la région sauvage de Yala. Des coups de feu continuaient pourtant d'être tirés nuit après nuit dans les villages désertés par les Tigres : mais ces salves, comme un écho du bruit assourdissant des combats qui venait de se taire, faisaient partie du tintamarre déclenché et entretenu par les paysans à l'aide d'armes à feu, de tambours, de crécelles et d'ustensiles de toutes sortes afin de détourner les éléphants de leurs plantations de riz et de cocotiers. Les rizières scintillaient la nuit, reflétant les grands *feux à éléphants* que l'on allumait sur de hautes plates-formes pour effrayer les pachydermes. Comme s'ils se retiraient à la suite des Tigres dans les forêts de Yala et tenaient à laisser une trace équivalente à celle de la fureur destructrice des hommes, les éléphants piétinaient au passage les cultures, les habitations et les hommes eux-mêmes. Le *Daily News*, un des plus grands journaux du pays, faisait chaque matin l'inventaire des morts et des blessés. Deux jours plus tôt, un train chargé d'ouvriers agricoles avait déraillé à la suite d'une collision avec un éléphant mâle.

Une semaine auparavant, je m'étais joint à un marchand de thé de Colombo qui voulait rendre visite à sa famille sur la côte Est. Le commerçant entretenait avec les Tigres comme avec les officiers de l'armée régulière des relations consolidées à grand renfort de cadeaux et de pots-de-vin. Il avait déjà fait à plusieurs reprises ce voyage dans l'est du pays et la plupart des routes, disait-il, y étaient redevenues sûres. Mais après deux jours de voyage et de nombreux détours imposés par des barrages militaires, comme nous touchions enfin à notre but, à savoir la région du lac Lahugala et l'arrière-pays marécageux de la baie d'Arugam, on nous apprenait qu'à la suite de violents combats nocturnes aucun téléphone ne fonctionnait plus à soixante kilomètres à la ronde. Truffées de mines antipersonnel, les routes entre Lahugala, Kithulana, Pothuvil et plusieurs villages tamouls reculés, détruits par les missiles, étaient également barrées à l'approche de la nuit et rouvertes le jour après avoir été préalablement déminées. Naagus, le cuisinier de la *guest house* que l'on m'avait indiquée à Colombo et où j'étais descendu à mon arrivée, m'avait vivement recommandé de me faire oublier en attendant que les choses soient rentrées dans l'ordre. D'ailleurs, se plaisait-il à dire, le spectacle des destructions n'était pas l'attraction principale du pays : fuyant les scènes de guerre, les animaux sauvages migraient sans cesse et se montraient donc davantage qu'en temps de paix, offrant au voyageur un spectacle qui devait lui rappeler que cette île était autrefois considérée comme le jardin d'Éden, le paradis sur terre.

Naagus connaissait au mètre et au pouce près la hauteur des vagues de chaque baie de la côte Est et se plaisait, en temps de paix, à montrer à ses hôtes comment un homme peut chevaucher les plus grosses lames à cru, avec son seul corps, sans planche, ni aide extérieure d'aucune sorte. Il dormait à présent avec sa famille sous quatre tables de la *guest house* accolées les unes aux autres et recouvertes de branches de palmiers et de tissus. Lorsqu'il se rendait le matin avec son attelage de buffles d'eau sur un bord de mer plus ou moins éloigné, en quête de sable fin pour une nouvelle maison, il tombait fatalement sur des postes de péage improvisés et payait indifféremment son écot, tantôt à l'armée, tantôt aux Tigres.

Mais, outre la guerre, l'eau aussi paraissait franchir les frontières d'habitude respectées en ces chauds et humides jours de Noël : après avoir causé d'énormes dégâts dans les hautes terres du Nord, une mousson de nord-est comme on n'en avait pas vu depuis sept ans – des pêcheurs d'Arugam Bay affirmaient : depuis dix ans ! – ravageait de longues bandes côtières dans l'est du pays. Pluies torrentielles, raz-de-marée, ruptures de digues : plus de soixante-dix mille sans-abri avaient été dénombrés ces jours derniers et vingt-deux digues rompues parmi lesquelles plusieurs ouvrages séculaires bâtis autrefois par les rois cinghalais. Beaucoup de morts, disait-on, gisaient encore enfouis dans la boue.

Après une demi-heure de répit, la pluie omniprésente s'était remise à crépiter dans le feuillage de notre cachette au bord du lac. Le long de certaines routes inondées, on voyait parader les flamants roses, les serpents cherchaient refuge dans les maisons, et lorsque la pluie marquait une pause et qu'un pâle soleil perçait à travers les montagnes de nuages, des crocodiles gisaient comme des arbres morts sur les digues qui avaient résisté jusque-là au déferlement des flots. Sous les lits et les hamacs, les fourmis défilaient en processions confuses, cherchant à sauver ce qui pouvait l'être.

Sur la route qui nous avait amenés de Colombo jusque dans la région de Lahugala et de Pothuvil, nous étions tombés sur d'innombrables postes de contrôle recouverts de filets de camouflage où des soldats en tenues de combat détrempées nous avaient fait attendre sous la pluie battante, bras en l'air, pendant qu'ils examinaient nos papiers dans leurs abris et que des hordes glapissantes de singes hulman, incarnations du dieu Hanuman cachés dans les cimes des arbres, nous abreuvaient de malédictions. Nous avions vu des centaines de palmiers fracassés par des tirs d'obus, des moignons d'arbres calcinés, crevassés, surgissant comme des griffes de la poussière des brisants au large de la côte. Nombre de statues de bouddha, tout au long de notre route, avaient eu la tête et les bras coupés par des hindouistes tamouls. Des oiseaux en colère croassaient dans des automitrailleuses et des camions militaires carbonisés.

Silence, silence ! La pluie avait cessé de tomber aussi subitement qu'elle s'était déchaînée et les rires étouffés des enfants occupaient d'un seul coup tout l'espace sonore. L'éléphant mâle, au comble de l'excitation, ne paraissait s'intéresser à rien au monde hormis aux femelles. Mais que se passerait-il si, dans un éclair de lucidité, il percevait les fauteurs de troubles cachés dans le fourré ?

Silence ! Les enfants se conduisaient comme s'ils étaient effectivement invisibles. Moi, par contre, j'avais l'impression d'être totalement à découvert. Au cours de notre voyage vers l'est, j'avais vu un éléphant, un mâle plus gros que celui que j'avais sous les yeux, déployer soudain ses oreilles et charger notre jeep, visiblement en colère parce que nous l'avions approché de trop près sur un pont de bois menacé par les flots montants. Notre chauffeur avait cherché à lui échapper en faisant marche arrière parce que le temps et la place manquaient pour effectuer un demi-tour. Si l'éléphant avait voulu obtenir plus que de nous mettre simplement en fuite, il aurait eu tôt fait de nous rattraper sur la route boueuse mais, en l'occurrence, il avait ralenti sa course au bout de deux cents mètres, s'était finalement arrêté et nous avait simplement suivis des yeux le temps de s'assurer que nous disparaissions effectivement sans demander notre reste.

Silence ! Je tirai de ma poche un foulard de soie rouge et les enfants se turent aussitôt. Comme par magie. En voyage, j'avais toujours sur moi ce foulard rouge fin comme de la gaze que j'exhibais à l'occasion, en particulier lorsqu'il s'agissait d'attirer l'attention des enfants. Car les adultes vous souriaient plus volontiers dans la mesure où vous aviez réussi à gagner la faveur des enfants du village. Le foulard de soie que j'avais acheté dans un magasin de jouets, à Vienne, faisait partie de l'attirail bon marché nécessaire à l'exécution d'un tour de magie très simple mais fort efficace consistant à escamoter en serrant simplement le poing un foulard que l'on tient à la main, à le faire disparaître totalement puis, après avoir montré sa main ouverte, vide, à le faire réapparaître de la même manière, comme par enchantement.

À plusieurs reprises et pour son plus grand plaisir, j'avais déjà montré ce tour à mon jeune public avant notre départ pour l'île aux éléphants, et en guise de récompense j'obtenais à présent son silence à l'instant même où je m'apprêtais à faire une nouvelle fois disparaître et resurgir le foulard rouge dans ma main.

Mais lorsque, par peur de la colère de l'éléphant, je fis effectivement disparaître et resurgir en un tournemain le tissu froissé, j'eus l'impression très nette que mon tour de magie n'avait pas seulement retenu l'attention des enfants mais aussi celle du pachyderme en rut : il leva en tout cas la tête et il me sembla qu'il regardait dans notre direction, qu'il voyait briller dans le fourré nos yeux, nos visages luisants de sueur.

Et maintenant ? Allait-il nous charger ? Il cessa de vaciller mais s'immobilisa simplement dans le lac immobile et, quoique encore en état d'érection, se pencha de nouveau sur l'eau et sur le reflet tremblant des rangées de roseaux qui se miraient dedans.

Fillette sous l'orage d'hiver

Je vis une fillette de six, non : sept ans – on avait fêté son anniversaire trois jours auparavant – dans un champ enneigé, non loin des prés humides du bord de l'Inn dont le sombre cours à travers un paysage hivernal vallonné constitue sur une distance de soixante kilomètres la frontière naturelle entre l'Allemagne et l'Autriche. L'étreinte du froid paralysant des derniers jours, durant lesquels l'air scintillait d'aiguilles de glace, s'était desserrée la veille, jour des Rois. Mais avec le gel, c'était aussi les lointains qui avaient disparu. Disparues, au sud, la chaîne éblouissante des Alpes et les fermes trônant sur les collines, disparu le ciel d'hiver bleu foncé traversé par des escadres de nuages. Même les bords, les contours des choses les plus proches se noyaient dans le brouillard, et l'informelle blancheur larguait de loin en loin de stériles averses de neige.

La fillette cherchait la main de son frère, son aîné de trois ans, avec lequel elle parcourait à pied, en ce premier matin d'après les vacances de Noël, le long chemin qui menait de la ferme des parents à l'école du village. Mais le frère repoussait la main de la petite. Il voulait rester seul ce matin, ne voulait pas parler, ne pas s'entendre poser de questions.

C'était le souvenir de la veille au soir qui lui faisait repousser la main de sa sœur. Et c'était le souvenir de ce même soir qui faisait qu'elle cherchait la main de son frère.

Hier soir, on avait attendu heure après heure le père qui tardait à rentrer d'une taverne éloignée, et sa fille aînée, sa préférée, aurait dû aller le chercher une fois de plus à la table des habitués pendant que la mère attendait dehors, sous le ciel hivernal étoilé, dans la petite voiture dont le moteur tournait au ralenti, la vitre arrière couverte de fleurs de glace. Mais hier, la fillette ne s'était pas sentie de taille à supporter les ricanements des joueurs de cartes réunis autour de la table des habitués, leurs piques et leurs moqueries au sujet d'un mauvais perdant, d'un héros en pantoufles dont la meilleure carte paraissait être la petite morveuse chargée de le rappeler à l'ordre et de le ramener à la maison. La petite avait pleuré en route et, une fois sur place, ni les menaces ni les promesses n'avaient pu la décider à pénétrer dans la redoutable maison qui se profilait dans la nuit comme un navire éclairé au beau milieu des champs nus. Et la mère, muette de colère, était donc retournée à la maison, avait poussé sa fille hors de la voiture et appelé à la rescousse son aîné qui jouait avec les deux petits derniers. Et le garçon avait dû faire et supporter ce que ni la mère ni la fillette n'avaient pu faire et supporter : entrer dans la taverne, se frayer un passage à travers le vacarme et les rires, tirer le père par la manche, une fois deux fois, et le prier encore et encore de sortir avec lui jusqu'à ce qu'il consente enfin à se lever mais repousse ensuite ostensiblement la main gantée d'une moufle en laine de son fils qui voulait l'entraîner dehors, dans le froid, à l'air libre. Sous les quolibets des autres joueurs, il avait balancé un coup de pied rageur dans la porte d'entrée de la taverne où l'affiche des pompiers voisinait avec celle de la Caisse d'Épargne et celle des éleveurs de vaches Simmental, ensuite seulement il avait ouvert la porte et il était sorti dans la nuit, suivi de son fils.

Non, le père n'avait pas battu son fils, il ne battait pas ses enfants, mais il était resté muet dans la voiture, sur le chemin du retour, et la mère n'avait pas dit un mot non plus. C'est seulement tard dans la nuit que la fillette avait été réveillée par les voix exaspérées des parents, par les reproches de la mère, par les protestations et, pour finir, les invectives du père qui, comme la mère le lui avait signifié au cours de la dispute, devait s'estimer heureux, lui, ce bon à rien, ce boit-sans-soif mal embouché, fils naturel d'une bonniche, oui, heureux ! d'avoir été choisi comme mari par l'héritière d'une ferme.

Heureux ? Une ferme ? Mais pouvait-on appeler ferme la masure dont la mère avait hérité ? Et d'ailleurs, qui est-ce qui s'était esquinté pour traîner jusque là-haut, charrette après charrette, le gravier du bord de l'Inn pour faire de cette bicoque ce qu'elle était aujourd'hui ? Et qui avait travaillé comme une bête jusqu'à ce que ce fameux prétendu héritage finisse par ressembler à une ferme – et qui, oui, qui faisait encore le facteur avant et après le travail à l'étable, le travail aux champs, le travail aux bois, parcourant la campagne pour distribuer les lettres alors qu'il faisait déjà nuit ou pas encore jour – et qui se cassait le dos, par-dessus le marché, avec pioche, pelle et barre à mine, sur des chantiers de terrassement, tout ça pour quelques misérables picaillons, tout ça pour assurer l'entretien de la famille – quatre enfants, une famille de six personnes ! et en plus de ça, des beaux-parents grabataires, ce n'était pas avec ce que rapportaient quelques maigres prés et quelques vaches que l'on nourrissait tout ce petit monde.

Par ce doux matin de brouillard succédant au jour des Rois, pas un mot ne fut échangé entre les parents. Pas un reproche, pas un salut. Le père s'était pourtant risqué à demander si l'on devait faire venir le vétérinaire pour une vache pleine, affaiblie par une diarrhée persistante, mais même cette question était restée sans réponse. Le frère avait ensuite jeté à travers la trappe du grenier le fourrage dans les mangeoires de l'étable et la fillette avait fait la toilette des deux plus petits, les avait aidés à s'habiller avant de se pencher avec eux sur un Bethléem en papier mâché dans lequel il s'agissait de disposer d'une manière différente les bergers et les moutons sculptés sur bois, s'acheminant vers une crèche où trois rois en bois se tenaient agenouillés devant un dieu nouveau-né et ses parents, tous en bois. Au petit déjeuner aussi, il régna un silence pesant que la fillette s'évertua à meubler en débitant à toute vitesse une succession de chiffres correspondant au décompte des claquements répétés du bois dans le feu. Mais elle dut cesser de compter parce que la petite dernière se mit à sangloter à cause d'une poupée perdue.

Sur le chemin de l'école, dans la blancheur opaque d'un monde de neige et de brouillard, le grand frère ne voulait entendre parler ni de la soirée d'hier, ni de la dispute nocturne, ni du petit déjeuner mutique. Mais la petite aspirait à la délivrance d'un mot de réconfort et chercha une fois encore la main du garçon. Les flocons tombaient à présent plus dru. Après les chutes de neige survenues durant les jours de fête, le champ qu'ils traversaient d'habitude dans leurs pas de la veille ne portait plus de traces, et même la lisière d'arbres, une rangée de bouleaux, de merisiers et de noisetiers dénudés avait disparu dans le brouillard. Seules les vagues des sillons enneigés, crissantes sous le pied, couraient derrière eux, en direction de la ferme d'où ils venaient, et couraient devant eux, vers le village, vers la salle de classe où, ce matin encore, il faisait à coup sûr trop froid.

Quelque part dans l'immensité blanche, des aboiements se firent entendre, des aboiements furieux, rauques, singulièrement proches, plus proches que d'habitude. C'était le chien de ferme d'un voisin éloigné, et la raison pour laquelle le chemin de l'école passait obligatoirement par ce champ : le chien. Il n'était rien que la fillette redoutait davantage que les chiens, celui-ci en particulier. Ah si, il y avait quelque chose d'autre, mais en hiver, cela ne présentait pas grand danger : l'orage, les roulements du tonnerre, les flammes aveuglantes de la foudre et les racines entrelacées des éclairs parcourant le ciel tout entier...

tout cela, la fillette le craignait davantage encore que les chiens.

Certes, le chien du voisin, un chien-loup efflanqué et hirsute, était le plus souvent à la chaîne. Mais la chaîne lui avait râpé le poil du cou et creusé peu à peu à cet endroit un sillon purulent, et c'était sans doute à cause de cela qu'il était devenu méchant. Le père lui-même avait tâté de ses crocs le jour où il avait eu à remettre au voisin une lettre recommandée du tribunal cantonal et était passé par mégarde un peu trop près de lui. Le chien, avait dit à l'époque le voisin, détestait les uniformes.

Mais l'animal était-il seulement à la chaîne aujourd'hui ? Ou le voisin l'avait-il laissé courir afin qu'il puisse bondir sur un éventuel rôdeur caché dans le brouillard ?

Le grand frère n'avait pas peur. Ni de ce chien ni d'aucun autre. Il savait parler aux chiens de manière à ce qu'ils cessent d'aboyer, il savait les menacer avec une pierre ou un bâton de façon telle qu'ils avaient peur de *lui*. Oui, le grand frère n'avait pas même besoin de ramasser la pierre, il suffisait qu'il se baisse résolument, qu'il feigne seulement d'en ramasser une pour mettre les chiens en fuite. Et s'il faisait ce pénible détour, cette traversée du champ jour après jour, du moins quand il y avait classe, c'était uniquement par égard pour sa sœur ou plutôt, non : il le faisait parce que ses parents le lui avaient demandé. Mais ce matin, obéir le mettait en colère. Le chemin carrossable qui passait à côté de la ferme du voisin avait été déblayé par le chasse-neige. Alors que dans le champ, les traces étaient effacées et on s'enfonçait dans la neige profonde.

Fiche-moi la paix ! Fiche-moi la paix, dit-il à sa sœur. Et encore une fois : fiche-moi la paix. Mais la petite ne disait rien. Ne faisait que regarder tout en marchant, muette de peur, dans la direction d'où venaient les aboiements. Dans le mur de brouillard blanc à travers lequel les aboiements se faisaient entendre, de plus en plus proches, semblait-il. De plus en plus proches ? Le chien avait-il réussi à se libérer de la chaîne ? La fillette fit mine de saisir la main de son frère. Il devait la prendre par la main. Elle avait peur. Elle avait très peur.

Mais le grand frère, cette fois, ne fit pas que repousser la main de la petite, il l'écarta d'un geste brusque. Il était en colère. En avait assez d'obéir, assez de son rôle de protecteur des petites filles, de sa sœur en particulier. Il hâta le pas, le hâta encore, se mit à courir, oui, laissa la petite derrière lui, disparut au pas de course dans le brouillard blanc d'où venaient les aboiements.

Même s'il n'y avait eu ces terribles aboiements, la fillette n'aurait pas pu allonger suffisamment le pas pour suivre son frère qui mesurait une bonne tête de plus qu'elle. Mais dans la direction qu'il avait prise, elle ne l'aurait de toute façon pas suivi, quand bien même elle eût été aussi grande que lui. Pour rien au monde. Elle resta donc en arrière, ne put faire autrement que de rester en arrière, de voir la trace du grand frère se perdre devant elle, d'entendre décroître devant elle le crissement de ses pas. Et elle se retrouva seule dans un blanc opaque, seule avec les aboiements.

Elle s'immobilisa, n'osa plus faire un pas. Pouvait-elle rebrousser chemin en suivant ses propres traces dans la neige ? De là aussi, des aboiements retentissaient à présent jusqu'au fin fond de sa solitude. Elle avait l'impression que c'était toute une meute de chiens féroces qui l'entouraient, l'impression d'être prisonnière d'un cercle hurlant et bavant, paralysée et prisonnière.

Et là, maintenant... c'était quoi, cette lumière aveuglante ? Cette lumière effroyable, c'était quoi !

Comme une flamme surgie des aboiements, un éclair lacéra soudain le rideau blanc, un éclair puis un autre ! le lendemain du jour des Rois ! Un éclair au cœur de l'hiver. Et à cette lumière éblouissante, qui arracha brièvement à son enveloppe une sombre silhouette fuyante et transforma la bourrasque de neige en une grêle de gravillons gris, succéda un coup de tonnerre assourdissant, et la fillette, à cet instant, connut une frayeur qui la laissa plus morte que vive.

Ce matin-là, sous l'orage d'hiver, pour la première fois de sa vie, elle devait faire l'expérience de l'épouvante et apprendre que l'épouvantable n'est lié ni à une saison ni à un lieu précis mais qu'il peut se produire n'importe quand, n'importe où. La fillette n'entendait plus sa propre voix, ses pleurs, rien que les aboiements et le tonnerre. Un autre éclair, de surcroît, projeta dans ses yeux d'aveuglantes balles rouges et jaunes qui continuèrent de rebondir même lorsqu'elle eut porté les mains devant son visage.

Comme devant une carte géographique déroulée en classe sur le tableau noir, la fillette put constater à cet instant que, de l'endroit où elle se trouvait, il n'y avait, derrière elle, qu'une trace qui aboutissait à l'inaccessible protection de la maison des parents et, devant elle, une seconde trace menant à l'inaccessible protection du village, et elle se crut alors rendue au bout de tous les chemins, pas seulement de ceux qui étaient tracés dans la neige.

Mais à cet instant quelque chose de chaud, de souple, toucha son épaule secouée par les pleurs, quelque chose de doux et, en même temps, de si puissant qu'elle ressentit comme une délivrance à travers tout son corps. En l'espace d'une respiration, elle retrouva la faculté de se mouvoir, l'étreinte du désespoir ne fut plus qu'un mauvais souvenir, et elle tourna alors la tête et vit la main de son frère posée sur son épaule.

Les prés et les champs enneigés que le frère et la sœur avaient arpentés ce matin-là, je les ai vus en toute saison – verdoyants, fleuris, bercés par le vent, désolés à la fin de l'automne, revêtus d'un manteau de neige. Ce même chemin hivernal, je devais encore l'emprunter à maintes reprises avec la fillette d'alors puis en me promenant avec la jeune femme qu'elle allait devenir au fil de nos dix-neuf années de vie partagée, et lorsqu'elle se reprenait à parler des clameurs dans la taverne, des voix courroucées dans la nuit, du chien enchaîné du voisin, des images aveuglantes dans ses yeux ou des bourrasques de neige et du fracas des coups de tonnerre, elle prenait parfois machinalement ma main dans la sienne.

Après notre séparation et sa mort précoce, je n'ai plus jamais emprunté ce chemin. Mais lorsqu'il m'arrive aujourd'hui de passer sur la route, non loin de ces champs et de ces prés, je passe à travers des tourbillons de flocons blancs et la campagne est recouverte de neige.

L'arrivée

Je vis trois moines en train de marmonner dans une grotte surplombant un lac de montagne aux rives enneigées, à quatre mille mètres d'altitude, dans l'ouest de l'Himalaya. Le vent soufflant en bourrasques avait poussé une longue langue de neige à l'intérieur de la grotte, jusque près du feu où les moines assis tout près les uns des autres balançaient le haut de leur corps au rythme de leurs interminables marmonnements incantatoires. Le froid faisait qu'on les entendait claquer des dents chaque fois qu'ils s'arrêtaient pour reprendre leur souffle au cours de la litanie répétitive d'un mantra. Leurs visages et leurs mains étaient barbouillés de noir de fumée, leurs cheveux retombant jusque sur les épaules, ébouriffés, également encroûtés de noir de fumée, et le rouge de leurs tuniques à peine reconnaissable sous une couche de crasse noirâtre. Les trois hommes devaient avoir à peine vingt ans, peut-être beaucoup moins. Le noir de fumée faisait qu'on ne pouvait se prononcer que très approximativement là-dessus. La grotte était si vaste que ses parois renvoyaient l'écho des craquements des branches dans les flammes. Un feu comme celui-ci ne suffisait pas pour réchauffer pareil local.

Le lac de Phoksundo et Ringmo, le village dont les maisons bâties au bord de l'eau se présentaient, vues de la grotte, comme un groupe d'ombres disséminées loin en contrebas, étaient le but d'une ascension harassante que j'avais entreprise en ce jour d'hiver en compagnie d'un ami et au terme de laquelle nous avions gagné, à travers des pentes enneigées ou verglacées sous l'effet du vent, une haute vallée figée dans le froid glacial. Nous explorions depuis des semaines la région frontalière entre le Népal et le Tibet, en quête de monastères et d'ermitages bön, la très ancienne religion pratiquée dans ces montagnes bien avant le bouddhisme, et trouvions à nous protéger de la neige dans les masures et les grottes de la principauté tribale de Dolpo. Le tonnerre des avalanches se faisait entendre sans cesse, en provenance des vallées environnantes.

Nous avions passé la nuit précédente dans un campement de semi-nomades qui attendaient dans des maisonnettes noircies de fumée que le printemps libère les cols et leur permette de transhumer avec leurs yaks jusqu'aux grands lacs salés et aux alpages tibétains. Dans les nuages de neige, là-bas, devant nous, à une journée de marche tout au plus, nous avait-on dit dans ce campement, nous trouverions le lac de Phoksundo ainsi qu'un village au bord du lac, un monastère aussi. Habité ? Abandonné ? Comme c'était le cas, en cette saison du moins, dans la plupart des cantonnements de très haute altitude, nos hôtes ne savaient pas ce qui se passait hors de chez eux. Nous avions quitté le campement en début de matinée après qu'un glacier éclairé par le soleil était apparu comme un iceberg flottant très haut au-dessus des nuages en mouvement.

Dans la haute neige, sur notre route, aucun chemin n'était reconnaissable. Avec nos lourds sacs à dos, nous nous enfoncions dans la neige jusqu'aux genoux, parfois jusqu'aux hanches. Mais durant cette course aussi, comme nous en étions convenus au départ, chacun devait grimper et avancer à son rythme sauf s'il se présentait un obstacle requérant la mise en commun de nos forces ou un passage rocheux glacé nécessitant que l'on se sécurise mutuellement en s'encordant. Aussi chacun grimpa et avança-t-il bientôt tout seul. Au bout d'une heure de marche, mon ami était pratiquement hors de vue, sa silhouette m'apparut encore de loin en loin, de plus en plus petite, avant de disparaître pour de bon dans les nuages.

Lorsque je m'arrêtais pour reprendre mon souffle, je voyais nos traces sinueuses se perdre derrière moi, dans les profondeurs bleutées. Les lambeaux d'un front de mauvais temps dérivaient au-dessus de ma tête et sous mes pieds.

Après avoir longé un moment le pied d'une paroi rocheuse comme vitrifiée sous des chutes d'eau saisies dans la glace, les traces de mon ami grimpaient dans un escarpement très raide au sommet duquel s'ouvrait une haute vallée étroite plantée de pins pleureurs et comme endiguée entre de vertigineuses crêtes verticales.

Comme il paraissait paisible et riche de promesses quoique encore éloigné, le lac de Phoksundo, lorsqu'il se présenta enfin, après des heures de marche, au fond de la vallée : un miroir noir tirant sur le vert qui renvoyait l'image de sommets enneigés dans un ciel où la nuit s'annonçait déjà ainsi que, tout au bord, un groupe de maisons rouge sang : des toits en pagode ornés de drapeaux de prières au-dessus desquels flottaient des drapeaux encore plus beaux – de la fumée ! Le village et le monastère de Phoksundo étaient habités ! Je vis des drapeaux de fumée au-dessus de toutes les maisons en bordure du lac.

Il me fallut encore plus d'une heure pour franchir les collines derrière lesquelles se blottissait le lac, mais les premières maisons que je croisai étaient des maisons de morts – des reliquaires, des chortens qui ne contenaient que les cendres de saints ou de moines incinérés, la poussière résultant de la transmigration des âmes. Je retrouvai là mon ami, occupé à mesurer et à dessiner un reliquaire. Il se déclara soulagé de me voir enfin le rejoindre. Une heure de plus et il serait parti à ma recherche. La nuit, me dit-il, serait claire et plus froide que les précédentes.

De longues guirlandes de fanions plongeaient en oblique du haut des toits coniques des chortens, tendus dans la glace comme des fils de tente le long desquels flottaient par centaines de petits drapeaux claquant dans le vent, raidis par le gel, sur lesquels étaient inscrits des prières, des mantras, les noms désignant le but et la fin de tous les mondes. Et les drapeaux de fumée au-dessus des toits plats des maisons du village ? C'était de la neige. Des rubans de neige fine, cristallisée, on aurait dit de la fumée s'échappant des toits. Les maisons étaient froides et fermées. Pas âme qui vive. Aucun refuge. Le village était désert.

De toutes les portes que nous tentâmes de pousser, une seule se laissa ouvrir. Elle donnait sur une pièce sans fenêtre dans laquelle se dressait, à l'arrêt, un moulin à prières de la taille d'une colonne Morris, vraisemblablement conçu pour être actionné d'éternité en éternité par les moines et pèlerins de passage.

Nous avions déjà décidé de passer la nuit sur le sol de terre battue de cette pièce et commencé à ramasser de petites branches d'un pin pleureur qui s'était cassé sous le poids de la neige afin de faire un feu, lorsque nous aperçûmes l'entrée d'une grotte accrochée à un versant loin au-dessus de la rive du lac. Mais cette fois, un coup d'œil à travers les jumelles montra que ce qui sortait de la gueule noire, là-haut, était effectivement de la fumée et pas seulement un ruban de poussière de neige cristallisée.

J'étais si fatigué après ces longues heures d'ascension que mon ami eut du mal à me convaincre de renoncer à notre campement nocturne près du moulin à prières géant et d'escalader encore ce versant escarpé.

Il ne subsistait du soleil qu'un reflet rougeâtre au-dessus des plus hautes crêtes lorsque, trempé de sueur, fléchissant sous le poids de mon sac à dos, je fus sur le point de me laisser choir dans la neige, de m'arrêter là où je me trouvais en attendant le retour de mon ami : il se présentait encore et encore des saillies rocheuses invisibles depuis le village mais qui nous barraient la route et qu'il fallait contourner... un champ de glace aussi, dissimulé sous une couche de neige chassée par le vent, difficile à franchir, même avec le piolet et les crampons... Comme un sommet au terme d'une ascension épuisante, cette entrée de grotte paraissait reculer devant moi jusqu'à être totalement hors d'atteinte.

Singulière apparition que celle de mon ami que je pus entrevoir soudain tout là-haut, à l'entrée de la grotte. Comme il paraissait petit devant la gueule béante, noire. Il me fit signe mais ce qu'il me criait était couvert par les feulements du vent et je ne pus le comprendre. Lorsque j'atteignis enfin la grotte au prix d'un effort qui fit que j'entendais battre le sang dans ma tête, je le trouvai déjà assis près du feu avec les moines, occupé à leur poser des questions dans une langue consistant en un mélange de bribes de népalais et de tibétain.

Depuis combien de temps les trois moines étaient-ils là ? Y avait-il d'autres moines, d'autres pèlerins dans les environs ? Le chemin menant aux monastères de Shey Gompa et de Tsakang situés encore plus haut était-il praticable ? Y avait-il des gens qui passaient l'hiver là-bas ?

Impossible de savoir s'ils comprenaient ce qu'on leur demandait. Ils n'interrompaient pas leurs prières et ne cessèrent pas non plus de marmonner lorsque l'un d'eux se leva pour nous offrir du thé salé au beurre de yak, des racines séchées et de la tsampa, une farine grossière d'orge grillée à laquelle il ajouta – en marmonnant de plus belle – du beurre et du thé pour obtenir un mélange qu'il pétrit entre ses doigts jusqu'à obtenir une pâte grise.

Tandis que nous buvions et mangions, nos hôtes tâtaient nos vestes fourrées de duvet, nos guêtres, nos gants, soupesaient nos piolets, nos crampons, nos sacs à dos, visiblement admiratifs mais tout en continuant, sans s'interrompre à aucun moment, à réciter leurs mantras en claquant des dents.

Enfin délivré du poids de mon sac et des tourments de l'ascension, j'étais assis à côté de mon ami près du feu qui se consumait lentement. Trop fatigué pour retirer mes vêtements trempés de sueur, je m'étais enveloppé dans mon duvet comme dans une couverture et je laissai la braise me réchauffer.

Mon ami avait renoncé à toute tentative de questionner les moines en oraison. Assis à côté de moi, il les écoutait marmonner, muet, le regard fixé sur le feu. Le ciel hivernal délimité par l'ouverture de la grotte s'était peu à peu assombri. Les massifs enneigés qui s'élevaient ici à plus de six mille mètres par-dessus le miroir d'une mer infiniment lointaine étaient devenus des murs noirs au-dessus desquels une première étoile se mit à flamboyer.

Une étoile ? N'était-ce pas plutôt le feu de position d'un avion glissant silencieusement dans la nuit ? Je tâchai de me représenter l'endroit où l'on verrait poindre au cœur des massifs plongés dans les ténèbres le signal de notre campement nocturne, le reflet du feu qui flambait dans la grotte des moines. Notre lumière devait scintiller comme cette étoile dans l'immensité noire.

Le feu était éteint. Des moines, on ne voyait plus que les silhouettes, des braises, la cendre blanche qui les recouvrait. Je me sentais à l'abri comme en ces temps révolus où l'on me portait au lit soir après soir : par une fente de la porte qu'on laissait entrouverte à cause de ma peur du noir, je voyais un rai de lumière et j'entendais chuchoter dans la pièce d'à côté les adultes qui me protégeaient. Lorsqu'une étincelle sauta de la cendre blanche comme neige et s'éteignit en vol dans l'obscurité froide de la grotte, je m'endormis. À présent j'étais arrivé.

Table

Du même auteur :

Aux Éditions Albin Michel

Le Syndrome de Kitahara, traduit par Bernard Kreiss, 1997.

La Montagne volante, traduit par Bernard Kreiss, 2008.

Cox ou la Course du temps, traduit par Bernard Kreiss, 2017.

Chez d'autres éditeurs

Les Effrois de la glace et des ténèbres, traduit par François et Régine Mathieu, Maren Sell, 1989.

Le Dernier des mondes, traduit par Jean-Pierre Lefebvre, Flammarion / P.O.L, 1989.

Dames & messieurs sous les mers, traduit par Nicole Taubes, José Corti, 2010.

Celui qui naîtra ou les Étendues célestes d'Anselm Kiefer, traduit par Thomas Mondschein, L'Arche, 2013.

PAPIER À BASE DE
FIBRES CERTIFIÉES

Le Livre de Poche s'engage pour
l'environnement en réduisant
l'empreinte carbone de ses livres.
Celle de cet exemplaire est de :
600 g éq. CO_2
Rendez-vous sur
www.livredepoche-durable.fr

Composition réalisée par NORD COMPO

Achevé d'imprimer en juillet 2017 en Espagne par
BLACK PRINT
Dépôt légal 1re publication : août 2017
LIBRAIRIE GÉNÉRALE FRANÇAISE
21, rue du Montparnasse – 75298 Paris Cedex 06

73/5562/3